이 책을 주예수그리스도께 헌정합니다.

"…물이 바다를 덮음 같이 여호와를 아는 지식이
세상에 충만할 것임이니라"– 이사야 11장 9절

—

특별히 ＿＿＿＿＿＿＿＿＿＿＿＿님께

이 소중한 책을 드립니다.

「Step-by-Step 성경여행」에 인용한 성경은 대한성서공회의 허락을 받아 사용했습니다.

Step-by-Step
성경여행

구약

고은주 편저 | 윤창우 편집

성경여행선교회 • 나침반

머리말

우리가 예수님을 마음에 영접하고 믿음으로 거듭났을 때 우리는 진리의 말씀으로 해산 된 것이다. 우리의 거듭남과 그리스도인으로 섬김과 여정, 그리고 다시 오실 주님을 기다림과 천국을 소망하는 모든 믿음은 하나님 말씀에 근거를 두고 있다.

'자기의 뜻을 좇아 진리의 말씀으로 우리를 낳으셨느니라'(약 1:18)

새로운 자동차를 구입하거나 새 휴대폰이 출시될 때 그 상품과 함께 반드시 따라오는 것이 매뉴얼이다. 이것을 생산한 사람의 설명과 사용방법을 숙지해야 자동차나 스마트폰을 사용할 수 있다. 나는 컴퓨터를 오래 가지고 있으면서도 그 사용방법을 익히지 않아 지금도 어려움을 겪고 있다. 창조주께서 우리를 창조하시고 우리에게 삶의 매뉴얼인 성경을 주셨다. 성경은 창조주 하나님의 인간창조와 축복 그리고 불순종에 따르는 심판이 기록되어 있다. 하나님을 떠나고 하나님 말씀에 순종하지 않으면 하나님께서 의도하신 축복과 멀어지는 것이다.
그분은 상한 갈대를 꺾지 아니하며 꺼져가는 등불을 끄지 아니하고 진리로 공의를 베푸시는 분이기 때문이다.(사 42:3)

이렇듯 신앙의 기본인 성경을 얼마나 알고 신앙생활을 하고 있을까! 교회를 10년, 20년, 30년을 다니신 장로님, 권사님들도 성경에 대해 자신이 없어 부끄러워하신다. 눈에 보이지 않는 하나님을 어떻게 우리는 믿고 있는가? 하나님을 믿는 것은 하나님 말씀을 믿는 것이다. 예수님도 오직 성경에서 예언하신 말씀이 육신이 되어 우리 가운데 거하시는 예수님만이 예수님이시다. 예수님께서 약속하신 보혜사 성령님도 성경에서 말씀하신 그 진리의 영이 성령님이시다. 어떤 봉사나 헌신도 하나님 말씀에서 나오지 않으면 자기 자신을 위해 하는 것이다. 하나님 말씀을 버리면 하나님을 버리는 것이다.

한국 근대 역사를 보아도 36년간의 일제 강점기에 하나님 말씀이 있어 자주 독립을 이끌어 가신 믿음의 선배들이 있었고, 1950년의 6.25전쟁과 휴전, 그 역사의 가난과 굶주림, 질병과 저주의 때에 피폐한 땅에 교회가 세워지고 하나님의 생명의 말씀이 선포되고 병든 자들이 치유받고 가난한 자들의 영혼육이 부요해지는 축복을 받은 나라가 한국이다. 오늘도 5대양 6대주에 선교사들을 파송하며 하나님 나라를 확장하고 있다.

우리는 이미 젖과 꿀이 흘러넘치는 가나안 땅에 들어와 가나안의 우상들에게 절하며 그들의 신을 함께 섬기는 것은 아닌가? 그것이 아니라면 편안함과 만족함으로 각자의 둥지에서 안주하고 있지는 않은가? 어쩌면 더 이상 환경과 물질의 축복이 필요한가를 생각해 보아야한다. 지금 풍요함과 안락함 가운데 있는 우리는 보이지 않는 영적인 전쟁터에 있는 것은 아닌가? 가나안 땅 안의 풍족함 가운데 "탐심과 정욕"의 우상과 영적 전쟁을 치러야 하는 때이다. 지금이 우리가 다시 진리의 말씀을 공부하며 성경 안의 인물들을 통해 우리의 삶을 보아야 하는 때이다. 성경 인물들이 다시 우리의 영웅이 되어야 하고 우리의 관심이 되어야 한다. 예언서를 통하여 영적 지도자들이 각성하며 자신을 돌아보고 청렴결백한 영적 지도력을 추구하며 부끄럽지 않은 마지막 설교를 할 수 있어야 할 것이다. 하나님께서는 영적 지도자들을 먼저 축복하시고 또한 먼저 심판하신다.

한국 교회의 반성을 이야기 하는 때이다. 하나님 말씀을 더 자세히 들어야하고 예수님의 제자의 길을 가야한다. 말씀의 능력으로 무기력한 영적 자아를 깨워야한다. "누구든지 나를 따라오려거든 자기를 부인하고 자기 십자가를 지고 나를 따를 것이니라"(막 8:34)
하나님 말씀이 아니고는 우리의 자아 중심의 삶이 변화될 수 없기 때문이다. 성경여행 교재가 말씀으로 돌아가고 삶의 변화가 일어나도록 하는 믿음의 성장을 가져오는 교재가 되기를 기도한다.

성경여행은 쓰고자 계획한 교재가 아니었다. 성경 강의를 듣고자 하는 목사님들을 모시고 강의를 하다 보니 써내려간 강의안이 구약과 신약 성경 교재가 되었다. 하나님의 은혜로 주의 작은 종이 한 달란트를 가지고 주님께 영광을 돌리고자 충성된 마음으로 순종하였다.
구레네 시몬 같은 나의 모습이다. 구레네 시몬은 십자가를 지고 가시는 예수님을 구경하다가 억지로 십자가를 지게 되었고 갈보리까지 주님과 동행하였다. 성경여행 교재는 내게 억지로 지운 십자가였다. 기독교대한감리회 온세상교회 윤창우 목사님께서 컴퓨터 작업을 해주시겠다고 도움을 주셔서 위로와 힘이 되었다. 마치 야곱이 사랑하는 아들 요셉이 죽었다고 믿었던 22년 뒤에 애굽의 총리가 되었다는 아들들의 말을 믿지 못했으나 요셉이 보낸 바로의 수레를 보고서야 그 말을 믿었다는 사실처럼 나는 윤 목사님을 보내주셔서 하나님께서 이 책을 원하신다는 믿음을 갖게 되었다.

성경을 알아가기 위해 다양한 접근을 통한 지금까지의 모든 성경공부 교재가 우리를 이곳까지 인도하였다. 「Step-by-Step 성경여행」을 통해서 우리는 성경을 역사적 흐름으로 이해하고 또 기억하며 성경을 읽기에 도움을 주는 성경교재가 되기를 바란다. 성경여행을 따라 성경공부가 이루어지면 성경을 역사적 흐름으로 알게 되고 66권의 연대기적 자리가 어디인지 알게 된다.

이 시대를 살아가는 또 하나의 즐거움은 여행이다. 이스라엘, 터키 성지순례 뿐 아니라 동남아, 유럽, 북미, 남미, 그리고 아프리카 대륙까지 여행하는 시대에 우리는 살고 있다. 어느 곳을 여행한다 해도 여행지의 주요 역사를 알고 여행하면 재미도 더해지고 지식도 더해진다. '아는 만큼 보인다'라고 말한다. 성경도 '아는 만큼 성경이 읽어지고 재미있고 설교가 은혜로 다가오고 영적진리가 보인다.' 성경여행을 가르치는 목사님들과 강사들은 잘 훈련된 성경여행 가이드이다. 지식이 넘치고 성경의 스토리들을 언제나 기억해 사용할 수 있는 가이드가 되는 것이다.

다시 한번 오직 성경이 우리의 목표이다. 오직 성경이 모든 성경공부 교재의 원본이다. 성경을 우리에게 주신 하나님께 감사와 찬양과 영광을 돌린다.
"주의 말씀의 맛이 내게 어찌 그리 단지요 내 입에 꿀보다 더 다니이다"(시 119:103)

교재를 쓰는 동안 왼쪽 무릎 연골판이 찢어져 봉합 수술을 했다. 인생의 첫 수술을 경험해 보았다. 수술 후 두 달은 휠체어로 이동하고, 세 달은 목발을 짚고 다녔다. 이 긴 시간동안 진심어린 보살핌으로 목욕도 시켜주고 식사도 준비해 주고 기도해 주고 분리수거도 하며 집안 살림을 살아준 사랑하는 남편 노시백 목사님께 이 책을 드리며 감사와 사랑으로 보답하고 싶다. 멀리 미국에서 걱정해주고 기도해주는 사랑하는 딸 노윤미와 사위 다니엘 김, 그리고 우리 부부의 마음을 항상 녹여 부드럽게 하고 하나님이 사랑이심을 다시 깨닫게 해주는 손녀 예주와 손자 한주가 있어 인생은 살아볼수록 좋구나를 느끼고 힘이 되었다. 아들 노중원과 며느리 홍진희와 이 책을 함께 공부하고 싶은 열정이 있다. 또한 주일 저녁이면 어머님 이일용 권사님 댁에 모여 시아주버니 노영백 장로님 내외와 시누이 노영애 권사님과 사랑의 교제를 나누는 기쁨이 내게 큰 위로가 되었다. 나를 이 땅에 낳아 주시고 새벽마다 기도해주시는 유구 순복음 교회 어머니 홍창숙 권사님께 감사드린다.

또한 수술 후 다섯 달 만에 외출하여 출석한 꿈꾸는 영산교회 조용찬 학장목사님의 예수님의 복음을 설교 듣게 되었을 때의 그 감동으로 책의 마무리를 할 수 있었다.

또한 가장 힘들 때 성경공부를 함께 하며 성경여행 교재를 좋아해주시고 지금까지 하나님 말씀을 함께 공부하며 주님의 사랑과 은혜를 깨닫게 해주신 성경여행 선교회 윤창우 목사님과 여운자 권사님을 비롯한 임원들께 가장 큰 감사를 드리고 싶다.

책을 마감하기 전에 특별히 성경스케치 선교회 대표 장규철 목사님께 깊은 감사를 드린다. 미국에서의 22년 목회와 병원에서 원목으로 섬기고 지친 때였다. 2010년 고국의 품에 돌아왔으나 긴 공백으로 나는 친구조차 없는 혼자가 되었다. 그때 주님께서 성경스케치 선교회로 인도하셨고 장규철 목사님과 함께 한 영적인 배움과 주님의 사랑으로 나눈 교제를 잊을 수 없다. 함께 네팔 선교를 3차례 다녀오고, 선교회 1기 전문 강사로 세워주시고, 5년 동안 성경을 강의할 수 있도록 배려해 주셨음을 감사드린다.

성경스케치 강사로 섬기는 가운데 하나님께 네팔, 중국, 미국을 비롯해 국내외 말씀 선교에 쓰임 받는 은혜를 누리고, 성경의 흐름을 잡는데 큰 도움을 입었다. 그리하여 지금의 책「Step-by-Step 성경여행」을 편집하는데 밑거름이 되었다. 스승이 되시는 장규철 목사님께 감사드린다.

그리고 나의 힘이 되신 여호와께 영광을 돌립니다.

성경공부의 새로운 장이 열리기를 기도하며
고은주 목사

출간을 기뻐하며

조용찬 목사(순복음 영산신학원 학장)

우리는 살아가는 동안 작게는 주변 지역부터 멀리는 세계여행에 이르기까지 수많은 여행을 합니다. 잘 아는 지역이라면 가이드의 도움이 필요 없겠지만, 너무 광범위한 지역에 가야 하거나, 혹은 처음 가는 낯선 곳이거나, 특히 그곳에 가서 무엇인가 배우고 깨닫고 싶다면 가장 필요한 이가 바로 여행 가이드입니다.

「Step-by-Step 성경여행」은 처음 성경을 공부하려는 여행자부터, 성경에 대해 깊이 탐색하려는 분들 모두에게 유용한 가이드가 될 것입니다. 저자 고은주 사모는 자신이 목회자이면서, 현재 성경 강의를 하고 계시는 분입니다.

교회를 오래 다녔다고 해도 성경을 어떤 맥락에서 읽어야 할지 난감한 성도들이 많은 이유는 성경을 혼자서 읽고 이해하기가 쉽지 않기 때문입니다. 그만큼 어려운 여행길입니다. 하지만 친절하고 사려 깊은 여행 가이드를 만난다면 우리는 그에 의지해 즐겁고 보람 있는 여행을 만끽할 수 있을 것입니다.

「Step-by-Step 성경여행」은 단순히 성경 이해를 위한 책만이 아니라, 자기 자신으로 떠나는 여행, 인생 여정의 길잡이로서 친절한 여행 친구가 되어줄 수 있을 것입니다.

여행의 오르막길에서 힘들고 지칠 때, 친구가 뒤에서 살짝만 밀어줘도 올라갈 수 있듯이, 성경 공부의 길에서도 나를 이끌어줄 수 있는 가이드가 필요합니다. 그래야 여행의 나아갈 방향과 목적을 실현할 수 있습니다.

이 책을 통해 하나님의 말씀 여행의 진미를 느끼셨으면 합니다. 성경 전체 여행을 다 마치고 나면 어느새 하나님과 더욱 가까워지고, 하나님 마음을 깊이 깨닫게 된 자신을 발견할 수 있을 것입니다.

임열수 목사(순복음 영산신학교 특임교수/ 前 건신대학원대학교 총장)

성경은 우주와 인간을 창조하신 하나님께서 인간들이 어떻게 살아야 행복하게 살 수 있는가를 상세히 기록해 놓은 행복 매뉴얼이다. 성경은 기록된 시기가 지금부터 3,500~2,000년 전 사이에 기록된 문헌이다. 그 배경도 한국이나 아시아 지역이 아니고 중동지역이기 때문에 문화, 습관이 우리와 여러 면에서 다르다. 더욱이 40여 명이 넘는 저자들이 오랜 기간을 두고 기록한 책이기 때문에 이해하기가 쉽지 않다.

성경책 한 권을 갖고 씨름하기 전에 먼저 성경 전체의 흐름을 알고, 각 권을 보면 이해도 쉽고 재미있을 것이다. 읽으면서 이렇게 살면 정말로 내 인생이 행복하겠구나 하는 생각을 여러 번 하게 될 줄로 믿는다. 「Step-by-Step 성경여행」은 바로 이러한 책이다.

이 책이 성경을 공부하려는 독자들에게 귀한 지침서가 될 줄로 확신하면서 기쁘게 추천하는 바이다.

임성수 목사(기독교 대한 감리회 한울림교회)

성경에 대해 지식과 정보를 전해 주는 책은 많지만 성경 텍스트를 통전적으로 알게 해주는 책은 흔하지 않습니다. 저자는 먼저 성경이라는 숲(구조)을 보여주고 좀 더 가까이 나무(역사)를 보게 하며 더 가까이 접근하여 가지(사건)를 살피게 하고 한 걸음 더 깊숙이 들어가 잎(핵심구절)까지 들여다보게 합니다.
이 과정에서 저자는 내용의 틀과 도표 그리고 지도를 적절하게 활용하여 성경 내용을 한눈에 파악하게 할 뿐 아니라 숲과 나무 그리고 가지와 잎을 보게 하는 일련의 연구 과정을 따라가다 보면 자연스럽게 성경 핵심 내용(뼈대)이 암기되도록 하였습니다. 이것을 가능케 하는 것은 특히 수업 후 24시간 경과 후에도 91%가

암기된다는 〈예습-수업-복습〉이라는 입증된 공부 방법을 쓰고 있기 때문입니다. 이 책의 또 하나의 매력은 성경을 해석 없이 텍스트 자체만을 다루고 있기 때문에 교파를 초월하여 누구든지 갈등 없이 접근할 수 있다는 점입니다

바라건대 이 책을 통하여 한국 교회가 성경을 읽는 붐이 일어나서 하나님 나라 거룩한 백성 공동체로 거듭나게 되기를 소망합니다.

엄태욱 목사(여의도순복음교회 선교 국장 역임/ 여의도순복음광명교회 담임목사)

성경은 40여 명의 저자가 약 1,500년에 걸쳐서 쓴 책이고 우리나라와 문화나 환경이 전혀 다른 중동의 역사와 문화를 배경으로, 성령의 감동하심에 따라, 하나님이 택하신 사람들에 의해 쓰인 책이기에 사실 우리들이 성경의 의미를 제대로 이해하는 것이 쉽지는 않습니다.

목회자로서 늘 성경의 숲을 제대로 보면서 나무를 이해하기 원했던 제게 저자의 강의는 큰 도움이 되었고 저뿐 아니라 목회자들이 꼭 들어봐야 할 강의라고 생각되어 여의도순복음교회 목회자 영성 세미나에 목사님을 초청하여 귀한 강의를 들었던 기억도 있습니다.

「Step-by-Step 성경여행」이 성경을 역사적으로 이해하고 성경을 더욱 깊이 알기를 원하고 하나님의 말씀으로 새로워져서 제자의 삶을 통하여 하나님의 영광을 이 땅에 드러내기를 원하는 많은 사람들에게 큰 도움이 될 줄 믿으며 출간을 축하합니다.

김동운 목사(육군사관학교 육사교회 담임 역임)

특별히 저는 오랜 세월 교인구성비가 젊은이들이 상대적으로 많은 군 목회를 하면서 많은 젊은 청년들이 힘든 군 생활 속에서도 말씀에 대한 갈급함이 있고 성경을 알고 싶어 한다는 사실을 발견했습니다. 아마도 이들이 군 생활뿐 아니라, 전역 후 치열한 영적 전쟁의 현장으로 들어가서 믿음을 잃지 않고 하나님의 자녀답게 승리하는 삶을 살고 싶어 하는 갈급함이 말씀에 대한 사모함이라 생각되었습

니다.

오직 하나님 말씀만이, 성경 66권의 말씀만이, 청년들의 가슴속에 하나님의 비전과 거룩한 열정을 심어주고 유혹을 이길 힘을 줄 수 있습니다. 그러므로 젊은이들이 주님의 말씀을 바르게 배워 말씀으로 무장하는 것은 얼마나 중요한지 모릅니다. 그런 측면에서 볼 때 「Step-by-Step 성경여행」은 성경을 알기를 갈망하고 말씀을 깊이 마음에 새기고 싶은 젊은이들에게 성경의 핵심 내용을 간결하고 분명하게 정리를 하여 성경을 이해하기 쉽게 만든 좋은 교재라고 생각합니다.

바라기는 이 성경 공부 교재가 교단을 초월하여 어느 교회에서든지 모든 연령층에서 쉽게 활용할 수 있고 성경 지식과 신앙 성장에 큰 유익을 주는 교재가 될 것으로 확신하면서 한국교회와 모든 성도들에게 특별히 성경을 알기를 갈망하는 젊은이들에게 적극적으로 추천합니다.

편집자의 글

모든 책이 그렇듯, 수도 없이 쓰고 지우는 과정 속에서 한 장 한 장 페이지가 채워졌다. 몇 시간 혹은 며칠씩 걸려 작업한 내용이라도 최선의 선택을 위함이라면 미련 없이 편집되는 시행착오를 감안해야 했다. 그렇게 만들어진 책들 중에 한권! 그러나 아니다. 「Step-by-Step 성경여행」은 하나님의 말씀으로 교회와 성도들에게 숨을 불어넣어 살아나게 할 아주 특별한 책이라 믿는다.

존경하는 고은주 목사님의 부탁으로 시작한 일이지만 만일 편집의 어려움을 알았더라면 그리 쉽게 응하지는 못했을 것이다. '무식하면 용감하다' 했다. 성경을 편집하여 책으로 만드는 일이 얼마나 크고 방대한 일인지 감히 짐작도 하지 못했고 무엇보다 어설픈 편집 실력으로 감당하기에는 너무도 버거운 일임을 알지 못했다.

새로운 일을 시작한다는 의욕 때문에 성경여행 원고를 정리하는 일은 밤낮을 가리지 않았다. 원고를 받아 정리하고 다듬고 채우는 일은 매우 흥미로웠고 사역에 대한 기대와 소망으로 열정도 넘쳤다. 그러나 생각보다 일은 많았고 공들여 수고하는 것에 비해 작업은 더뎠다. 체력적으로도 정신적으로도 지쳐가는 기미가 역력했다.
여기까지가 한계인가 힘겹지만 이 길을 계속 가야 하는가! 이 일이 사람을 위함인가 아니면 하나님을 위함인가! 처음부터 하나님의 뜻하심이 무엇인지를 분명히 하였더라면 좋았을 것을 어쩌다 의욕이 앞서 시작된 일인 것만 같아 죄스러운 마음마저 들었다. 그런 나에게 사사시대의 삼손과 룻을 통해 이 사역이 우연한 일이기보다 하나님의 간섭하심으로 시작된 일이라는 믿음을 가지게 하셨다.

여호와 하나님은 블레셋을 치기 위해 삼손으로 딤나 여인을 사랑하게 하셨는데 이 일이 여호와께로부터 나온 것임을 삼손도 또한 그의 부모도 알지 못했다.

"그의 부모는 이 일이 여호와께로부터 나온 것인 줄은 알지 못하였더라"(삿 14:4) 또 룻이 보아스에게 속한 밭에서 이삭을 줍는 사건에서도 룻은 우연하게 들어간 밭이지만 하나님은 필연적으로 룻을 인도하여 보아스를 만나게 하셨다.
"룻이 이삭을 줍는데 우연히 엘리멜렉의 친족 보아스에게 속한 밭에 이르렀더라" (룻 2:3)

어쩌다 의욕이 앞서 시작한 일이라 여겨 힘겨움에 신음했지만 하나님은 하나님의 뜻하심으로 부족한 나를 성경여행의 동역자로 삼아 주셨다는 믿음을 가지게 하셨다. 지나온 시간보다 앞으로 감당해야할 시간이 훨씬 더 많이 남았다는 것이 부담이었으나 일의 시작이 앞서 행하시는 하나님의 인도하심이라면 일의 결과를 떠나 끝까지 감당하는 것이 나의 사명이라 여겼다.
먹고 마실 것이 없어 허기진 것이 아니라 영혼의 양식이 없어 주리고 목마른 사람들이 넘쳐나는 시대이다. 말씀의 풍요 속에 살면서도 정작 말씀이신 하나님을 만나지 못하여 영적빈곤에 허덕이는 자들이 얼마나 많은가! 말씀이 영혼의 양식임을 알면서도 성경을 기피하여 영적 기갈에 허덕이는가 하면 어떤 이들은 성경을 지적인 유희로 삼아 모르던 것을 알게 됨을 은혜라 여겨 복음을 상실하는 이들도 적지 않다.

「Step-by-Step 성경여행」은 성경을 효과적으로 가르치기 위한 책이다. 방대한 성경 내용을 인물과 사건과 메시지를 한 장의 지도와 틀 안에서 주제별로 정리하여 보다 쉽게 공부하게 하므로 한 번을 공부해도 성경의 내용이 입체적으로 기억되게 한다. 성경에 관심은 있으나 그 내용이 어려워 가까이 하지 못했던 성도들에게도 보다 쉽게 다가 설 수 있도록 견인한다.
또한 성경을 읽고 또 읽어 10독, 20독 아니 그 이상을 읽었어도 그 내용이 꿰어지지 않아 답답했던 성도들에게 더 깊은 은혜의 자리로 나아가게 하는 마중물 같은 책이 될 것이라 믿는다. 뿐만 아니라 성경여행은 성경에 대해 전문가적인 이해를 가지기 원하는 목회자들에게도 가장 효과적으로 공부할 수 있게 하는 책이 될 것이라 자부한다.
「Step-by-Step 성경여행」을 통해 성경을 배우고 다시 말씀의 자리에 설 때, 성경은 더 이상 낯설고 어렵고 부담스러운 책이 아니라 어느 시편 기자의 노래처럼 "주의 말씀의 맛이 내게 어찌 그리 단지요 내 입에 꿀보다 더 다니이다"(시 119:103)는 고백이 내 입술에서 노래되어 하나님을 찬양하게 될 것이라 믿는다.

생명을 살리는 말씀 사역을 위해 먼저 된 자 고은주 목사님을 만나게 하시고 그와 합력하여 선을 이루게 하신 하나님께 감사드린다. 부족한 자를 동역자로 여겨주시고 이끌어 주신 고은주 목사님의 섬김과 사랑에 감사드린다. 항상 그 자리에서 변함없는 사랑으로 섬겨주시고 기도해 주시는 온세상교회 식구들에게 감사하다. 멀리서든 가까이에서든 격려해 주시고 응원해 주시는 존경하는 목사님들과 기도 후원자들에게 머리 숙여 감사드린다.

생명으로 살아갈 수 있도록 낳아주시고 오매불망 인생의 발판이 되어주신 부모님께 감사하며 항상 힘이 되어준 형제들에게 고마운 마음을 전한다. 그리고 지친 내가 언제나 쉼을 이룰 수 있도록 안식처가 되어 준 소중한 아내 백성숙, 딸 윤주아, 윤요아에게 사랑의 마음을 전한다.

성경여행을 시작하게 하신 하나님의 뜻이
하늘에서 이루어진 것 같이
땅에서도 이루어지기를 소망하며
윤창우 목사

성경은…

성경은 삼위일체 하나님의 말씀이다.

성경은 하나님께서 주신 영적진리이다. 성경의 주제는 하나님의 사랑과 예수 그리스도이다. 성경의 목적은 영혼구원이다.(요 3:16)

"진리의 말씀 곧 너희의 구원의 복음을 듣고 그 안에서 또한 믿어 약속의 성령으로 인치심을 받았으니"(엡1:13)

성경은 삼위일체 하나님을 증언한다.
말씀은 하나님이시다.(요 1:1)

"태초에 말씀이 계시니라 이 말씀이 하나님과 함께 계셨으니 이 말씀은 곧 하나님이시니라"

말씀은 예수그리스도이시다.(요 1:14)

"말씀이 육신이 되어 우리 가운데 거하시매 우리가 그의 영광을 보니 아버지의 독생자의 영광이요 은혜와 진리가 충만하더라"

말씀은 성령이시다.(하나님의 감동, 하나님의 숨)(딤후 3:16)

"모든 성경은 하나님의 감동으로 된 것으로 교훈과 책망과 바르게 함과 의로 교육하기에 유익하니"

성경은 하나님이시오 예수님이시오 성령님이시다.

구약	성경의 분류	신약
17권	역사서	5권
17권	예언서	1권
5권	시문학	
	서신서	21권
39권		27권

성경은 하나님의 말씀이고 한 권의 책이다. 그리고 한 권의 성경 안에는 구약 39권과 신약 27권으로 나뉘어있다. 지금의 성경을 수차례 읽어도 흐름을 쉽게 잡기 어려운 이유는 성격이 연대기적으로 편집을 한 것이 아니기 때문이다. 성경은 이스라엘의 역사를 기록하고 있는데 역사서와 시가서, 예언서, 그리고 서신서가 분류되어 편집되어서 역사의 흐름을 따라 어느 책이 어느 시대에 주어진 말씀인지 찾기가 어렵다.

구약의 39권은 가장 먼저 기록된 모세 5경(창세기, 출애굽기, 레위기, 민수기, 신명기)인 역사서가 편집되었고 그다음으로 역사서 12권(여호수아, 사사기, 룻기, 사무엘상, 사무엘하, 열왕기상, 열왕기하, 역대상, 역대하, 에스라, 느헤미야, 에스더)이 편집되어 있다. 역사서 뒤에 시가서 5권(욥기, 시편, 잠언, 전도서, 아가)이 나오고 그다음에 대선지서로 구분되는 5권(이사야, 예레미야, 예레미야 애가, 에스겔, 다니엘)의 예언서가 편집되었다. 남은 소선지서는 12권(호세아, 요엘, 아모스, 오바댜, 요나, 미가, 나훔, 하박국, 스바냐, 학개, 스가랴, 말라기)의 예언서로 구약의 편집이 끝난다. 성경역사의 흐름을 따르면 에스라서와 느헤미야서는 구약의 가장 뒤편에 편집되어야 한다. 70년 바벨론 포로 생활 후에 예루살렘으로 귀환하는 역사이기 때문이다. 그런데 모든 시가서와 예언서보다 앞에 편집되어 성경을 여러 번 통독한다 할지라도 역사의 흐름을 이해하기가 쉽지 않다. 그래서 「Step-by-Step 성경여행」에서는 성경을 연대기적으로 재배열하여 효과적인 성경공부를 하게 된다.

신약 27권은 예수님의 탄생과 사역, 십자가 사건과 부활을 기록하고 있는 역사서 4권인 사복음서(마태복음, 마가복음, 누가복음, 요한복음)를 제일 앞에 편집했고, 그다음에 복음의 사역을 이어가는 사도들의 역사를 기록한 역사서인 사도행전을 넣었다. 신약에는 5권의 역사서가 역사의 사실(fact)을 기록하고 있다. 그다음에 13권의 바울서신(로마서, 고린도전서, 고린도후서, 갈라디아서, 에베소서, 빌립보서, 골로새서, 데살로니가전서, 데살로니가후서, 디모데전서, 디모데후서, 디도서, 빌레몬서)이 분류되어 편집되어 있다. 8권의 공동서신서(히브리서, 야고보서, 베드로전서, 베드로후서, 요한일서, 요한이서, 요한삼서, 유다서)를 편집하고 1권의 예언서인 요한계시록이 마지막으로 편집되어 있다. 사도 요한이 기록한 요한복음, 요한일서, 요한이서, 요한삼서는 연대기적으로 보면 요한계시록 앞에 나와야 할 성경 66권 가운데 가장 늦은 시기에 쓰여진 책들이다.

Step-by-Step
성경여행의 이해

성경여행에서의 구약개관은 일찍이 테리 홀(Rev. Terry Hall) 목사님께서 역사서 11권으로 구약의 역사를 큰 흐름으로 잡을 수 있도록 정리해 놓으신 것을 참고하였다.(Bible Panorama 성경전서 종합개관 p61, 성경 파노라마 p55)

신정시대

창세기, 출애굽기, 민수기, 여호수아, 사사기 5권으로 하나님께서 한 민족을 부르시고 제사장 나라로 세우시고 통치하시는 신정시대로 개관하여 창조시대, 족장시대, 출애굽 광야시대, 정복시대, 그리고 사사시대의 5시대로 역사를 정리한다.
족장시대에 우스 땅에 살던 의인 욥의 이야기인 욥기를 족장시대에 함께 공부한다. 출애굽 광야시대에 시내산에서 기록된 레위기와 모압평지에서 모세가 숨을 거두기 전에 기록한 신명기를 첨가하여 학습한다.
모세의 뒤를 이은 여호수아는 12지파를 이끌고 드디어 가나안 땅을 정복하고 그 땅을 분배해주는 역사를 여호수아서를 통해 공부한다. 여호수아가 죽은 뒤 이스라엘은 다시 하나님을 떠나고 하나님은 이방 민족들을 통해 이스라엘을 심판하신다.
사사들이 이스라엘을 구원하던 사사시대에 사사기를 공부하며 모압여인 룻의 신앙을 기록한 룻기를 넣어 공부한다.
신정시대는 5권(창, 출, 민, 수, 삿)으로 역사의 흐름을 잡고 4권(욥, 레, 신, 룻)을 첨가하여 성경 9권으로 정리한다.

왕정시대

사무엘상, 사무엘하, 열왕기상, 열왕기하, 에스라, 느헤미야 6권으로 이스라엘의 역사에 전환이 되는 왕국의 시작, 왕국의 분열, 유다의 멸망, 바벨론 포로, 그리고 포로귀환의 5시대로 정리한다.

왕국의 시작 역사는 사무엘 상하를 통하여 마지막 사사이며 이스라엘 역사 가운데 처음으로 기름을 부어 왕을 세우는 사무엘과 초대왕 사울, 그리고 다윗왕 까지 역사의 흐름을 잡는다. 다윗왕을 공부하며 시편을 첨가하고, 열왕기상 1장에서 11장까지 솔로몬 왕을 공부할 때 솔로몬의 아가서, 잠언, 전도서를 넣어 함께 공부한다.

왕국의 분열 시대는 열왕기상 12장에서 열왕기하 17장까지로 성경범위를 잡고, 이 분열왕국 시대에 처음으로 예언서가 주어진다. 남유다에 요엘서, 북이스라엘에는 요나, 아모스, 호세아를 포함하여 4권의 예언서를 첨가하여 본다.

유다의 멸망시대는 북이스라엘이 앗수르에 먼저 멸망당하고, 잔존해 있던 남유다가 결국에 바벨론 포로로 잡혀가는 역사를 열왕기하 18장에서 25장까지로 정리하여 공부한다. 약 200년간의 분열왕국 시대에는 4권의 예언서가 주어졌는데, 그것보다 짧은 약 140년의 잔존 유다에는 예언서 이사야, 미가, 나훔, 스바냐, 예레미야, 하박국, 예레미야 애가 등 7권의 예언서가 주어지고 대예언서들이 이때에 주어지며 유다의 멸망을 가져오는 중요한 시기로 본다.

바벨론 포로시대의 역사는 따로 기록된 역사서가 없다. 다니엘, 에스겔, 오바댜 세 권의 예언서를 통해 정리한다.

포로 귀환의 역사는 에스라, 느헤미야 두 권의 역사서로 귀환의 역사를 상세히 공부할 수 있고 학개, 스가랴, 에스더, 역대상, 역대하, 말라기 6권을 첨가하여 공부한다.

구약의 17권의 역사서 가운데 개관에 사용된 11권의 역사서인 창세기, 출애굽기, 민수기, 여호수아, 사사기, 사무엘상, 사무엘하, 열왕기상, 열왕기하, 에스라, 느헤미야는 대역사서로 분류한다. 구약의 역사를 가장 빠른 시간에 이해하고자 하는 성도는 역사를 역동적으로 이끌어가는 대역사서 11권을 먼저 읽으면 드라마처럼 성경역사가 이어지는 스토리로 읽혀지면서 구약의 역사가 열리게 된다.

6권의 소역사서는 레위기, 신명기, 룻기, 에스더, 역대상, 역대하이다. 레위기와 신명기는 시내산과 모압 평지에 머무르며 기록되어서 시간에 따라 이동하는 역동성이 적다. 룻기와 에스더서도 공간적인 이동이 적은 역사서이다. 역대상과 역대하는 열왕기서와 같이 왕들의 이야기를 기록한 역사서이나, 북이스라엘의 왕과 왕국 이야기가 전혀 기록되지 않았다. 70년의 바벨론 포로 이후에 예루살렘에 귀환하여 율법학자 겸 제사장인 에스라(아론의 16대 손)가 유대인의 정체성을 재확립하고 선민으로서의 뿌리를 찾는 역사기록을 하면서 혼혈이 된 북이스라엘을 전혀 기록에 남기지 않았기 때문이다.

성경여행의 신약 개관은 테리 홀(Rev. Terry Hall)의 신약 개관을 참고로 하여 신약시대를 다섯 시대로 정리하였다.(Bible Panorama 성경전서 종합개관 p116, p120)

신약성경의 사복음서는 예수님의 생애를 기록하고 있는 중요한 역사서이다. 예수님의 탄생이 복음의 시작이다. 마태복음, 마가복음, 누가복음, 그리고 요한복음을 연대기적으로 최대한 정리하여 예수님의 탄생과 성장을 사적생애로 정리하고, 예수님의 공생애는 공생애 기간에 맞이하는 네 번의 유월절을 중심으로 예수님의 생애를 공부한다. 사복음서 가운데 요한복음은 예수님께서 맞으시는 네 번의 유월절을 다 기록하고 있는 유일한 복음서이므로 요한복음으로 예수님의 사역 개관을 정리한다.

사도행전은 4복음서의 내용을 이어가는 중요한 역사서이다. 사도행전으로 사도들의 사역 '교회의 시작'과 사도바울의 사역 '선교의 시작'으로 개관한다. 사도바울의 사역 중에 기록된 13편의 바울서신을 공부하게 된다. 사도바울 외의 일반사도 들에 의해 기록된 8편의 공동서신서를 일반사도들의 사역으로 분류하여 개관한다. 신약의 다섯 번째 시대는 사도요한의 사역으로 정리하여 성경의 완성인 요한계시록으로 정리하여 신약개관을 정리한다.

오래전부터 많은 성경공부의 교재들이 성경역사와 지리를 중심으로 출판되어왔다. 더구나 최근에는 프뉴마 성경과 같은 성경이 우리에게 많은 지도를 제공하고 있어 지리적으로 성경을 이해하도록 돕고 있다. 「Step-by-Step 성경여행」도 성경인물의 이동을 지도위에서 이해하고 기억하도록 돕는다. 이미지는 문자보다 더 뇌세포에 코딩이 되고 반복하게 되면 잊지 않고 저장되는 기억이 되어 성경책이 없이도 성경 스토리와 성경인물을 기억할 수 있다. 또한 성경여행은 역사서, 예언서, 시가서, 그리고 서신서 등을 색으로 분류하여 표기함으로 시각적으로 성경의 흐름을 이해하고 기억하기에 도움이 되도록 하였다.

'홍수 때 마실 물이 없다'
'바닷가에서 갈증으로 죽는다'

지금까지 수많은 참고서적과 교재가 이미 성경이해를 돕기 위해 출판되어 왔지만, 정작 내가 의지를 가지고 성경공부에 참여하지 않으면 성경은 여전히 어렵고 방대하여 성경책을 열려고 시도조차 하지 않는다. 반면에 성경에서 '생수를 마셔야겠다'라는 의지와 열정을 갖고 성경공부를 하면 생각보다 성경이 쉽게 맥이 잡히고, 스토리를 통해 우리에게 주시는 은혜와 진리를 만나게 된다.

성경은 이스라엘 역사가 드라마처럼 스토리가 이어진다. 역사를 이해하기 위해 성경여행은 역사서를 따라가며 역사의 흐름을 이해하고, 각 시대에 하나님께서 주신 역사서, 예언서, 시가서, 서신서 등을 넣어서 연대기적으로 성경을 공부하게 된다.

결과적으로 성경의 흐름이 잡혀 방대한 성경을 쉽고 효과적으로 기억할 수 있게 되어 성경을 찾고 읽기가 쉬워지고, 설교의 역사적 배경을 알기에 흥미롭게 설교가 들려지고, 하나님 말씀에 익숙해져서 성격을 왜곡시키고, 다르게 가르치는 이단에 절대 갈 수 없는 영적 분별력이 생긴다. 성경을 아는 것만큼 하나님을 아는 것이고, 말씀이 기준이 되고, 말씀을 떠나서 살 수 없는 성도가 되어 하나님의 영광을 최선의 목표로 삼고 살게 된다.

성경을 주신 하나님께 모든 영광과 찬양을 올려드립니다.

성 경 개 관

Step-by-Step
성경여행 구약 개관

신정시대 - 역사서 5권(창, 출, 민, 수, 삿)

1.창조시대 (역사의 시작)	2.족장시대 (B.C. 2090)	3.출애굽광야 (B.C. 1446)	4.정복시대 (B.C. 1406)	5.사사시대 (B.C. 1400)
창 1~11장	창 12~50장	출 1~40장 민 1~36장	수 1~24장	삿 1~21장
	욥	레 신		룻

왕정시대 - 역사서 6권(삼상, 삼하, 왕상, 왕하, 스, 느)

6.왕국의 시작 (B.C. 1050)	7.왕국의 분열 (B.C. 930)	8.유다의 멸망 (B.C. 722)	9.바벨론 포로 (B.C. 605)	10.포로 귀환 (B.C. 536)
삼상 1~왕상 11장	왕상 12~왕하 17장	왕하 18~25장		스 1~10장 느 1~13장
시 아 잠 전	욜 욘 암 호	사 나 습 합 애 미 렘	단 겔 옵	학 에 말 슉 대상 대하

Step-by-Step
성경여행 신약 개관

예수시대	사도시대			
1. 예수님의 사역 (B.C. 4~A.D. 30)	2. 사도들의 사역 (A.D. 30~44)	3. 사도 바울의 사역 (A.D. 34~67)	4. 일반 사도들의 사역 (A.D. 50~90)	5. 사도 요한의 사역 (A.D. 95~100)
마(28장), 막(16장), 눅(24장), 요(21장) "복음의 시작"	행 1~12장 (사도 베드로 중심 사역) "교회의 시작"	행 13~28장 (사도 바울 중심 사역) "선교의 시작"	"공동서신" "일반서신"	"성경의 완성"
마 막 눅 요 마태 : 구약의 성취 "유 대인의 왕" 마가 : 구속의 "고난의 종" 누가 : 온 인류의 "구원자" 요한 : 말씀이 육신이 되어 오신 예수님	행 1.오순절 성령강림 2.초대교회(예루살렘 교회) 3.스데반 집사 순교 4.최초 이방인 교회 (안디옥) 5.사도 야고보 순교	1차 선교여정 갈 2차 선교여정 살전 살후 3차 선교여정 고전 고후 롬 4차 선교여정 엡 골 몬 빌 딤전 딛 딤후	약 유 히 요1 벧전 요2 벧후 요3	계
4권	1권	13권	8권	1권

Step-by-Step

구 약
성경여행

차례

1

창조시대

Step-by-Step
성경여행 구약 개관

신정시대 - 역사서 5권(창, 출, 민, 수, 삿)

1. 창조시대 (역사의 시작)	2. 족장시대 (B.C. 2090)	3. 출애굽광야 (B.C. 1446)	4. 정복시대 (B.C. 1406)	5. 사사시대 (B.C. 1400)
창 1~11장	창 12~50장	출 1~40장 민 1~36장	수 1~24장	삿 1~21장
	욥	레 신		룻

왕정시대 - 역사서 6권(삼상, 삼하, 왕상, 왕하, 스, 느)

6. 왕국의 시작 (B.C. 1050)	7. 왕국의 분열 (B.C. 930)	8. 유다의 멸망 (B.C. 722)	9. 바벨론 포로 (B.C. 605)	10. 포로 귀환 (B.C. 536)
삼상 1~왕상 11장	왕상 12~왕하 17장	왕하 18~25장		스 1~10장 느 1~13장

시 아 / 잠 / 전

욜 욘 / 암 / 호

사 나 습 합 애 / 미 렘

단 겔 옵

학 에 말 / 슥 대상 / 대하

5대양 6대주

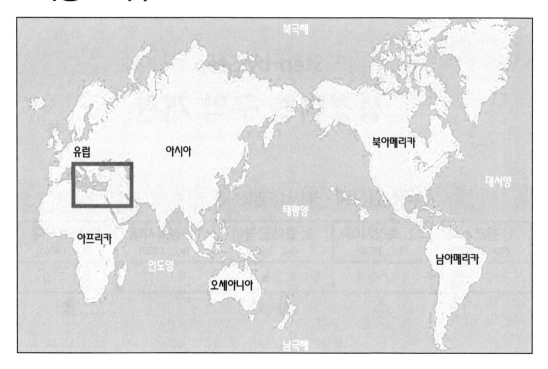

고대근동

신정시대 - 역사서 5권(창, 출, 민, 수, 삿)				
1. 창조시대 (역사의 시작)	2. 족장시대 (B.C. 2090)	3. 출애굽광야 (B.C. 1446)	4. 정복시대 (B.C. 1406)	5. 사사시대 (B.C. 1400)
창 1~11장	창 12~50장	출 1~40장 민1~36장	수 1~24장	삿 1~21장
	욥	레 신		룻

1. 창조시대

"태초에 하나님이 천지를 창조하시니라"(창 1:1)

하나님은 천지만물을 지으신 창조주이시다. 창조의 섭리는 우주의 기원이 되는 해와 달과 별의 태양계로 말미암은 천지창조와 생명의 창조인 인간창조로 인류역사의 대서사시의 시작이 이루어진다.

하나님의 말씀에 대한 인간의 불순종으로 타락과 함께 원죄가 시작되고 그리고 구속을 계획하시는 하나님의 원복음(Proto Gospel)이 시작되었다.

창세기 3장 15절에 기록된 '원시복음' 즉, 최초의 복음은 성경 66권을 이끄는 핵심 메시지이다. 또한 창세기에서 시작된 이 창조 역사의 완성은 성경의 마지막 책인 요한계시록에서 완성된다.

"내가 너로 여자와 원수가 되게 하고 네 후손도 여자의 후손과 원수가 되게 하리니 여자의 후손은 네 머리를 상하게 할 것이요 너는 그의 발꿈치를 상하게 할 것이니라"(창 3:15)

창조시대
창 1~11장

1. 창조시대(창 1~11장)			
1~2장	3~5장	6~10장	11장
창조	타락	홍수	바벨탑

1. 창조

창 1장	창 2장
천지창조	인간창조

1) 천지창조

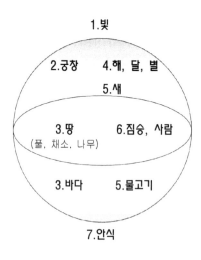

공간을 창조		공간을 채우심	
첫째 날	빛	넷째 날	광명체(해, 달, 별)
둘째 날	궁창	다섯째 날	새와 물고기(종류대로)
셋째 날	땅과 바다(풀, 채소, 나무)	여섯째 날	짐승(종류대로)과 사람
일곱째 날 : 안식			

"하나님이 지으신 모든 것을 보시니 보시기에 심히 좋았더라"(창 1:31)

첫째 날(창 1:2~5)
"하나님이 이르시되 빛이 있으라 하시니 빛이 있었고"(창 1:3)

요한복음 1장 5절 "빛이 어둠에 비치되 어둠이 깨닫지 못하더라"

둘째 날(창 1:6~8)
"하나님이 이르시되 물 가운데에 궁창이 있어 물과 물로 나뉘라 하시고 하나님이 궁창을 만드사 궁창 아래의 물과 궁창 위의 물로 나뉘게 하시니 그대로 되니라 하나님이 궁창을 하늘이라 부르시니라"(창 1:6~8)

요한계시록 21장 1절 "또 내가 새 하늘과 새 땅을 보니 처음 하늘과 처음 땅이 없어졌고 바다도 다시 있지 않더라"

셋째 날(창 1:9~13)
"하나님이 이르시되 천하의 물이 한 곳으로 모이고 뭍이 드러나라 하시니 그대로 되니라 하나님이 뭍을 땅이라 부르시고 모인 물을 바다라 부르시니 하나님이 보시기에 좋았더라 하나님이 이르시되 땅은 풀과 씨 맺는 채소와 각기 종류대로 씨 가진 열매 맺는 나무를 내라 하시니 그대로 되어"(창 1:9~11)

넷째 날(창 1:14~19)
"하나님이 이르시되 하늘의 궁창에 광명체들이 있어 낮과 밤을 나뉘게 하고 그것들로 징조와 계절과 날과 해를 이루게 하라 또 광명체들이 하늘의 궁창에 있어 땅을 비추라 하시니 그대로 되니라 하나님이 두 큰 광명체를 만드사 큰 광명체로 낮을 주관하게 하시고 작은 광명체로 밤을 주관하게 하시며 또 별들을 만드시고"(창 1:14~16)

시편 8장 3절 "주의 손가락으로 만드신 주의 하늘과 주께서 베풀어 두신 달과 별들을 내가 보오니 사람이 무엇이기에 주께서 그를 생각하시며 인자가 무엇이기에 주께서 그를 돌보시나이까"
욥기 38장 32절, "너는 별자리들을 각각 제 때에 이끌어 낼 수 있으며 북두성을 다른 별들에게로 이끌어 갈 수 있겠느냐"

다섯째 날(창 1:20~23)

"하나님이 이르시되 물들은 생물을 번성하게 하라 땅 위 하늘의 궁창에는 새가 날으라 하시고 하나님이 큰 바다 짐승들과 물에서 번성하여 움직이는 모든 생물을 그 종류대로, 날개 있는 모든 새를 그 종류대로 창조하시니 하나님이 보시기에 좋았더라"(창 1:20~21)

욥기 38장 16절 "네가 바다의 샘에 들어갔었느냐 깊은 물 밑으로 걸어 다녀 보았느냐"

여섯째 날(창 1:24~31)

① "하나님이 이르시되 땅은 생물을 그 종류대로 내되 가축과 기는 것과 땅의 짐승을 종류대로 내라 하시니 그대로 되니라"(창1:24)

② "우리의 형상을 따라 우리의 모양대로 우리가 사람을 만들고 그들로 바다의 물고기와 하늘의 새와 가축과 온 땅과 땅에 기는 모든 것을 다스리게 하자 하시고 하나님이 자기 형상 곧 하나님의 형상대로 사람을 창조하시되 남자와 여자를 창조하시고 하나님이 그들에게 복을 주시며 하나님이 그들에게 이르시되 생육하고 번성하여 땅에 충만하라, 땅을 정복하라, 바다의 물고기와 하늘의 새와 땅에 움직이는 모든 생물을 다스리라 하시니라"(창 1:25~28)

일곱째 날(창 2:1~3)

"하나님이 그 일곱째 날을 복되게 하사 거룩하게 하셨으니 이는 하나님이 그 창조하시며 만드시던 모든 일을 마치시고 그 날에 안식하셨음이니라"(창 2:3)

출애굽기 20장 8~11절 "이는 엿새 동안에 나 여호와가 하늘과 땅과 바다와 그 가운데 모든 것을 만들고 일곱째 날에 쉬었음이라 그러므로 나 여호와가 안식일을 복되게 하여 그 날을 거룩하게 하였느니라"

[안식일은 창조의 완성과 거룩한 날의 언약과 표징이 된다.(히 4:1~11, 출 31:12~17)]

2) 인간창조(창 2장)

(1) 남자 : 땅의 흙

"여호와 하나님이 땅의 흙으로 사람을 지으시고 생기를 그 코에 불어넣으시니 사람이 생령이 되니라"(창 2:7)

(2) 여자 : 아담의 갈빗대

"여호와 하나님이 아담에게서 취하신 그 갈빗대로 여자를 만드시고 그를 아담에게로 이끌어 오시니 아담이 이르되 이는 내 뼈 중의 뼈요 살 중의 살이라 이것을 남자에게서 취하였은즉 여자라 부르리라 하니라"(창 2:22~23)

(3) 결혼 : 최초의 가정

"이러므로 남자가 부모를 떠나 그의 아내와 합하여 둘이 한 몸을 이룰지로다"(창 2:24)

> 에덴동산 가운데 있는 나무 : 생명나무와 선악과
> 에덴동산에서 발원한 4대강 : 비손 강, 기혼 강, 힛데겔 강(티그리스 강), 유브라데 강

2. 타락(창 3~5장)

타락	가인과 아벨
창 3장	창 4~5장

> **하나님의 명령** : "동산 각종 나무의 열매는 네가 임의로 먹되 선악을 알게 하는 나무의 열매는 먹지 말라 네가 먹는 날에는 반드시 죽으리라"(창 2:16~17)

1) 타락(창 3장)

(1) 뱀의 유혹

뱀 : 하나님이 참으로 너희에게 동산 모든 나무의 열매를 먹지 말라하시더냐

여자 : 동산 나무의 열매를 우리가 먹을 수 있으나 동산 중앙에 있는 나무의 열매는 하나님의 말씀에 너희는 먹지도 말고 만지지도 말라 너희가 죽을까 하노라 하셨느니라

뱀 : 너희가 결코 죽지 아니하리라 너희가 그것을 먹는 날에는 너희 눈이 밝아져 하나님과 같이 되어 선악을 알 줄 하나님이 아심이니라

[거짓의 아비 : 뱀, 사단 – 사단의 특징은 하나님의 말씀을 대적하는 것이다.]

요한복음 8장 44절 "너희는 너희 아비 마귀에게서 났으니 너희 아비의 욕심대로 너희도 행하고자 하느니라 그는 처음부터 살인한 자요 진리가 그 속에 없으므로 진리에 서지 못하고 거짓을 말할 때마다 제 것으로 말하나니 이는 그가 거짓말쟁이요 거짓의 아비가 되었음이라"

에베소서 6장 12절 "우리의 씨름은 혈과 육을 상대하는 것이 아니요 통치자들과 권세들과 이 어둠의 세상 주관자들과 하늘에 있는 악의 영들을 상대함이라

"여자가 그 나무를 본즉 먹음직도 하고 보암직도 하고 지혜롭게 할 만큼 탐스럽기도 한 나무인지라 여자가 그 열매를 따먹고 자기와 함께 있는 남편에게도 주매 그도 먹은지라"(창 3:6~7)

요한일서 2장 16절 "이는 세상에 있는 모든 것이 육신의 정욕과 안목의 정욕과 이생의 자랑이니 다 아버지께로부터 온 것이 아니요 세상으로부터 온 것이라"

야고보서 1장 14~15절 "오직 각 사람이 시험을 받는 것은 자기 욕심에 끌려 미혹됨이니 욕심이 잉태한즉 죄를 낳고 죄가 장성한즉 사망을 낳느니라"

(2) 심판
① 뱀 : 배로 다니고 살아 있는 동안 흙을 먹고 살아야 함

원복음(창 3:15) "내가 너로 여자와 원수가 되게 하고 네 후손도 여자의 후손과 원수가 되게 하리니 여자의 후손은 네 머리를 상하게 할 것이요 너는 그의 발꿈치를 상하게 할 것이니라"

뱀과 그의 후손 : 사단
여자의 후손 : 예수 그리스도
남자의 후손 : 모든 민족

② 하와 : 해산의 고통
"내가 네게 임신하는 고통을 크게 더하리니 네가 수고하고 자식을 낳을 것이며 너는 남편을 원하고 남편은 너를 다스릴 것이니라 하시고"(창 3:16)

③ 아담 : 땀 흘림의 수고
"네가 네 아내의 말을 듣고 내가 네게 먹지 말라 한 나무의 열매를 먹었은즉 땅은 너로 말미암아 저주를 받고 너는 네 평생에 수고하여야 그 소산을 먹으리라"(창 3:17)

"땅이 네게 가시덤불과 엉겅퀴를 낼 것이라"(창 3:18)

④ 생명나무
"하나님이 그 사람을 쫓아내시고 에덴 동산 동쪽에 그룹들과 두루 도는 불 칼을 두어 생명 나무의 길을 지키게 하시니라"(창 3:24)

요한계시록 22:1~2 "생명수의 강 좌우에 생명나무가 있어"

2) 가인과 아벨(창 4~5장)

(1) 가인과 아벨의 제사(창 4:1~5)

가인	아벨
농사하는 자	양을 치는 자
땅의 소산으로 제물을 드림	양의 첫 새끼와 그 기름을 드림
여호와께서 가인과 그의 제물은 받지 않으심	여호와께서 아벨과 그의 제물은 받으심

(2) 가인의 범죄(살인)
여호와 하나님께서 가인과 그의 제물은 받지 않으시고 아벨과 그의 제물만 받으심으로 가인이 몹시 분하여 안색이 변하기까지 하니 여호와께서 가인에게 "네가 분하여 함은 어찌 됨이며 안색이 변함은 어찌 됨이냐 네가 선을 행하면 어찌 낯을 들지 못하겠느냐 선을 행하지 아니하면 죄가 문에 엎드려 있느니라 죄가 너를 원하나 너는 죄를 다스릴지니라" 하신다.
여호와 하나님께서 죄를 다스릴 수 있는 말씀을 가인에게 주셨음에도 미움과 분노로 이미 마음을 빼앗긴 가인은 들에서 아벨을 쳐 죽임으로 최초의 살인자가 된다. 하나님께서는 아벨을 대신하여 '셋'을 주심으로 의인의 계보를 이으시며, 셋이 '에노스'를 낳았을 때 비로소 사람들이 여호와의 이름을 부르기 시작한다.

신약에서 드러내는 가인과 아벨 :
① 히브리서 11장 4절, "믿음으로 아벨은 가인보다 더 나은 제사를 하나님께 드림으로 의로운 자

라 하시는 증거를 얻었으니 하나님이 그 예물에 대하여 증언하심이라 그가 죽었으나 그 믿음으로써 지금도 말하느니라"

② 요한일서 3장 12절 : "가인 같이 하지 말라 그는 악한 자에게 속하여 그 아우를 죽였으니 어떤 이유로 죽였느냐 자기의 행위는 악하고 그의 아우의 행위는 의로움이라"

③ 유다서 1장 11절 : 육신의 거짓된 의로움 vs 믿음의 의로움

3. 홍수(창 6~10장)

심판의 이유	홍수	하나님의 언약	노아의 세 아들
창 6장	창 7~8장	창 9:1~17	창 9:18~10장

1) 심판의 이유(창 6장)

(1) 하나님의 아들들의 타락
(2) 죄악이 세상에 가득함
(3) 마음으로 생각하는 모든 계획이 항상 악함
(4) 온 땅이 하나님 앞에 부패하여 포악함이 땅에 가득함

"나의 영이 영원히 사람과 함께 하지 아니하리니 이는 그들이 육신이 됨이라"(창 6:3)

"땅 위에 사람 지으셨음을 한탄하사 마음에 근심하시고 이르시되 내가 창조한 사람을 내가 지면에서 쓸어버리되 사람으로부터 가축과 기는 것과 공중의 새까지 그리하리니 이는 내가 그것들을 지었음을 한탄함이니라"(창 6:6~7)

하나님의 말씀에 불순종한 결과 : ① 육신이 된다 ② 악하다 ③ 부패한다

2) 홍수(창 7~8장)

(1) 노아는 의인이요 당대에 완전한 자, 하나님과 동행한 자, 믿음의 상속자(히

11:7)

　노아의 아들들 : 셈, 함, 야벳

(2) 방주 : '고페르나무(cypress)로 만들되 그 안에 칸들을 막고 역청을 그 안팎에 칠하고, 거기에 창을 내되 위에서부터 한 규빗에 내고, 그 문은 옆으로 내고, 상 중 하 3층 구조로 방주를 만들라'

히브리서 11장 7절 "믿음으로 노아는 아직 보이지 않는 일에 경고하심을 받아 경외함으로 방주를 준비하여 그 집을 구원하였으니 이로 말미암아 세상을 정죄하고 믿음을 따르는 의의 상속자가 되었느니라"

(3) 방주에 들어간 짐승과 사람 : 정결한 짐승 7쌍씩, 부정한 짐승 2쌍씩과 노아의 가족 8명(노아, 노아의 아내, 세 아들, 세 며느리)

성경에서 인정하는 의인 3명(겔14:14) : 욥, 노아, 다니엘

기간	홍수의 과정	말씀
땅에 물이 가득함 (150일간)	방주에 들어감(7일 기다림)	창 7:4, 10
	비가 시작됨(노아가 600세 되던 2월 17일)	창 7:11~12, 17
	(40일 만에)비가 멈춤	창 7:4, 11~12
	아라랏 산 정박(7월 17일)	창 8:3~4

물이 마름 (150일간)	산봉우리들이 보이기 시작(10월 1일)	창 8:5
	(40일 기다림 후)까마귀를 내보냄	창 8:6~7
	비둘기를 보냈으나 다시 돌아옴	창 8:8~9
	(7일 기다림 후)비둘기를 다시 내보내자 감람 잎사귀를 물고 돌아 옴	창 8:10~11
	(7일 기다림 후)비둘기를 다시 보냈으나 돌아오지 않음	창 8:12
	지면에 물이 걷힘(150일이 끝남)	창 8:13
땅이 마름	방주 뚜껑 열림(1월 1일)	창 8:13
	방주에서 나옴(노아 601세 되던 2월 27일)	창 8:14~19

3) 하나님의 언약(창 9:1~17)

방주에서 나온 노아가 여호와께 제단을 쌓고 번제를 드림으로 "땅이 있을 동안에는 심음과 거둠과 추위와 더위와 여름과 겨울과 낮과 밤이 쉬지 아니하리라"(창 8:21~22)하시며, "하나님이 노아와 그 아들들에게 복을 주시며 그들에게 이르시되 생육하고 번성하여 땅에 충만하라"(창 9:1) 축복하신다.

무지개 : 언약의 증거(다시는 물로 모든 육체를 멸하지 않겠다는 증거) (창 9:13~17)

4) 노아와 세 아들(창 9~10장)

노아가 포도주를 마시고 취하여 그 장막 안에서 벌거벗은 채로 자고 있을 때에 함이 그의 아버지의 하체를 보고 밖으로 나가 그의 두 형제에게 알린다. 셈과 야벳은 아버지의 하체를 보지 아니하고 뒷걸음쳐 들어가 그들의 아버지의 하체를 덮는다.

노아의 저주와 축복

1) 가나안(함의 아들) : '가나안은 저주를 받아 그의 형제의 종들의 종이 되기를 원하노라'(창 9:25)
2) 셈 : '셈의 하나님 여호와를 찬송하리로다 가나안은 셈의 종이 되기를 원하노라'(창 9:26)
3) 야벳 : '야벳을 창대하게 하사 셈의 장막에 거하게 하시고 가나안은 그의 종이 되기를 원하노라'
(창 9:27)

노아의 후손

1) 셈 : 엘람, 앗수르, 아르박삿, 룻, 아람
2) 함 : 가나안 족속(시돈, 헷, 여부스, 아모리, 기르가스, 히위), 시날 땅, 구스
3) 야벳 : 켈트족, 게르만족, 그리스, 로마인, 터어키

셈의 족보

셈 → 아르박삿 → 셀라 → 에벨 → 벨렉 → 르우 → 스룩 → 나홀 → 데라 → (아브람, 나홀, 하란)

데라의 족보

아담
노아
셈
데라
├─ 아브람 ── 이삭
├─ 나홀
└─ 하란 ── 롯

예수님은 마태복음 24장 36~39절에서 주님의 다시 오심이 노아의 때와 같을 것을 강조하신다. "홍수가 나서 그들을 다 멸하기까지 깨닫지 못하였으니 인자의 임함도 이와 같으리라"(마 24:39)

4. 바벨탑(창 11장)

바벨탑은 홍수사건 후 인간이 스스로를 높이려는 욕망과 교만이 드러난 사건이다. 홍수의 심판을 경험하고도 회개가 없다. 홍수 심판 후에도 다시 마음이 완악하여 하나님과 같아지려하는 탐심(선악과)이 드러나고 하나님을 의지하지 않고 인

본적인 동맹을 결행한다.

"성읍과 탑을 건설하여 탑 꼭대기를 하늘에 닿게 하여 우리 이름을 내고 온 지면에 흩어짐을 면하자 하였더니"(창 11:4)

하나님께서 그들의 언어를 혼잡하게 하심으로 흩어지게 하신다.

바벨탑은 시날 평지에서 일어난 사건이요 함의 아들들의 사건이다(창 10:10). 인간의 인본주의는 인간 중심의 야망이 드러나고 하나님을 대적하는 결과로 스스로의 멸망을 초래한다.

2

족장시대

2. 족장시대

신정시대 - 역사서 5권(창, 출, 민, 수, 삿)				
1. 창조시대 (역사의 시작)	**2. 족장시대** (B.C. 2090)	**3. 출애굽광야** (B.C. 1446)	**4. 정복시대** (B.C. 1406)	**5. 사사시대** (B.C. 1400)
창 1~11장	창 12~50장	출 1~40장 민 1~36장	수 1~24장	삿 1~21장

욥　　　　　　　　　레　신　　　　　　　　　　　　룻

2. 족장시대(창 12~50장)			
1. 아브라함	2. 이삭	3. 야곱	4. 요셉
창 12~24	창 21~35	창 25~36	창 37~50

1. 아브라함(창 12~24장)

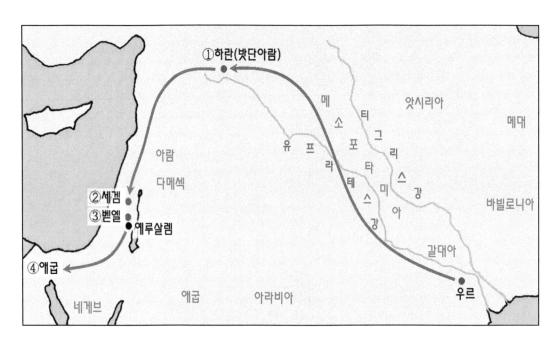

① 하란(창 12장) : 부르심(75세)과 언약(땅 + 민족 + 복)

"너는 너의 고향과 친척과 아버지의 집을 떠나 내가 네게 보여 줄 땅으로 가라 내가 너로 큰 민족을 이루고 네게 복을 주어 네 이름을 창대하게 하리니 너는 복이 될지라 너를 축복하는 자에게는 내가 복을 내리고 너를 저주하는 자에게는 내가 저주하리니 땅의 모든 족속이 너로 말미암아 복을 얻을 것이라"(창 12:1~3)

　온 인류의 구원의 약속이 아브라함의 씨에서 나온다.(창 22:18)
　"아브라함과 다윗의 자손 예수 그리스도의 계보라"(마 1:1)

② 세겜 : 가나안 땅 도착, 언약의 확약 "이 땅을 네 자손에게 주리라"

③ 벧엘 : 제단을 쌓고 여호와의 이름을 부름(심한 기근)

④ 애굽 : 아내 사래를 누이라 속임

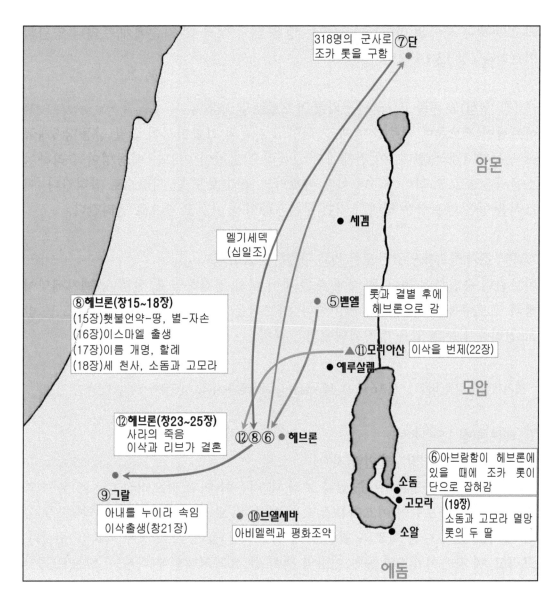

아브람이 아내 사래를 누이라 속이나 하나님께서 간섭하심으로 바로의 손에서 사래를 구하고 소와 양과 노비까지 많은 소유를 얻어 애굽에서 벧엘로 돌아온다.

⑤ 벧엘(창 13장) : 아브람과 조카 롯의 목자가 다툼으로 서로 결별

"우리는 한 친족이라 나나 너나 내 목자나 네 목자나 서로 다투게 하지 말자 네 앞에 온 땅이 있지 아니하냐 나를 떠나가라 네가 좌하면 나는 우하고 네가 우하면 나는 좌하리라"(창 13:8~9)

롯이 떠나간 후에 여호와 하나님께서 아브람에게 언약을 주신다.

"여호와께서 아브람에게 이르시되 너는 눈을 들어 너 있는 곳에서 북쪽과 남쪽 그리고 동쪽과 서쪽을 바라보라 보이는 땅을 내가 너와 네 자손에게 주리니 영원히 이르리라"(창 13:14~15)

⑥ (창 14장) 소돔과 고모라의 조카 롯이 포로로 끌려감
아브람이 헤브론에 거주할 때에, 가나안 국가들의 연합전쟁이 발발(남동맹 5개국 vs 북동맹 4개국)한다. 이 전쟁에서 그돌라오멜 왕이 이끄는 북동맹이 승리하여 소돔왕을 포로로 잡아가는데 이때 아브람의 조카 롯도 단 지방으로 잡혀간다. 이 소식을 들은 아브람은 집에서 기른 군사 318명을 이끌고 단으로 달려간다.

⑦ 단 : 조카 롯과 빼앗겼던 모든 것을 구출하고 돌아 옴
아브람이 승전하여 돌아 올 때에 소돔 왕이 나와 영접하였고, 살렘 왕 멜기세덱이 빵과 포도주를 가지고 나와 맞이한다. 아브람은 멜기세덱에게 축복의 기도를 받고 전리품 십분의 일을 멜기세덱에게 드린다.

멜기세덱의 기록(히 7:1~6, 16~17) : 예수님은 대 제사장이시다.(히 3:1) – [예수님의 예표]

⑧ 헤브론(창 15~18장)
창 15장 - 횃불언약(땅), 별 언약(자손)
"하늘을 우러러 뭇별을 셀 수 있나 보라 네 자손이 이와 같으리라"(창 15:5)는 약속을 주신다. 아브람이 여호와를 믿으니 이를 '의'로 여기셨고, "횃불언약"(쪼갠 고기 사이로 연기 나는 화로와 횃불을 지나게 하심)을 증거로 땅에 약속을 주신다. 그리고 '네 자손이 400년 동안 이방의 객이 될 것'과 '4대만에 다시 이 땅으로 돌아오게 될 것'을 말씀하신다.

이스라엘 백성이 400년 동안 객이 되는 이유 : 아모리 족속의 죄악이 아직 가득차지 않았기 때문이다(창 15:16). 아모리는 가나안 족속 모두를 가리키며, 하나님의 심판은 때가 이르기를 기다리신다.

창 16장 - 이스마엘 출생
하나님의 약속을 기다리지 못하고 사래의 말대로 하여 하갈에게서 육신의 아들 '이스마엘'을 낳는다.(86세)

창 17장 - 이름 개명

아브람과 사래의 이름을 '아브라함'과 '사라'로 각각 바꾸시고 '아브라함 후손의 하나님이 되실 것과 가나안 온 땅을 주어 영원한 기업이 되게 하고 나는 그들의 하나님이 되리라'는 언약을 주신다.(99세)

> 아브람(존귀한 아버지)⇒ '아브라함'(열국의 아버지, 여러 나라의 아버지)
> 사래(여주인)⇒ '사라'(열국의 어미, 많은 사람의 어머니)

'할례'를 명하심 : 남자 아이가 태어난 지 8일 만에 생식기의 포피를 베어 하나님과의 언약의 표징을 삼게 하신다.(창 17:10, 11)
"내 언약이 너희 살에 있어 영원한 언약이 되려니와" 할례는 몸에 새겨지는 언약으로 고통과 의지를 요구한다. 아브라함의 나이 99세, 이스마엘 13세에 할례를 받는다.
"아브라함이 엎드려 웃으며 마음속으로 이르되 백 세 된 사람이 어찌 자식을 낳을까 사라는 구십 세니 어찌 출산하리요"(창 17:17) [이삭(웃음)의 이름 받음(창 17:19)]

창 18장 - 세 천사 방문

아브라함이 마무레 상수리나무 아래에 있을 때에 세 천사를 만남으로 그들을 대접하다가 두 가지 예언(내년 이맘때 사라가 아들을 낳을 것과 소돔과 고모라가 심판을 당하여 멸망할 것)을 듣는다. 사라가 장막 문에서 듣고 속으로 웃음으로 "여호와께서 능하지 못한 일이 있겠느냐"(창 18:14) 책망을 듣는다. 아브라함이 소돔과 고모라가 멸망당할 것을 듣고 '의인 10명을 찾으면 소돔과 고모라를 멸하지 않겠다'는 약속을 받는다.

창 19장 - 소돔과 고모라 멸망

두 천사가 롯의 집에서 유숙할 때에 그 성 사람들이 "오늘 밤에 네게 온 사람들이 어디 있느냐 이끌어 내라 우리가 그들을 상관하리라"(창 19:4~5)한다. 소돔과 고모라가 유황과 불로 심판 당할 때에 롯의 가족들은 천사들의 도움으로 심판을 면하지만 롯의 아내는 뒤를 돌아봄으로 소금기둥이 된다. 후에 롯의 두 딸이 아버지에게서 '모압'과 '벤암미'를 낳아 모압과 암몬의 조상이 된다.

소돔과 고모라를 심판하시는 이유 :
"소돔과 고모라에 대한 부르짖음이 크고 그 죄악이 심히 무거우니"(창 18:20)

"그들을 상관하리라" : 이는 '동성애적인 행위를 통해 재미를 보리라'는 뜻으로서 동성애는 현 시대의 문제만이 아니라 타락한 세대에 의연하게 나타나는 죄악의 극치이며 하나님의 심판이 엄중함을 알게 한다.

⑨ 그랄(창 20~21장)

1) 그랄 왕 아비멜렉에게 아내를 누이라고 속임(아브라함의 두 번째 속임)

2) 이삭 출생(21장) : 아브라함의 나이 100세에 약속의 아들 이삭이 태어남(태어난 지 8일 만에 할례를 행함)

3) 이삭과 이스마엘의 갈등으로 하갈과 이스마엘이 쫓겨남(한 민족을 이룸)

⑩ 브엘세바(창 21장)

아비멜렉과 평화조약 : 그곳 이름을 "브엘세바"(맹세의 우물)라 함

⑪ 모리아 산(창 22장) : 이삭을 번제로 드리라

그 일 후에 하나님이 아브라함을 시험하시려고 "네 아들 네 사랑하는 독자 이삭을 데리고 모리아 땅으로 가서 내가 네게 일러 준 한 산 거기서 그를 번제로 드리라"(창 22:1~2) 함으로 순종하여 모리아 산에서 이삭을 하나님께 바치려 한다.

아브라함의 믿음을 확인하신 하나님께서는 아브라함을 불러 멈추시고, "네가 네 아들 네 독자까지도 내게 아끼지 않았으니 내가 이제야 네가 하나님을 경외하는 줄 아노라"(창 22:12) 말씀하신다.

아브라함은 하나님이 예비하신 숫양으로 번제물을 대신하며 그곳 이름을 "여호와 이레"라 부른다.

"네 씨로 말미암아 천하 만민이 복을 받으리니"(창 22:17~18)

> **시험에 통과한 아브라함** : 하나님의 시험(Test)은 우리의 믿음을 고난으로 이끄는 시험(Temptation)이 아니라 믿음의 연단과 성숙을 위해 주시는 시험이다. "아브라함은 시험을 받을 때에 믿음으로 이삭을 드렸으니 그는 약속들을 받은 자로되"(히 11:17)

> **여호와 이레** : "아브라함이 그 땅 이름을 여호와 이레라 하였으므로 오늘날까지 사람들이 이르기를 여호와의 산에서 준비되리라 하더라"(창 22:14)
> 솔로몬의 성전이 이곳에 세워지게 된다.

⑫ 헤브론(창 23~24장)

창 23장 - 사라의 죽음 : 사라가 죽자(127세) 헷 족속에 속한 '막벨라 굴'을 사서 장사한다.

창 24장 - 이삭이 리브가와 결혼 : 이삭의 배필을 얻기 위하여 자기 집의 모든 소유를 맡은 늙은 종 엘리에셀을 불러 내 고향(하란) 내 족속에게로 가서 아들의 아내를 택하여 오게 한다.

여호와의 이름

1. 여호와 이레(예비하시는 하나님) (창 22:14)
2. 여호와 라파(치료하시는 하나님) (출 15:26)
3. 여호와 닛시(이기게 하시는 하나님) (출 17:25)
4. 여호와 샬롬(평강의 하나님) (삿 6:24)
5. 여호와 로이(목자 되시는 하나님) (시 23:1)
6. 여호와 찌두케누(공의로우신 하나님) (렘 23:6)
7. 여호와 삼마(백성 가운데 계시는 하나님)(겔 48:35)

신약성서에서 증언하는 아브라함

1) 야고보서 2장 23절 "이에 성경에 이른 바 아브라함이 하나님을 믿으니 이것을 의로 여기셨다는 말씀이 이루어졌고 그는 하나님의 벗이라 칭함을 받았나니"
2) 갈라디아서 3장 6절 "아브라함이 하나님을 믿으매 그것을 그에게 의로 정하셨다 함과 같으니라"
3) 로마서 9장 7~8절 "또한 아브라함의 씨가 다 그의 자녀가 아니라 오직 이삭으로부터 난 자라야 네 씨라 불리리라 하셨으니"(7절)
4) 히브리서 11장 8~12절 "믿음으로 아브라함은 부르심을 받았을 때에 순종하여 장래의 유업으로 받을 땅에 나아갈새 갈 바를 알지 못하고 나아갔으며"(8절)
5) 히브리서 11장 17절 "아브라함은 시험을 받을 때에 믿음으로 이삭을 드렸으니 그는 약속들을 받은 자로되 그 외아들을 드렸느니라"

[아브라함은 하나님께 아들 이삭을 드렸고 하나님은 온 인류를 위해 외아들 예수 그리스도를 주셨다.]

아브라함의 믿음을 묵상해 보자. 환경이 아닌 보이지 않는 것을 바라고 믿는 영적 안목을 가졌다.(히 11:1)

2. 이삭(창 21~35장)

이삭(창 21~35장)

21장	22장	23~25장	26장	27장	35장
이삭의 출생	모리아산 이삭	사라의 죽음 리브가와 결혼 아브라함 죽음 에서와 야곱 출생	아내를 누이라 속임 농사 100배 축복 우물 축복 아비멜렉과 조약	이삭이 야곱을 축복	이삭의 죽음

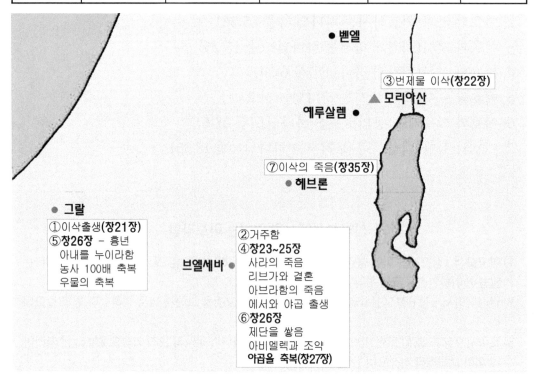

① 그랄(창 21장) – 이삭의 출생

② 브엘세바(창 21장) – 거주함

③ 모리아산(창 22장) – 번제물 이삭

④ 브엘세바(창 23~25장)

창 23장 - 어머니 사라의 죽음

창 24장 - 리브가와 결혼

창 25장

1) 아버지 아브라함의 죽음(25:1~18) : 아브라함이 향년 175세에 죽음으로 그의 아들들인 이삭과 이스마엘이 그를 막벨라 굴에 장사한다.(창 25:1~18)

2) 두 아들(에서와 야곱) 출생(창 25:19~26) : "두 국민이 네 태중에 있구나 두 민족이 네 복중에서부터 나누이리라 이 족속이 저 족속보다 강하겠고 큰 자가 어린 자를 섬기리라"(창 25:23) [에서 - 에돔의 조상]

⑤ 그랄(창 26장) 흉년으로 이삭은 태어난 곳 그랄로 이동한다.
1) 아내 리브가를 누이라 속임(창 26:6~11)
그랄 사람들이 리브가의 아름다움을 보고 그에 대하여 물으매 리브가로 말미암아 자신을 죽일 것을 두려워하여 아내를 누이라 한다.

2) 농사 100배 축복(창 26:12~16)
이삭이 농사하여 100배의 축복을 받고 마침내 거부가 됨으로 그랄 사람들이 시기하여 이삭의 우물을 흙으로 메운다

3) 우물 축복(창 26:17~23) : 샘의 근원을 얻음
이삭이 그들을 떠나 우물을 파 물을 얻으나(샘의 근원) 우물의 소유권을 두고 그랄 사람들과 자주 다툼으로 샘의 이름을 '에섹'(다툼), '싯나'(시비), 르호봇(넓은 장소)이라 한다.

⑥ 브엘세바(창 26~27장)
1) 제단을 쌓음(창 26:23~25)

2) 아비멜렉과 조약(창 26:26~33) : 그랄 왕 아비멜렉과 불가침 조약을 맺는다.
우물을 파 '세바'라 하고 지금까지 그곳은 브엘세바라 한다.

3) 이삭이 야곱을 축복함(창 27장)

⑦ 헤브론(창 35장) - 이삭의 죽음(180세)

3. 야곱(창 25~36장, 46~50장)

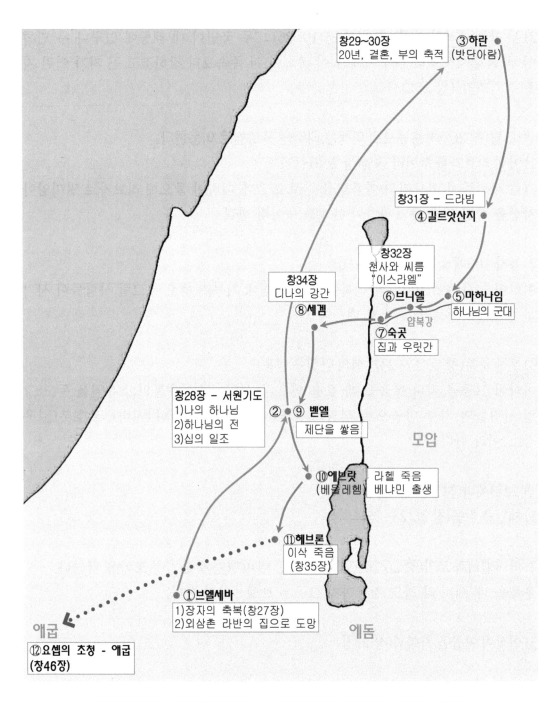

창29~30장
20년, 결혼, 부의 축적

③하란
(밧단아람)

창31장 – 드라빔

④길르앗산지

창32장
천사와 씨름
"이스라엘"

창34장
디나의 강간

⑥브니엘

⑤마하나임
하나님의 군대

⑧세겜

얍복강

⑦숙곳
집과 우릿간

창28장 – 서원기도
1)나의 하나님
2)하나님의 전
3)십의 일조

② ⑨벧엘

제단을 쌓음

모압

⑩에브랏
(베들레헴)

라헬 죽음
베냐민 출생

⑪헤브론
이삭 죽음
(창35장)

애굽

①브엘세바
1)장자의 축복(창27장)
2)외삼촌 라반의 집으로 도망

에돔

⑫요셉의 초청 – 애굽
(창46장)

[야곱의 생애는 브엘세바에서 하란으로 도망하였다가 헤브론으로 돌아오는 여정]

① 브엘세바(창 25~27장)

1) 야곱의 출생(에서와 야곱) : 두 국민이 네 태중에 있구나 두 민족이 네 복중에서부터 나누이리라 이 족속이 저 족속보다 강하겠고 큰 자가 어린 자를 섬기리라

2) 장자권 거래(창 25:27~34) : 에서가 들에서 돌아와서 심히 피곤하여 야곱에게 '내가 피곤하니 그 붉은 것을 내가 먹게 하라' 함으로 야곱이 '형의 장자의 명분을 오늘 내게 팔라' 한다. 에서가 '내가 죽게 되었으니 이 장자의 명분이 내게 무엇이 유익하리요' 하고 팥죽 한 그릇으로 야곱에게 '장자의 명분'을 판다. 에서는 '장자의 명분을 가볍게 여김이었더라'

3) 장자의 축복 가로챔(창 27장) - 이삭의 축복기도
"그가 가까이 가서 그에게 입맞추니 아버지가 그의 옷의 향취를 맡고 그에게 축복하여 이르되 내 아들의 향취는 여호와께서 복 주신 밭의 향취로다 하나님은 하늘의 이슬과 땅의 기름짐이며 풍성한 곡식과 포도주를 네게 주시기를 원하노라 만민이 너를 섬기고 열국이 네게 굴복하리니 네가 형제들의 주가 되고 네 어머니의 아들들이 네게 굴복하며 너를 저주하는 자는 저주를 받고 너를 축복하는 자는 복을 받기를 원하노라"(창 27:27~29)

4) 에서를 피해 하란(밧단아람) 외삼촌 라반의 집으로 도망함

② 벧엘(창 28장) : 하나님의 집, 하늘의 문

1) 사닥다리 꿈 : "꿈에 본즉 사닥다리가 땅 위에 서 있는데 그 꼭대기가 하늘에 닿았고 또 본즉 하나님의 사자들이 그 위에서 오르락내리락 하고"(창 28:12)

2) 하나님의 축복 : "나는 여호와니 너의 조부 아브라함의 하나님이요 이삭의 하나님이라 네가 누워 있는 땅을 내가 너와 네 자손에게 주리니 네 자손이 땅의 티끌 같이 되어 네가 서쪽과 동쪽과 북쪽과 남쪽으로 퍼져나갈지며 땅의 모든 족속이 너와 네 자손으로 말미암아 복을 받으리라"(창 28:13~14)
"내가 너와 함께 있어 네가 어디로 가든지 너를 지키며 너를 이끌어 이 땅으로 돌아오

게 할지라 내가 네게 허락한 것을 다 이루기까지 너를 떠나지 아니하리라"(창 13:15)

[루스를 '벧엘'이라 이름 함 : "두렵도다 이곳이여 이것은 다름 아닌 하나님의 집이요 이는 하늘의 문이로다"(창 28:17)]

3) 야곱의 서원기도(① 나의 하나님 ② 하나님의 집 ③ 십분의 일)

"하나님이 나와 함께 계셔서 내가 가는 이 길에서 나를 지키시고 먹을 떡과 입을 옷을 주시어 내가 평안히 아버지 집으로 돌아가게 하시오면 여호와께서 나의 하나님이 되실 것이요 내가 기둥으로 세운 이 돌이 하나님의 집이 될 것이요 하나님께서 내게 주신 모든 것에서 십분의 일을 내가 반드시 하나님께 드리겠나이다"(창 28:20~22)

③ 밧단아람(하란)(창 29~30장) : 외삼촌 라반

1) 7년의 봉사로 레아와 결혼 – 라헬을 사랑하였으나 라반에게 속아 레아와 결혼
2) 7년의 봉사로 라헬과 결혼
3) 6년의 봉사로 많은 재물을 얻음 : "아롱진 것과 점 있는 것과 검은 것을 가려내며 또 염소 중에 점 있는 것과 아롱진 것을 가려내리니 이같은 것이 내 품삯이 되리이다"(창 30:32)

[버드나무, 살구나무, 신풍나무의 껍질을 벗겨 흰무늬를 내어 샘 곁에 둠]

4) 라반을 떠남 : 4명의 아내와 11명 아들과 딸 디나와 축적한 부를 가지고 떠난다.
"야곱이 라반의 안색을 본즉 자기에게 대하여 전과 같지 아니하더라"(창 31:2)
"네 조상의 땅 네 족속에게로 돌아가라 내가 너와 함께 있으리라"(창 31:3)

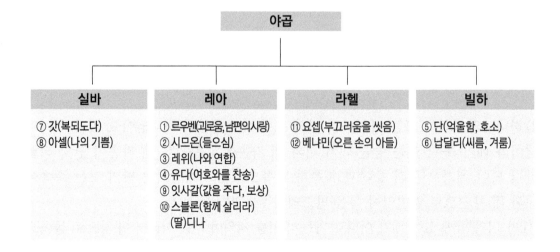

④ 길르앗 산지(창 31장) : 드라빔 사건

야곱이 자기의 소유를 모아서 라반을 몰래 떠난다. 라반이 야곱을 추격하나 하나님이 현몽하여 "너는 삼가 야곱에게 선악 간에 말하지 말라"하시므로 야곱을 치지 못하고 라헬이 훔친 '드라빔'(수호신)을 찾으려 하나 찾지 못한다. [야곱의 호소 – 창 31:38~42]

⑤ 마하나임(창 32:1~12)

1) 하나님의 군대를 만남 : 고향으로 돌아가는 야곱에게 하나님의 군대를 보이심은 두려움 중에 있는 야곱을 위로하고 용기를 주시기 위함이다.

2) 야곱이 형에게 사자들을 보냄 : 에서가 400명의 무장한 종들을 이끌고 야곱을 맞으러 온다. 야곱이 두려워하여 자기의 소유를 두 떼로 나누고 하나님께 형의 손에서 구원해 주실 것을 기도한다.

⑥ 얍복강(창 32:13~33장) : 야곱이 이스라엘이 되다

1) 천사와 씨름하는 야곱 : 홀로 남은 야곱(자신의 모든 소유를 얍복 강을 건너게 한 후) "어떤 사람이 날이 새도록 야곱과 씨름하다가 자기가 야곱을 이기지 못함을 보고 그가 야곱의 허벅지 관절을 치매 야곱의 허벅지 관절이 그 사람과 씨름할 때에 어긋났더라 그가 이르되 날이 새려하니 나로 가게 하라 야곱이 이르되 당신이 내게 축복하지 아니하면 가게 하지 아니하겠나이다"(창 32:24~26)

2) 야곱이 "이스라엘"이 되다
"네 이름을 다시는 야곱이라 부를 것이 아니요 이스라엘이라 부를 것이니 이는 네가 하나님과 및 사람들과 겨루어 이겼음이니라"(창 32:28) [브니엘 : 하나님과 대면하여 보았다. 하나님의 얼굴]

3) 에서와 재회 : 에서가 400명의 장정을 이끌고 야곱에게 오매 야곱이 몸을 일곱 번 땅에 굽히며 그의 형 에서에게 가까이 가니 형이 달려와 안고 목을 어긋맞추어 그와 입맞추며 운다. "내가 형님의 얼굴을 뵈온즉 하나님의 얼굴을 본 것 같사오며 형님도 나를 기뻐하심이니이다"(창 33:10)

⑦ 숙곳(창 33장) : 집과 우릿간을 지음

"야곱은 숙곳에 이르러 자기를 위하여 집을 짓고 그의 가축을 위하여 우릿간을 지었으므로 그 땅 이름을 숙곳이라 부르더라"(창 33:17)

⑧ 세겜(창 34장) : 디나의 강간 사건

야곱의 딸 디나가 세겜 땅의 추장인 세겜에게 성폭행을 당한다. 세겜이 아버지 하몰에게 디나와 결혼 할 것을 간청함으로 야곱에게 결혼을 제안한다. 야곱의 아들들이 결혼의 조건으로 세겜 땅의 모든 남자들이 이스라엘 족속과 같이 할례를 받아야 할 것을 제안한다. 이를 수락한 세겜 남자들이 할례를 행한 3일째 되는 날 시므온과 레위가 세겜의 모든 남자들을 죽이고 노략하여 재물을 빼앗는다. 야곱은 이 일을 두려워함으로 마음에 둔다.

⑨ 벧엘(엘벧엘)(창 35장)

"네가 네 형 에서의 낯을 피하여 도망하던 때에 나타났던 하나님께 거기서 제단을 쌓아라"(창 35:1)
1) 엘벧엘 : 야곱이 우상을 버리고 의복을 바꾸고 벧엘로 올라가 거기서 제단을 쌓고 그곳 이름을 엘벧엘이라 한다. [엘벧엘 : 벧엘의 하나님]

2) 야곱을 "이스라엘"이라 재차 명명하심 : 네 이름을 다시는 야곱이라 부르지 않겠고 이스라엘이 네 이름이 되리라"(창 35:10~12), 돌기둥을 세우고 기름을 붓고 제단을 쌓음(엘벧엘)

⑩ 에브랏 : 베들레헴(창35장)

1) 라헬이 베냐민을 낳고 죽음(창 35:16~20) [베냐민 = 베노니 : '슬픔의 아들', '오른손의 아들']
2) 르우벤이 빌하(야곱의 첩 라헬의 여종)와 동침 : "이스라엘이 이를 들었더라"(창 35:22)

⑪ 헤브론(창 35장) : 이삭의 죽음(180세)

이삭이 180세에 죽자 그의 아들 에서와 야곱이 장사지낸다.

창 36장 : 에서의 자손

⑫ 애굽(창 46~50장) : 요셉의 초청으로 애굽으로 이주

1) 애굽 고센 땅에서 목축(창 47장)
2) 에브라임과 므낫세의 축복기도
"이스라엘이 오른손을 펴서 차남 에브라임의 머리에 얹고 왼손을 펴서 므낫세의 머리에 얹으니 므낫세는 장자라도 팔을 엇바꾸어 얹었더라"(창 48:14)
3) 야곱의 유언과 12아들 축복기도(창 49장)
야곱은 12아들을 축복하나 세겜의 디나의 사건으로 칼을 들어 할례를 행한 세겜 남자들을 죽임으로 시므온과 레위 두 아들은 저주한다.

  르우벤 - 탁월하지 못함, 아버지의 침상을 더럽힘
  시므온과 레위 - 그들의 칼은 폭력의 도구로다 저주를 받을 것이다.
  유다 - 형제의 찬송이 된다. 규가 떠나지 않고 통치자의 지팡이가 떠나지 않는다.(눅 1:31-33)
4) 야곱이 147세에 죽음(창 50장) : 130세 + 17년 애굽 땅에 거주함

가나안 땅 막벨라 굴
(창 49:31~32)

— 아브라함 + 사라
— 이삭 + 리브가
— 야곱 + 레아

야곱에게 있어서 벧엘과 얍복 강은 하나님을 만난 영적인 장소이다.
야곱(속이는 자)에서 이스라엘(하나님과 겨루어 이긴자)라는 이름을 받는다.
이스라엘의 12지파도 야곱의 12아들에서 시작되고 이어지는 이스라엘의 역사에 중심이 된다.

4. 요셉(창 37~50장)

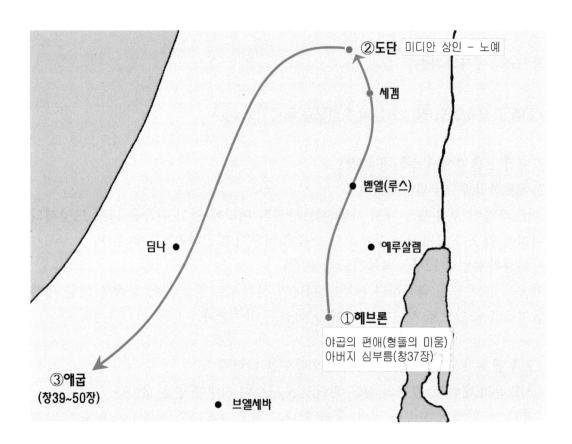

① 헤브론(창 37장)

1) 야곱이 사랑하는 라헬에게서 얻은 11번째 아들
2) 아버지의 편애와 형들의 미움 :
　　① 고자질 ② 채색 옷 ③ 꿈(11곡식 단, 해와 달과 11별)
3) 아버지 심부름(요셉의 나이 17세) [심부름으로 인생의 반전을 이룬 인물 : 요셉, 사울, 다윗]

② 도단(창 37장) : 요셉이 종으로 팔림

아버지 심부름으로 형들의 안부를 살피기 위해 달려온 요셉을 형들은 헤치려한다. 꿈 꾸는 자가 오는도다 그를 죽여 그의 꿈이 어떻게 되는지를 우리가 볼 것이니라(창 34:19~20) 르우벤이 '피를 흘리지 말라' 만류함으로 요셉의 채색옷을 벗기고 빈 구덩이에 던진다. 유다의 제안으로 미디안 상인들에게 은 20을 받고 요셉을 팔므로 요셉이 애굽으로 내려간다.

유다와 다말사건(창 38장)

유다는 가나안 여인을 아내로 맞아 세 아들(엘, 오난, 셀라)을 두었다. 큰 아들을 '다말'과 결혼 시키나 엘은 여호와 하나님 보시기에 악함으로 하나님이 그를 죽이신다. 이에 둘째 아들 오난은 땅에 설정하여 여호와 보시기에 악하여 그를 죽이신다. 이 일로 유다는 셋째 아들 셀라도 잃을까하여 며느리를 친정으로 잠시 돌려보낸다.

여러 해 후에 유다의 친구 아둘람 사람 히람이 양털 깎는 일로 유다와 함께 딤나로 간다. 이 소식을 들은 다말이 창기로 변장하여 유다를 속이고 관계한다. 유다가 그에게로 들어가는 대가로 염소 새끼 한 마리를 주겠다 하고 그 담보물로 끈과 도장과 지팡이를 준다.

여러 달 후에 다말이 임신했다는 소식을 유다가 듣게 되고 다말이 음행한 고로 그를 불사르고자 한다. 그 때에 다말이 끈과 도장과 지팡이의 주인으로 말미암아 임신하였음을 말한다. 유다가 다말에게 "그는 나보다 옳도다 내가 그를 내 아들 셀라에게 주지 아니하였음이로다." 다말이 쌍둥이를 낳음으로 그 이름을 '베레스'와 '세라'라 한다. [계대 결혼법, 수혼법(신 25:5~10)]

유다와 다말 사건 이해하기

① 시아버지와 며느리의 관계는 막장 드라마에서도 보기 드문 일이다. 윤리적으로 옳지 않은 이 사건은 영적 관점으로 이해해야 한다.
② 유다 지파의 존속을 위한 다말의 용기와 결단으로 이해해야 한다.
③ 유다 지파를 통해 다윗 왕과 예수 그리스도의 계보가 성취되어야하기에 이는 하나님의 섭리로 이해해야 한다.

유다의 족보

유다
- 베레스 → 헤스론 → 람 → 암미나답 → 나손 → 살몬 → 보아스 → 오벳 → 이새 → 다윗
- 세라 → 삽디 → 갈미 → 아간(수 7장)

③ 애굽(창 39~50장)

39장	1) 바로의 친위대장 보디발의 종이 됨 : 보디발 장군의 집을 총괄하는 책임자가 된다. 여호와께서 요셉과 함께하심으로 형통한 자가 되었다. 요셉은 용모가 빼어나고 아름다웠더라. 2) 보디발 장군 아내의 유혹 : "내가 어찌 이 큰 악을 행하여 하나님께 죄를 지으리이까"(9절) 3) 감옥에 갇힘 : 간수장이 옥중 죄수와 모든 제반 사무를 요셉의 손에 맡김
40장	1) 술 맡은 관원장과 빵 굽는 관원장 꿈 해석 : "꿈의 해석은 하나님께 있지 아니하니이까"(창 40:8) 요셉의 해석대로 술 맡은 자는 3일 만에 복직되고 빵 굽는 관원장은 사형됨 2) 바로 왕의 두 가지 꿈 ① 살찐 7마리 암소를 파리한 암소 7마리가 잡아먹는 꿈 ② 토실한 일곱 이삭을 파리한 일곱 이삭이 잡아먹는 꿈 3) 술 맡은 관원장이 요셉을 바로에게 추천함
41장	1) 바로의 꿈 해석 : 7년의 풍년 뒤에 있을 7년의 흉년을 대비하라 한다. 명철하고 지혜로운 지도자를 세워 7년 풍년 해 때에 1/5씩 거두어 흉년을 대비해야 한다. 2) 애굽의 총리대신이 됨 : 왕의 인장 반지와 금 목걸이를 걸어주고 고운 모시옷을 입혀 왕의 수레에 태워 그를 온 애굽의 총리로 다스리게 한다. 3) '온'(태양)의 제사장 보디베라의 딸 '아스낫'과 결혼(요셉의 나이 30세)
	**요셉과 형들과의 만남(창 42~45장)**
42장	1) 흉년의 시작 2) 요셉의 형제들의 1차 방문 – 정탐꾼으로 엿보러 왔다고 몰아세운다. 3) 동생 베냐민을 데려 오기 위해 시므온을 볼모로 잡아둠 4) 요셉에 이어 시므온까지 잃은 것으로 생각한 야곱이 크게 절망함 (흉년이 계속 됨으로) 5) 르우벤이 자신의 두 아들의 생명을 담보로 베냐민을 데리고 애굽에 감
43장	요셉 형제들의 2차 애굽 방문(베냐민과 동행) 요셉이 베냐민을 사랑하여 복받쳐 운다.

44장	1) 베냐민 자루에 은잔을 숨김 : 자루에 양식을 담을 때에 베냐민의 자루에 은 잔을 숨겨 넣는다. 일행을 뒤좇아 가 '은잔을 훔친 자는 종으로 삼겠다' 하고 베냐민의 자루에서 은잔을 찾아낸다. 2) 베냐민을 위한 유다의 탄원 : 유다가 나서서 자신이 대신 종이 될 것을 간청하는데 이는 '아버지 야곱에게 베냐민은 생명 같은 존재이기에 베냐민이 없이는 아버지는 죽은 목숨이라'
45장	1) 자신의 정체를 밝히는 요셉 : "당신들이 나를 이 곳에 팔았다고 해서 근심하지 마소서 한탄하지 마소서 하나님이 생명을 구원하시려고 나를 당신들보다 먼저 보내셨나이다 이 땅에 이 년 동안 흉년이 들었으나 아직 오 년은 밭갈이도 못하고 추수도 못할지라 하나님이 큰 구원으로 당신들의 생명을 보존하고 당신들의 후손을 세상에 두시려고 나를 당신들보다 먼저 보내셨나니 그런즉 나를 이리로 보낸 이는 당신들이 아니요 하나님이시라 하나님이 나를 바로에게 아버지로 삼으시고 그 온 집의 주로 삼으시며 애굽 온 땅의 통치자로 삼으셨나이다"(창 45:5~8) 2) 야곱을 애굽으로 초대 : "야곱은 요셉이 자기를 태우려고 보낸 바로의 수레를 보고서야 기운이 소생한지라"
46장	야곱과 그의 가족 70명이 애굽에 정착(야곱 130세) : 야곱은 애굽으로 들어갈 때에 66명의 식솔들을 데리고 들어간다. 애굽에 있는 요셉과 그의 아내 아스낫과 아들 므낫세와 에브라임을 포함하여 70명이다.(애굽의 야곱의 집 사람)
48장	야곱은 요셉의 두 아들 므낫세와 에브라임을 축복할 때에 손을 엇바꾸어 오른손으로는 에브라임을 왼손으로는 므낫세를 축복한다.
49장	1) 12지파를 위해 축복기도(시므온과 레위 저주) ① 르우벤 : 탁월하지 못함, 왜냐하면 아버지의 침상을 더럽혔기 때문이다. ② 시므온과 레위를 저주함 : "시므온과 레위는 형제요 그들의 칼은 폭력의 도구로다.. 그 노여움이 혹독하니 저주를 받을 것이요 분기가 맹렬하니 저주를 받을 것이라" ③ 유다를 축복함 : '형제의 찬송이 된다.' 규가 떠나지 않고, 통치자의 지팡이가 떠나지 않음 2) 야곱의 죽음(향년 147세 = 애굽에 올 때 나이 130세 + 애굽 생활 17년)
50장	1) 야곱의 장례식 : 막벨라 굴에 장사하고 70일간 애곡 2) 요셉이 형들을 위로함 : 요셉이 그들에게 "두려워하지 마소서 내가 하나님을 대신하리이까 당신들은 나를 해하려 하였으나 하나님은 그것을 선으로 바꾸사 오늘과 같이 많은 백성의 생명을 구원하게 하시려 하셨나니 당신들은 두려워하지 마소서 내가 당신들과 당신들의 자녀를 기르리이다 하고 그들을 간곡한 말로 위로하였더라"(창 50:19~21) 3) 요셉의 유언 : 자신의 뼈를 가나안 땅에다 묻어 달라 유언함 [출애굽 때에 요셉의 유골을 가져감. 세겜에 장사(수 24:32)] 4) 요셉의 죽음(향년 110세)

욥기(42장)

족장 시대에 우스 땅에 살던 '의인'의 이야기

하나님께서 의인으로 인정하시는 욥은 "온전하고 정직하여 하나님을 경외하며 악에서 떠난 자"이다. 이런 욥을 통해 의인이 받는 고난과 고난의 본질에 대해 다시 한 번 생각해보고, 고난이 죄의 결과라는 보편적 사고를 뛰어넘어 고난마저도 하나님의 주권으로 인정하는 새로운 믿음의 관점으로 영적 안목을 넓혀 주는 책이다.

욥기서의 기록 시기는 학자마다 다르다. 역사적 배경 보다는 욥이라는 의인이 고난을 지나며 보여주는 신앙적 인생의 여정을 통해 고난의 의미와 하나님의 주권에 절대 순종하는 지혜를 배우게 하는데 더 큰 의미가 있다.

욥기(42장)

1~3장	4~37장	38~41장	42장
고난의 시작	친구들과의 대화	하나님의 질문	욥의 회개와 축복

1~3장	4~37장					38~41장	42장
	4~14장	15~21장	22~26장	27~31장	32~37장		
고난의 시작	엘리바스 빌닷 소발	엘리바스 빌닷 소발	엘리바스 빌닷	욥의 독백	엘리후	하나님의 질문	욥의 회개와 축복

욥	
성품	온전하고 정직하여 하나님을 경외하는 자, 악에서 떠난 자, 동방 사람 중에 훌륭한 자
자녀	아들 7명, 딸 3명
재산	양 7천 마리, 낙타 3천 마리, 소 5백 겨리, 암나귀 5백 마리, 많은 종들
행실	'자녀들이 부지중에 죄를 범하여 마음으로 하나님을 욕되게 하였을까 하여 잔치 후에는 항상 자녀들을 위해 번제를 드림'

1. 고난의 시작(욥 1~3장)

1) 첫 번째 시험(욥 1장) – 하나님께서 욥을 사단에게 자랑하신다.

"그와 같이 온전하고 정직하여 여호와를 경외하며 악에서 떠난 자는 세상에 없다"

하나님과 사단의 대화	사단 : "그의 모든 소유물을 치소서 그리하시면 틀림없이 주를 향하여 욕하지 않겠나이까" 하나님 : "내가 그의 소유물을 다 네 손에 맡기노라 다만 그의 몸에는 네 손을 대지 말지니라"
사단의 역사	모든 소유물과 자녀들을 잃었다. ① 스바 사람 – 소와 나귀를 빼앗고 칼로 종들을 죽임 ② 하나님의 불 – 양과 종들을 사름 ③ 갈대아 사람 – 낙타를 빼앗고 칼로 종들을 죽임 ④ 큰 바람 – 자녀들의 죽음
욥의 반응	① 겉옷을 찢고 머리털을 밀고 땅에 엎드려 예배함 ② "내가 모태에서 알몸으로 나왔사온즉 또한 알몸이 그리로 돌아가올지라 주신 이도 여호와시요 거두신 이도 여호와시오니 여호와의 이름이 찬송을 받으실지니이다"(욥 1:21) ③ 욥이 범죄 하지 아니하고 하나님을 원망하지 않음

2) 두 번째 시험(욥 2장)

하나님과 사단의 대화	사단 : "이제 주의 손을 펴서 그의 뼈와 살을 치소서 그리하시면 틀림없이 주를 향하여 욕하지 않겠나이까" 하나님 : "내가 그를 네 손에 맡기노라 다만 그의 생명은 해하지 말지니라"
사단의 역사	"그의 발바닥에서 정수리까지 종기가 나게 한지라"(욥 2:7)
욥의 반응	① 재 가운데 앉아서 질그릇 조각을 가져다가 몸을 긁음 ② 아내의 조롱을 들음 : "당신이 그래도 자기의 온전함을 굳게 지키느냐 하나님을 욕하고 죽으라"(욥 2:9) ③ "그가 이르되 그대의 말이 한 어리석은 여자의 말 같도다 우리가 하나님께 복을 받았은즉 화도 받지 아니하겠느냐"(욥 2:10) ④ 욥이 입술로 범죄 하지 않음

3) 욥의 탄식(욥 3장) : 자기 생일을 저주하고 "내가 두려워 하던 것이 내게 미쳤구나"한다.

2. 친구들과의 논쟁(욥 4~37장)

1) 1차 논쟁(욥 4~14장)

4~5장	6~7장	8장	9~10장	11장	12~14장
엘리바스	욥의 대답	빌닷	욥의 대답	소발	욥의 대답

(1) 엘리바스 vs 욥 - ⓓ ⓖ ⓜ ⓢ ⓜ ⓙ

엘리바스 : "내가 보건대 악을 밭 갈고 독을 뿌리는 자는 그대로 거두나니"(욥 4:8)

욥 : "그러할지라도 내가 오히려 위로를 받고 그칠 줄 모르는 고통 가운데서도 기뻐하는 것은 내가 거룩하신 이의 말씀을 거역하지 아니하였음이라"(욥 6:10)

(2) 빌닷 vs 욥

빌닷 : "네 시작은 미약하였으나 네 나중은 심히 창대하리라"(욥 8:7)

욥 : "하나님은 나처럼 사람이 아니신즉 내가 그에게 대답할 수 없으며"(욥 9:32)

(3) 소발 vs 욥
소발 : "네 손에 죄악이 있거든 멀리 버리라"(욥 11:14)
욥 : "너희가 죽으면 지혜도 죽겠구나"(욥 12:2)

2) 2차 논쟁(욥 15~21장)

15장	16~17장	18장	19장	20장	21장
엘리바스	욥의 대답	빌닷	욥의 대답	소발	욥의 대답

(1) 엘리바스 vs 욥 - 물 위 깨 진 자 재
엘리바스 : "하물며 악을 저지르기를 물마심 같이 하는 가증하고 부패한 사람을 용납하시겠느냐"(욥 15:16)
욥 : "너희는 다 재난을 주는 위로자들이로구나"(욥 16:2)

(2) 빌닷 vs 욥
빌닷 : "너희가 어느 때에 가서 말의 끝을 맺겠느냐 깨달으라 그 후에야 우리가 말하리라"(욥 18:2)
욥 : "나를 향하여 진노하시고 원수 같이 보시는구나"(욥 19:11)

(3) 소발 vs 욥
소발 : "악인이 이긴다는 자랑도 잠시요 경건하지 못한 자의 즐거움도 잠깐이니라"(욥 20:5)
욥 : "악인은 재난의 날을 위하여 남겨둔 바 되었고 진노의 날을 향하여 끌려가느니라"(욥 21:30)

3차 논쟁(욥 22~26장)

22장	23~24장	25장	26장
엘리바스	욥의 대답	빌닷	욥의 대답

(1) 엘리바스 vs 욥 - ⓐ ⓖ ⓔ ⓩ

엘리바스 : "네 악이 크지 아니하냐 네 죄악이 끝이 없느니라"(욥 22:5)

욥 : "그러나 내가 가는 길을 그가 아시나니 그가 나를 단련하신 후에는 내가 순금 같이 되어 나오리라"(욥 23:10)

(2) 빌닷 vs 욥

빌닷 : "그런즉 하나님 앞에서 사람이 어찌 의롭다 하며 여자에게서 난 자가 어찌 깨끗하다 하랴"(욥 25:4)

욥 : "지혜 없는 자를 참 잘도 가르치는구나 큰 지식을 참 잘도 자랑하는구나"(욥 26:3)

4) 욥의 독백(욥 27~31장)

"하나님이 나를 진흙 가운데 던지셨고 나를 티끌과 재 같게 하셨구나 내가 주께 부르짖으나 주께서 대답하지 아니하시오며 내가 섰사오나 주께서 나를 돌아보지 아니하시나이다"(욥 30:19~21)

"하나님께서 나를 공평한 저울에 달아보시고 그가 나의 온전함을 아시기를 바라노라"(욥 31:6)

"내가 언제 다른 사람처럼 내 악행을 숨긴 일이 있거나 나의 죄악을 나의 품에 감추었으며 내가 언제 큰 무리와 여러 종족의 수모가 두려워서 대문 밖으로 나가지 못하고 잠잠하였던가 누구든지 나의 변명을 들어다오 나의 서명이 여기 있으니 전능자가 내게 대답하시기를 바라노라 나를 고발하는 자가 있다면 그에게 고소장을 쓰게 하라 내가 그것을 어깨에 메기도 하고 왕관처럼 머리에 쓰기도 하리라"(욥 31:33~36)

5) 엘리후(욥 32~37장)

"욥이 자신을 의인으로 여기므로 엘리후가 화를 내니 그가 욥에게 화를 냄은 욥이 하나님보다 자기가 의롭다 함이요"(욥 32:1~2)

"이르기를 나는 깨끗하여 악인이 아니며 순전하고 불의도 없거늘 참으로 하나님이 나에게서 잘못을 찾으시며 나를 자기의 원수로 여기사 내 발을 차꼬에 채우시고 나의 모든 길을 감시하신다 하였느니라 내가 그대에게 대답하리라 이 말에 그대가 의롭지 못하니 하나님은 사람보다 크심이니라 하나님께서 사람의 말에 대답하지 않으신다 하여 어찌 하나님과 논쟁하겠느냐"(욥 33:9~13)

3. 하나님의 질문(욥 38~41장) – "네가 아느냐?"

하나님 : "무지한 말로 생각을 어둡게 하는 자가 누구냐"(욥 38:2)
"내가 땅의 기초를 놓을 때에 네가 어디 있었느냐 네가 깨달아 알았거든 말할지니라"(욥 38:4)
"네가 바다의 샘에 들어갔었느냐 깊은 물 밑으로 걸어 다녀 보았느냐"(욥 38:16)
"어느 것이 광명이 있는 곳으로 가는 길이냐 어느 것이 흑암이 있는 곳으로 가는 길이냐"(욥 38:19)
"누가 홍수를 위하여 물길을 터 주었으며 우레와 번개 길을 내어 주었느냐"(욥 38:25)

욥 : "보소서 나는 비천하오니 무엇이라 주께 대답하리이까 손으로 내 입을 가릴 뿐이로소이다"(욥 40:4)

4. 욥의 회개와 갑절의 축복(욥 42장)

1) 욥의 회개

"욥이 여호와께 대답하여 이르되 주께서는 못 하실 일이 없사오며 무슨 계획이든지 못 이루실 것이 없는 줄 아오니 무지한 말로 이치를 가리는 자가 누구니이까 나는 깨닫지도 못한 일을 말하였고 스스로 알 수도 없고 헤아리기도 어려운 일을 말하였나이다 내가 말하겠사오니 주는 들으시고 내가 주께 묻겠사오니 주여 내게 알게 하옵소서 내가 주께 대하여 귀로 듣기만 하였사오나 이제는 눈으로 주를 뵈옵나이다 그러므로 내가 스스로 거두어들이고 티끌과 재 가운데에서 회개하나이다"(욥 42:1~6)

2) 갑절의 축복

"그 후에 욥이 백사십 년을 살며 아들과 손자 사 대를 보았고 욥이 늙어 나이가 차서 죽었더라"(욥 42:16~17)

"여호와께서 욥에게 이전 모든 소유보다 갑절이나 주신지라"(욥 42:10)

"모든 땅에서 욥의 딸들처럼 아리따운 여자가 없었더라"(욥 42:15)

	고난 전의 소유	고난 후의 소유
자녀	아들 7명, 딸 3명	아들 7명, 딸 3명
소유	양 7천 마리 낙타 3천 마리 소 5백 겨리 암나귀 5백 마리 종들이 많음	양 1만 4천 마리 낙타 6천 마리 소 1천 겨리 암나귀 1천 마리 (기록 없음)

[욥의 아내는 회개하고 돌아왔을까? 아니면 새 아내를 맞이 했을까?]

3

출애굽 · 광야시대

출애굽 · 광야시대

출애굽기 (40장) + 민수기 (36장)

신정시대 - 역사서 5권(창, 출, 민, 수, 삿)

1.창조시대 (역사의 시작)	2.족장시대 (B.C. 2090)	3.출애굽광야 (B.C. 1446)	4.정복시대 (B.C. 1406)	5.사사시대 (B.C. 1400)
창 1~11장	창12~50장	출1~40장 민1~36장	수1~24장	삿1~21장
욥		레 신		룻

출애굽 · 광야시대(출 1장~민 36장)

출애굽	광야시대
출 1~15장	출 15장~민 36장

출애굽(출 1~15장)

출애굽 준비		출애굽 과정
모세의 부르심	10가지 재앙과 유월절	홍해(라암셋 - 수르광야)
출 1~6장	출 7~12장	출 13~15장

1. 출애굽(출 1~15장)

출애굽 (출 1~15장)

출애굽 준비		출애굽 과정
모세의 부르심	10가지 재앙과 유월절	홍해(라암셋 - 수르광야)
출 1~6장	출 7~12장	출 13~15장

1. 모세의 부르심

1) 학대 받는 이스라엘 (출 1장)

요셉을 알지 못하는 새 왕이 애굽을 다스릴 때에 이스라엘 백성들의 번성함을 보고 위기감을 느낌으로 그들을 핍박한다. 핍박 가운데서도 이스라엘이 번성하자 히브리 산파 '십브라'와 '부아'를 불러 '히브리인들의 출산을 돕다가 사내 아이거든 "죽이라", "나일 강에 던지라" 명한다.

2) 모세의 출생과 성장 (출 2장)

히브리 인들이 핍박을 받는 중에 하나님은 오히려 한 사람을 특별히 예비하신다. 레위 사람에게서 한 아들이 나고 그를 숨겨보지만 더 숨길 수 없음에 갈대 상자에 넣어 나일강으로 떠내려 보낸다. 하나님은 그로 바로의 딸 손에 들리심으로 왕궁에서 자라며 그 어미의 모유(히브리인 요게벳)를 먹고 성장한다. 장성한 후 어느 날 애굽 사람이 히브리 사람 곧 자기 형제를 치는 것을 볼 때에 그가 애굽 사람을 쳐 죽이고 모래 속에 감춘다. 이 일이 곧 탄로 나자 왕궁을 버리고 미디안 광야로 도망한다.

3) 모세를 부르시는 하나님 (출 3~4장)

미디안 땅에서 지낸지 어느덧 40년, 모세가 장인 이드로의 양을 치며 호렙산에 이르렀을 때에 여호와의 사자가 불타는 떨기나무 가운데서 모세에게 나타나 부르신다. 하나님은 그의 신을 벗기시고 새롭게 하시며 모세에게 출애굽 계획을 말씀 하신다. 모세에게 출애굽 비전을 보이시고 부르지만 모세는 거듭 5번이나 부인한다. "여호와께서 이르시되 내가 애굽에 있는 내 백성의 고통을 분명히 보고 그들이 그들의 감독자로 말미암아 부르짖음을 듣고 그 근심을 알고 내가 내려가서 그들을 애굽인의 손에서 건져내고 그들을 그 땅에서 인도하여 아름답고 광대한 땅, 젖과 꿀이 흐르는 땅 곧 가나안 족속, 헷 족속, 아모리 족속, 브리스 족속, 히위 족속, 여부스 족속의 지방에 데려가려 하노라"(출 3:7~8)

모세를 부르시는 하나님	
1차	모세 : "내가 누구이기에 바로에게 가며 이스라엘 자손을 애굽에서 인도하여 내리이까"(출 3:11) 하나님 : "내가 반드시 너와 함께 있으리라 네가 그 백성을 애굽에서 인도하여 낸 후에 너희가 이 산에서 하나님을 섬기리니 이것이 내가 너를 보낸 증거니라"(출 3:12)
2차	모세 : "내가 이스라엘 자손에게 가서 이르기를 너희의 조상의 하나님이 나를 너희에게 보내셨다 하면 그들이 내게 묻기를 그의 이름이 무엇이냐 하리니 내가 무엇이라고 그들에게 말하리이까"(출 3:13) 하나님 : "나는 스스로 있는 자이니라 또 이르시되 너는 이스라엘 자손에게 이같이 이르기를 스스로 있는 자가 나를 너희에게 보내셨다 하라"(출 3:14)
3차	모세 : "그러나 그들이 나를 믿지 아니하며 내 말을 듣지 아니하고 이르기를 여호와께서 네게 나타나지 아니하셨다 하리이다"(출 4:1) 하나님 : 지팡이가 뱀이 되고, 손에 나병이 되는 표징을 보여주라 "만일 그들이 너를 믿지 아니하며 그 처음 표적의 표징을 받지 아니하여도 나중 표적의 표징은 믿으리라"(출 4:8)
4차	모세 : "오 주여 나는 본래 말을 잘 하지 못하는 자니이다 주께서 주의 종에게 명령하신 후에도 역시 그러하니 나는 입이 뻣뻣하고 혀가 둔한 자니이다"(출 4:10) 하나님 : "누가 사람의 입을 지었느냐 누가 말 못 하는 자나 못 듣는 자나 눈 밝은 자나 맹인이 되게 하였느냐 나 여호와가 아니냐 이제 가라 내가 네 입과 함께 있어서 할 말을 가르치리라"(출 4:11~12)
5차	모세 : "오 주여 보낼 만한 자를 보내소서"(출 4:13) 하나님 : "여호와께서 모세를 향하여 노하여 이르시되 레위사람 네 형 아론이 있지 아니하냐 그가 너를 대신하여 백성에게 말할 것이니 그는 네 입을 대신할 것이요 너는 그에게 하나님 같이 되리라"(출 4:14~16)

모세가 바로 앞에 여호와의 말씀을 전한다.

"이스라엘은 내 아들 내 장자라 내가 네게 이르기를 내 아들을 보내 주어 나를 섬기게 하라 하여도 네가 보내 주기를 거절하니 내가 네 아들 네 장자를 죽이리라" (출 4:22~23)

4) 바로 앞에 서는 모세(출 5장)

모세가 아론과 함께 바로에게 가서 이스라엘의 하나님 여호와께서 "내 백성을 보내라 그러면 그들이 광야에서 내 앞에 절기를 지킬 것이니라" 하셨나이다 함으로 바로가 여호와가 누구이기에 내가 이스라엘을 보내겠느냐 하고 오히려 이스라엘의 고역을 더함으로 이스라엘 백성들이 모세와 아론을 원망한다.

5) 모세를 이스라엘 백성에게 보내시는 하나님(출 6장)

나는 여호와라 내가 애굽 사람의 무거운 짐 밑에서 너희를 빼내며 그들의 노역에서 너희를 건지며 편 팔과 여러 큰 심판들로써 너희를 속량하여 너희를 내 백성으로 삼고 나는 너희의 하나님이 되리니 나는 애굽 사람의 무거운 짐 밑에서 너희를 빼낸 너희의 하나님 여호와인 줄 너희가 알지라 내가 아브라함과 이삭과 야곱에게 주기로 맹세한 땅으로 너희를 인도하고 그 땅을 너희에게 주어 기업을 삼게 하리라 나는 여호와라 하셨다 하라(출 6:2~8)

모세와 아론의 계보

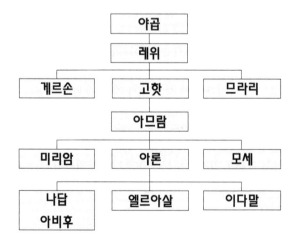

2. 10가지 재앙과 유월절(출 7~12장)

1) 10가지 재앙

7:14~25	8:1~15	8:16~19	8:20~32	9:1~7	9:8~12	9:13~35	10:1~20	10:21~29	12:29~36
①피	②개구리	③이	④파리	⑤악질 (가축죽음)	⑥독종 (종기)	⑦우박	⑧메뚜기	⑨흑암	⑩장자

"여호와께서 애굽 사람과 이스라엘 사이를 구별하는 줄을 너희가 알리라"(출 11:7)

2) 유월절(출 12장) – 여호와의 밤

'이 달을 너희에게 달의 시작 곧 해의 첫 달이 되게 하고 이 달 열흘에 너희 각자가 어린 양을 잡을지니 너희 어린 양은 흠 없고 일 년 된 수컷으로 하되 양이나 염소 중에서 취하고'(출 12:1~14)

"너희는 나가서 너희의 가족대로 어린 양을 택하여 유월절 양으로 잡고 우슬초 묶음을 가져다가 그릇에 담은 피에 적셔서 그 피를 문 인방과 좌우 설주에 뿌리고 아침까지 한 사람도 자기 집 문 밖에 나가지 말라 여호와께서 애굽 사람들에게 장자의 죽음 재앙을 내리려고 지나가실 때에 문 인방과 좌우 문설주의 피를 보면 여호와께서 그 문을 넘으시고 멸하는 자에게 너희 집에 들어가서 너희를 치지 못하게 하실 것임이니라 너희는 이 일을 규례로 삼아 너희와 너희 자손이 영원히 지킬 것이니 너희는 여호와께서 허락하신 대로 너희에게 주시는 땅에 이를 때에 이 예식을 지킬 것이라"(출 12:21~25)

애굽 온 땅에 전무후무한 큰 부르짖음이 있었다. 바로 왕의 장자로부터 몸종의 장자, 가축의 처음 난 것까지 이 밤에 죽었더라.

3. 출애굽 과정(라암셋 – 수르광야)

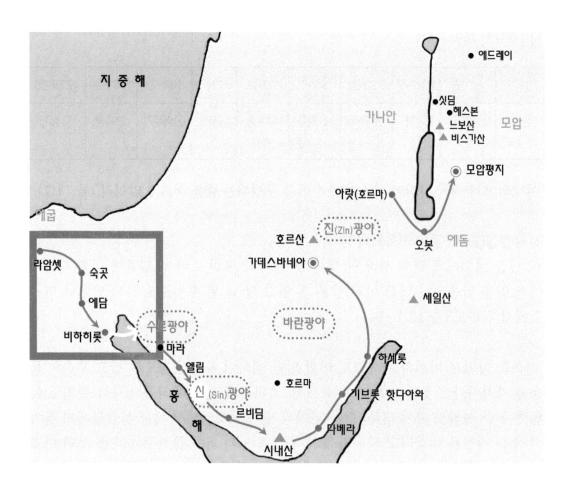

라암셋	숙곳	에담	비하히롯	수르광야
출 12:1~36	출 12:37~42	출 13:20~22	출 14장	출 15장

① 라암셋(출 12:1~36) : 여호와의 밤

요셉의 유언을 따라 모세가 요셉의 유골을 애굽에서 떠날 때 가지고 나간다.(창 49:29, 50:25)

광야 길로 인도하시는 하나님 : "바로가 백성을 보낸 후에 블레셋 사람의 땅의 길은 가까울지라도 하나님이 그들을 그 길로 인도하지 아니하셨으니 이는 하나님이 말씀하시기를 이 백성이 전쟁을 하게 되면 마음을 돌이켜 애굽으로 돌아갈까 하셨음이라"(출 13:17)

② 숙곳(출 12:37~42)

③ 에담(출 12:37~42) : 구름 기둥과 불 기둥

그들이 숙곳을 떠나서 광야 끝 에담에 장막을 치니 여호와께서 그들 앞에서 가시며 낮에는 구름 기둥, 밤에는 불기둥이 백성 앞에서 떠나지 아니하니라(출 13:20~22)

④ 비하히롯(출 14장) : 홍해를 건넘

앞에는 홍해요 뒤에는 바로의 군대가 추격하자 백성들이 두려워 부르짖는다. "애굽에 매장지가 없어 우리를 광야에서 죽게하느냐"(출 14:11)

"너희는 두려워하지 말고 가만히 서서 여호와께서 오늘 너희를 위하여 행하시는 구원을 보라 너희가 오늘 본 애굽 사람을 영원히 다시 보지 아니하리라 여호와께서 너희를 위하여 싸우시리니 너희는 가만히 있을지니라"(출 14:13~14)

"이스라엘 자손이 바다 가운데서 마른 땅으로 행하리라"(출 14:16)

모세가 바다 위로 손을 내밀매 여호와께서 큰 동풍이 밤새도록 바닷물을 물러가게 하시니 물이 갈라져 바다가 마른 땅이 된지라 이스라엘 자손이 바다 가운데를 육지로 걸어가고 물은 그들의 좌우에 벽이 되니라(출 14:21~22)

⑤ 수르광야(출 15:1~21)

홍해를 건넌 후 모세의 노래, 이스라엘의 찬양, 미리암의 노래로 이어진다.

"여호와를 찬송하라 말과 그 탄자를 바다에 던지셨음이라"

2. 광야시대(출 15장~민 36장)

광야시대(출 15장~민 36장)

수르광야	시내산	바란광야	가데스바네아	모압 가는 길	모압평지
출15~18장	출 19장~민 9장	민 10~12장	민 13~20장	민 21장	민 22~36장
1. 마라 2. 엘림 3. 신광야 4. 르비딤	1. 시내산 언약 2. 십계명, 율법, 　성막제도 3. 금송아지 사건 4. 두 번째 돌판 5. 성막봉헌 　민수기 1. 인구조사(1차) 2. 유월절 　+ 　레위기	1. 다베라 2. 기브롯핫 　다아와(메 　추라기사건) 3. 하세롯 　(미리암 나병)	1. 12정탐꾼 　가나안정복시도 2. 약속의 땅 제사 3. 고라와다단반역 4. 아론의 싹 난 　지팡이 5. 므리바 물 사건 　미리암의 죽음 　므리바 물 사건 　에돔의 거절 　아론의 죽음	1. 호르마 점령 2. 불뱀사건 3. 요단동편 점령 　아모리 왕 시혼 　바산 왕 옥	1. 발람 사건 2. 바알브올사건 3. 2차 인구조사 4. 슬로브핫의딸들 5. 3대절기.속죄일 6. 미디안 진멸 7. 두 지파 반 8. 애굽에서 모 　압까지 　+ 　신명기

1. 수르광야(출 15~18장)

마라	엘림	신광야	르비딤
출 15:22~26	출 15:27	출 16장	출 17~18장

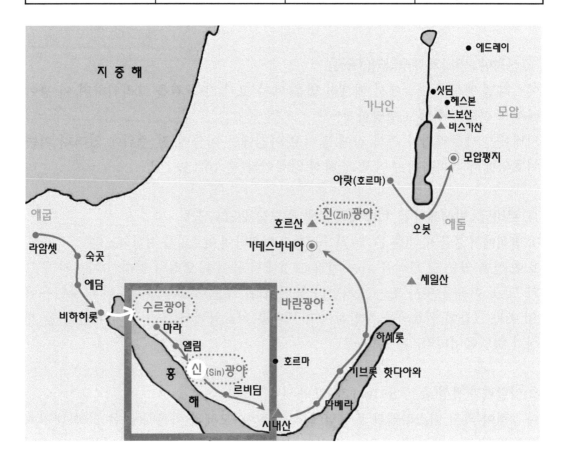

① 마라 : 쓴물

"사흘 길을 걸었으나 물을 얻지 못하고 마라에 이르렀더니 그 곳 물이 써서 마시지 못하겠으므로 그 이름을 마라라 하였더라 백성이 모세에게 원망하여 이르되 우리가 무엇을 마실까 하매 모세가 여호와께 부르짖었더니 여호와께서 그에게 한 나무를 가리키시니 그가 물에 던지니 물이 달게 되었더라"(출 15:22~25)

여호와 라파 - "너희가 너희 하나님 나 여호와의 말을 들어 순종하고 내가 보기에 의를 행하며 내 계명에 귀를 기울이며 내 모든 규례를 지키면 내가 애굽 사람에게

내린 모든 질병 중 하나도 너희에게 내리지 아니하리니 나는 너희를 치료하는 여호와임이라"(출 15:26)

② 엘림 : 물 샘 열둘과 종려나무 70주
"그들이 엘림에 이르니 거기에 물 샘 열둘과 종려나무 일흔 그루가 있는지라 거기서 그들이 그 물 곁에 장막을 치니라"(출 15:27)

③ 신광야 : 만나와 메추라기(16장)
이스라엘 백성이 애굽에서 배불리 먹을 때와 고기 가마 곁을 그리워하며 이 광야에서 주려죽게 한다고 원망한다.
저녁에는 메추라기가 와서 진에 덮이고 아침에는 이슬이 진 주위에 있더니 이는 여호와께서 너희에게 주어 먹게 하신 양식이라(출 16:13~15)

④ 르비딤 : 반석에서 물, 아말렉과 전쟁, 천부장제도(17장)
① 반석에서 물을 내심(출 17:1~7) : "너희가 어찌하여 여호와를 시험하느냐"
호렙 산에 있는 그 반석을 너는 치라 그것에서 물이 나오리니 백성이 마시리라 그가 그 곳 이름을 맛사 또는 므리바라 불렀더라. 이는 이스라엘 자손이 다투었음이요 또는 그들이 여호와를 시험하여 이르기를 여호와께서 우리 중에 계신가 안 계신가 하였음이더라"(출 17:6~7)

② 아말렉과 전쟁(출 17:8~16) - "여호와 닛시"
아말렉이 와서 이스라엘과 르비딤에서 싸운다. "모세와 아론과 훌은 산 꼭대기에 올라가서 모세가 손을 들면 이스라엘이 이기고 손을 내리면 아말렉이 이기더니 모세의 팔이 피곤하매 그들이 돌을 가져다가 모세의 아래에 놓아 그가 그 위에 앉게 하고 아론과 훌이 한 사람은 이쪽에서, 한 사람은 저쪽에서 모세의 손을 붙들어 올렸더니 그 손이 해가 지도록 내려오지 아니한지라"(출 17:10~12)

"내가 아말렉을 없이하여 천하에서 기억도 못 하게 하리라"(출 17:14)

"모세가 제단을 쌓고 그 이름을 여호와 닛시라 하고 이르되 여호와께서 맹세하시기를 여호와가 아말렉과 더불어 대대로 싸우리라 하셨다 하였더라"(출 17:15~16)
[아말렉 : 에서의 후손(창 36:12)]

③ 천부장 제도(출 18:1~27) : 천부장, 백부장, 오십부장, 십부장

하나님을 두려워하며 진실하며 불의한 이익을 미워하는 자를 살펴서 백성 위에 세워 천부장과 백부장과 오십부장과 십부장을 삼으라. 모세의 장인 이드로의 제안으로 모세는 천부장 제도를 세운다. [이드로(호밥 or 르우엘) : 모세의 장인]

2. 시내산(출 19장 ~ 민 9장)

[1차 부르심] 시내산 언약	[2차 부르심] 십계명과 율법	[3차 부르심] 금송아지 사건	[4차 부르심] 두 번째 돌판과 언약	성막 제작과 봉헌
출 19장	출 20~31장	출 32~33장	출 34~35장	출 36~40장

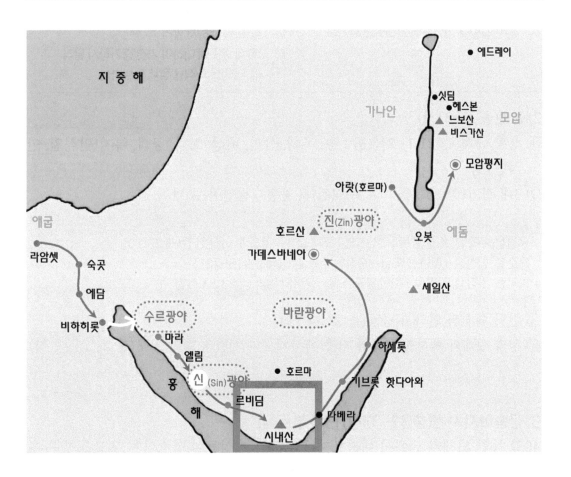

1. 시내산 언약(출 19장) [1차 부르심] : ① 내 소유 ② 제사장 나라 ③ 거룩한 백성

"세계가 다 내게 속하였나니 너희가 내 말을 잘 듣고 내 언약을 지키면 너희는 모든 민족 중에서 내 소유가 되겠고 너희가 내게 대하여 제사장 나라가 되며 거룩한 백성이 되리라"(출 19:5~6)

2. 십계명과 율법, 성막제도, 제사장제도, 안식일(출 20~31장)

1) 십계명(출 20장, 신 5장) [2차 부르심]

하나님께 대한 계명(1~4계명)	이웃에 대한 계명(5~10계명)
① 나 외에 다른 신들을 네게 두지 말라 ② 너를 위하여 새긴 우상을 만들지 말라 ③ 여호와의 이름을 망령되게 부르지 말라 ④ 안식일을 기억하여 거룩하게 지키라	⑤ 네 부모를 공경하라 ⑥ 살인하지 말라 ⑦ 간음하지 말라 ⑧ 도둑질 하지 말라 ⑨ 네 이웃에 대하여 거짓 증거하지 말라 ⑩ 네 이웃의 집을 탐내지 말라

2) 율법(출 21~31장)
① 생활 규례(출 21:1~23:13) : 종, 폭행, 살인, 배상, 도덕, 공의, 복지(안식일, 안식년) 등
② 3대 절기(출 23:14~17) : 무교절(유월절), 칠칠절, 초막절

> 유월절, 무교절, 초실절(맥추절) – 매년 첫째 달 – 곡물의 첫 이삭 한 단(레 23:10)
> 오순절, 칠칠절 – 매년 셋째 달 – 풍성한 수확 감사(레 23:15~22)
> 초막절, 수장절, 장막절 – 매년 일곱째 달 – 광야의 기억(레 23:33~43)

③ 언약 체결과 언약서 낭독(출 24:1~11)
④ 성막 설계와 제사장 규례와 각종 제사제도와 제단과 회막 기구(출 24:12~31장)

3. 금송아지 사건(출 32~33장) [3차 부르심]

40일 동안 모세가 산에서 내려오지 않음으로 백성들이 금송아지 우상을 만든다. 모세가 격분하여 하나님의 두 증거판(돌판)을 던져 깨뜨리고 금송아지를 불살라

부수어 이를 물에 뿌려 마시게 한다. 또 모세가 누구든지 여호와의 편에 있는 자는 내게로 오라 할 때에 레위 자손이 다 모세의 편에 선다. 너희는 허리에 칼을 차고 각 사람이 그 형제와 자기 친구와 자기 이웃을 죽이라 함으로 3천 명 가량을 죽인 다. 그 후에 모세의 생명을 건 중보기도가 이어진다.(출 32:26~28)

> **모세의 중보기도** : "슬프도소이다 이 백성이 자기들을 위하여 금 신을 만들었사오니 큰 죄를 범하였나이다 그러나 이제 그들의 죄를 사하시옵소서 그렇지 아니하시오면 원하건대 주께서 기록하신 책에서 내 이름을 지워 버려 주옵소서"(출 32:31~32)

> **레위지파의 반전** : "모세가 이르되 각 사람이 자기의 아들과 자기의 형제를 쳤으니 오늘 여호와께 헌신하게 되었느니라 그가 오늘 너희에게 복을 내리시리라"(출 33:29)
> 이 사건을 계기로 레위 지파는 야곱의 저주에서 벗어나 하나님께 속한 지파로 세움을 입는다.

> "레위 사람 제사장과 레위의 온 지파는 이스라엘 중에 분깃도 없고 기업도 없을지니 그들은 여호와의 화제물과 그 기업을 먹을 것이라 그들이 그들의 형제 중에서 기업을 가지지 않을 것은 여호와께서 그들의 기업이 되심이니 그들에게 말씀하심 같으니라"(신 18:1~2)

4. 두 번째 돌판과 언약(출 34장) [4차 부르심]

"너는 돌판 둘을 처음 것과 같이 다듬어 만들라 네가 깨뜨린 처음 판에 있던 말을 내가 그 판에 쓰리니"(출 34:1)
"보라 내가 언약을 세우나니 곧 내가 아직 온 땅 아무 국민에게도 행하지 아니한 이적을 너희 전체 백성 앞에 행할 것이라 네가 머무는 나라 백성이 다 여호와의 행하심을 보리니"(출 34:10)
안식일 규례(출 35장)
엿세 동안은 일하고 일곱째 날에는 너희를 위한 거룩한 날이니 여호와께 엄숙한 안식일이라
성막일꾼(브살렐과 오홀리압 : 하나님의 영)

5. 성막 제작과 봉헌(출 36~40장)

① 성막 제작에 부르심을 받은 자(출 35:30~36:2, 38:22~23) : 브살렐, 오홀리압

브살렐(유다)	오홀리압(단)
유다 지파 훌의 손자(출 35:30, 38:22) 하나님의 영으로 충만(지혜, 총명, 지식) 금과 은과 놋으로 제작하는 기술 나무를 새기는 여러 가지 정교한 일	단 지파의 아히사막의 아들(출 38:23) 지혜로운 마음 충만 조각, 세공, 수놓는 일 등 정교한 일

② 성막, 언약궤, 상, 등잔대, 분향단, 놋두멍, 성막, 그 외 성막 재료(출 36~38)

③ 제사장 의복 제작(출 39장)

④ 성막 봉헌(출 40:34~38)

성막의 구조

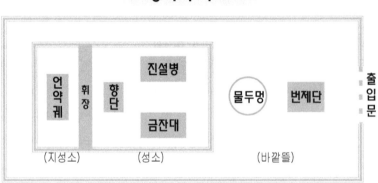

※성막의 7대 기구는 신약의 예수 그리스도를 상징한다.

1. **출입문** : 동쪽으로 향한 문, 예수 그리스도를 상징
2. **번제단** : 제물을 태움, 제물의 피는 단 네 뿔에 뿌린다.
3. **물두멍** : 놋으로 만듬, 제사장이 손 씻음
4. **진설병** : 항상 열두지파 상징하는 열두 개의 빵이 놓임
5. **금잔대** : 순금으로 만들어진 일곱 촛대
6. **향단** : 작은 분향단, 달콤한 향
7. **언약궤** : 금으로 싸여 있고 가장 성스러운 기구, 1년에 한번 대제사장(지성소)

휘장 : 성소와 지성소 사이에 드리워졌고 하나님과 백성들의 구분이 된다.

아론의 싹 난 지팡이(민 17:10), 만나 항아리(출 16:34), 십계명 돌판(출 25:16)

히브리서 9장 4~5절
"금 향로와 사면을 금으로 싼 언약궤가 있고 그 안에 만나를 담은 금 항아리와 아론의 싹난 지팡이와 언약의 돌판들이 있고 그 위에 속죄소를 덮는 영광의 그룹들이 있으니 이것들에 관하여는 이제 낱낱이 말할 수 없노라"

광야시대(출 15장~민 36장)

수르광야	시내산	바란광야	가데스바네아	모압 가는 길	모압평지
출 15~18장	출 19장~민9장	민 10~12장	민 13~20장	민 21장	민 22~36장
1. 마라 2. 엘림 3. 신광야 4. 르비딤	1. 시내산 언약 2. 십계명, 율법, 성막제도 3. 금송아지 사건 4. 두 번째 돌판 5. 성막봉헌 민수기 1. 인구조사(1차) 2. 유월절 + 레위기	1. 다베라 2. 기브롯핫다아와(메추라기사건) 3. 하세롯(미리암 나병)	1.12정탐꾼 가나안정복시도 2. 약속의 땅 제사 3. 고라와다단반역 4. 아론의 싹 난 지팡이 5. 므리바물 사건 미리암의 죽음 므리바물 사건 에돔의 거절 아론의 죽음	1. 호르마 점령 2. 불뱀사건 3. 요단동편 점령 아모리 왕 시혼 바산 왕옥	1. 발람 사건 2. 바알브올사건 3. 2차 인구조사 4. 슬로브핫의딸들 5. 3대절기.속죄일 6. 미디안 진멸 7. 두 지파 반 8. 애굽에서 모압까지 + 신명기

민수기

1. 인구조사(민 1~8장)

1~2장	3~8장
인구조사 및 진영 배치	제사장 및 레위지파

이스라엘 자손이 애굽 땅에서 나온 후 둘째 해 둘째 달에 이스라엘 열두 지파의 인구 조사와 레위지파의 인구조사를 각각하였다.

1. 이스라엘 12지파 및 진영 배치 (민 1~2장)

12지파의 1차 인구조사

르우벤	46,500명	므낫세	40,500명
시므온	59,300명	에브라임	32,200명
갓	45,650명	베냐민	35,400명
유다	74,600명	단	62,700명
잇사갈	54,400명	아셀	41,500명
스블론	57,400명	납달리	53,400명
총계 603,550명			

진영 배치도

	납달리	아셀	단	
에브라임		므라리		유다
므낫세	게르손	성막	모세·아론	잇사갈
베냐민		고핫		스블론
	갓	시므온	르우벤	

각 지파의 20세 이상의 남자 : 싸움에 나갈만한 남자의 계수

레위 지파는 열두 지파에서 빠져 따로 계수함 : 성막에 대한 책임을 지킴

야곱의 아들 요셉은 두 분깃을 받아 그의 아들 므낫세와 에브라임이 열두 지파에 속한다.

2. 레위지파 인구조사(민 3~8장)

1) 레위지파의 직무

고핫	성막의 성구들을 어깨로 운반(법궤, 향단, 떡상, 금등대, 물두멍, 번제단 등)
게르손	성막의 휘장과 덮개, 줄 등을 수레 두 대로 운반
므라리	성막의 기둥, 널판, 띠, 받침 등을 수레 네 대로 운반

"이스라엘 자손 중 모든 처음 태어난 자 대신에 레위인을 취하고 또 그들의 가축 대신에 레위인의 가축을 취하라 레위인은 내 것이라 나는 여호와니라"(레 3:45)

레위지파는 시내산에서 반전(출 32:25~29)
하나님 편에 섬으로 하나님께 선택 됨(성막, 군대)
"레위인은 내 것이라"(장자를 대신함) – (민 3:12)

1개월 이상 된 남자 계수(민 3:15)
30~50세 회막 봉사

2) 나실인의 법(민 6장) – 남자나 여자나 특별한 서원, 자기 몸을 구별
① 포도주와 독주를 금할 것
② 머리에 삭도를 대지 말 것
③ 시체를 가까이 하지 말 것

서원한 날이 차면 머리털을 밀고 그 후에 포도주를 마실 수 있다.(민 6:13~21)

1. 12지파
2. 레위지파 인구조사
3. 제사장의 축복(민 6:24~26) – 이스라엘 자손을 위해 이렇게 축복하라

"여호와는 네게 복을 주시고
너를 지키시기를 원하며
여호와는 그의 얼굴을 네게 비추사
은혜 베푸시기를 원하며
여호와는 그 얼굴을 네게로 향하여 드사
평강 주시기를 원하노라"

"The LORD bless you and keep you;
the LORD make his face shine upon
you and be gracious to you; the
LORD turn his face toward you and
give you peace."

2. 유월절과 구름기둥(민 9장)

1) 유월절 지킴
① 출애굽 다음 해 첫째 달 열넷째 날
② 어린양에 무교병과 쓴 나물을 먹는다.

2) 시내산 출발 준비(민 9:21~23)
① 구름기둥 인도 – 떠오르면 행진한다.
② 제사장이 나팔 둘을 만들어 불찌니라.

레위기(27장)

레위기 - "이것은 여호와께서 **시내** 산에서 자기와 이스라엘 자손 사이에 모세를 통하여 세우신 규례와 법도와 율법이니라"(레 26:46)

'여호와께서 모세에게 말씀하여 이르시되'라는 말씀이 레위기 전체를 끌고간다. 출애굽기에서는 하나님께서 택하신 하나님의 백성을 애굽에서 나오게 하시고 구원하시는 구원을 주제로 기록되었다. 출애굽기는 하나님께서 그의 백성에게 가셨고 그 증거로 하나님을 만날 장소인 성막을 완성하고 하나님의 임재를 체험하고 끝난다.

레위기는 하나님께서 부르신 백성들이 하나님께로 나아가는 길을 알려 주고 있다. 성막 안에서 제물과 제사를 통해 하나님께 나아가는 헌신과 노력을 통해 성결함으로 하나님을 섬기는 방법이 기록되고 있다. 그 이유는 하나님께서 거룩하셔서 백성들의 죄를 해결해야 하나님 앞에 나아갈 수 있기 때문이다. "피흘림이 없은즉 죄 사함이 없느니라"(히 9:22)

레위기가 영어로 'Leviticus'인데 레위지파에게 상당히 많은 율법과 가르침이 있다. 제사장들의 구별된 성결한 삶을 강조하고 있고, 특별히 대제사장의 중재 역할은 히브리서에서의 예수 그리스도를 예표한 것이다. '하나님이 거룩하니 너희도 거룩하라'는 말씀이 레위기의 주제이다.(레 11:45, 20:26, 19:2) 더 나아가 하나님 앞에서만 거룩한 관계가 아니라 일상생활의 연장선에서도 이웃과의 관계, 사회생활 등 거룩함이 강조되고 있다. 레위기는 우리의 모든 죄를 단번에 사하시려고 십자가 위의 제물이 되신 예수 그리스도의 은혜를 더욱 기억하게 하는 책이다.

<h1>레위기(27장)</h1>

하나님을 섬기는 법		거룩한 백성으로서의 삶(어떻게 살 것인가?)		
1~10장		11~27장		
1~7장	8~10장	11~22장	23~25장	26~27장
제사법	정결법	성결법 (의식적 부정 규례)	7대 절기 및 안식년과 희년	순종과 불순종, 각종 서원과 헌물

1. 하나님을 섬기는 법(레 1~10장)

1) 5대 제사법(레 1~7장)

하나님과 평화할 때 드리는 제사 – 번제, 소제, 화목제

① 번제(Burnt Offering) – 자원, 의무
  가장 일반적인 희생제물, 번제물에 안수하여 속죄
  화제 – 여호와께 향기로운 냄새(소, 양, 염소의 수컷)
  흠 없는 제물, 가죽을 벗겨 전체 불사름(완전한 희생)

② 소제(Grain Offering) – 자원
  피 없는 유일한 제사, 충성과 영광을 고백
  화제 – 여호와께 향기로운 냄새
      곡식 가루, 무교병, 무교전병 – 누룩과 꿀을 넣지 말 것
      기름과 소금과 유향을 넣는다.

③ 화목제(Peace Offering) – 자원
  감사제, 서원제, 자원제
  화제 – 향기로운 냄새, 여호와께 드리는 음식
  양, 염소(수컷과 암컷) 안수 – 기름을 떼어 불사름

"모든 기름은 여호와의 것이다. 너희는 기름과 피를 먹지 말라"(레 3:16~17)
  제사를 드린 자도 제물을 분배 받음

하나님과 불화할 때 드리는 제사 - 속죄제, 속건제

④ 속죄제(Sin Offering) - 의무
  계명을 어긴 자가 속죄하여 하나님과의 관계를 회복하기 위해 드리는 의무적 제사
  제사장 위임, 월삭과 매년제, 출산 후 정결, 나실인의 정결
  신분에 따라 제물과 제사법이 다름

제사장, 온 회중의 속죄제

제사장의 속죄제 온 회중의 속죄제	수송아지 안수	모든 기름을 떼어 불사름, 제물
제사장의 손가락에 피를 묻혀 여호와 앞 성소의 휘장 앞에 일곱 번 피를 뿌린다.		

족장: 수염소 안수 - 제물 기름 불사름 - 피를 번제단 뿔에 바른다.
평민: 암염소, 어린양, 비둘기, 고운가루(형편에 따라) 안수 - 제물 기름 불사름
    - 피를 번제단 뿔에 바른다.

⑤ 속건제(Guilt Offering) - 의무
  하나님과 이웃과 적대 관계가 되었을 때 드리는 제사
  여호와의 계명을 어겼을 때 성물에 대한 잘못을 보상
  거룩한 이름을 침범하거나 성적인 죄, 이웃에 손해(속임, 착취, 거짓 맹세)를 끼
  쳤을 때 보상으로 1/5을 더하여 그 임자에게 직접 주어야 한다.
  숫양 - 기름을 떼어 불사름, 제물 - 피는 제단 사방에 뿌림
  속죄제와 속건제는 희생의 댓가를 요구한다.

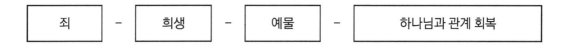

"피와 기름을 먹지말라"(레 7:27)

우리가 갚아야하는 죄의 댓가를 예수 그리스도께서 십자가 위에서 갚아주신 대속의 은혜를 기억하게 한다. 우리는 여호와 하나님 앞에서 예수 그리스도로 말미암아 죄를 용서 받는다. 죄를 탕감 받은 무리는 이웃의 허물과 죄를 용서해야 할 의무가 있음을 기억해야 한다.(마 18:23~34)

2) 정결법 (레 8~10장)

8장	9장	10장
제사장 위임식 및 위임 제사	제사장 취임 첫 제사	나답과 아비후

제사장 위임식

(7일 동안 진행, 회막문에 나가지 못함)

① **물로 아론과 그 아들들을 씻김**(레 8:6)
② **옷을 입힘**(레 8:7~9) : 속옷 – 띠 – 겉옷 – 에봇 – 에봇의 띠 – 흉패 – 우림과 둠밈을 흉패에 넣음 – 머리에 관 – 관 전면에 금패를 붙임
③ **관유를 부음**(레 8:12) : 머리에 관유를 붓고 발라 거룩하게 함
④ **3가지 제사** : 속죄제, 번제, 화목제(위임식)
⑤ **피로 아론과 그 아들들의 오른쪽 귓부리와 엄지 손가락과 엄지발가락에 바름**

아론이 속죄제, 번제, 화목제를 드리고 백성들을 축복하매 하나님의 영광이 온 백성에게 나타나고 여호와의 불이 제단 위의 번제물과 기름을 사른다. 온 백성이 소리 지르며 엎드렸더라(레 9:24)

아론의 아들들	제사장의 수칙 및 임무(레 10:9~11)
① 나답과 아비후 : 아론의 두 아들 나답과 아비후는 여호와의 명령하지 않으신 다른 불을 드리다 여호와의 불이 그들을 살라 죽인다. (레 10:1~2) ② 엘르아살과 이다말 : 너희는 머리를 풀거나 옷을 찢지 말라 그리하여 너희가 죽음을 면하고 여호와의 진노가 온 회중에게 미침을 면하게 하라(레 10:6)	① 독주나 포도주를 마시고 성소에 들어가지 말 것 ② 성물을 깨끗한 것과 부정한 것을 구별할 것 ③ 모든 율법을 백성들에게 가르칠 것

2. 거룩한 백성으로서의 삶 "어떻게 살 것인가?"(레 11~27장)

1) 성결규례(레 11~22장)

(1) 깨끗한 짐승과 부정한 짐승(레 11장)

"나는 여호와 너희의 하나님이라 내가 거룩하니 너희도 몸을 구별하여 거룩하게 하고 땅에 기는 길짐승으로 말미암아 스스로 더럽히지 말라 나는 너희의 하나님이 되려고 너희를 애굽 땅에서 인도하여 낸 여호와라 내가 거룩하니 너희도 거룩할지어다"(레 11:44~45)

(2) 산모에 대한 규례(레 12장)

남자아이 : 7일 부정, 33일 산모의 산혈 부정(남자 아이는 8일 만에 할례)
여자아이 : 14일 부정, 66일 산모의 산혈 부정

(3) 악성 피부병에 대한 규례(레 13~14장) - 나병

제사장에게 보이라 – 진찰
'부정하다 부정하다' – 옷을 찢고 머리를 풀고 입을 가림
"나병 환자는 옷을 찢고 머리를 풀며 윗입술을 가리고 외치기를 부정하다 부정하다 할 것이요 병 있는 날 동안은 늘 부정할 것이라 그가 부정한즉 혼자 살되 진영 밖에서 살지니라"(레 13:45~46) - 예수님의 나병환자 치유(막 1:40~44)

(4) 남자와 여자의 몸에 대한 규례(레 15장) - 각종 유출병

① 이스라엘 자손에게 말하여 이르라 누구든지 그의 몸에 유출병이 있으면 그 유출병으로 말미암아 부정한 자라(레 15:2)

② 남녀가 동침하여 설정하였거든 둘 다 물로 몸을 씻을 것이며 저녁까지 부정하리라(레 15:18)

(5) 대속죄일(레 16장) : 대속죄일은 안식일 중에 안식일로 매년 7월 10일에 지키며, 1년 중 유일하게 대제사장이 지성소 안에 들어갈 수 있다. 대속죄일에는 두 염소를 택하여 하나는 번제물로, 하나는 그에게 죄를 전가하여 광야로(아사셀 염소) 보내는 의식을 행한다.

> 대속죄제 : 대속죄제는 레위기 전체에서 가장 중요한 절기라고 할 수 있다. 후일에 예수 그리스도께서 하실 일에 대한 모형이기 때문이다. 제사 드리는 사람들이 염소와 송아지의 피로 속죄를 받은 것처럼 인류의 모든 족속이 영원한 제사장인 예수 그리스도의 피로 영원한 속죄를 받았다. 이 일이 바로 인류에 대한 대속죄제인데, 이 단 한 번의 죽음으로 영원한 속죄를 이루고 인간과 하나님 사이에 화해를 이루었다고 할 수 있다.(히 9:12)

(6) 희생 제사 및 피에 관한 규례(레 17장) : 제물은 반드시 성막 뜰에서 잡고, 모든 제사는 정해진 장소(성막)에서만 드려야 한다. 다른 우상이나 신들에게 제물을 바쳐서는 안되며, 육체의 생명은 피에 있음으로 피를 먹지 말 것을 명하신다. "생명이 피에 있으므로 피가 죄를 속하느니라"(레 17:11)

(7) 이방 풍습 금지 및 성 윤리에 대한 규례(레 18장) : 이방 풍습을 금지, 근친상간 금지, 월경 중인 여자와 성관계 금지, 이웃의 아내와의 성관계 금지, 동물과의 교합 금지, 남창 금지

"너희는 이 모든 일로 스스로 더럽히지 말라 내가 너희 앞에서 쫓아내는 족속들이 이 모든 일로 말미암아 더러워졌고 그 땅도 더러워졌으므로 내가 그 악으로 말미암아 벌하고 그 땅도 스스로 그 주민을 토하여 내느니라"(레 18:24~25)

(8) 선민으로서 지켜야할 규례와 사회적 규범(레 19장)

① **선민으로서 지켜야할 규례** : 부모를 공경하라. 안식을을 지키라.

"너희는 거룩하라 이는 나 여호와 너희 하나님이 거룩함이니라"(레 19:2)

② **사회 규범에 대한 규례** : 곡식을 거둘 때에 밭 모퉁이까지 거두지 말라. 떨어진 이

삭을 줍지 말라. 포도원에 열매를 다 따지 말라. 떨어진 열매를 줍지 말라. 도둑질 하지 말라. 속이지 말라. 거짓말 하지 말라. 거짓 맹세하지 말라. 네 이웃을 억압하지 말라. 품꾼의 삯을 아침까지 미루지 말라. 귀먹은 자, 눈 먼자를 저주하지 말라. 공의로운 재판을 하라. 형제를 비방하지 말라. 형제를 미워하지 말라. 네 이웃을 견책하라. 원수를 갚지 말며, 동포를 원망하지 말며, "네 이웃 사랑하기를 네 자신과 같이 사랑하라"(레 19:18)

③ 다른 종교와의 혼합 금지

④ 기타 도덕률

(9) 사형에 해당하는 범죄(레 20장) : 몰렉을 숭배하여 자식을 제물로 바치는 사람. 접신한 자와 박수무당을 따르는 자. 부모를 저주한 사람. 남의 아내와 동침한 남자와 여자. 며느리와 동침한 남자와 며느리. 아내와 장모와 함께 동침한 남자와 여자. 동물과 성교한 사람과 동물. 계모와 동침한 남자와 계모. 모친과 동침한 아들과 모친. 동성 성교한 사람들

(10) 제사장의 성결 규례(레 21장) - 육체에 흠이 없어야 한다.(레 21:16~23)

(11) 제사장 집안이 성물을 먹는 규례(레 22장)

2) 7대 절기 및 안식년과 희년 제도

(1) 7대 절기(레 23장)

종류	말씀
안식일 (레 23:1~3)	"엿새 동안은 일할 것이요 일곱째 날은 쉴 안식일이니"
① 유월절과 무교절 (레 23:4~8)	"첫째 달 열나흘날 저녁은 여호와의 유월절이요 이 달 열닷새날은 여호와의 무교절이니 이레 동안 무교병을 먹을 것이요"
초실절 (레 23:9~14)	"내가 너희에게 주는 땅에 들어가서 너희의 곡물을 거둘 때에 너희의 곡물의 첫 이삭 한 단을 제사장에게로 가져갈 것이요"

② 오순절(칠칠절) (레 23:15~22)	"안식일 이튿날 곧 너희가 요제로 곡식단을 가져온 날부터 세어서 일곱 안식일의 수효를 채우고 일곱 안식일 이튿날까지 합하여 오십일을 계수하여 새 소제로 여호와께 드리되"
나팔절 (레 23:23~25)	"일곱째 달 곧 그 달 첫 날은 너희에게 쉬는 날이 될지니 곧 나팔을 불어 기념할 날이요 성회라"
대속죄일 (레 23:26~32)	"일곱째 달 열흘날은 속죄일이니 너희는 성회를 열고 스스로 괴롭게 하며 여호와께 화제를 드리고"
③ 장막절(초막절) (레 23:33~44)	"일곱째 달 열닷샛날은 초막절이니 여호와를 위하여 이레 동안 지킬 것이라"

(2) 등잔대와 진설병(레 24장)

(3) 신성모독죄(레 24:10~16) : 단지파 디브리의 딸, 슬로밋(남편, 애굽사람)의 아들이 여호와를 저주함으로 여호와를 저주하는 말을 들은 사람들이 돌로 치게 한다.

(4) 상해죄에 대한 규례(레 24:17~23) : '눈에는 눈, 이에는 이'

3) 안식년과 희년 제도(레 25장)

안식년 : 6년 동안 일하고 7년 차에는 안식년으로 지킴
희년 : 안식년을 7번 보낸 후 다음 해를 희년으로 지킴(50년 마다) - 자유 공포, 거룩함
① 토지에 대한 규례(레 25:23~34)
② 종에 관한 규례(레 25:35~55) - 애굽에서 인도하여 낸 내 종들이니 종으로 팔지 말 것, 이방인 중에서 종으로 삼을 것, 이스라엘 자손은 나의 종들이 됨이라

4) 순종과 불순종 규례 및 각종 서원과 헌물 규례(레 26~27장)

(1) 순종과 불순종의 규례(레 26장)
① 우상숭배 금지(레 26:1~2) - 우상을 만들지 말고 경배하지 말라, 안식일을 지키며 내 성소를 경외하라
② 순종에 대한 축복(레 26:3~13) - "나는 너희 중에 행하여 너희의 하나님이 되고 너희는 내 백성이 될 것이니라"(레 26:12), 철을 따라 비를 주어 평화를 누리라
③ 불순종에 대한 징벌(레 26:14~39) - 언약을 배반, 재앙, 진노, 칼, 염병, 대적(레 26:45~46)
④ 죄의 회개에 대한 용서(레 26:40~46) - "내 언약을 기억하라"

(2) 각종 서원과 헌물 규례(레 27장)
① 헌신 서원, 가축 서원, 집과 토지 서원(레 27:1~25)
② 초태생과 십일조 규례(레 27:26~34) - 십분의 일은 여호와의 것이니 여호와의 성물이라(레 27:30)

> "어떤 사람이 자기 소유 중에서 오직 여호와께 온전히 바친 모든 것은 사람이든지 가축이든지 기업의 밭이든지 팔지도 못하고 무르지도 못하나니 바친 것은 다 여호와께 지극히 거룩함이며 온전히 바쳐진 그 사람은 다시 무르지 못하나니 반드시 죽일지니라"(레 27:28~29)

이것은 여호와께서 시내산에서 자기와 이스라엘 자손 사이에 모세를 통하여 세우신 규례와 법도와 율법이니라(레 26:46)

3. 바란광야(민 10~12장)

민10장	민11장	민12장
시내산 출발 (나팔신호와 구름기둥)	다베라 기브롯 핫다아와(메추라기 사건)	하세롯(미리암의 나병)

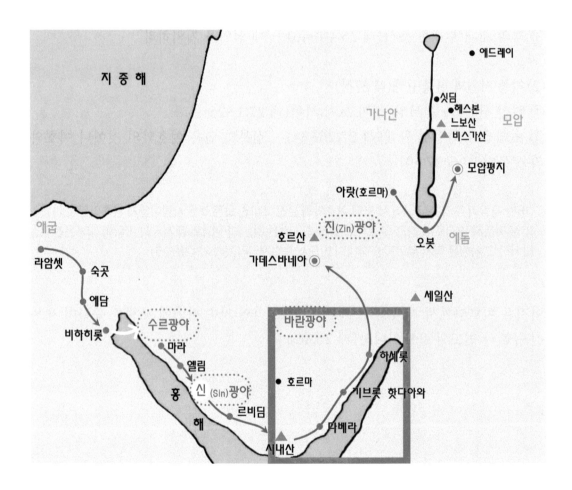

1. 시내산 출발 – 나팔 신호와 구름기둥(민 10장)

이스라엘의 이동행렬

단	에브라임		르우벤		유다	
아셀	므낫세	성물	시므온	성막	잇사갈	언약궤
		고핫		게르손 므라리		제사장
납달리	베냐민		갓		스블론	

언약궤가 앞서간다.(민 10:33~34)

2. 다베라(민 11장) : 불사름 (악한 말로 원망)

"여호와께서 들으시기에 백성이 악한 말로 원망하매 여호와께서 들으시고 진노하사 여호와의 불을 그들 중에 붙여서 진영 끝을 사르게 하시매 백성이 모세에게 부르짖으므로 모세가 여호와께 기도하니 불이 꺼졌더라"(민 11:1~2)

3. 기브롯 핫다아와 : 메추라기 사건 (고기 탐욕)

1) **다른 인종들의 탐욕** : 누가 우리에게 고기를 주어 먹게 하랴 우리가 애굽에 있을 때에는 값없이 생선과 오이와 참외와 부추와 파와 마늘들을 먹은 것이 생각나거늘 이제는 우리의 기력이 다하여 이 만나 외에는 보이는 것이 아무 것도 없도다.

2) **모세의 기도** : "이 모든 백성을 내게 맡기사 내가 그 짐을 지게 하시나이까 이 모든 백성을 내가 배었나이까 내가 그들을 낳았나이까"

3) 70인 장로 세움 : "책임이 심히 중하여 나 혼자는 이 모든 백성을 감당할 수 없나이다 주께서 내게 이같이 행하실진대 구하옵나니 내게 은혜를 베푸사 즉시 나를 죽여 내가 고난 당함을 내가 보지 않게 하옵소서"(민 11:14~15) 함으로 하나님께서 장로 70인을 세우시며 "그들이 너와 함께 백성의 짐을 담당하고 너 혼자 담당하지 아니하리라"(민 11:17)

또 '누가 우리에게 고기를 주어 먹게 하랴 애굽에 있을 때가 우리에게 좋았다' 하는 말이 여호와께 들렸으므로 하루나 이틀이나 닷새나 열흘이나 스무 날만 먹을 뿐 아니라 냄새도 싫어하기까지 한 달 동안 먹게하리라(민 11:18~20)

모세 : 이 백성의 보행자가 60만 명이온데 주의 말씀이 한 달 동안 고기를 주어 먹게 하겠다 하시오니 그들을 위하여 양 떼와 소 떼를 잡은들 족하오며 바다의 모든 고기를 모은들 족하오리이까

하나님 : 여호와의 손이 짧으냐 네가 이제 내 말이 네게 응하는 여부를 보리라

고기가 아직 이 사이에 있어 씹히기 전에 여호와께서 백성에게 대하여 진노하사 심히 큰 재앙으로 치신다.(민 11:33)

4. 하세롯(민 12장) : 미리암 나병(모세 비방)

모세가 구스 여자를 취함으로 미리암과 아론이 모세를 비방하여 '여호와께서 모세와만 말씀하셨느냐 우리와도 말씀하지 아니하셨느냐' 하매 여호와께서 들으시고 '내 종 모세 비방하기를 두려워하지 아니하느냐' 진노하심으로 미리암이 나병에 걸린다. "이 사람 모세는 온유함이 지면의 모든 사람보다 더하더라"(민 12:3) 하세롯을 떠나 바란광야에 진치니라(민 12:16)

4. 가데스 바네아(민 13~20장)

민 13~14장	민 15장	민 16장	민 17~19장	민 20장
12명의 정탐꾼 가나안 첫번째 시도	약속의 땅에서 드릴 제물과 제사법	고라.다단.아비람의 반역	아론의 싹난 지팡이 레위인의 직무	므리바 물

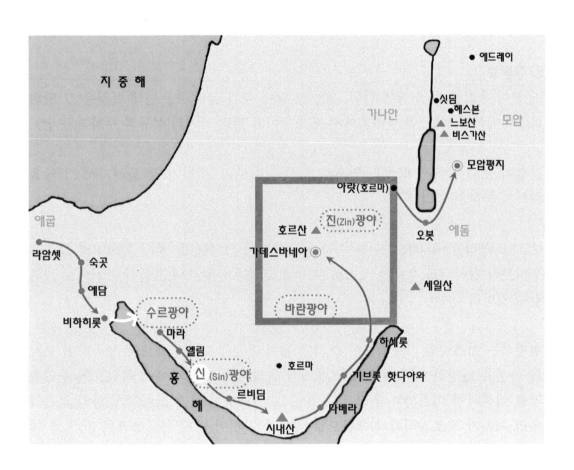

1. 12명의 정탐꾼

모세가 각 지파별로 1명씩 선발하여 12명의 정탐꾼 파송

1) 가나안 정탐

그 땅이 어떠한지 정탐하라 그 땅 거민이 강한지 약한지, 많은지 적은지, 그들이 사는 땅이 좋은지 나쁜지, 사는 성읍이 진영인지 산성인지, 토지가 비옥한지 메마른지, 나무가 있는지 없는지를 탐지하라. 또 그 땅의 실과를 가져오라

2) 정탐보고

"당신이 우리를 보낸 땅에 간즉 과연 그 땅에 젖과 꿀이 흐르는데 이것은 그 땅의 과일이니이다"(에스골 골짜기에서 포도송이가 달린 가지와 석류와 무화과를 땀)

갈렙이 모세 앞에서 백성을 조용하게 하고 이르되 "우리가 곧 올라가서 그 땅을 취하자 능히 이기리라"

보고1 (부정적인 10지파) - 우리는 능히 올라가서 그 백성을 치지 못하리라 그들은 우리보다 강하니라 우리는 스스로 보기에도 메뚜기 같으니 그들이 보기에도 그와 같을 것이라

원망하는 이스라엘 : 온 회중이 소리를 높여 부르짖으며 밤새도록 통곡하며 모세와 아론을 원망하며 '우리가 애굽 땅에서 죽었거나 이 광야에서 죽었으면 좋았을 것을 어찌하여 여호와가 우리를 그 땅으로 인도하여 칼에 쓰러지게 하려 하는가 우리 처자가 사로잡히리니 애굽으로 돌아가는 것이 낫지 아니하랴 우리가 한 지휘관을 세우고 애굽으로 돌아가자'(민 14:1~4)

보고2 (갈렙과 여호수아) - 그 땅을 정탐한 자 중 여호수아와 갈렙이 자기들의 옷을 찢고 이르되 "우리가 두루 다니며 정탐한 땅은 심히 아름다운 땅이라 여호와께서 우리를 기뻐하시면 우리를 그 땅으로 인도하여 들이시고 그 땅을 우리에게 주시리라 이는 과연 젖과 꿀이 흐르는 땅이니라 다만 여호와를 거역하지는 말라 또 그 땅 백성을 두려워하지 말라 그들은 우리의 먹이라 그들의 보호자는 그들에게서 떠났고 여호와는 우리와 함께 하시느니라 그들을 두려워하지 말라 하나" 회중이

돌로 치려한다.(민 14:6-9)

3) 하나님의 진노

'이 백성이 어느 때까지 나를 멸시하겠느냐 내가 그들 중에 많은 이적을 행하였으나
어느 때까지 나를 믿지 않겠느냐 내 삶을 두고 맹세하노라 너희 말이 내 귀에 들린
대로 내가 너희에게 행하리니 너희 시체가 이 광야에 엎드러질 것이라 여분네의
아들 갈렙과 눈의 아들 여호수아 외에는 내가 맹세하여 너희에게 살게 하리라 한
땅에 결단코 들어가지 못하리라 그 땅을 정탐한 날 수인 사십 일의 하루를 일 년으
로 쳐서 그 사십 년간 너희의 죄악을 담당할지니 너희의 자녀들은 너희 반역한 죄
를 지고 너희의 시체가 광야에서 소멸되기까지 사십 년을 광야에서 방황하는 자
가 되리라'(민 14:10~35)

4) 가나안 정복 시도 – 실패 (민 14:39~45)

하나님의 진노로 모세가 이스라엘 자손에게 여호와께서 함께 계시지 아니하시니
가나안을 치지 말라 경고함에도 거역한다. 아말렉인과 가나안인이 그들을 무찔러
세일 산에서 두루 다닌지 오래며 호르마까지 이른다.(신 1:44, 2:1~3)

2. 약속의 땅에서 드릴 제물과 제사법(민 15장)

"너희는 내가 주어 살게 할 땅에 들어가서 여호와께 화제나 번제나 서원을 갚는
제사나 낙헌제나 정한 절기제에 소나 양을 여호와께 향기롭게 드리라"(민 15:2)

안식일 : "안식일에 일을 하는 사람을 진영 밖으로 끌어내고 돌로 그를 쳐 죽여서
여호와께서 모세에게 명하신 대로 하더라"(민 15:35)

옷단 귀에 다는 술 : "이 술은 여호와의 모든 계명을 기억하고 음행하지 않게 하기 위
함이라"(민 15:39)

3. 고라와 다단과 아비람의 반역 + 지휘관 250명(민 16장)

1) 반역
"그들이 모여서 모세와 아론을 거슬러 그들에게 이르되 너희가 분수에 지나도다 회중이 다 각각 거룩하고 여호와께서도 그들 중에 계시거늘 너희가 어찌하여 여호와의 총회 위에 스스로 높이느냐"(민 16:3)

2) 모세의 충고
"너희를 구별하여 자기에게 가까이 하게 하사 여호와의 성막에서 봉사하게 하시며 회중 앞에 서서 그들을 대신하여 섬기게 하심이 너희에게 작은 일이겠느냐 하나님이 너와 네 모든 형제 레위 자손으로 너와 함께 가까이 오게 하셨거늘 너희가 오히려 제사장의 직분을 구하느냐"(민 16:9~10)

3) 반역자들에 대한 하나님의 심판(민 16:31~49)
① 땅이 그 입을 열어 산채로 반역자들을 삼킴(고라, 다단, 아비람의 장막에서 떠나라)
② 여호와께로부터 불이 나와 분향하는 250명을 불살랐더라.
③ 이튿날 원망하는 온 회중에게 염병을 내리심으로 14,700명 죽음 – 아론의 향로
[유다서 1장 11절, '고라의 패역을 따라 멸망을 받았다']

4. 아론의 싹난 지팡이와 레위인의 직무(민 17~19장)

1) 아론의 싹난 지팡이(민 17장)
고라와 다단과 아비람의 반역으로 하나님께서 택하신 지도자가 누구인지 분명히 하기 위해 각 지파의 가문을 따라 지팡이 하나씩을 가지고 오되 각기 이름을 쓰게 하고 이를 하나님의 증거궤 앞에 두게 하신다. 다음날 본즉 "레위 집을 위하여 낸 아론의 지팡이에 움이 돋고 순이 나고 꽃이 피어서 살구 열매가 열렸더라" 모세가 그 지팡이를 모든 사람 앞에 보이고 하나님께서 아론의 싹난 지팡이를 다시 "증거궤 앞으로 도로 가져다가 거기 간직하여 반역한 자에 대한 표징"이 되게 하고 다시는 원망하는 말을 하지 못하게 한다.

2) 제사장과 레위인의 직무(민 18~19장) – 제사장과 레위인의 직무, 제사장의 몫과 레위인의 몫

"너는 이스라엘 자손의 땅에 기업도 없겠고 그들 중에 아무 분깃도 없을 것이나 내가 이스라엘 자손 중에 네 분깃이요 네 기업이니라"(민 18:20)

5. 므리바 물 사건(민 20장)

1) 미리암의 죽음
"가데스에 이르더니 미리암이 거기서 죽으매 거기에 장사한다"(민 20:1)

2) 므리바 물 사건
마실 물이 없음으로 백성들이 다시 원망하자 하나님께서 모세에게 "네 형 아론과 함께 회중을 모으고 그들의 목전에서 너희는 반석에게 **명령하여 물을 내라**" 하시나 모세가 손을 들어 지팡이로 **반석을 두 번** 치니 물이 많이 솟아 나온다. 그러나 하나님은 이 일로 모세와 아론에게 책임을 물으신다. "너희가 나를 믿지 아니하고 이스라엘 자손의 목전에서 내 거룩함을 나타내지 아니한 고로 너희는 이 회중을 내가 그들에게 준 땅으로 인도하여 들이지 못하리라" 하신다.
"이스라엘 자손이 여호와와 다투었으므로 이를 므리바 물이라 한다."(민 20:12-13)

3) 에돔의 거절
"청하건대 우리에게 당신의 땅을 지나가게 하소서 우리가 밭으로나 포도원으로 지나가지 아니하고 우물물도 마시지 아니하고 왕의 큰길로만 지나가고 당신의 지경에서 나가기까지 왼쪽으로나 오른쪽으로나 치우치지 아니하리이다"(민 20:17) 하나 에돔이 이를 허락하지 않는다.

[에돔 : 에서의 후손, 에서의 별명(창 25:25, 30); 에돔의 심판 – 오바댜]

4) 아론의 죽음
아론은 호르 산에서 그 조상들에게로 돌아갔고 이는 므리바 물 사건에서 여호와의 말씀을 거역한 까닭이다. "모세가 아론의 옷을 벗겨 그의 아들 엘르아살에게 입히더라"(민 20:26)

5. 모압 가는 길(민 21장)

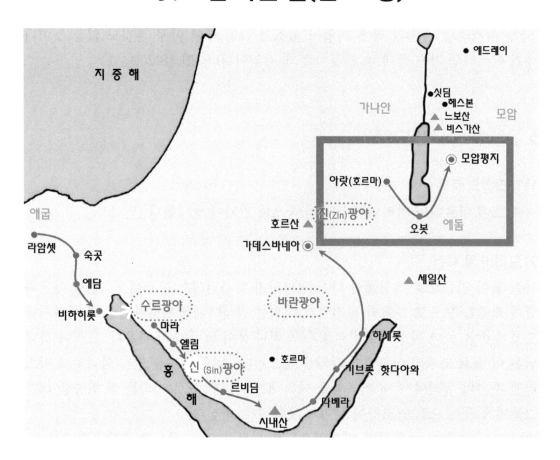

1. 호르마 점령(민 21:1~3)

이스라엘이 **아랏**의 왕이 쳐들어 올 때에 하나님께 서원한다. 이 백성을 넘겨주시면 가나안의 성읍을 다 멸하리라 하고 하나님께서 이 서원기도를 들어주신다. 그들을 멸하고 그곳을 **호르마**라고 한다.

2. 불뱀 사건(민 21:4~9)

길로 말미암아 마음이 상함으로 하나님과 모세를 원망한다. "어찌하여 우리를 애굽에서 인도해 내어 이 광야에서 죽게 하는가 이 곳에는 먹을 것도 없고 물도 없도다 우리 마음이 이 하찮은 음식을 싫어하노라" 이에 하나님께서 불뱀을 보내심으로 많은 사람이 죽는다. 백성들이 모세에게 범죄를 자백할 때 모세가 중보하여 기도하니 하나님께서 불뱀을 만들어 장대 위에 달라 하심으로 모세가 놋뱀을 만들어 장대위에 높이 들었더니 이를 쳐다보는 자는 살더라.

예수님께서 친히 이 사건을 인용하신다.
"모세가 광야에서 뱀을 든 것 같이 인자도 들려야 하리니"(요 3:14)
"이는 그를 믿는 자마다 영생을 얻게 하려 하심이니라"(요 3:15)

3. 요단동편 점령(민 21:21~35)

아모리 왕(헤스본 왕) 시혼이 이스라엘이 자기 땅을 지나가지 못하도록 하여 여호와께서 모든 성읍을 허락하시고 이스라엘은 아르논에서 얍복강까지 차지하여 헤스본에 거주한다.

바산 왕 옥과 에드레이에서 싸워 점령한다.

오봇에 진치고 그곳을 떠나 모압평지를 향한다.

요단 동편 아모리 왕 시혼과 바산 왕 옥을 물리치므로 요단 동편의 땅을 차지한다.

6. 모압평지(민 22~36장)

민 22~24장	민 25장	민 26장	민 27장
발람 사건	바알브올 사건 (비느하스의 심판)	2차 인구조사	슬로브핫의 딸

민 28~30장	민 31장	민 32장	민 33~36장
3대 절기 및 대속죄일	미디안 진멸	두 지파 반 분배	애굽에서 모압까지

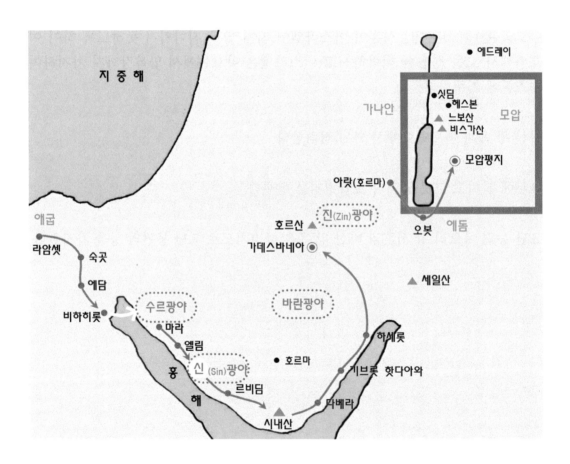

1. 발람 사건(민 22~24장)

모압 왕 발락이 이스라엘을 심히 두려워 하여 메소보다미아의 브돌사람 브올의 아들 '발람'을 불러온다. 하나님이 발람에게 '너는 그들과 함께 가지도 말고 백성을 저주하지도 말라 그들은 복을 받은 자들이니라' 하셨음에도 모압 왕 발락이 제시한 복채와 제물과 더 높은 고관들이 오매 마음을 빼앗겨 그들을 따라간다. 도중에 하나님의 사자가 그의 길을 막고 서 있는 것을 나귀가 보고 피함에 발람이 지팡이로 때린다. "보라 내 앞에서 네 길이 사악하므로 내가 너를 막으려고 나왔더니 나귀가 나를 보고 이같이 세 번을 돌이켜 내 앞에서 피하였느니라"(민 22:32)

발람의 4번 예언 : 바알산당 → 비스가산 꼭대기 → 브올산 꼭대기(2번)
발람의 3번 예언은 현재 이스라엘 백성들을 축복하는 예언이었고 마지막 예언은 미래에 대한 예언이다.
민수기 24장 17절, "내가 그를 보아도 이 때의 일이 아니며 내가 그를 바라보아도 가까운 일이 아니로다 한 별이 야곱에게서 나오며 한 규가 이스라엘에게서 일어나서 모압을 이쪽에서 저쪽까지 쳐서 무찌르고 또 셋의 자식들을 다 멸하리로다"

발람에 대하여 성경은 어떻게 증거하고 있는가?

① **신명기 23장 3~4절** "암몬 사람과 모압 사람은 여호와의 총회에 들어오지 못하리니 그들에게 속한 자는 십 대뿐 아니라 영원히 여호와의 총회에 들어오지 못하리라 그들은 너희가 애굽에서 나올 때에 떡과 물로 너희를 길에서 영접하지 아니하고 메소보다미아의 브돌 사람 브올의 아들 발람에게 뇌물을 주어 너희를 저주하게 하려 하였으나"

② **느헤미야 13장 1~2절** "그 날 모세의 책을 낭독하여 백성에게 들렸는데 그 책에 기록하기를 암몬 사람과 모압 사람은 영원히 하나님의 총회에 들어오지 못하리니 이는 그들이 양식과 물로 이스라엘 자손을 영접하지 아니하고 도리어 발람에게 뇌물을 주어 저주하게 하였음이라 그러나 우리 하나님이 그 저주를 돌이켜 복이 되게 하셨다 하였는지라"

③ **유다서 1장 11절** "화 있을진저 이 사람들이여, 가인의 길에 행하였으며 삯을 위하여 발람의 어그러진 길로 몰려 갔으며 고라의 패역을 따라 멸망을 받았도다"

④ **베드로후서 2장 15~16절** "그들이 바른 길을 떠나 미혹되어 브올의 아들 발람의 길을 따르는도다 그는 불의의 삯을 사랑하다가 자기의 불법으로 말미암아 책망을 받되 말하지 못하는 나귀가 사람의 소리로 말하여 이 선지자의 미친 행동을 저지하였느니라"

⑤ **요한계시록 2장 14절** "그러나 네게 두어 가지 책망할 것이 있나니 거기 네게 발람의 교훈을 지키는 자들이 있도다 발람이 발락을 가르쳐 이스라엘 자손 앞에 걸림돌을 놓아 우상의 제물을 먹게 하였고 또 행음하게 하였느니라"(버가모교회에게)

2. 바알브올 사건(민 25장) : 비느하스의 심판

1. 바알브올 사건 [바알브올은 모압의 신]
이스라엘이 싯딤에 머물러 있을 때에 모압 여자들과 음행하여 이스라엘이 바알브올에 가담한다. 그 여자들이 자기 신들에게 제사할 때에 이스라엘 백성을 청하매 함께 먹고 그들의 신들에게 절하게 한다.(민 25:1~3) – 민 31:16 발람의 꾀
모세가 이스라엘 재판관들에게 각각 바알브올에 가담한 사람들을 죽이라 명한다.

2. 비느하스의 심판(민 25:6~18)
'바알브올에 가담한 자를 죽이라' 하는 중에도 시므리(시므온지파)가 미디안 여인 고스비를 데리고 장막으로 들어감에 아론의 손자 비느하스가 그 남자와 여자를 한 창에 꿰뚫음으로 하나님께서 염병을 그치신다. "비느하스가 내 질투심으로 질투하여 이스라엘 자손 중에서 내 노를 돌이켜서 내 질투심으로 그들을 소멸하지 않게 하였도다"(민 25:11) 그날 염병으로 죽은 자가 24,000명이다. 비느하스와 그 후손에게 영원한 제사장직분의 언약을 하신다. 하나님을 위하여 질투하여 이스라엘 자손을 속죄하였기 때문이다.

3. 2차 인구조사(민 26장) – 601,730명

	르우벤	시므온	갓	유다	잇사갈	스불론	므낫세	에브라임	베냐민	단	아셀	납달리	총계
1차	46,500	59,300	45,650	74,600	54,400	57,400	40,500	32,200	35,400	62,700	41,500	53,400	603,550
2차	43,730	22,200	40,500	76,500	64,300	60,500	52,700	32,500	45,600	64,400	53,400	45,400	601,730
증감	-2,770	-37,100	-5,150	+1,900	+9,900	+3,100	+12,200	+300	+10,200	+1,700	+11,900	+8,000	-1,820

시므온 지파는 22,200명으로 모든 지파 가운데 가장 적다. 이는 '디나의 강간 사건'(창 34장) 때에 시므온과 레위가 세겜의 모든 남자들을 죽이고 노략한 일로 야곱이 이를 마음에 두었다가 마지막 유언 때에(창 49장) 저주한다. 신명기 33장 모세의 축복에서는 그 이름조차 입에 올리지 않는다.
[레위는 시내산에서(출32:26~29) 금송아지 사건으로 하나님의 편에 서게 됨으로 저주에서 빠짐!]

1차 인구조사 603,550명과 거의 비슷한 601,730명이 계수되었다. 광야 40년 동안 1세대가 다 죽었음에도 하나님은 여전히 이스라엘을 보존케 하셨다.

4. 슬로브핫의 딸들(민 27장) – 므낫세 지파
아들이 없음으로 딸들에게 분깃을 나누어 줄 것(므낫세 지파 안에서 결혼)

모세의 후계자 '여호수아' 지명 – 성령이 머무는 자

5. 3대 절기(유월절, 칠칠절, 장막절)와 대속죄일(민 28~30장)
[성경여행 레위기 23장 참고]

6. 미디안 진멸(민 31장)
"이스라엘 자손의 원수를 미디안에게 갚으라"(고스비 사건)
12지파 × 1,000명 = 12,000명을 택하여 무장
미디안 다섯 왕과 발람은 죽이나 부녀자와 아이들은 살려 둠으로 모세에게 책망 듣는다. 사로잡은 자 중에 남자 아이와 남자를 아는 여자는 죽임(모세의 진노)
전리품 분배(반은 군인들에게 반은 백성들에게)

발람을 죽인 이유 : "보라 이들이 발람의 꾀를 따라 이스라엘 자손을 브올의 사건에서 여호와 앞에 범죄하게 하여 여호와의 회중 가운데에 염병이 일어나게 하였느니라"(민 31:16)

7. 두 지파 반(르우벤, 갓, 므낫세 반 지파) 요단 동편 기업분배(민 32장)
르우벤 지파와 갓 지파와 므낫세 반 지파는 목축이 많은 고로 목축할만한 요단 동편 길르앗 땅을 원한다. 모세는 두 지파 반에게 무장하고 앞서 요단을 건너 너희가 가나안 정복을 행하라 명한다.

8. 애굽에서 모압까지의 여정(민 33장)
라암셋에서 싯딤까지 이스라엘이 진을 친 곳과 불평했던 42곳 장소들을 지적하면서 그들의 불순종을 상기시킨다. 불순종한 세대는 가나안 약속의 땅에 들어갈 수 없다는 것과 하나님의 인도하심 앞에 순종할 것을 권면한다.

민 34장 - 12지파의 책임자를 세움

민 35장 - 레위지파 48성읍, 6개의 도피성
도피성은 무리 중에 살인한 모든 자가 그리로 도피할 수 있다.

민 36장 - 슬로브핫의 딸들
오직 므낫세 지파 내에서 시집갈 것은 각기 자기 조상 지파의 기업을 지키기 위해서이다.

신명기

모세의 고별 설교(신 1~34장)
느보산(비스가산 꼭대기)

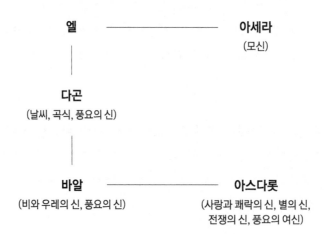

성경에 등장하는 이방신

| 엘 | —— | 아세라 |
| | | (모신) |

다곤
(날씨, 곡식, 풍요의 신)

| 바알 | —— | 아스다롯 |
| (비와 우레의 신, 풍요의 신) | | (사랑과 쾌락의 신, 별의 신, 전쟁의 신, 풍요의 여신) |

신명기(34장)

향년 120세의 모세는 모압 평지에서 약속의 땅 가나안을 바라보며 유언적 교훈을 남긴다. 그러나 하나님의 말씀을 멸시한 20세 이상의 남자는 광야에서 다 죽고 그 다음 세대들이 성인이 되어 모세의 교훈을 듣게 된다. 모세는 여호수아와 이스라엘이 가나안 땅에 들어가 우상을 숭배하고 다산과 풍요의 이방신을 섬기고 그들의 문화와 삶에 영향을 받을 것을 우려하며 설교한다.

모세는 하나님의 언약을 강조하고 제사장 나라요 하나님의 백성으로 계명을 지키며 오직 하나님만을 섬기라 부탁한다. 신명기에는 민수기에서 일어난 광야에서의 사건들을 다시 언급하며 교훈한다. 출애굽에서 광야를 거쳐 요단 동편에 이르기까지 인도해주신 하나님의 역사를 기억하고 감사하고 순종하면 생명과 축복을, 불순종하면 멸망과 심판인 것을 상기시킨다.

첫 번째 설교 (역사 회상)	두 번째 설교 (현재를 위한 교훈과 율법)		세 번째 설교 (미래의 선택)
신 1~4장	신 5~11장	신 12~26장	신 27~34장
광야에서의 교훈	교훈과 율법	율례와 규례	권면

1. 첫 번째 설교 - 역사회상(신 1~4장)

신 1장	신 2~3장	신 4장
12정탐꾼	요단동편 2왕 요단동편 2지파 반 기업분배	바알브올 사건 우상금지 도피성 제도

신명기 1장

모세가 마흔째 해 열한달 첫 날에 아라바 광야에서 여호와께서 주신 말씀을 이스라엘 자손에게 알린다. 헤스본에서 아모리왕 시혼을 죽이고 바산 왕 옥을 에드레이에서 죽인 후 였다.(신 1:3~4)

12정탐꾼 사건

여호와께서 우리에게 주신 땅이 좋더라 하면서도 너희가 너희 하나님 여호와를 믿지 아니하였도다. 그 결과 산지로 올라가지 말라 싸우지 말라 말하였으나 너희가 듣지 않고 여호와의 명령을 거역하여 아모리 족속과 가나안인에게 쫓겨 세일 산에서 호르마까지 도망하였더라.(신 1:41~44)

신명기 2장

세일 산에는 에서의 자손이 살고 있고(신 2:5) 모압에는 롯의 자손이 살고 있어 그들을 괴롭게 말라 하신다.(신 2:9)

요단동편 2왕(아모리 왕 시혼)

아모리 왕(헤스본 왕) 시혼은 이스라엘이 그 땅을 통과하는 것을 거절하므로 이스라엘의 손에 넘기셨다. 아르논 골짜기에서 길르앗까지 허락하셨다.

신명기 3장(바산 왕 옥)

바산 왕 옥이 이스라엘을 대적하여 에드레이에서 이스라엘에게 패한다. 아르논 골짜기에서 헤르몬 산까지 빼앗는다.
이스라엘은 요단 동편 아르논 강에서부터 북쪽으로는 헤르몬 산까지 점령한다.

요단 동편 2지파 반(신 3:12~22)

요단강 동편을 가축이 많은 르우벤, 갓, 므낫세 반 지파에게 분배한다. 요단 동편에 2지파 반은 무장하고 선봉이 되어 요단 저쪽을 형제들이 기업으로 받은 후 요단 동편으로 돌아가라 명한다.

신명기 4장

바알브올 사건(신 4:3~14)

바알브올의 일로 하나님을 떠나 바알브올을 따른 자들을 다 멸망시키셨던 것을 너희가 보았다. 너희가 들어가 기업으로 차지할 땅에서 너희는 하나님의 규례와 법도를 행하라 마음을 지키라 그 일들이 네 마음에서 떠나지 않도록 조심하라. 시내산에서 두 돌판에 친히 쓰신 십계명을 지키라.

쉐마의 말씀(신 6:4~9)

4절 "이스라엘아 들으라 우리 하나님 여호와는 오직 유일한 여호와이시니"
5절 "너는 마음을 다하고 뜻을 다하고 힘을 다하여 네 하나님 여호와를 사랑하라"
6절 "오늘 내가 네게 명하는 이 말씀을 너는 마음에 새기고"
7절 "네 자녀에게 부지런히 가르치며 집에 앉았을 때에든지 길을 갈 때에든지 누워 있을 때에든지 일어날 때에든지 이 말씀을 강론할 것이며"
8절 "너는 또 그것을 네 손목에 매어 기호를 삼으며 네 미간에 붙여 표로 삼고"
9절 "또 네 집 문설주와 바깥 문에 기록할지니라"

우상금지(신 4:15~40)

스스로 부패하여 자기 자신을 위해 어떤 형상으로든지 우상을 새겨 만들지 말고 섬기지 말라 말씀하셨다. 하나님은 소멸하는 불이시오 질투하시는 하나님이시다.

도피성 제도(신 4:41~49)

요단 동편에 도피성 제도를 주신다. 므낫세 지파에는 바산 골란, 갓 지파에는 길르앗 라못, 르우벤 지파에는 베셀을 주신다. 요단 서편의 도피성은 납달리 지파에는 게데스, 므낫세 지파에는 세겜, 유다 지파에는 헤브론을 주신다.

2. 두 번째 설교 – 현재를 위한 계명(신 5~26장)

교훈과 율법(신 5~11장)	율례와 규례(신 12~26장)
1) 십계명 회고(5장) 2) 쉐마(6:4~9) 3) 이방여인과 결혼 금지(7장) ① 하나님의 성민 ② 이스라엘을 택하신 이유 4) 풍요로와도 여호와를 잊지 말라(8장) 5) 가나안 땅을 얻는 이유(9:4~5) ① 가나안의 악함으로 말미암아 ② 이스라엘의 공의 때문이 아님 ③ 조상과의 언약 때문 6) 마음에 할례 "목을 곧게 하지 말라"(10:16) 7) 쉐마 강조(11:18~20) **모세오경 613가지 율법** "~하라"(긍정적) 248가지 "~하지 말라"(부정적 형태) 365가지	1) 택하신 예배 장소 – 여호와가 자기 이름을 두시려고 택하신 곳(12~13장) ① 십일조 규례(14장) ② 빚 규례(15:1~11) – 7년 끝에는 면제 ③ 종 규례(15:12~18) – 7년째 해에는 자유 2) 3대절기 – 여호와의 택하신 곳(16장) ① 유월절 : 아빕월(첫째달) ② 칠칠절 : 애굽의 종(셋째달) ③ 초막절 : 광야생활의 은혜 감사(일곱째) 3) 공의로운 재판(16:18~17:13) 뇌물금지 "굽게하지 말라" 4) 이스라엘 왕의 규례(17:14~20) (은금, 병마, 아내를 많이 두지 말 것) 5) 제사장과 레위인의 몫(18장) 6) 도피성 제도(19장) 모든 죄 두 세 증인(자세히 살핌) 7) 전쟁 규례(20장~21:14) – 두려워하는 자, 새집 건축, 포도원, 약혼한 자 8) 장자상속, 사회질서, 순결 규례 (21:15~22장) 9) 총회에 들어올 수 없는 사람들(23장) 모압, 암몬 – 신 23:3~4, 느13:1~2 10) 사회질서와 생활 규례(24~25장) 11) 토지소산 규례(26:1~15) 12) 하나님의 보배로운 백성(26:16~19)

3. 세 번째 설교(미래를 위한 선택) (신 27~34장)

신 27~29장	신 30장	신 31장	신 32~34장
① 순종의 복 ② 불순종의 저주	① 복 받는 길 ② 생명을 택하라	① 후계자 계승 ② 신명기 기록	① 모세의 노래 ② 모세의 축복 ③ 모세의 죽음

신명기 28장

순종하여 받는 복 (신 28:1~19) "네가 들어와도 복을 받고 나가도 복을 받을 것이니라"(28:6)

불순종하여 받는 저주 (신 28:20~68) "네가 악을 행하여 그를 잊음으로 네 손으로 하는 모든 일에 여호와께서 저주와 혼란과 책망을 내리사 망하며 속히 파멸하게 하실 것이다"(신 28:20)

모세의 유언 : "내가 생명과 사망과 복과 저주를 네 앞에 두었은즉 너와 네 자손이 살기 위하여 생명을 택하라"(신 30:19)

신명기 32장 7절 "옛날을 기억하라 역대의 연대를 생각하라 네 아버지에게 물으라 네 어른들에게 물으라 그들이 네게 말하리로다"

신명기 32장 51~52절 "가데스의 므리바 물가에서 이스라엘 자손 중 내게 범죄하여 내 거룩함을 이스라엘 자손 중에서 나타내지 아니한 까닭으로 이스라엘에게 주는 땅을 맞은편에서 바라보기는 하려니와 그리로 들어가지는 못하리라 하시니라"

신명기 33장 - 모세가 죽기 전에 이스라엘 자손을 축복한다. 열두 지파 가운데 시므온 지파는 축복에서 빠진다.

> **모세의 축복** : "이스라엘이여 너는 행복한 사람이로다 여호와의 구원을 너 같이 얻은 백성이 누구냐 그는 너를 돕는 방패시요 네 영광의 칼이시로다 네 대적이 네게 복종하리니 네가 그들의 높은 곳을 밟으리로다"(신 33:29)

신명기 34장 7절 "모세가 죽을 때 나이 120세 였으나 그의 눈이 흐리지 아니하였고, 기력이 쇠하지 아니하였더라"

신명기 34장 10절 "이스라엘에 모세와 같은 선지자가 일어나지 못하였나니 모세는 여호와께서 대면하여 아시던 자라"

히브리서 11장 24~26절 "믿음으로 모세는 장성하여 바로의 공주의 아들이라 칭함 받기를 거절하고 도리어 하나님의 백성과 함께 고난 받기를 잠시 죄악의 낙을 누리는 것보다 더 좋아하고 그리스도를 위하여 받는 수모를 애굽의 모든 보화보다 더 큰 재물로 여겼으니 이는 상 주심을 바라봄이라"

4

정복시대

4. 정복시대

신정시대 - 역사서 5권(창, 출, 민, 수, 삿)				
1. 창조시대 (역사의 시작)	**2. 족장시대** (B.C. 2090)	**3. 출애굽광야** (B.C. 1446)	**4. 정복시대** (B.C. 1406)	**5. 사사시대** (B.C. 1400)
창 1~11장	창 12~50장	출 1~40장 민 1~36장	수 1~24장	삿 1~21장
욥		레 신		룻

여호수아(24장)

모세는 애굽에서 400년 동안 종살이하던 이스라엘 백성을 10가지 재앙과 장자의 죽음을 통해 출애굽하도록 세움을 받아 광야 40년 동안 불순종을 거듭하는 백성들을 이끌고 요단 동편까지 이르러 가나안 땅을 바라보고 죽는다.

하나님께서는 모세의 시종이었던 여호수아에게 지혜의 영을 부어주시고 신명기와 여호수아서 1장을 통해 다섯 번이나 "강하고 담대하라"는 말씀을 주신다.(신 31:6, 23, 수 1:6, 7, 9) 백성들도 여호수아 1장 18절에서 여호수아에게 강하고 담대하라며 순종의 뜻을 밝힌다.

여호수아서는 하나님께서 아브라함에게 약속하신 가나안의 정복이 성취되는 책이다.(창 12:5~7) 여호수아서는 가나안 땅의 대적들과 싸워 가나안 땅을 어떻게 정복하는지 그리고 12지파가 어떻게 가나안 땅을 분배하는 지를 보여준다. 가나안의 대적들은 부요와 다산의 신을 섬기는 7족속(가나안, 헷, 히위, 브리스, 기르가스, 여부스, 아모리 족속)이고, 정복전쟁은 약 7년에 걸친 것으로 보인다.

모세는 민수기 33장 55절에서 "너희가 만일 그 땅의 원주민을 너희 앞에서 몰아내지 아니하면 너희가 남겨둔 자들이 너희의 눈에 가시와 너희의 옆구리에 찌르는 것이 되어 너희가 거주하는 땅에서 너희를 괴롭게 할 것이라" 경고한다.

40년 전, 모세가 가데스 바네아에서 가나안 정탐꾼 12명 중 그 땅을 혹평하여 정복할 수 없다고 말한 출애굽 1세대는 모두 광야에서 죽었고, 오직 하나님의 약속을 믿었던 여호수아(에브라임지파)와 갈렙(유다지파) 만이 약속의 땅을 출애굽 2세대와 함께 밟는다.

젖과 꿀이 흐르는 축복의 땅에는 하나님의 말씀을 믿는 믿음이 요구된다. 이스라엘 백성들은 자신들이 메뚜기같이 약한 존재임을 알고 있다. 그러나 여호와께서 우리를 기뻐하시면 우리를 그 땅으로 인도하여 들이시고 그 땅을 우리에게 주시리라는 여호수아와 갈렙의 믿음을 기억해야 한다. 가나안 정복은 무력으로 이루어진 것이 아니라 믿음의 승리인 것을 기억해야 한다.

그들의 선조들에게 약속하시고 그 후손에게 약속의 땅을 허락하시는 신실하신 하나님을 기억하자.

여호수아(24장)

가나안 정복	12지파 기업 분배
1~12장	13~24장

1. 가나안 정복(수 1~12장)

수 1~5장	수 6~8장	수 9~10장	수 11~12장
지도자 계승 요단강 도하	중부 정복	남부 정복	북부 정복

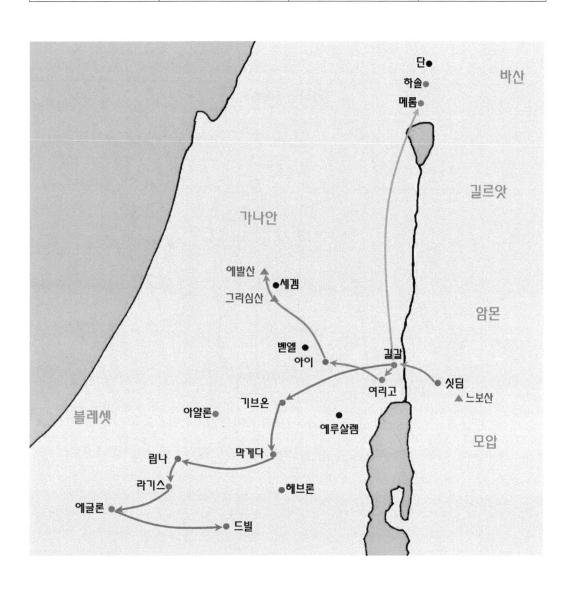

1. 지도자 계승과 요단강 도하(수 1~5장)

수 1장	수 2장	수 3장	수 4~5장(길갈)
지도자 계승	두 명의 정탐꾼과 기생 라합	요단강 도하	① 12개의 돌(기념비) ③ 유월절 ⑤ 여호와의 군대장관 ② 할례 ④ 만나 그침

[가나안 7족속]

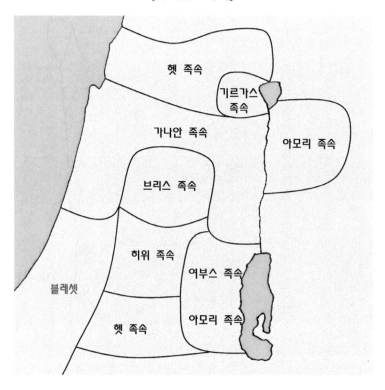

1. 지도자 계승(수 1장)

모세가 죽은 후에 여호와께서 여호수아에게 모세와 같이 함께하시겠다고 말씀하시며 강하고 담대하라는 말씀을 여호수아 1장에서 3번 말씀하신다.(수 1:6~7, 9)

"이 율법책을 네 입에서 떠나지 말게 하며 주야로 그것을 묵상하여 그 안에 기록된 대로 다 지켜 행하라 그리하면 네 길이 평탄하게 될 것이며 네가 형통하리라 내가 네게 명령한 것이 아니냐 강하고 담대하라 두려워하지 말며 놀라지 말라 네가 어디로 가든지 네 하나님 여호와가 너와 함께 하느니라"(수 1:8~9)

2. 두 정탐꾼과 기생 라합(수 2장)

여리고 성을 정탐하기 위해 두 명의 정탐꾼을 파송한다. 기생 라합의 집에 유숙하더니 라합이 두 사람을 숨긴다. 라합이 그들에게 이르기를 여호와께서 이 땅을 너희에게 주신 줄을 내가 아노라. 출애굽 시에 홍해를 마르게 하시고 요단 동편 두 왕을 진멸하여 우리는 너희를 심히 두려워하고 이 땅 주민들이 다 너희 앞에서 간담이 녹는다. 라합이 두 정탐꾼을 달아 내린 창문에 붉은 줄을 매고 라합과 그에 속한 모든 사람의 목숨을 죽음에서 건져낸다.

라합은 히브리서 11장 31절, 야고보서 2장 25절에도 기록되고 있다.

3. 요단강 도하(수 3장)

싯딤에서 출발하여 요단을 건넌다. 여호와께서 내일 너희 가운데 기이한 일을 행하시리라 제사장이 언약궤를 메고 백성에 앞서 요단에 들어서라. 궤를 멘 제사장들의 발이 물 가에 잠기자 곧 위에서부터 흘러내리던 물이 한 곳에 쌓이고 아라바의 바다 염해로 향하여 흘러가는 물은 온전히 끊어지매 백성이 여리고 앞으로 바로 건넌다.
모든 이스라엘은 그 마른 땅을 건너갔더라.

4. 길갈(수 4~5장)

1) **열두 돌 기념비** : 요단 가운데 제사장들의 발이 굳게 선 그곳에서 각 지파의 한 사람씩 돌 열둘을 택하라. 후일에 너희의 자손들이 물어 이르되 이 돌들은 무슨 뜻이냐 하거든 그들에게 이르기를 요단 물이 여호와의 언약궤 앞에서 끊어졌나니 곧 언약궤가 요단을 건널 때에 요단 물이 끊어졌으므로 이 돌들이 이스라엘 자손

에게 영원히 기념이 되리라 하라(수 4:6~7)

2) **할례 행함**(수 5:2~7) : 광야를 지나는 동안 출생한 자들에게 행하지 못한 할례를 부싯돌로 행하여 애굽에서의 수치를 떠나가게 하였다.

3) **유월절을 지킴**(수 5:10) : 어린 양의 피를 상기시킨다.

4) **만나 그침** : "그 땅의 소산물을 먹은 다음 날에 만나가 그쳤으니"(수 5:12)

5) **여호와의 군대 대장** : "나는 여호와의 군대 대장으로 지금 왔느니라"(수 5:14)
네 발에서 신을 벗으라 네가 선 곳은 거룩하리라.

길갈은 가나안 정복의 사령부로 쓰인다.

2. 정복전쟁(수 6~12장)

수 6~8장	수 9~10장	수 11장	수 12장
중부 정복	남부 정복	북부 정복	격퇴한 31왕

1. 중부 정복(수 6~8장) [길갈 → 여리고 → 아이 → 그리심산과 에발산]

1) 여리고성 전투(6+7=13바퀴)
제사장 일곱은 일곱 양각 나팔을 불고 언약궤 앞에 나가고 6일 동안 하루 1바퀴, 7일째는 7바퀴를 돌고 나팔 소리를 들을 때 백성들이 크게 소리질러 외치니 성벽이 무너져 내린다. ① 무장한 자 ② 제사장 언약궤 ③ 백성들(무음)

"너희는 온전히 바치고 그 바친 것 중에서 어떤 것이든지 취하여 너희가 이스라엘 진영으로 바치는 것이 되게 하여 고통을 당하게 되지 아니하도록 오직 너희는 그 바친 물건에 손대지 말라 은금과 동철 기구들은 다 여호와께 구별될 것이니 그것을 여호와의 곳간에 들일지니라 하니라"(수 6:18~19)

2) 아이성 1차 전투 패배 (수 7장)
여호와의 언약을 어기고 도둑질하여 그들이 온전히 바치지 아니하였다. 여리고성의 전리품을 온전히 하나님께 바치라하셨으나 아간이 범죄하여 시날 산 외투 한

벌과 은 200세겔과 금 한 덩이를 자기 장막 가운데 숨겼음으로 아이성 전투에서
패한다.

> 아간 : 유다 – 세라 – 삽디 – 갈미 – 아간
> 아간의 무덤 : 아골 골짜기

3) 아이성 2차 전투 승리 (수 8장)

① **복병제도** : 아이 왕은 복병이 매복된 사실을 알지 못했음으로 다음 날 아침 일찍
일어나 이스라엘 군과 싸우기 위해 군대를 이끌고 달려나온다. 이를 본 여호수아
가 처음과 같이 패한 척하며 광야 길로 도망하자 아이 왕이 성문을 열어둔 채 추격
하여 매복하였던 복병이 일어나 성을 차지하고 양면 공격하여 승리한다.

② **그리심산과 에발산에서 말씀 낭독** : 모세가 신명기 27장에서 명한대로 행함

그리심산 (축복의 말씀)	"시므온, 레위, 유다, 잇사갈, 요셉, 베냐민은 백성을 축복하기 위하여 그리심 산에 서고"(신 27:12)
에발산 (저주의 말씀)	"르우벤, 갓, 아셀, 스불론, 단, 납달리는 저주하기 위하여 에발 산에 서고"(신 27:13)

2. 남부 정복(수 9~10장)

1) 기브온 주민과 화친조약 체결 (수 9장)

기브온 거민들(히위족속)이 '하나님 여호와가 이 땅을 이스라엘에게 주시고 이 땅
의 모든 주민을 멸하라' 하심을 들었음으로 이에 자기들의 목숨을 잃을까 두려워하
여 꾀를 내어 헤어진 전대, 기운 신과 기운 포도주 부대와 곰팡이 난 떡으로 이스라
엘을 속여 상호 화친조약을 체결한다. 이스라엘은 여호와 하나님께 묻지 않고 그들
과 화친을 맺었으며 기브온은 이 이스라엘을 속였음으로 나무를 패며 물을 긷는 자
가 된다.

2) 기브온 구함 (수 10장)

① **기브온 정복**(수 10:1~15) : 기브온이 이스라엘과 더불어 화친하였음으로 예루살
렘 왕 아도니세덱이 아모리 족속의 왕들과 연합하여 기브온을 공격 한다. 기브온

사람들이 긴급히 길갈에 도움을 청하자 여호수아가 기브온을 구할 때에 하나님께서 이 싸움을 여호수아의 손에 넘기심으로 우박을 내리시며, 여호수아는 명하여 "태양아 너는 기브온 위에 머무르라 달아 너도 아얄론 골짜기에서 그리할지어다" (수 10:12) 함에 태양이 중천에 머물러 거의 종일토록 내려가지 아니하는 기적으로 승리한다.

② **막게다 정복**(수 10:16~41) : 기브온 승리를 거두고 길갈에 있을 때에 남부 연합군 5왕이 막게다 굴에 숨어 있다는 제보로 내려가 사로잡아 죽이고 막게다를 점령한다. 이어 ③ 립나 ④ 라기스 ⑤ 에글론 ⑥ 헤브론 ⑦ 드빌을 정복한다.

3. 북부 정복 (수 11장)

하솔 왕 야빈과 북부 연합군 격파
① **바닷가의 모래와** 같은 대적들을 여호와 하나님께서 이스라엘 손에 넘기심으로 "그들로 말미암아 두려워하지 말라 내일 이맘때에 내가 그들을 이스라엘 앞에 넘겨 주어 몰살시키리니 너는 그들의 말 뒷발의 힘줄을 끊고 그들의 병거를 불사르라"(수 11:6) 하심과 같이 메롬 물가를 급습하여 승리한다.

② **여호수아가 격퇴한 왕 31명 정리** (수 12장)

2. 12지파 기업 분배(수 13~24장)

수 13장	수 14~17장	수 18~21장	수 22장	수 23~24장
2지파 반 (요단동편 : 르우벤, 갓, 므낫세1/2)	2지파 반 (유다, 에브라임, 므낫세1/2)	7지파와 레위지파 (시므온, 단, 베냐민, 아셀, 납달리, 잇사갈, 스불론)	두 지파 반 요단 동편 돌아감	고별설교

1. 요단 동편 2지파 반 기업분배(수 13장)

요단 동편에서 기업을 분배 받은 2지파 반(르우벤, 갓, 므낫세1/2)이 13장에 정리 됨

2. 요단 서편 2지파 반 기업분배(수 14~17장)

제사장 엘르아살과 여호수아가 가나안 땅에서 12지파 기업 분배의 지도자가 된다.

1) 유다지파 - 에돔 경계, 신광야까지

유다지파의 갈렙은 헤브론 산지를 자신에게 기업으로 줄 것을 요청한다.

"그 날에 여호와께서 말씀하신 이 산지를 지금 내게 주소서 당신도 그 날에 들으셨거니와 그 곳에는 아낙 사람이 있고 그 성읍들은 크고 견고할지라도 여호와께서 나와 함께 하시면 내가 여호와께서 말씀하신 대로 그들을 쫓아내리이다"(수 14:12~13)

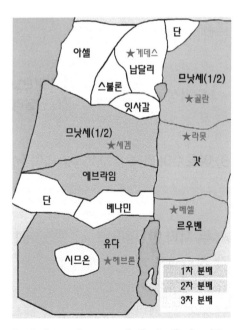

갈렙이 또 '드빌 성 아낙 자손과 싸워 이기는 자에게 자신의 딸을 주겠다' 할 때에 갈렙의 아우 그나스의 아들 옷니엘이 전쟁에서 승리하여 그의 딸 악사와 결혼한다. 그러나 유다지파는 예루살렘에 사는 여부스 족속을 쫓아내지 못하므로 다윗이 왕이 되는 때에 함락시킨다.

2) 에브라임, 므낫세1/2(요셉지파)

요셉 지파의 기업을 분배할 때에 슬로브핫의 딸들이 자신의 아버지에게 아들이 없으므로 딸들에게 기업을 줄 것을 요청하자 다른 지파의 남자들에게 시집가지 말고 오직 같은 므낫세 지파 안에서 결혼하여 다른 지파에 기업이 넘어가지 않도록 약속을 받고 분배한다.(수 17:3) 그러나 므낫세 지파가 더 요구하자 "스스로 개척하라"(수 17:14~15) 한다.

3. 7지파와 레위지파 (수 18~21장)

1) 7지파의 기업분배(시므온, 단, 베냐민, 아셀, 납달리, 잇사갈, 스불론)

이스라엘이 실로에 모여 여호수아가 남은 7지파에게 그 땅을 일곱 부분으로 그려서 이 곳 내게로 가져오라 함으로 실로에서 제비 뽑아 분깃을 나눈다.

2) 레위지파 – 48개 성읍과 도피성 6곳 (수 20~21장)

레위 지파에 대하여는 땅의 분깃이 없고 "여호와의 제사장 직분이 그들의 기업" (수 18:7) 이 되게 하시는데 다만 그들이 거주할 성읍 48개(각 지파가 분배 받은 성읍 중 레위 지파는 48개 성읍과 그 주변 땅을 받음)와 도피성 6개의 성읍을 받는다.

도피성	**요단 동편** : 바산 골란(므낫세), 길르앗 라못(갓), 베셀(르우벤) **요단 서편** : 게데스(납달리), 세겜(에브라임), 헤브론(유다)

3) 여호수아 몫의 분깃 : 딤낫 세라 (수 19:50) – 에브라임 산지

4. 두 지파 반 (르우벤, 갓, 므낫세1/2)이 요단 동편으로 돌아감(수 22장)

각 지파별로 기업 분배가 끝난 후 '오직 하나님만을 섬길 것을 서로 맹세'하고 요단강 동편에 기업을 분배받은 2지파 반이 자기 기업으로 돌아간다. 가는 중에 요단강에 큰 제단을 쌓음으로 오해를 산다. 비느하스와 열지파의 대표들이 '너희가 어찌하여 하나님께 범죄하느냐' 그들이 요단강가에 제단을 쌓은 이유는 "후일에 너희의 자손이 우리 자손에게 말하여 이르기를 너희가 이스라엘 하나님 여호와와 무슨 상관이 있느냐"(수 22:24)하고 "너희는 여호와께 받을 분깃이 없다 하지 못하게 하려 함"(수 22:27~29) 때문이다. 이에 그 제단 이름을 "엣"이라 하고 "우리 사이에 이 제단은 여호와께서 하나님이 되시는 증거"(수 22:34)로 삼는다.

5. 고별설교(수 23~24장)
① 너희는 크게 힘써 모세의 율법 책에 기록 된 것을 다 지켜 행하라 (수 23:6)
② 이방인과 관계하지 말며 통혼 하지 말라 - 올무, 채찍, 가시 (수 23:13)
"확실히 알라 너희의 하나님 여호와께서 이 민족들을 너희 목전에서 다시는 쫓아내지 아니하시리니 그들이 너희에게 올무가 되며 덫이 되며 너희의 옆구리에 채찍이 되며 너희의 눈에 가시가 되어서 너희가 마침내 너희의 하나님 여호와께서 너희에게 주신 이 아름다운 땅에서 멸하리라" (모세 - 민수기 33장 55절)
③ 우상 숭배하지 말라 (수 23:16) - 가나안의 다른 신을 섬기지 말라.
④ 너희가 수고하지 않은 땅과 건설하지 아니한 성읍에 거주하며 심지 않은 포도원과 감람원의 열매를 먹는다.(수 24:13)
⑤ 여호와께서 이스라엘 백성들을 어떻게 이 땅으로 인도하셨는지 잊어버리지 말라. 여호와를 경외하며 그를 섬기라. 여호와만 섬기라.(수 24:14)
⑥ "너희가 섬길 자를 오늘 택하라 오직 나와 내 집은 여호와만 섬기겠노라"(수 24:15)
⑦ 증거의 돌 세움 : "이는 여호와께서 우리에게 하신 모든 말씀을 이 돌이 들었음이니라 그런즉 너희가 너희의 하나님을 부인하지 못하도록 이 돌이 증거가 되리라"(수 24:27)

여호수아가 110세에 죽어 딤낫 세라에 장사됨
애굽에서 가져온 요셉의 뼈를 세겜에 장사함(요셉의 유언 - 창 50:25)
아론의 아들 엘르아살도 죽어 비느하스가 장사함

여호수아의 유언(수 24:15) : "너희가 섬길 자를 오늘 택하라 오직 나와 내 집은 여호와만 섬기겠노라"

5

사사시대

5. 사사시대

(B.C. 1400 ~ B.C. 1050)

신정시대 - 역사서 5권(창, 출, 민, 수, 삿)				
1. 창조시대 (역사의 시작)	**2. 족장시대** (B.C. 2090)	**3. 출애굽광야** (B.C. 1446)	**4. 정복시대** (B.C. 1406)	**5. 사사시대** (B.C. 1400)
창 1~11장	창 12~50장	출 1~40장 민 1~36장	수 1~24장	삿 1~21장
욥		레 신		룻

사사기의 배경은 가나안 정복이후 가나안 땅에서 악을 행하며 이방 신을 섬김으로 영적, 정치적, 경제적으로 매우 혼란 했던 때, 약 350년간의 역사를 그 배경으로 하고 있다. 이스라엘이 여호수아와 장로들이 죽은 후에 여호와의 목전에 악을 행한다. 가나안 족속을 완전히 쫓아내지 못함으로 저들이 섬기는 우상 바알과 아스다롯을 함께 섬기며 하나님 앞에서 악을 행하던 역사의 기록이다.(삿 2:1-13)

이스라엘이 여호와 하나님의 언약을 버리고 바알과 아세라를 섬겨 죄악을 범함으로 하나님이 이방 나라를 심판의 도구로 사용하셔서 심판하신다. 그러나 저들이 우상을 버리고 하나님께 부르짖으면 하나님께서 '사사'를 세워 이스라엘을 구원하신다. 반복적으로 악을 행하여 범죄하는 이스라엘에게 여호와 하나님은 심판의 주가 되시는 동시에 구원의 주가 되심을 사사기를 통해 알 수 있다.

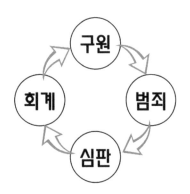

〔350년 동안 반복된 죄의 사이클〕

사사시대(삿 1~21장)

1~2장	3~16장	17~18장	19~21장
불완전한 정복	6 대사사들	미가의 신상	레위인의 첩

1~2장	3장	4~5장	6~9장	10~12장	13~16장	17~18장	19~21장
불완전한 정복	1. 옷니엘 2. 에훗 3. 삼갈	4.드보라 (바락, 야엘)	5.기드온 (아비멜렉)	6. 돌라 7. 야일 8. 입다 9. 입산	10.엘론 11.압돈 12.삼손	미가의 신상	레위인의 첩

12 사사 요약 정리

사사 (지파)	기간	말씀	대적	특징
1. 옷니엘 (유다)	40	3:9~11	메소포타미아 왕 : 구산리사다임	갈렙의 사위
2. 에훗 (베냐민)	80	3:12~30	모압 왕 : 에글론	왼손잡이
3. 삼갈 (?)	?	3:31	블레셋	아낫의 아들 소 모는 막대기로 블레셋 600명 죽임
4. 드보라 (에브라임)	40	4:4~5:31	가나안 왕 : 야빈 군대장관 : 시스라	군대장관 바락 겐 사람 헤벨의 아내 야엘
5. 기드온 (므낫세)	40	6:11~8:35	미디안 군대 왕 : 세바, 살문나 방백 : 오렙, 스엡	여룹바알, 양털 시험, 300명의 용사, 보리떡 한 덩이 꿈, 에봇(오브라), 기드온 아들 아비멜렉
6. 돌라 (잇사갈)	23	10:1~2	?	잇사갈 사람 도도의 손자 부아의 아들

7. 야일 (므낫세)	22	10:3~5	?	아들 30명이 있어 나귀 30마리를 탔고 성읍 30이 있음
8. 입다 (므낫세)	6	11:1~12~7	암몬, 블레셋	기생의 아들, 잘못된 서원
9. 입산 (유다)	7	12:8~10	?	아들 30명과 딸 30명이 모두 타국인과 결혼함
10. 엘론 (스불론)	10	12:11~12	?	
11. 압돈 (에브라임!)	8	12:13~15	?	아들 40명과 손자 30명이 있어 어린 나귀 70마리를 탐
12. 삼손 (단)	20	13:2~16:31	블레셋	나실인, 딤나 여인, 젊은 사자, 수수께끼, 여우 300마리, 나귀턱뼈, 엔학고레, 들릴라, 맷돌, 회개와 죽음

1. 불완전한 정복(삿 1~2장)

1) 군사적 실패 : "여호와께서 유다와 함께 계셨으므로 그가 산지 주민을 쫓아내었으나 골짜기의 주민들은 철 병거가 있으므로 그들을 쫓아내지 못하였으며"(삿 1:19)

2) 영적 실패 : "너희는 이 땅의 주민과 언약을 맺지 말며 그들의 제단들을 헐라 하였거늘 너희가 내 목소리를 듣지 아니하였으니 어찌하여 그리하였느냐 그러므로 내가 또 말하기를 내가 그들을 너희 앞에서 쫓아내지 아니하리니 그들이 너희 옆구리에 가시가 될 것이며 그들의 신들이 너희에게 올무가 되리라 하였노라"(삿 2:2~3)
① 바알과 아스다롯을 섬김(삿 2:13)
② 가나안의 이방여인들과 통혼(삿 3:6)

"나도 여호수아가 죽을 때에 남겨 둔 이방 민족들을 다시는 그들 앞에서 하나도 쫓아내지 아니하리니 이는 이스라엘이 그들의 조상들이 지킨 것 같이 나 여호와의 도를 지켜 행하나 아니하나 그들을 시험하려 함이라 하시니라"(삿 2:21~22)

2. 6명의 대사사들(삿 3-16장)

"여호와께서 가나안의 모든 전쟁들을 알지 못한 이스라엘을 시험하려 하시며 이스라엘 자손의 세대 중에 아직 전쟁을 알지 못하는 자들에게 그것을 가르쳐 알게 하려 하사 남겨 두신 이 이방 민족들로 이스라엘을 시험하사 여호와께서 모세를 통하여 그들의 조상들에게 이르신 명령들을 순종하는지 알고자 하셨더라"(삿 3:1~4)

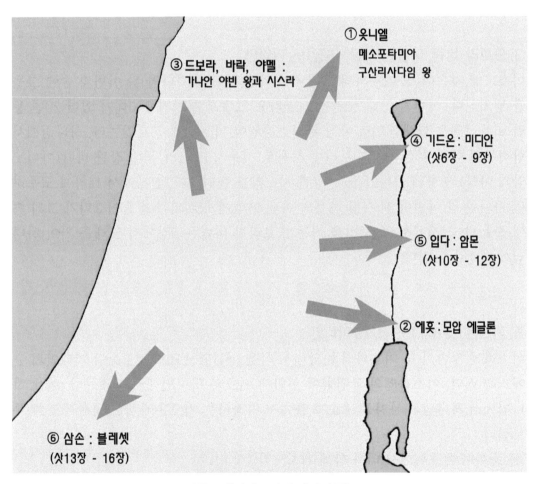

① 옷니엘
메소포타미아
구산리사다임 왕

③ 드보라, 바락, 야엘 :
가나안 야빈 왕과 시스라

④ 기드온 : 미디안
(삿6장 - 9장)

⑤ 입다 : 암몬
(삿10장 - 12장)

② 에훗 : 모압 에글론

⑥ 삼손 : 블레셋
(삿13장 - 16장)

〔주요대적과 6명의 대사사들〕

1. 옷니엘 (삿 3:9~11) vs 메소포타미아
이스라엘 자손이 범죄함으로 여호와께서 진노하사 메소보다미아 왕 구산 리사다임의 손에 팔아 넘기신다. 이스라엘 자손이 여호와께 부르짖으매 여호와께서 이스라엘 자손을 위하여 갈렙의 아우 그나스의 아들 옷니엘을 세워 메소포타미아의 손에서 구원하신다.

2. 왼손 잡이 에훗 (삿 3:12~30) vs 모압

이스라엘 자손이 또 여호와의 목전에 악을 행하므로 여호와께서 모압 왕 에글론을 강성하게 하사 그들을 대적하게 하신다. 이스라엘 자손이 여호와께 부르짖으매 여호와께서 베냐민 사람 게라의 아들 왼손잡이 에훗을 세워 구원하신다.

3. 드보라, 바락, 야엘 (삿 4장 – 5장) vs 가나안

이스라엘 자손이 또 여호와의 눈앞에서 악을 행하매 가나안 왕 야빈의 손에 그들을 넘기신다. 야빈의 군대 장관은 시스라요 그에게 철병거 900대가 있어 20년 동안 이스라엘을 학대함으로 마침내 이스라엘이 여호와께 부르짖는다. 하나님께서 랍비돗의 아내 여선지자 드보라를 사사로 세우시고 그의 군대 장관 바락(아비노암의 아들)과 함께 가나안 군대 장관 시스라를 물리친다. 전쟁에서 패하여 도주하던 가나안 왕 야빈이 겐 사람 헤벨의 아내 야엘에게로 피하여 들어갔다가 그의 손에 죽는다. 전쟁에서 큰 승리를 거둔 드보라와 바락은 5장에서 노래를 지어 하나님께 영광을 돌린다.

4. 기드온 (삿 6:11~9장) vs 미디안

이스라엘 자손이 또 여호와의 눈앞에서 악을 행하였으므로 7년 동안 미디안의 손에 넘기신다. 이스라엘의 궁핍함이 심함에 여호와 하나님께 부르짖는다. 이에 하나님께서 하나님의 사자를 포도주 틀에서 타작하는 기드온에게 보내셔서 그를 부르신다.

"큰 용사여 여호와께서 너와 함께 계시도다"(삿 6:12)

"나의 집은 므낫세 중에 극히 약하고 나는 내 아버지 집에서 가장 작은 자니이다"(삿 6:15)

1) 부르심의 표징 (삿 6:17~24) : ① 반석에서 불 ② 여호와 살롬(여호와는 평강이시라)

여호와 하나님의 부르심의 표징을 본 기드온은 바알 제단과 아세라 상을 훼파함으로 '여룹바알'(바알이 그와 더불어 다툴것이라)이라는 이름을 얻는다. 이때에 다시 미디안과 아말렉과 동방 사람들이 연합하여 이스르엘 골짜기에 진을 치매 기드온이 온 이스라엘을 모으고 이 싸움에 대하여 하나님께 물을 때에 ③ 양털표 징(삿 6:36~40)을 구한다.

2) 미디안을 치다 (삿 7장) : 기도온의 300용사, 보리떡 한 덩이 꿈, 항아리와 횃불 전쟁에 참여한 이스라엘의 수가 많음으로 '누구든지 두려워 떠는 자는 돌아가라' 함으로 2만 2천명이 돌아가고 1만 명이 남는다. 그러나 여전히 그 수가 많다하심 으로 물가에서 물을 마시게 하여 '손으로 움켜 입에 대고 핥는 자' 300명을 따로 세우시고 그들을 통해 이스라엘을 구원하시겠다 하신다.

하나님께서 기드온에게 미디안 진영을 염탐하게 하실 때에 미디안의 어떤 사람이 꿈 이야기(보리떡 한 덩이의 꿈) 하는 것을 듣고 이 싸움은 하나님께서 이스라엘 손에 넘겨주셨음을 확신한다. 군대를 3대로 나누고 항아리와 횃불을 준비하여 습 격할 때에 저들이 혼비백산하여 서로가 칼로 치며 도망함에 큰 승리를 거둔다. 이 날에 미디안의 두 방백 오렙과 스엡을 사로잡아 죽인다.

3) 시기하여 다투고자하는 에브라임 : 에브라임이 전쟁에서 승리한 기드온을 시기 하여 다투고자 하나 기드온이 "에브라임의 끝물 포도가 아비에셀의 맏물 포도보 다 낫지 아니하냐"(삿 8:1~2) 함으로 평화 한다.

4) 미디안 왕 '세바'와 '살문나' 추격 중에 생긴 일 (삿 8장) : 기드온이 숙곳에 도움을 청하나 거절당함에 세바와 살문나를 죽이고 돌아오는 날에 "들가시와 찔레로 숙 곳 사람들을 징벌"하겠노라(삿 8:7, 16) 하고, 거기서 브누엘로 올라가서 그들에 게도 그같이 구하나 거기에서도 똑같이 거절당함에 "내가 평안히 돌아올 때에 이 망대를 헐리라"(삿 8:9, 17) 한다. 마침내 세바와 살문나를 사로잡고 돌아오는 길 에 숙곳과 브누엘을 징벌한다.

5) 기드온을 왕으로 세우려는 백성들 (삿 8:22~28) : 백성들이 기드온을 왕으로 세 우려 하나 "내가 너희를 다스리지 아니하겠고 나의 아들도 너희를 다스리지 아니 할 것이요 여호와께서 너희를 다스리리라"(삿 8:23) 한다.

6) 기드온의 아들 '아비멜렉'이 형제 70인을 죽이고 왕위 오름 (삿 9장)

① **요담의 비유 (삿 9:7~15)** : 감람나무-기름, 무화과나무-단 것과 아름다운 열매, 포도나무-포도주, 가시나무-내 그늘에 피하라

② **세겜의 배반 (삿 9:23)** : 하나님이 아비멜렉과 세겜 사람들 사이에 악한 영을 보내시매 세겜 사람들이 아비멜렉을 배반함

③ **맷돌 윗짝 (삿 9:53~57)** : 아비멜렉을 배반한 사람들을 처단 하는 중에 데베스 성 망대에서 한 여인이 던진 맷돌 윗짝에 맞고 아비멜렉이 죽는다.

5. 기생의 아들 입다 (삿 10:6~12:7) vs 암몬

1) 이스라엘의 범죄와 회개 (삿 10:6~18) : 이스라엘 자손이 다시 여호와의 눈앞에서 악을 행하여 바알과 아스다롯과 아람의 신들과 시돈의 신들과 모압의 신들과 암몬의 신들과 블레셋 사람들의 신들을 섬김으로 여호와 하나님께서 진노하사 암몬 자손의 손에 그들을 넘기심으로 18년 동안 억압을 당한다. 이스라엘 자손이 여호와께 부르짖어 '우리가 우리 하나님을 버리고 바알들을 섬김으로 주께 범죄하였나이다' 하며 자신들의 우상들을 제거하고 회개하므로 여호와께서 이스라엘의 곤고로 말미암아 마음에 근심하신다.

2) 입다의 서원 (삿 11장) : 그 때에 암몬 자손이 길르앗에 진을 쳤으므로 길르앗 장로들이 돕 땅에 거주하는 길르앗 출신 기생의 아들 입다를 찾아 간다. '우리가 암몬 자손과 싸우려 하니 당신은 와서 우리의 장관이 되라' 곧 '길르앗의 머리가 되라' 함으로 입다가 허락하고 암몬 자손과 싸우려 할 때에 입다가 여호와께 서원을 드린다. "주께서 과연 암몬 자손을 내 손에 넘겨 주시면 내가 암몬 자손에게서 평안히 돌아올 때에 누구든지 내 집 문에서 나와서 나를 영접하는 그는 여호와께 돌릴 것이니 내가 그를 번제물로 드리겠나이다"(삿 11:30~31) 전쟁에서 승리하여 돌아올 때에 자신의 무남독녀가 손에 소고를 잡고 춤추며 영접한다. 자신의 경솔한 서원 때문에 결국 자신의 딸을 서원대로 죽게 한다.

3) 입다를 시기하여 다투고자하는 에브라임 (삿 12:1~7) : 길르앗 vs 에브라임

암몬을 대적하여 승리한 입다(길르앗)를 에브라임이 시기하여 싸우고자 함에 입다가 에브라임을 쳐서 무찔렀으며 또한 요단 강 나루턱을 장악하고 에브라임 사람이 도망하고자 할 때에 '쉽볼렛'이라 발음하게 하여 '십볼렛'이라 하면 곧 그

를 잡아서 나루턱에서 죽임으로 그날에 에브라임의 죽은 자가 4만 2천명이나 되었다.

6. 삼손(삿 13장 – 16장) vs 블레셋

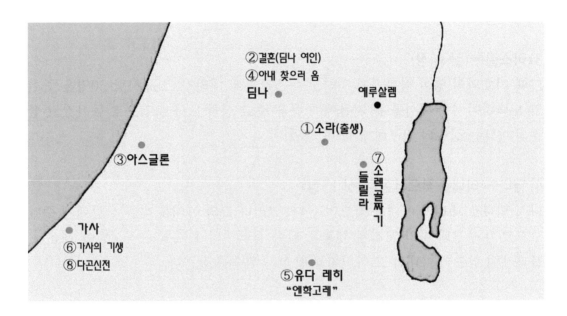

나실인으로 평생을 바쳐진 삼손의 생애는 세 여인으로 이야기를 기억할 수 있다.
1. 딤나의 여인 2. 가사의 기생 3. 소렉골짜기 들릴라

1) 소라 – 출생 (삿 13장)
소라 땅에 단 지파 마노아의 아내가 임신하지 못한다. 여호와의 사자(기묘자) 블레셋의 손에서 이스라엘을 구원할 자를 예비하신다. 아들을 낳으면 '삼가 포도주와 독주를 마시지 말며 어떤 부정한 것도 먹지 말라. 머리 위에 삭도를 대지 말라. 이 아이는 태에서부터 하나님께 바쳐진 나실인이 됨이라. 그가 블레셋의 손에서 이스라엘을 구원하기 시작하리라'(삿 13:5) 하신다. "여호와의 영이 그를 움직이기 시작 하셨더라"(삿 13:25)

2) 딤나 – 딤나의 여인 (삿 14장)
여호와께서 블레셋을 치기위해 삼손이 블레셋 여인을 아내로 맞는다.

젊은 사자를 염소새끼 찢는 것처럼 죽인다. 후에 결혼하러 내려가는 길에 사자의 주검에 벌떼와 꿀이 있어 먹고 부모에게도 주어 먹게 한다.(14장)

잔치의 수수께끼 - 7일 동안 수수께끼를 풀면 베옷과 겉옷 30벌을 약속한다.
"먹는 자에게서 먹는 것이 나오고 강한 자에게서 단 것이 나왔느니라"
친구들이 삼손의 아내를 협박하고 삼손의 아내도 칠일 동안 울며 답을 얻는다.

3) 아스글론 (삿 14장)
그때 여호와의 영이 삼손에게 임하고 아스글론에 내려가 그곳 사람 30명을 죽이고 노략하여 수수께끼를 푼 자들에게 옷을 주고 심히 노하여 집으로 돌아갔고 삼손의 아내는 삼손의 친구에게 준 바 되었다.

4) 딤나 - 아내를 찾으러 온다 (삿 15장)
다시 딤나로 내려가 아내를 찾으려 한다. 그러나 그의 아내를 다른 사람에게 주었으므로 여우 3백 마리 꼬리에 횃불을 달아 블레셋의 포도원과 곡식밭을 태운다. 블레셋이 삼손의 아내와 그 아버지를 불살라 원수를 갚는다.

5) 유다 레히 - 엔학고레 (삿 15장)
블레셋이 유다에 진을 치고 삼손을 데려오라 협박하자 삼손의 동의 하에 삼손을 결박하여 블레셋에 넘긴다. 여호와의 영이 삼손에게 임하므로 결박을 불탄 삼과 같이 풀어 버리고 나귀의 턱뼈를 집어 블레셋 천명을 죽인다.
심히 목마른 삼손에게 하나님께서 물이 솟아나게 하시고 마시게 한다.
그 샘 이름을 엔학고레라 한다. [엔학고레 : 부르짖는 자의 샘]

6) 가사 - 두 번째 여인
가사의 한 기생을 사랑하고 삼손을 죽이려하자 성 문짝과 두 문설주와 문빗장을 빼어 어깨에 메고 헤브론 앞 산꼭대기로 간다. [삼손의 육체적 힘에 반해 그의 도덕적 약함이 드러난다.]

7) 소렉골짜기 - 삼손과 들릴라 (삿 16장)
소렉골짜기의 블레셋 여인 들릴라를 사랑한다. 블레셋 장로들이 각각 은 1,100개씩을 약속하며 삼손의 힘이 어디서 나오는지 알아보라 한다. 삼손의 초인적 힘을 무력화하려 한다. 삼손이 ① 새 활줄 일곱으로, ② 새 밧줄로, ③ 삼손의 머리털 일곱 가닥을 베틀의 날실에 섞어 짜면 힘이 약해진다고 한다. 들릴라는 삼손의 마음이 자기에게 있지 않고 사랑하지 않는다며 삼손을 조르매 죽을 지경이 된 삼손은 나실인의 비밀을 폭로한다. [영적인 것을 지킬 수 없었던 삼손의 정욕으로 볼 수 있다.]

마침내 블레셋이 삼손의 머리를 밀고 하나님의 영이 떠나고 삼손은 힘이 약해진다. 결박당한 삼손은 두 눈이 뽑힌 채 놋 줄에 매여 옥중에서 맷돌을 돌리는 신세가 된다.
"그의 머리털이 밀린 후에 다시 자라기 시작하니라"(삿 16:21)

8) 블레셋 - 다곤신전 (삿 16장)

블레셋의 곡물과 풍요의 신 다곤에게 큰 제사를 드리고 삼손을 불러 재주를 부리라 조롱한다. 삼손은 신전의 두 기둥에 손을 대고 하나님께 힘을 다해 부르짖는다.
"여호와여 구하옵나니 나를 생각하옵소서 하나님이여 구하옵나니 이번만 나를 강하게 하사 나의 두 눈을 뺀 블레셋 사람에게 원수를 단번에 갚게 하옵소서"(삿 16:28)
그 기둥이 받친 집이 무너져 모든 방백과 백성이 3천 명이상 죽는다. 삼손이 죽을 때에 죽인 자가 살아 있을 때에 죽인자보다 더욱 많았더라

이스라엘의 구원을 위해 나실인으로 부름 받고 초인적 힘의 능력을 가진 삼손은 이스라엘의 전쟁이나 싸움보다 개인적인 감정에 의해, 여인들과 얽힌 감정에 의해 블레셋에게 보복한 것이다. 그러나 삼손은 인생의 결론을 잘 마무리 한다. 블레셋이 자기들의 신 다곤이 삼손을 넘겨주었다고 찬양하며 즐겁게 제사드릴 때 삼손은 여호와 하나님께 부르짖어 죽으면 죽으리라는 각오로 생명을 건 마지막 한판으로 승리한다.

3. 미가의 신상 사건(삿 17장 - 18장)

1~2장	3~16장	17~18장	19~21장
불완전한 정복	6대 사사들	미가의 신상	레위인의 첩

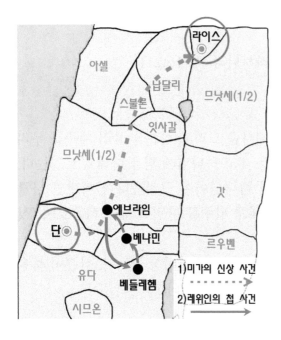

에브라임 산지에 미가라 이름하는 사람이 있더니 그의 어머니가 은 1,100개를 잃어 버렸음으로 훔쳐간 사람을 저주하는 소리를 듣고 미가가 자신이 어머니의 것을 훔쳤음으로 다시 돌려주자 그의 어머니가 아들을 위하여 은 신상을 만들고 에봇과 드라빔을 만들어 자기 집 신당에 두고 자기 아들 중 하나를 택하여 임의로 제사장을 삼아 섬기게 한다. 그러던 중 유다 베들레헴에 속한 젊은 레위인이 자신이 거주할 곳을 찾다가 에브라임 산지에 이르러 미가를 만나 그의 집에 제사장이 된다.

"그 때에는 이스라엘에 왕이 없었으므로 사람마다 자기 소견에 옳은 대로 행하였더라"(삿 17:6)

그 때까지 단 지파는 거주할 기업을 충분히 얻지 못하여 땅을 구하는 중이었으므로 단 지파 다섯 사람이 여러 땅을 정탐하고 살피는 중에 그들이 에브라임 산지 미가의 집에 유숙하다가 그 집의 신상과 레위 제사장이 있음을 본다. 단 지파가 라이스로 올라가 정탐한 후 그 땅을 정복하기 위해 무장한 600명을 데리고 가다가 미가의 집에 들러서 신상과 드라빔과 에봇을 훔쳐 나온다. "네 손을 입에 대라 우리와 함께 가서 우리의 아버지와 제사장이 되라 네가 한 사람의 집의 제사장이 되는 것과 이스라엘의 한 지파 한 족속의 제사장이 되는 것 중에서 어느 것이 낫겠느냐" 함으로 그들과 함께 따라가고 단 지파는 라이스를 정복하여 단 지파의 기업으로 삼는다.

4. 레위인 첩 사건과 미스바 총회(삿 19~21장)

1) 레위인의 첩 사건 (삿 19장)

에브라임 산지 구석에 거류하는 레위인이 유다 베들레헴에서 첩을 맞이한다. 레위인의 첩이 행음하고 남편을 떠나 넉 달 동안이나 베들레헴 그의 아버지 집에 있음으로 레위인이 첩을 데려오기 위해 내려간다. 거기서 나흘을 지내고 다섯째 날 돌아오는 길에 해가 저묾으로 베냐민 지파 지경에 유숙하려 하나 영접하여 주는 자가 없어 광장에 있을 때에 나이 많은 노인이 그들을 영접하여 자기 집에 유숙하게 한다. 늦은 밤 그 성읍의 불량배들이 찾아와 레위인을 간섭하고자 "네 집에 들어온 사람을 끌어내라 우리가 그와 관계하리라"(삿 19:22) 한다. 레위인이 자기 첩을 내어줌으로 위기를 모면하나 아침 일찍 자기 곳으로 돌아가고자 할 때에 자신의 첩이 문 앞에 주검이 된 것을 발견한다. 그 시체를 나귀에 싣고 돌아와 그 시신을 12등분하여 이스라엘 각 지파에 보낸다.

2) 미스바 총회 (삿 20장) – 최초의 이스라엘 내전

이스라엘 중에 이와 같이 끔찍한 일은 전례 없는 사건이므로 이 사건의 진상을 듣고 해결하기 위해 미스바 총회로 모인다. 베냐민 지파에 사람을 보내 그 불량배들을 내어 줄 것을 요구하나 베냐민 사람들이 불량배들을 내주는 대신 전쟁을 택한다. 그러므로 이스라엘과 베냐민 지파 사이에 전쟁이 시작된다. 1차전에서 유다 지파가 패하여 2만 2천명이 죽는다. 2차전에서도 여호와 하나님께 물어 전쟁 하지만 베냐민 지파에 패하여 1만 8천명 죽는다. 이에 이스라엘 백성들이 벧엘로 올라가 울며 온 종일 금식하고 아론의 손자 비느하스와 이스라엘이 여호와 하나님께 번제와 화목제를 드린다. "올라가라 내일은 내가 그를 네 손에 넘겨 주리라"하심으로 3차전에서는 복병을 매복하고 베냐민 지파를 유인하여 2만 5천명을 죽였으며 또 기브아 성의 베냐민 자손들을 남녀노소를 불문하고 진멸한다. 이에 베냐민 지파는 전쟁에서 패하여 광야 림몬 바위 곁에 숨어 있는 600명 외에는 남은 자가 없었다.

베냐민 지파가 승리한 이유는 베냐민 지파에 백발백중 왼손잡이 물매 던지는 자 7백명이 있기 때문이었다.

아론의 손자 비느하스가 사사기 20장에 언급된 것으로 보아 사사기 17~21장은 사사시대 초기의 역사를 기록한 것으로 추정할 수 있다.

3) 베냐민 자손의 아내 (삿 21장)

전쟁에서 승리한 이스라엘 연합군은 미스바에 모여 누구도 베냐민 지파에게 딸을 주지 않기로 맹세하나 이스라엘 12지파 중에 한 지파가 사라질 위기에 있음을 깨닫고 뉘우친다. 이에 미스바 총회에 오지 않은 야베스 길르앗을 응징하고 그들 중에서 남자를 알지 못하는 여자 400명을 붙잡아 베냐민 지파의 남은 자들에게 준다. 부족한 200명에 대하여는 매년 여호와의 절기를 준비하기 위해 실로에서 축제를 할 때에 그들이 각각 여자를 붙잡아 아내로 삼게 하여 베냐민 지파의 멸절을 막는다.

> 사사기의 결론(삿 21:25)
> "그 때에는 이스라엘에 왕이 없었으므로 사람마다 자기 소견에 옳은 대로 행하였더라"

룻기(4장)

사사들이 치리하던 때는 '사람이 각기 자기소견에 옳은 대로 행하던 때'이다. 여호와 하나님의 믿음과 정체성을 잃어버리고 이방 신을 섬기던 역사 가운데 모압 지방의 한 이방 여인의 믿음은 오히려 아름답게 조명된다. 마치 더러운 쓰레기 더미에서 아름답게 피어난 한 송이 장미를 찾은 듯한 기쁨이 있다.

이방 여인이었던 룻은 다윗 왕의 증조모가 되며 예수 그리스도의 족보에 오르는 영광의 반열에 들어선다.(마 1:5) 이 여인은 나오미의 하나님을 자신의 하나님으로 영접하며 헌신적으로 시어머니를 섬기고 순종하므로 믿음의 계보를 잇는 인물로 성경에 기록되었다. 성경 66권 가운데 여자의 이름으로 된 성경은 오직 '룻기'와 '에스더' 두 권뿐이다. 이방여인과 결혼하지 말라는 하나님의 율법을 하나님은 하나님 자신이 친히 초월하신다. 룻은 이토록 하나님을 감동시킨 믿음의 여인이다. 사사기 바로 뒤에 룻기가 있어 사사기와 대조를 이룬다.

룻기(4장)

1장	2장	3장	4장
룻의 신앙	보아스를 만남	보아스와 사랑	보아스와 결혼

1. 룻의 신앙(룻 1장)

사사들이 치리하던 때에 흉년이 들어 유다 베들레헴 사람 엘리멜렉이 그의 아내 나오미와 두 아들을 데리고 모압 지방으로 떠나 거류하며 두 아들 말론과 기룐은 각각 모압 여인들과 결혼한다. 그러나 그곳에서 남편 엘리멜렉과 두 아들이 죽음으로 나오미와 두 며느

리 룻과 오르바만 남는다.

```
        ┌─ 엘리멜렉 ──┬── 나오미 ─┐
        │            │           │
   ┌──────┬──────┐  ┌──────┬──────┐
   │  룻  │ 말론 │  │ 기룐 │ 오르바│
   └──────┴──────┘  └──────┴──────┘
```

나오미가 "여호와께서 자기 백성을 돌보시사 그들에게 양식을 주셨다" 하는 소식을 듣고 이스라엘 땅으로 돌아오려 할 때에 두 며느리에게 '너희 어머니의 집으로 돌아가라' 하나 룻은 끝까지 시어머니를 따르겠다 한다.

나오미의 신앙을 따르는 룻의 고백 :
"룻이 이르되 내게 어머니를 떠나며 어머니를 따르지 말고 돌아가라 강권하지 마옵소서 어머니께서 가시는 곳에 나도 가고 어머니께서 머무시는 곳에서 나도 머물겠나이다 어머니의 백성이 나의 백성이 되고 어머니의 하나님이 나의 하나님이 되시리니 어머니께서 죽으시는 곳에서 나도 죽어 거기 묻힐 것이라 만일 내가 죽는 일 외에 어머니를 떠나면 여호와께서 내게 벌을 내리시고 더 내리시기를 원하나이다 하는지라"(룻 1:16~17)

2. 보아스와 만남(룻 2장)

1) 룻의 소문을 듣고 축복하는 보아스 : "여호와께서 네가 행한 일에 보답하시기를 원하며 이스라엘의 하나님 여호와께서 그의 날개 아래에 보호를 받으러 온 네게 온전한 상 주시기를 원하노라"(룻 2:12)

2) 룻에게 호의를 베푸는 보아스 : "식사할 때에 보아스가 룻에게 이르되 이리로 와서 떡을 먹으며 네 떡 조각을 초에 찍으라 하므로 룻이 곡식 베는 자 곁에 앉으니 그가 볶은 곡식을 주매 룻이 배불리 먹고 남았더라 룻이 이삭을 주우러 일어날 때에 보아스가 자기 소년들에게 명령하여 이르되 그에게 곡식 단 사이에서 줍게 하고 책망하지 말며 또 그를 위하여 곡식 다발에서 조금씩 뽑아 버려서 그에게 줍게 하고 꾸짖지 말라라"(룻 2:14-16)

3) 나오미의 코칭 : "나오미가 자기 며느리에게 이르되 그가 여호와로부터 복 받기를 원하노라 그가 살아 있는 자와 죽은 자에게 은혜 베풀기를 그치지 아니하도다 하고 나오미가 또 그에게 이르되 그 사람은 우리와 가까우니 우리 기업을 무를 자

중의 하나이니라 하니라 모압 여인 룻이 이르되 그가 내게 또 이르기를 내 추수를 다 마치기까지 너는 내 소년들에게 가까이 있으라 하더이다 하니 나오미가 며느리 룻에게 이르되 내 딸아 너는 그의 소녀들과 함께 나가고 다른 밭에서 사람을 만나지 아니하는 것이 좋으니라"(룻 2:20~22)

3. 보아스와 사랑(룻 3장)

나오미가 "그의 발치 이불을 들고 거기 누우라"(룻 3:3~4) 하므로 룻이 따른다. "네가 누구냐 하니 대답하되 나는 당신의 여종 룻이오니 당신의 옷자락을 펴 당신의 여종을 덮으소서 이는 당신이 기업을 무를 자가 됨이니이다 하니 그가 이르되 내 딸아 여호와께서 네게 복 주시기를 원하노라 네가 가난하건 부하건 젊은 자를 따르지 아니하였으니 네가 베푼 인애가 처음보다 나중이 더하도다"(룻 3:9~10) "참으로 나는 기업을 무를 자이나 기업 무를 자로서 나보다 더 가까운 사람이 있으니 이 밤에 여기서 머무르라 아침에 그가 기업 무를 자의 책임을 네게 이행하려 하면 좋으니 그가 그 기업 무를 자의 책임을 행할 것이나라 만일 그가 기업 무를 자의 책임을 네게 이행하기를 기뻐하지 아니하면 여호와께서 살아 계심을 두고 맹세하노니 내가 기업 무를 자의 책임을 네게 이행하리라 아침까지 누워 있을지니라"(룻 3:12~13)

4. 보아스와 결혼(룻 4장)

보아스가 기업무를 자를 찾아 그 책임을 다하고 이행할 것을 촉구하나 그가 무르지 않겠노라 하고 전례를 따라 자기 신을 벗어 준다. 이에 보아스가 기업 무를 자의 책임을 넘겨 받음으로 룻을 아내로 맞이한다.
"또 말론의 아내 모압 여인 룻을 사서 나의 아내로 맞이하고 그 죽은 자의 기업을 그의 이름으로 세워 그의 이름이 그의 형제 중과 그 곳 성문에서 끊어지지 아니하게 함에 너희가 오늘 증인이 되었느니라"(룻 4:10) "여호와께서 이 젊은 여자로 말미암아 네게 상속자를 주사 네 집이 다말이 유다에게 낳아준 베레스의 집과 같게 하시기를 원하노라"(룻 4:12)

예수 그리스도의 족보(룻 4:17~22)

아브라함 → 이삭 → 야곱 → 유다(다말) → 베레스 → 헤스론 → 람 → 아미나답 → 나손 → 살몬
(라합) → 보아스(룻) → 오벳 → 이새 → 다윗 → ··· 예수 그리스도

6

왕국의 시작

6. 왕국의 시작

(삼상 1장 ~ 왕상 11장)

왕정시대 - 역사서 6권(삼상, 삼하, 왕상, 왕하, 스, 느)				
6. 왕국의 시작 (B.C. 1050)	7. 왕국의 분열 (B.C. 930)	8. 유다의 멸망 (B.C. 722)	9. 바벨론 포로 (B.C. 605)	10. 포로 귀환 (B.C. 536)
삼상 1~왕상 11장	왕상 12~왕하 17장	왕하 18~25장		스 1~10장 느 1~13장

사무엘상 하는 히브리원전에서 한 권의 책으로 엮어져 있다. 사무엘서는 사사시대의 배경 위에 계속되어지는 이스라엘의 역사이다. 사사시대는 영적으로 타락한 이스라엘, 특히 레위 지파의 타락(삿 17~21장)을 통해 그 시대상을 더 잘 보여주고 있다.

여호와 하나님께서 어떻게 독수리 날개로 이스라엘을 업어 애굽에서 이끌어 내셨는지, 그리고 여호와 하나님의 거룩한 백성으로 삼으시고 가나안 땅을 정복하게 하셨는지 이스라엘은 기억해야 한다. 그러나 그들은 여호와 하나님을 버리고 그 땅의 우상인 바알과 아스다롯을 섬김으로 타락 했을 뿐 아니라 다른 여러 나라와 같이 자기들을 위하여 왕을 구한다.

레위 지파인 사무엘은(대상 6:28) 제사장이자 마지막 사사였다.

사무엘은 마지막 사사로서 사사시대와 왕정시대를 잇는 가교역할을 한 선지자이다. 그는 이스라엘의 초대 왕인 사울과 제2대 왕 다윗에게 기름을 부어 왕으로 세운다.

사무엘상에는 사무엘 선지자와 사울 왕의 생애가 기록되었고, 사무엘하에는 사무엘상 16장부터 시작된 다윗의 생애가 계속된다.

왕국의 시작 개관 (삼상 1장 – 왕상 11장)

1. 사무엘	2. 사울	3. 다윗	4. 솔로몬
삼상 1~12장	삼상 13~31장	삼하 1~삼하 24장	왕상 1~11장
B.C. 1090	B.C. 1050	B.C. 1010	B.C. 970

1. 사무엘(삼상 1~12장)

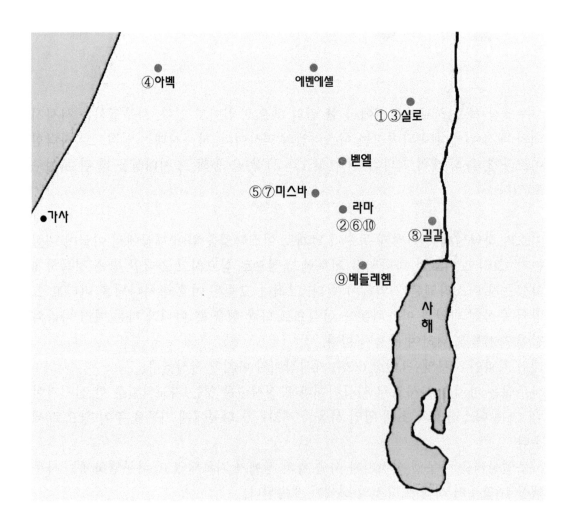

사무엘(삼상 1~12장)

① 실로	한나의 서원기도(1장)
② 라마	사무엘의 출생(2장)
③ 실로	사무엘의 봉헌 한나의 신앙기도 엘리의 두 아들의 행실
	사무엘을 부르심(3장)
④ 아벡	아벡전투에서 법궤를 블레셋에 빼앗김(4장)
	법궤의 이동(5~6장)
⑤ 미스바	미스바 금식성회(7장) '에벤에셀'
	왕을 구하는 이스라엘(8장)
⑥ 라마	사울을 왕으로 기름부음(9장)
⑦ 미스바	12지파 제비뽑음, 사울을 왕으로 세움(10장)
⑧ 길갈	암몬(나하스 왕)과의 전쟁 승리 후 사울 왕 만세(11장)
	사무엘의 고별설교(12장)
⑨ 베들레헴	다윗을 왕으로 기름부음(삼상 16장)
⑩ 라마	사무엘의 죽음(삼상 25장)

1. 실로 – 한나의 서원기도 (삼상 1장)

에브라임 사람 엘가나에게는 두 아내 한나와 브닌나가 있다. 한나에게는 자식이 없고 브닌나에게는 자식이 있음으로 브닌나가 한나를 심히 격분하게 한다. 괴로움이 기도가 되어 한나가 하나님께 서원기도를 드림에 하나님께서 응답하신다. "만군의 여호와여 만일 주의 여종의 고통을 돌보시고 나를 기억하사 주의 여종을 잊지 아니하시고 주의 여종에게 아들을 주시면 내가 그의 평생에 그를 여호와께 드리고 삭도를 그의 머리에 대지 아니하겠나이다"(삼상 1:11)

제사장이자 마지막 사사인 사무엘은 어머니 한나의 기도로 출생한 나실인이다. 하나님께 드린바 된 사무엘은 엘리 제사장 밑에서 하나님의 선지자로 세우심을 입는다. 반면 엘리의 두 아들 홉니와 비느하스는 하나님을 멸시하는 제사장으로서 사무엘과 상반된 모습을 보여준다. 사무엘은 제사장 나라로 이어오던 이스라엘 족속이 왕을 구함으로 하나님 중심의 신정정치에서 왕정정치를 연결하는 제사장이자 마지막 사사이다.

2. 라마 – 사무엘 출생

다음 해에 한나가 아들을 낳아 사무엘이라 이름하고 젖을 땔 무렵까지 품에 두었다.

3. 실로 – 사무엘 봉헌, 한나의 신앙기도(삼상 2장)

젖을 뗀 후에 아이를 데리고 엘리 제사장에게 간다. 나는 여기서 당신 곁에 서서 여호와께 기도하던 여자라 여호와께서 허락하신 이 아이를 여호와께 드리되 그의 평생을 여호와께 드리나이다 한다.

1. 한나의 신앙기도

"여호와는 죽이기도 하시고 살리기도 하시며 스올에 내리게도 하시고 거기에서 올리기도 하시는도다 여호와는 가난하게도 하시고 부하게도 하시며 낮추기도 하시고 높이기도 하시는도다 가난한 자를 진토에서 일으키시며 빈궁한 자를 거름더미에서 올리사 귀족들과 함께 앉게 하시며 영광의 자리를 차지하게 하시는도다 땅의 기둥들은 여호와의 것이라 여호와께서 세계를 그것들 위에 세우셨도다"(삼상 2:6~8)

한나는 아들 사무엘을 얻는 과정에서 여호와 하나님이 누구이신지 알게 되고 믿음을 갖게 된다. 기도에 응답도 중요하지만 기도하는 과정에서 여호와 하나님을 알게 되는 것이 신앙의 성숙이다.

2. 홉니와 비느하스의 행실(엘리의 두 아들)

1) 제사를 멸시함(영적인 죄)
"이 소년들의 죄가 여호와 앞에 심히 큼은 그들이 여호와의 제사를 멸시함이었더라"(삼상 2:17)

2) 수종드는 여인과 동침(도덕적, 육체적 죄, 영적인 죄)
"그의 아들들이 온 이스라엘에게 행한 모든 일과 회막 문에서 수종드는 여인들과 동침하였음을 듣고"(삼상 2:22)

3) 엘리의 집에 내린 저주(삼상 2:31~34)
네 집에서 출산되는 모든 자가 젊어서 죽을 것(노인이 없을 것)
두 아들 홉니와 비느하스가 한 날에 죽을 것

4) 메시아적 예언 선포(사무엘, 메시아)
"내가 나를 위하여 충실한 제사장을 일으키리니 그 사람은 내 마음, 내 뜻대로 행할 것이라 내가 그를 위하여 견고한 집을 세우리니 그가 나의 기름 부음을 받은 자 앞에서 영구히 행하리라"(삼상 2:35)

3. 사무엘을 부르심(삼상 3장)

엘리의 눈이 어두워져갈 때 하나님께서 사무엘을 부르신다. 사무엘은 엘리 제사장에게 갔으나 부르지 아니하였다 한다. 세 번째 "여호와께서 임하여 서서 전과 같이 사무엘아 사무엘아 부르시는지라 사무엘이 이르되 말씀하옵소서 주의 종이 듣겠나이다"(삼상 3:10)

엘리 제사장 집안의 심판 예언

"내가 그의 집을 영원토록 심판하겠다고 그에게 말한 것은 그가 아는 죄악 때문이니 이는 그가 자기의 아들들이 저주를 자청하되 금하지 아니하였음이니라 그러므로 내가 엘리의 집에 대하여 맹세하기를 엘리 집의 죄악은 제물로나 예물로나 영원히 속죄함을 받지 못하리라"(삼상 3:13~14)

4. 아벡전투(삼상 4장) – 법궤 빼앗김

이스라엘은 에벤에셀에 진을 치고 블레셋은 아벡에 진을 친다. 이스라엘이 패하여 4천명이 죽자 실로에 있는 언약궤를 가져온다. 그러나 이스라엘이 다시 패하여 3만 명이 죽고 하나님의 법궤도 빼앗긴다. 홉니와 비느하스도 그 날에 죽었음으로 엘리 제사장이 이 소식을 들을 때에 그도 넘어져 목이 부러져 죽는다. 비느하스의 아내가 해산하여 아들을 낳으나 그 이름을 '이가봇'(영광이 이스라엘에서 떠났다)이라 한다.

엘리 집에 내린 저주(삼상 2:31~34, 3:14)가 엘리 집안에 모든 자가 젊어서 죽을 것과 두 아들 홉니와 비느하스가 한 날에 죽을 것이 성취된다.

법궤 이동 (삼상 5~6장) – 블레셋

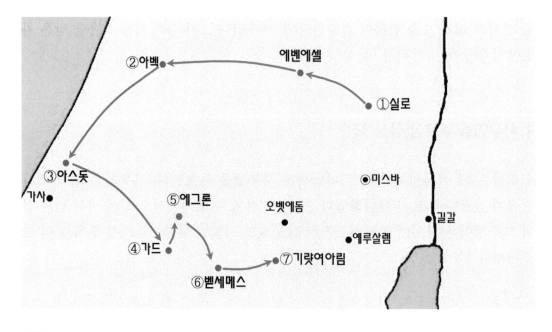

① 실로	실로에 있는 법궤를 전쟁터(에벤에셀)로 옮김
② 아벡	① 아벡전투에서 패하여 언약궤를 빼앗김 ② 엘리 제사장의 두 아들(홉니와 비느하스) 죽음 ③ 엘리 제사장이 두 아들이 죽었다는 소식을 듣고 의자에서 넘어져 죽음 ④ 비느하스의 아내가 출산하여 아들을 낳으나 '이가봇'(영광이 떠남)이라 함
③ 아스돗	① 법궤를 다곤 신상 앞에 두나 다곤 신상이 법궤 앞에 엎드러짐 ② 다곤 신상을 바로 세우나 다시 엎드러져 얼굴은 땅에 닿았고 그 머리와 두 손목은 끊어져 문지방에 있음 ③ 독한 종기 재앙
④ 가드	독한 종기
⑤ 에그론	① 사망의 환난과 독한 종기 ② 블레셋 제사장들과 복술자들을 불러 해결방도를 구함 – '새 수레 하나를 만들고, 멍에를 메어 보지 아니한 젖 나는 소 두 마리를 끌어다가 수레를 메우고, 그 송아지들은 집으로 돌려보내고, 여호와의 궤를 싣고, 속건제로 드릴 제물 곧 블레셋 방백의 수효대로 금 독종 5개와 금 쥐 5마리를 상자에 넣어 궤 곁에 두고, "보고 있다가 만일 궤가 그 본 지역 길로 올라가서 벧세메스로 가면 이 큰 재앙은 그가 우리에게 내린 것이요 그렇지 아니하면 우리를 친 것이 그의 손이 아니요 우연히 당한 것인 줄 알리라"(삼상 6:9) 한다.'
⑥ 벧세메스	'법궤가 이스라엘 땅으로 돌아오다' ① 번제와 다른 제사를 드림 ② 여호와의 궤를 들여다 본 까닭에 (5만)70명이 죽음
⑦ 기럇여아림	① 아비나답의 아들 엘리아살을 거룩하게 구별하여 법궤를 지키게 함 ② 아비나답의 아들 : 엘리아살, 웃사, 아효

5. 미스바 성회 (삼상 7장)

사무엘의 사역이 삼상 7장부터 시작된다.(삼상 7:1~2)

사무엘이 이스라엘의 '영적 대 각성 금식집회'를 미스바에서 열어 회개하며 바알과 아세라를 부수고 온전히 여호와 하나님만을 섬기게 한다. 이때 이스라엘이 미스바에 모였다 함을 들은 블레셋이 이스라엘을 치려하나 하나님께서 큰 우레를 발하시므로 블레셋을 어지럽게 하여 패하게 하신다. 여호와께서 여기까지 우리를 도우셨다는 기념비를 세우고 그 곳을 **에벤에셀**이라 하였다.

사무엘의 순회 사역 : 벧엘 - 길갈 - 미스바 – 라마

왕을 요구하는 이스라엘(삼상 8장)

사무엘이 늙으매 그의 두 아들 요엘과 아비야를 이스라엘의 사사로 세우지만 뇌물을 받고 판결을 굽게 함으로 백성들이 왕을 구한다. "여호와께서 사무엘에게 이르시되 백성이 네게 한 말을 다 들으라 이는 그들이 너를 버림이 아니요 나를 버려 자기들의 왕이 되지 못하게 함이니라"(삼상 8:7)

신정 정치를 버리고 왕정 정치를 구한다. 그것은 제사장 나라를 포기하는 태도이다.(출 19:5~6)

지도자들의 두 아들 성경적 교훈
① 아론의 두 아들 : 나답과 아비후   ④ 다윗의 두 아들 : 암논과 압살롬
② 엘리 제사장의 두 아들 : 홉니와 비느하스
③ 사무엘의 두 아들 : 요엘과 아비야

6. 라마 – 사울을 왕으로 기름부음(삼상 9장)

베냐민 지파에 기스라 이름하는 유력한 사람이 있으니 그에게 사울이라 이름하는 아들이 있으니 그는 이스라엘 자손 중에 모든 백성보다 어깨 위만큼 더 컸으며 매우 준수한 소년이다. 아버지의 잃어버린 암나귀를 찾기 위해 종과 함께 심부름하다가 사무엘을 만나 이스라엘의 왕으로 기름 부음을 받는다. 온 이스라엘이 사모하는 자가 누구냐 너와 네 아버지의 온 집이 아니냐 하는지라 "사울이 대답하여 이르되 나는 이스라엘 지파의 가장 작은 지파 베냐민 사람이 아니니이까 또 나의 가족은 베냐민 지파 모든 가족 중에 가장 미약하지 아니하니이까" 사무엘이 기름을 부어 사울을 이스라엘의 초대 왕으로 삼는다.

7. 미스바 – 왕의 만세(삼상 10장)

사무엘이 열 두 지파를 미스바에 소집하여 제비 뽑는다. 베냐민 지파가 뽑히고 기

스의 아들 사울이 왕으로 뽑혀 백성들이 왕의 만세를 부른다. 사울은 짐보따리 사이에 숨었더라.

8. 길갈 – 사울을 왕으로 세운다(삼상 11장)

암몬 사람 나하스가 올라와 길르앗 야베스에 진치고 이스라엘을 모욕한다. 이에 사울이 한 겨리의 소를 잡아 각을 떠 12지파에 보내고, 누구든지 사울과 사무엘을 따르지 않으면 그의 소들도 이와 같이 하리라 하매, 이때에 모인 이스라엘이 30만 명, 유다가 3만 명이다. 전쟁에서 승리한 이스라엘은 길갈로 가서 사울이 이스라엘의 왕임을 확정한다.

> **사울을 세 번 왕으로 세움(삼상 9~11장)**
> ① 라마(기스의 암나귀) – 준수한 자(삼상 9:2), 겸손한 자(삼상 9:21), 기름부음(삼상 10:1)
> ② 미스바(12지파 제비 뽑음) – 짐보따리들 사이에 숨어 있음(삼상 10:22)
> ③ 길갈 – 암몬과의 전쟁에서 승리 후(삼상 11:12~24)

사무엘의 고별설교(삼상 12장)

왕이 없던 시대에 사사를 세워 이스라엘을 치리하였으나 왕이 세워진 이상 사사로서의 역할은 필요 없게 되었다. 사무엘은 이에 이스라엘 백성들에게 마지막 메시지를 선포한다.

"내가 누구의 소를 빼앗았느냐 누구의 나귀를 빼앗았느냐 누구를 속였느냐 누구를 압제하였느냐 내 눈을 흐리게 하는 뇌물을 누구의 손에서 받았느냐 그리하였으면 내가 그것을 너희에게 갚으리라"(삼상 12:3)

사무엘은 이스라엘의 지도자로 섬길 때 청렴결백하였다는 것을 증언한다. 청렴결백은 지도자의 중요한 덕목에 들어간다.

"여호와께서는 너희를 자기 백성으로 삼으신 것을 기뻐하셨으므로 여호와께서는 그의 크신 이름을 위해서라도 자기 백성을 버리지 아니하실 것이요 나는 너희를 위하여 기도하기를 쉬는 죄를 여호와 앞에 결단코 범하지 아니하고 선하고 의로운 길을 너희에게 가르칠 것인즉"(삼상 12:22~24)

9. 베들레헴 – 다윗에게 기름부음(삼상 16장)

아말렉과의 전쟁(삼상 15장)의 결과로 여호와께서 사울을 버려 이스라엘의 왕이 되지 못하게 하셨다. 사무엘은 베들레헴 이새의 집에 보내진다.

이새의 장자 엘리압을 보고 사무엘이 기름 부으려 할 때 "그의 용모와 키를 보지 말라 내가 이미 그를 버렸노라 내가 보는 것은 사람과 같지 아니하니 **사람은 외모를 보거니와 나 여호와는 중심을 보느니라**"(삼상 16:7)

둘째 아비나답과 셋째 삼마 그 외의 아들들이 사무엘 앞을 다 지나가도록 하나님은 침묵하신다.

이새의 막내 다윗을 양치는 곳에서 데려오매 그의 빛이 붉고 눈이 빼어나고 얼굴이 아름답더라 여호와께서 그에게 기름 부으라 하신다. 이날 이후로 다윗은 여호와의 영에 크게 감동되니라.

10. 라마 – 사무엘의 죽음과 장사(삼상 25장)

사무엘이 죽으매 온 이스라엘이 모여 슬피 울며 라마 그의 집에서 그를 장사한지라(삼상 25:1)

왕국의 시작 개관 (삼상 1장 – 왕상 11장)

1. 사무엘	2. 사울	3. 다윗	4. 솔로몬
삼상 1~12장	삼상 13~31장	삼하 1~삼하 24장	왕상 1~11장
B.C. 1090	B.C. 1050	B.C. 1010	B.C. 970

2. 사울 – 40세 왕, 40년 통치

사울 (삼상 13~31장)

13~14장	15장	17~18장	19~27장	28~31장
블레셋 전쟁 I 사울의 불순종 I	아말렉 전쟁 사울의 불순종 II	다윗과 골리앗 블레셋 전쟁 II	다윗을 추격	블레셋 전쟁 III 사울의 죽음

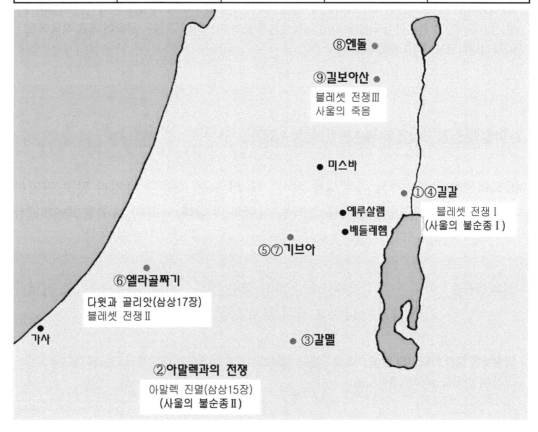

1. 길갈 (삼상 13장) 블레셋 전쟁 I – 사울의 불순종 I (삼상 13~14장)

블레셋이 믹마스에 진을 치고 사무엘은 정한 기일 7일이 지나도 길갈에 오지 않고 백성이 흩어지자 부득이하여 사울은 번제를 드린다.(백성, 사무엘, 블레셋)
"왕이 망령되이 행하였나이다"(제사장의 직분)
"왕이 여호와의 명령을 지키지 아니하여 지금은 왕의 나라가 길지 못할 것이라"
여호와께서 그의 마음에 맞는 사람을 백성의 지도자로 삼으실 것을 말씀하신다.(삼상 13:14, 행 13:22)

불순종은 환경 때문에 부득이하여 하나님의 말씀을 지키지 않은 것도 포함된다. 불순종은 하나님의 말씀을 버린 것이다.(창 3장 – 타락)

요나단의 습격(삼상 14장)
계속되는 블레셋과의 전쟁 중에 사울의 아들 요나단이 자기의 무기를 든 소년과 더불어 블레셋을 습격하여 전쟁을 승리로 이끈다.

> **요나단의 승리** : "요나단이 자기의 무기를 든 소년에게 이르되 우리가 이 할례 받지 않은 자들에게로 건너가자 여호와께서 우리를 위하여 일하실까 하노라 여호와의 구원은 사람이 많고 적음에 달리지 아니하였느니라"(삼상 14:6~7)

2. 아말렉 진멸 – 사울의 불순종 II (삼상 15장)

여호와의 명령 : 지금 가서 아말렉을 쳐서 그들의 모든 소유를 남기지 말고 진멸하되 남녀와 소아와 젖먹는 아이와 우양과 낙타와 나귀를 죽이라(삼상15:3)

사울의 불순종 : 아각과 그의 양과 소와 가장 좋은 것과 기름진 것을 남기고 진멸하기를 즐겨 아니하고 가치 없고 하찮은 것은 진멸한다.

> **아말렉에 대한 하나님의 결심** : "여호와께서 맹세하시기를 여호와가 아말렉과 더불어 대대로 싸우리라 하셨다 하였더라"(출17:16)

아말렉 족속은 에서의 후손 : "에서의 아들 엘리바스의 첩 딤나는 아말렉을 엘리바스에게 낳았으니 이들은 에서의 아내 아다의 자손이며"(창 36:12)

3. 갈멜

사울이 자기를 위하여 기념비를 세운다.(삼상 25:2)
사울은 자기 자신을 위해 싸운 것이지 여호와의 명령을 행한 것이 아니었다.

4. 길갈 – 사울과 사무엘 (삼상 15장)

사울의 변명 : 내가 여호와의 명령을 행하였나이다. 백성들이 여호와께 제사하려 가장 좋은 것을 남겼나이다.(삼상 15:15)

사울은 자기의 잘못을 지적 받았을 때 책임을 백성들에게 돌리는 지도자의 모습을 보인다.

사무엘의 책망 : 왕이 스스로 작게 여길 때 이스라엘의 왕이 되었다.
"여호와께서 번제와 다른 제사를 그의 목소리를 청종하는 것을 좋아하심 같이 좋아하시겠나이까"
"순종이 제사보다 낫고 듣는 것이 숫양의 기름보다 나으니 이는 거역하는 것은 점치는 죄와 같고 완고한 것은 우상에게 절하는 죄와 같음이라"
"왕이 여호와의 말씀을 버렸으므로 여호와께서도 왕을 버려 왕이 되지 못하게 하셨나이다"(삼상 15:22~23)

하나님의 말씀을 버리면 하나님을 버리는 것이다. 우리는 하나님 말씀을 청종하여 잘 들어야 한다.

사울이 돌아서가는 사무엘의 겉옷자락을 붙잡으매 찢어진지라. "여호와께서 오늘 이스라엘 나라를 왕에게서 떼어 왕보다 나은 왕의 이웃에게 주셨나이다"(삼상 15:27,28)

5. 기브아

사울 왕이 자기 집으로 돌아간다.
사무엘은 죽을 때까지 사울을 보지 않는다.
사무엘상 16장 : 베들레헴 이새의 집으로 사무엘이 보내어 진다. 엘리압의 용모와 키를 보지 말라 내가 이미 그를 버렸노라(엘리압, 아비나답, 삼마)
들에서 양을 치다 온 다윗에게 기름을 부어 왕으로 삼는다. 이날 이후로 다윗이 여호와의 영으로 크게 감동된다.

다윗이 사울을 섬김 : 악령이 사울을 번뇌케 하면 다윗이 수금을 타서 사울의 악령이 떠난다.

6. 엘라 골짜기 – 다윗과 골리앗 – 블레셋 전쟁 II (삼상 17장)

다윗은 아버지 이새의 심부름으로 곡식, 떡, 치즈를 가지고 사울의 진영으로 간다. 블레셋의 골리앗이 한 사람이 나와서 싸우자며 이스라엘의 군대를 모욕한다. 다윗은 사울의 군복과 칼을 거절하고 막대기와 물매 다섯을 가지고 골리앗과 맞선다.
"너는 칼과 단창으로 내게 나아오나 나는 만군의 여호와의 이름으로 곧 네가 모욕하는 이스라엘의 군대에 하나님의 이름으로 네게 나아가노라"(삼상 16:45)
골리앗이 이스라엘 군대를 모욕할때, 다윗이 듣고 '이 할례 받지 않은 블레셋 사람이 누구이기에 살아 계시는 하나님의 군대를 모욕하겠느냐'(삼상 17:26)
"여호와의 구원하심이 칼과 창에 잊지 아니함을 알게하리라 전쟁은 여호와께 속한 것인즉 그가 너희를 우리 손에 넘기시리라"(삼상 17:46~47)

다윗이 물매를 던져 골리앗의 이마에 박혀 쓰러진다. 다윗이 골리앗의 칼로 그를 죽이고 블레셋은 도망한다.

7. 기브아 – 백성들의 노래 (삼상 18장)

사울의 아들 요나단이 다윗을 생명 같이 사랑하여 군복과 칼과 활을 준다. 백성들이 사울이 죽인 자는 천천이요 다윗이 죽인 자는 만만이라고 노래한다. 사울이 심히 노하여 다윗을 주목하고 창을 던져 그를 죽이려 한다. 다윗이 천부장이 되고 백성들의 존경을 받는다.

사울의 사위가 되는 다윗 : 다윗이 블레셋 남자의 포피 200개로 사울의 딸 미갈을 아내로 맞는다. 사울이 다윗을 더욱더욱 두려워하여 평생에 다윗의 대적이 된다.(삼상 18:29)

사울이 다윗을 추격함 (삼상 19장~27장)

사울이 다윗을 죽이려 하여 사울의 딸 미갈이 다윗을 창에서 달아내려 살린다.(삼상 19장)

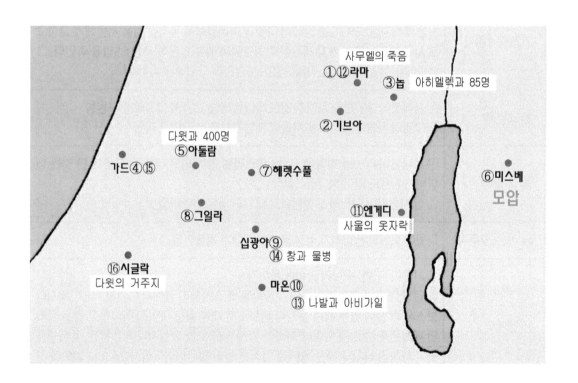

| ① 라마 | ① 다윗이 사울을 피해 라마로 가서 사무엘을 만남 |
| | ② 사울이 직접 다윗을 쫓음 |

② 기브아	다윗과 요나단의 "화살언약"(삼상 20장)
③ 놉	① 대제사장 아히멜렉을 만나 떡(진설병)과 칼(골리앗의 칼)을 얻음 ② 사울의 목자장 도엑이 다윗과 아히멜렉의 만남을 목격함
④ 가드	가드 왕 아기스를 심히 두려워하여 미친척함 "그들 앞에서 그의 행동을 변하여 미친 체하고 대문짝에 그적거리며 침을 수염에 흘리매"(삼상 21:13)
⑤ 아둘람동굴	"다윗이 그 곳을 떠나 아둘람 굴로 도망하매 그의 형제와 아버지의 온 집이 듣고 그리로 내려가서 그에게 이르렀고 **환난 당한 모든 자와 빚진 모든 자와 마음이 원통한 자**가 다 그에게로 모였고 그는 그들의 우두머리가 되었는데 그와 함께 한 자가 사백 명 가량이었더라"(삼상 22:1~2)
⑥ 미스베 (모압)	다윗의 부모를 모압 왕에게 위탁함 "다윗이 거기서 모압 미스베로 가서 모압 왕에게 이르되 하나님이 나를 위하여 어떻게 하실지를 내가 알기까지 나의 부모가 나와서 당신들과 함께 있게 하기를 청하나이다 하고"(삼상 22:3)
⑦ 헤렛수풀	선지자 갓이 유다 땅으로 돌아가라 함으로 다윗이 헤렛수풀에 은신한다. 이 때에 사울의 목자장 도엑이 놉 땅에서 다윗과 아히멜렉을 목격한 일을 사울에게 고함으로 **사울이 도엑을 시켜 대제사장 아히멜렉과 에봇 입은 제사장 85명을 죽인다.** 그 와중에 아히멜렉의 아들 아비아달이 도망하여 다윗에게 피한다.
⑧ 그일라	① 블레셋이 그일라를 치매 다윗이 하나님께 묻고 가서 그일라를 구원함 ② 그일라 사람들이 다윗을 사울에게 넘김으로 십 광야로 피함
⑨ 십 광야	① 요나단이 다윗을 찾아옴 **"너는 이스라엘 왕이 되고 나는 네 다음이 될 것을** 내 아버지 사울도 안다 하니라"(삼상 23:17) ② 십 사람들이 다윗을 고발함으로 다윗이 마온으로 피함
⑩ 마온(황무지)	다윗이 포위되어 잡히기 직전 블레셋 군대가 쳐들어옴
⑪ 엔게디	① 사울이 뒤(변)를 보러 굴속에 들어감 ② 굴 속에 있던 다윗이 사울의 옷자락을 베고 사울이 굴에서 나가자 "내 아버지여 보소서 내 손에 있는 왕의 옷자락을 보소서 내가 왕을 죽이지 아니하고 겉옷 자락만 베었은즉 내 손에 악이나 죄과가 없는 줄을 오늘 아실지니이다 왕은 내 생명을 찾아 해하려 하시나 나는 왕에게 범죄한 일이 없나이다"(삼상 24:11) 함으로 사울이 더 이상 다윗을 쫓지 않을 것을 맹세하고 돌아간다.
⑫ 라마	사무엘의 죽음으로 이스라엘 무리가 라마에서 그를 장사 지냄(삼상 25:1)

⑬ 마온(황무지)	나발과 아비가일 – 나발이 양 털을 깎을 때에 다윗이 사람을 보내 도움을 청하나 나발이 거절한다. "다윗이 누구이며 이새의 아들이 누구냐?" 이에 다윗이 400명의 사람들을 이끌고 나발을 응징하기 위해 간다. 나발의 아내 아비가일이 이야기를 듣고 음식을 준비하여(빵 200덩이, 포도주 2부대, 손질한 양 5마리, 볶은 곡식 5세아, 건포도 100송이, 무화가 200개) 다윗을 맞으러 간다. 도중에 아비가일을 만난 다윗은 그녀의 지혜로움에 뜻을 돌이키고 돌아간다. 다윗의 이야기를 들은 나발이 몸이 돌처럼 굳어져 죽자 다윗이 아비가일을 아내로 맞는다.
⑭ 십 광야	① 사울이 군사 3천명과 함께 다윗을 추격함 ② 다윗이 아비새와 함께 사울의 진영으로 들어가 **사울의 창과 물병**을 가지고 나옴 ③ 다윗이 사울을 호위하지 못한 군대장관 아브넬을 책망함
⑮ 가드	블레셋으로 망명하는 다윗 "다윗이 그 마음에 생각하기를 내가 후일에는 사울의 손에 붙잡히리니 블레셋 사람들의 땅으로 피하여 들어가는 것이 좋으리로다"(삼상 27:1)
⑯ 시글락	1년 4개월 동안 시글락에서 지냄 "다윗이 아기스에게 이르되 바라건대 내가 당신께 은혜를 입었다면 지방 성읍 가운데 한 곳을 내게 주어 내가 살게 하소서 당신의 종이 어찌 당신과 함께 왕도에 살리이까 하니 아기스가 그 날에 시글락을 그에게 주었으므로"(삼상 27:5~6)

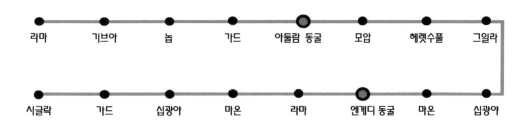

8. 엔돌 – 블레셋 전쟁 Ⅲ (삼상 28장~31장)

블레셋과의 전쟁을 앞두고 사울이 여호와께 물었으나 대답하지 않으신다. 사울이 엔돌의 신접한 여인을 찾아가 죽은 사무엘을 불러온다.
"여호와께서 너를 떠나 네 대적이 되셨다"
"이스라엘을 블레셋의 손에 넘기리니 너와 네 아들들이 내일 죽을 것이다"(삼상 28:18~19)

사무엘상 29장 : 다윗이 블레셋 전쟁에 불참
블레셋 사람들이 '그가 전쟁에서 우리의 대적이 될까 한다'며 다윗을 전쟁에 참여시키지 않는다.

사무엘상 30장 : 다윗의 아말렉 진멸
다윗이 아말렉의 사로잡혀간 모든 것을 도로 찾고 두 아내 아히노암과 아비가일을 구한다.

9. 길보아 산 - 사울의 죽음 (삼상 31장)

사울이 블레셋과 이스라엘과의 전쟁에서 패하여 활에 맞아 중상을 입자 자기 칼에 엎드려 죽는다. 사울의 세 아들 요나단, 아비나답, 말기수아도 죽는다. 길르앗 야베스 사람들이 사울의 시신과 그의 아들들의 시신을 거두어 야베스로 돌아와 장사지낸다.

[사무엘상 11장에서 사울이 암몬 사람들의 손에서 길르앗 야베스를 구원한 일로 은혜를 갚음]

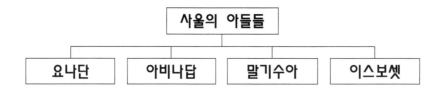

왕국의 시작 개관 (삼상 1장 – 왕상 11장)

1. 사무엘	2. 사울	3. 다윗	4. 솔로몬
삼상 1~12장	삼상 13~31장	삼하 1~삼하 24장	왕상 1~11장
B.C. 1090	B.C. 1050	B.C. 1010	B.C. 970

3. 다윗 – 30세 왕, 40년 통치

(헤브론 7년, 예루살렘 33년)

다윗(삼하 1~24장)

다윗의 승리(1~10장)	범죄와 재난(11~24장)
1) 유다 지파의 왕(1~4장) 2) 온 이스라엘의 왕(5~10장) 　① 예루살렘 정복(5장) 　② 법궤 옮김(6장) 　③ 다윗 왕위의 언약(7장) 　④ 영토 확장(8~10장)	1) 간음과 살인(11장) 2) 나단의 책망(12장) 3) 암논과 다말(13~14장) 4) 압살롬의 반역(15장) 5) 도망자 다윗(16장) 6) 아히도벨과 후새(17장) 7) 압살롬의 죽음(18장) 8) 왕의 귀환(19장) 9) 세바의 반란(20장) 10) 3년의 기근(21장) 11) 다윗의 승전가(22~23장) 12) 인구조사(24장)

다윗의 승리 (삼하 1~10장)

1. 유다 지파의 왕 (삼하 1~4장)

1) 사울과 요나단의 죽음 애도 (삼하 1장)
아말렉 사람이 사울의 왕관과 팔찌를 가져와 사울의 죽음과 요나단의 죽음을 알린다. 다윗은 사울과 요나단의 죽음을 슬퍼하며 활 노래로 애도한다.
"이스라엘아 네 영광이 산 위에서 죽임을 당하였도다 두 용사가 엎드러졌도다 독수리보다 빠르고 사자보다 강한 용사들이여"(삼하 1:23)

2) 헤브론에서 유다지파의 왕 (삼하 2장) – 7년 6개월
① 이스라엘과 유다 지파의 전쟁 : 기브아 못가
아브넬과 이스라엘이 다윗의 신복들에게 패한다.
② 아브넬이 아사헬을 죽임
아브넬이 아사헬에게 "너는 나 쫓기를 그치라 내가 너를 죽이면 내가 어떻게 네형 요압을 대면하겠느냐"(삼하 2:22) 그래도 아사헬이 아브넬을 쫓자 창 뒤 끝으로 그의 배를 찌르니 아사헬이 죽었더라

"사울의 집과 다윗의 집 사이에 전쟁이 오래매 다윗은 점점 강하여 가고 사울의집은 점점 약하여 가니라"(삼하 3:1)

3) 아브넬의 배반 (삼하 3장)
사울의 군대장관 아브넬이 사울의 아들 이스보셋을 왕으로 세운다. 이스보셋이 아브넬에게 이르되 "네가 어찌하여 내 아버지의 첩 리스바와 통간하였느냐"(삼하 3:7) 함으로 아브넬이 다윗에게 사신을 보내어 "당신은 나와 더불어 언약을 맺사이다 내 손이당신을 도와 온 이스라엘이 당신에게 돌아가게 하리이다"(삼하 3:12) 한다.
다윗은 사울의 딸 미갈을 데려오라고 요청한다.

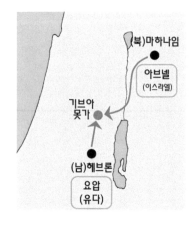

4) 아브넬의 죽음 (삼하 3:23~37)

아브넬이 다윗에게 온 이스라엘을 왕의 앞에 모아 다스리시게 하리이다 하니 다윗이 아브넬을 평안히 보낸다. 요압은 아브넬을 다시 불러 은밀하게 아브넬을 죽여 동생 아사헬의 복수를 한다. 다윗이 아브넬의 죽음을 애도하며 장사지낸다.

5) 이스보셋의 죽음 (삼하 4장)

이스보셋의 군대장관 바아나와 레갑이 이스보셋을 죽이고 그 목을 가지고 헤브론에 있는 다윗에게 가져온다. "왕의 생명을 해하려던 원수 사울의 아들 이스보셋의 머리가 여기 있나이다"(삼하 4:8) 다윗에게 좋은 소식을 전하는 줄 알았던 바아나와 레갑을 죽인다. 사울의 집에 모든 남자가 죽자 이스라엘 모든 장로가 다윗과 언약을 맺고 이스라엘 전 지역의 왕이 될 것을 제안한다. 다윗이 30세에 왕이 되어 40년을 다스린다.(7년 헤브론, 33년 전 지역)

사울	군대장관	다윗
아브넬 바아나 레갑		요압 아비새 아사헬

2. 온 이스라엘의 왕 (삼하 5~10장)

이스라엘 모든 장로가 다윗과 언약을 맺고 다윗에게 기름을 부어 다윗을 온 이스라엘의 왕으로 삼는다.(12지파의 왕)

1) 예루살렘 정복 (삼하 5장)

예루살렘은 여부스 사람들이 맹인과 다리 저는 자라도 성을 지키리라던 난공불락의 성이다. 다윗은 물 긷는 수로를 통하여 점령하고 다윗 성이라 한다.

"만군의 하나님 여호와께서 함께 계시니 다윗이 점점 강성하여 가니라"(삼하 5:10)

다윗의 처와 자녀들

헤브론(7년 6개월)

①아히노암	②아비가일	③마아가	④학깃	⑤아비달	⑥에글라
암논	길르압	압살롬	아도니야	스바댜	이드르암
		다말(딸)			

예루살렘(33년)

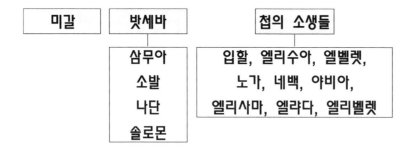

미갈	밧세바	첩의 소생들
	삼무아 소발 나단 솔로몬	입할, 엘리수아, 엘벨렛, 노가, 네벡, 아비아, 엘리사마, 엘라다, 엘리벨렛

2) 법궤 옮김 (삼하 6장)

다윗이 이스라엘 전지역의 왕이 된 후에 하나님의 법궤를 예루살렘으로 옮겨온다.

기럇여아림 - 오벧에돔 - 예루살렘(약 70년 만에 옮김) [시편 105편]

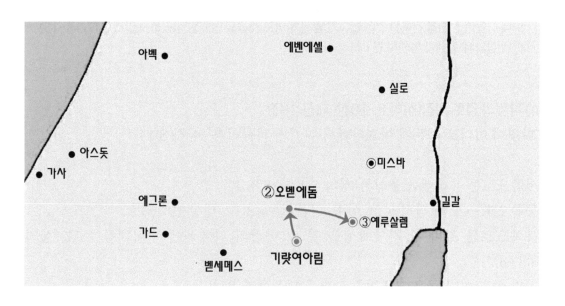

① **기럇여아림**	① 하나님의 법궤를 블레셋과의 아벡 전투에서 빼앗긴 후 기럇여아림 아비나답의 집에(삼상 7:1~2) 20년 동안 있는다.(사무엘 사역 전) ② 다윗이 새 수레에 법궤를 싣고 나곤의 타작마당에 이르렀을 때에 갑자기 소가 뜀으로 웃사가 손을 들어 법궤를 붙듦으로 하나님께서 웃사를 치신다.(삼하 6:7, 민 4:15)
② **오벧에돔**	① 다윗이 여호와 하나님을 두려워함으로 오벧에돔의 집에 법궤를 둔다. ② 여호와께서 오벧에돔과 그의 온 집에 석 달 동안 복을 주신다.
③ **예루살렘**	① 하나님의 율례대로 법궤를 어깨에 메고 나옴 ② 힘을 다하여 춤을 춘다(미갈이 이를 보고 다윗을 업신여김) "이는 여호와 앞에서 한 것이니라"(삼하 6:21) *시편 96편, 105편, 106편

3) 다윗 왕위의 언약(삼하 7장)

나단 선지자에게 "볼지어다 나는 백향목 궁에 살거늘 하나님의 궤는 휘장 가운데에 있도다" 하나님의 법궤에 대한 다윗의 마음을 하나님은 이미 받으셨다.

　① 네 이름을 위대하게 만들어 주겠다.(7:9)
　② 네 아들이 성전을 건축할 것이고 그가 범죄 하여도 사울의 집처럼 심판하지 않겠다.(7:13~15)
　③ 네 집과 네 왕위가 영원히 견고하리라(7:16)

4) 다윗의 영토 확장(삼하 8~10장, 대상 18장)

"다윗이 어디로 가든지 여호와께서 이기게 하셨더라"(삼하 8:14)

서쪽으로는 블레셋을 물리침(삼하 5:17~25, 8:1)
동쪽으로는 모압(삼하 8:2), 아람, 암몬(삼하 8:12, 대상 19:15)
북쪽으로는 소바 왕 하닷에셀을 칠 때 아람의 다메섹에 수비대를 둔다.(삼하 8:3~8)
하맛 왕 도이가 금은 그릇과 놋그릇을 다윗에게 바친다.
남쪽으로는 에돔을 소금 골짜기에서 1만 8천명을 치고 수비대를 세운다.

5) 다윗과 므비보셋(삼하 9장)

영토 확장 이후 다윗이 요나단을 생각하여 사울의 집에 남은 자를 찾는다. 마침 요나단의 아들 다리 저는 자 므비보셋을 찾아 선대하며 사울에게 속한 모든 밭을 돌려주고 므비보셋을 가까이 하여 다윗의 상에서 떡을 먹게 한다.
"네 아버지 요나단으로 말미암아 네게 은총을 베풀리라"
"이 종이 무엇이기에 왕께서 죽은 개 같은 나를 돌보시나이까"(삼하 9:7~8)

　므비보셋이 다리를 저는 이유(삼하 4:4) : 사울과 요나단의 사망 소식을 들은 유모가 5살 된 므비보셋을 급히 피신시키다가 실수하여 떨어뜨렸기 때문이다.

6) 암몬과의 전쟁(삼하 10장, 대상 19장)

암몬의 왕 나하스가 죽자 다윗은 조문단을 보낸다. 그러나 나하스의 아들 하눈이 그들의 수염을 반만 자르고 의복의 중동볼기를 잘라 부끄럽게 하고 욕보인다.
다윗이 요압과 그의 동생 아비새의 군대를 보내 요압은 아람을 치고 아비새는 암몬을 물리친다.(1차 – 삼하 10:6~14, 대상 19:15)
다윗이 아람과 암몬의 연합군 중에 아람의 병거와 마병을 물리치고 아람은 다윗을 두려워하여 암몬을 돕지 않는다.(2차 – 삼하 10:15~19, 대상 19:17~19)
요압이 암몬을 멸하고 다윗은 예루살렘에 그대로 있더라.(3차 – 삼하 11:1)

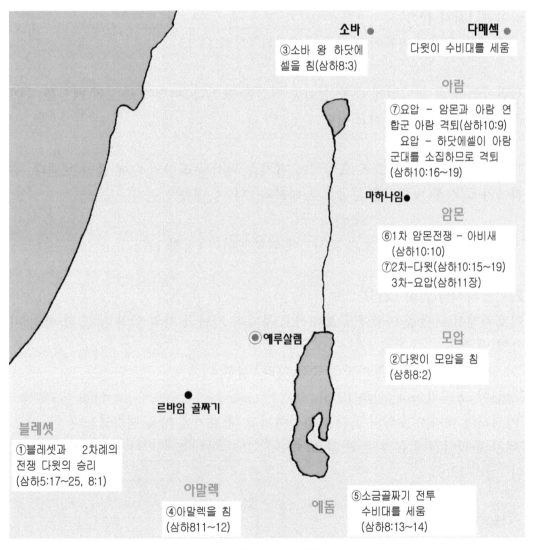

〔다윗의 영토 확장〕

다윗의 범죄와 재난 (삼하 11~24장)

1. 간음과 살인(삼하 11장)
암몬과의 전쟁이 계속되고 있는 가운데(3차전) 다윗은 예루살렘 왕궁 옥상을 거닐다가 우리아의 아내 밧세바와 동침한다. 밧세바가 임신한 소식을 전해오자 다윗은 전쟁에 참전하고 있던 우리아를 불러온다. 다윗이 우리아를 집으로 보내 밧세바와 동침하게 한다.

"이스라엘이 전쟁 중인데 내가 어찌 내 집으로 가서 먹고 마시고 내 처와 같이 자리이까"(삼하 11:11)

"우리아를 맹렬한 싸움에 앞세워 죽게하라"(삼하 11:15)

우리아는 왕과 하나님에 대한 신실한 헌신을 보인다. 이렇게 충성된 백성을 죽이려고 계획하는 다윗과 비교 된다.

다윗왕은 우리아가 죽도록 요압에게 편지를 써서 우리아의 손에 들려 보낸다. 우리아가 죽은 후 밧세바를 왕궁으로 데려와 그의 아내를 삼는다.

"다윗이 행한 그 일이 여호와 보시기에 악하였더라"(삼하 11:27)

2. 나단의 책망(삼하 12장)
여호와께서 나단을 다윗에게 보내시고 부자와 가난한 자의 암양 새끼 한 마리 비유를 말한다.

"이 일을 행한 그 사람은 마땅히 죽을 자라"(삼하 12:6)

"당신이 그 사람이라"(삼하 12:6)

"어찌하여 네가 여호와의 말씀을 업신여기고 나 보기에 악을 행하였느냐"

"네가 우리아를 암몬 자손의 칼로 죽이고 그의 아내를 빼앗아 네 아내로 삼았도다"(삼하 12:9)

다윗의 범죄
다윗은 간음하지 말라(7계명), 살인하지 말라(6계명)는 하나님의 말씀을 어겼다.

다윗의 죄에 대한 하나님의 심판(삼하 12:10~14)
① '칼이 네 집에서 영원토록 떠나지 아니하리라'
② '너와 네 집에 재앙을 일으키고'
③ '네 아내들과 더불어 백주에 동침하리라'
④ '당신이 낳은 아이가 반드시 죽으리이다'
다윗을 통하여 지도자의 성적인 죄로 말미암아 죄는 용서 받으나 그 결과는 다윗에게 돌아간다는 교훈을 얻는다.

다윗은 나단이 죄를 지적하자 "내가 여호와께 죄를 범하였노라" 회개한다. 시편 51편을 통하여 상한 심령으로 죄를 회개하는 다윗의 내면을 볼 수 있다.

3. 암논과 다말(삼하 13~14장)

다윗의 장자 암논이 압살롬의 여동생 다말을 사랑함으로 그의 친구 요나답이 일러준 방법대로 겁탈하고 내쫓는다. 다말의 오빠인 압살롬이 이를 분하게 여겨 만 2년 후 암논을 죽여 이를 복수한다.[다윗의 죄에 대한 하나님의 심판 : 칼의 재앙] 압살롬이 도망하여 3년 동안 그술 왕 암미훌의 아들 달매에게로 피한다. 다윗이 압살롬을 향하여 마음이 간절하나 압살롬을 데려오지 못하고 있음으로 이에 요압이 드고아에 사람을 보내어 지혜로운 여인 하나를 데려다가 압살롬을 예루살렘으로 불러온다. 그러나 예루살렘 자기 집에 우거한지 2년이 지나도록 압살롬은 아버지 다윗의 얼굴을 볼 수 없었다. 다윗과 압살롬은 5년 동안 소통이 없었다.

압살롬은 온 이스라엘 가운데 아름다움으로 크게 칭찬을 받는 자였고 그의 발바닥부터 정수리까지 흠이 없었더라 또한 그는 많은 머리털을 갖고 있었다.(삼하 24:25~26)

4. 압살롬의 반역 (삼하 15장)

압살롬이 반역함으로 다윗이 압살롬을 피해 급히 예루살렘에서 도망한다. 이 때 후궁 10명을 남겨두어 성을 지키게 하고 제사장 사독과 아비아달, 군 지휘관 잇대와 다윗의 친구 후새를 예루살렘에 남겨 둔다.[시편 3편, 63편 기록]

5. 도망자 다윗 (삼하 16장) – 마하나임

일찍이 사울에게 추격 당했던 다윗이 이제는 다시 아들을 피해 도망자의 신세가 된다.

① **므비보셋의 시종 시바** : 나루턱을 건너는 다윗에게 므비보셋을 모함한다.

② **다윗을 저주하는 시므이**(베냐민 지파, 사울의 친척)

시므이 : "피를 흘린 자여 사악한 자여 가거라 가거라"(삼하 16:7) - 저주하고 돌을 던짐

다윗 : "내 몸에서 난 아들도 내 생명을 해하려 하거든 하물며 이 베냐민 사람이랴 여호와께서 그에게 명령하신 것이니 그가 저주하게 버려두라 혹시 여호와께서 나의 원통함을 감찰하시리니 오늘 그 저주 때문에 여호와께서 선으로 내게 갚아 주시리라"(삼하 16:11~12)

③ **아히도벨 계략**(삼하16:22) : 압살롬에게 다윗의 후궁들과 동침하여 압살롬이 이 나라의 왕임을 드러내라한다.

[다윗의 죄에 대한 하나님의 심판 : 네 아내들과 더불어 백주 대낮에 동침]

6. 아히도벨과 후새 (삼하 17장)

아히도벨은 다윗을 기습하여 칠 계책을 제시하나, 후새는 온 이스라엘을 모집하고 전면전을 하여 왕이 크게 영광을 받도록 함으로 압살롬이 후새의 계략을 따른다. 후새는 다윗이 안전하게 도망하도록 시간적 여유를 의도한 것이다. 이에 아히도벨은 자기 계략이 이행되지 못함을 보고 자기 집으로 돌아가 스스로 목매어 죽는다.

7. 압살롬의 죽음과 다윗의 슬픔 (삼하 18장)

다윗이 '나를 위하여 젊은 압살롬을 너그러이 대우하라' 하니 왕이 압살롬을 위하여 모든 군지휘관에게 명령할 때에 백성들이 다 들으니라"(삼하 18:5)

수세에 몰린 압살롬이 도망하다 상수리나무에 머리가 걸려 공중에 달린다. 다윗의 말을 들은 사람들이 압살롬을 죽이기를 두려워하나 요압은 창 셋을 가지고 아직 살아 있는 압살롬의 심장을 찌른다. 압살롬의 죽음의 소식을 들은 다윗이 "마음이 심히 아파 문 위층으로 올라가서 우니라 그가 올라갈 때에 말하기를 내 아들 압살롬아 내 아들 내 아들 압살롬아 차라리 내가 너를 대신하여 죽었더면, 압살롬 내 아들아 내 아들아 하였더라"(삼하 18:33)

8. 왕의 귀환 (삼하 19장)

① **시므이** : 다윗을 저주하던 시므이가 나아와 엎드려 "예루살렘에서 나오시던 날에 종의 패역한 일을 기억하지 마시오며 왕의 마음에 두지 마옵소서"(삼하 19:19~20)

"요셉의 온 족속 중 내가 먼저 영접하나이다"

② **므비보셋** : 사울의 손자, 요나단의 아들 므비보셋이 왕을 맞는다. "그는 왕이 떠난 날부터 평안히 돌아오는 날까지 그의 발을 맵시 내지 아니하며 그의 수염을 깎지 아니하며 옷을 빨지 아니하였더라"(삼하 19:19~20) [종의 모함]

③ **바르실래(80세의 큰 부자)** : 도피 중에 있는 다윗을 공궤했던 바르실래는 자신의 나이 많음을 인하여 자기 대신 아들 "김함"을 천거한다. "왕의 종 김함이 여기 있사오니 청하건대 그가 내 주 왕과 함께 건너가게 하시옵고 왕의 처분대로 그에게 베푸소서"(삼하 19:37)

④ **남북의 분열(삼하 19:40~43)** : 유다지파와 이스라엘 지파의 갈등

온 이스라엘 : "유다 사람들이 어찌 왕을 도둑하여 왕과 왕의 집안과 왕을 따르는 모든 사람을 인도하여 요단을 건너가게 하였나이까"

유다 사람 : "왕은 우리의 종친인 까닭이라 너희가 어찌 이 일에 대하여 분 내느냐 우리가 왕의 것을 조금이라도 얻어 먹었느냐 왕께서 우리에게 선물로 주신 것이 있느냐"

온 이스라엘 : "우리는 왕에 대하여 열 몫을 가졌으니 다윗에게 대하여 너희보다 더욱 관계가 있거늘 너희가 어찌 우리를 멸시하여 우리 왕을 모셔 오는 일에 먼저 우리와 의논하지 아니하였느냐" 그러나 유다 사람의 말이 이스라엘 사람의 말보다 더 강경하였더라.

[유다지파와 이스라엘의 남은 지파들의 갈등이 드러남]

9. 세바의 반란(삼하 20장)

베냐민 사람이자 불량배인 세바가 다윗을 대적한다. "우리는 다윗과 나눌 분깃이 없으며 이새의 아들에게서 받을 유산이 우리에게 없도다 이스라엘아 각각 장막으로 돌아가라 하매 이에 온 이스라엘 사람들이 다윗 따르기를 그치고 올라가 비그리의 아들 세바를 따르나 유다 사람들은 그들의 왕과 합하여 요단에서 예루살렘까지 따르니라"(삼하 20:1~2)

세바의 반란을 진압하기 위해 다윗이 아마사(압살롬이 세운 군대장관 - 삼하 17:25)에게 3일 내로 유다 사람들을 불러 모으라 하나 정한 기일이 지체됨으로 다윗이 다시 아비새를 앞세워 세바를 뒤쫓게 한다. 요압이 아마사에게 인사하는 척하다가 그의 배를 찌름으로 창자가 쏟아져 아마사가 죽는다.

그 성 안에 있는 지혜로운 여인에게 요압이 "세바라는 자가 다윗 왕을 대적하였다 그만 내주면 이 성벽에서 떠나리라" 하자 그들이 세바의 머리를 베어 요압에게 던진다.(삼하 20:22)

10. 3년의 기근(삼하 21장)

이스라엘에 3년의 기근이 계속되는 이유는 사울과 그의 집이 기브온 사람을 죽였기 때문이다.(삼하 21:1)

> **3년의 기근 이유** : "너희가 영영히 종이 되어서 다 내 하나님의 집을 위하여 나무 패며 물 긷는 자가 되리라"(수 9:23)는 언약에 따라 하나님의 집을 위하여 살던 기브온 사람들을 사울이 죽인바 되었다. 하나님께서 이를 기억하시고 오늘 그 피 값을 묻고 계신다.

다윗이 기브온 사람들의 억울함을 풀어주기 위하여 그들의 요구대로 사울의 자손 중 일곱 아들을 기브온 사람들에게 내어준다. 다윗이 사울과 요나단과 그 일곱 자손의 뼈를 거두어 기스의 묘에 장사함으로 "그 후에야 하나님이 그 땅을 위한 기도를 들으시니라"(삼하 21:14)

11. 다윗의 승전가(삼하 22~23장)

여호와께서 다윗을 모든 원수의 손과 사울의 손에서 구원하심을 노래한다.
"나의 힘이신 여호와여 내가 주를 사랑하나이다"(시편 18편과 같은 노래)
"여호와는 나의 반석이시오 나의 요새시오 나를 위하여 나를 건지시는 자시오 내가 피할 나의 반석의 하나님이시오 나의 방패시오 나의 구원의 뿔이시오"(삼하 22:2)

12. 인구조사(삼하 24장)

사무엘하 24장 1절 "여호와께서 다시 이스라엘을 향하여 진노하사 그들을 치시려고 다윗을 격동시키자 가서 이스라엘과 유다의 인구를 조사하라 하신지라"
역대상 21장 1절 "사단이 일어나 이스라엘을 대적하고 다윗을 충동하여 이스라엘을 계수하게 하니라"
"단에서 브엘세바까지 인구를 조사하여 백성의 수를 내게 보고하라"(삼하 24:2)

> **인구조사가 죄가 되는 이유** : 이스라엘을 세우신 분도 하나님, 다윗을 왕으로 기름 부어 세우신 분도 하나님, 모든 전쟁에서 승리하게 하신 것도 하나님이시다. 무엇보다 "전쟁은 여호와께 속한 것"(삼상 17:47)임을 다윗은 잘 알고 있었고, 그것을 믿음으로 모든 전쟁에서 승리할 수 있었다. 그랬던 다윗이 믿음 없는 사람처럼 백성의 수를 계수함으로 자신의 소유가 어떠한지 그 능력이 어떠한지 가늠하려한 사실이 하나님 앞에서 죄가 되는 것이다.

> **사사기 7장 2절** 기드온과 300용사

회개하는 다윗 : "다윗이 백성을 조사한 후에 그의 마음에 자책하고 다윗이 여호와께 아뢰되 내가 이 일을 행함으로 큰 죄를 범하였나이다 여호와여 이제 간구하옵나니 종의 죄를 사하여 주옵소서 내가 심히 미련하게 행하였나이다"(삼하 24:10)

갓 선지자를 통하여 다윗에게 내리는 징계 중 택일(삼하 24:11~13)
① 7년 동안의 기근
② 3달 동안 원수의 손에 도망
③ 3일 동안의 전염병

다윗의 선택 : 3일 동안의 전염병(전염병으로 7만 명 죽음)
다윗의 회개 : "나는 범죄하였고 악을 행하였거니와 이 양 무리는 무엇을 행하였나이까 청하건대 주의 손으로 나와 내 아버지의 집을 치소서 하니라"(삼하 24:17)
다윗이 여부스 사람 아라우나(오르난; 대상 21:15)의 타작마당과 소를 은 50세겔로 사고 제단을 쌓고 번제와 화목제를 드림으로 전염병이 그친다.

아라우나의 타작마당(모리아 산)
① 아브라함이 이삭을 바친 곳(창 22:2)
② 솔로몬의 성전(대하 3:1)

사무엘하에 기록된 다윗의 간음과 살인은 역대상에서는 기록되지 않고 있다.

시편(150편)

"시의 책", "찬양의 책"

구약의 다섯 권의 시문학서 중 한권인 시편은 150편의 시와 노래, 기도로 구성되어있다. 가장 오래된 모세의 기도(시편 90편)에서 포로기까지 약 천년의 시간동안 저술되었지만 다윗과 솔로몬 시대에 집중적으로 쓰였다. 150편의 시편 가운데 가장 많은 부분은 다윗에 의해 73편이 쓰였으며, 솔로몬(2편), 다윗 시대에 찬송하는 직무를 맡았던 레위인 아삽(12편), 고라 자손(11편), 유다지파 에단(1편), 가장 오래된 모세(1편)와 그 외에 작자미상의 시와 노래(50편)가 포함되어 있다. 다윗은 목동으로서의 삶 가운데서도 하나님의 임재를 노래했고, 고난과 도망자의 삶 가운데서도 하나님에 대한 믿음과 신앙고백을 노래와 기도로 드리는 등 삶 전체를 여호와 하나님을 의지하고 믿음으로서 살았던 인물이다.
다윗은 '하나님의 마음에 합한 자라' 일컬음을 받았고, 평생에 여호와 보시기에 정직하게 행하였다고 성경은 말하고 있다.

1. 다윗이 사울에게 쫓겨 도망 다닐 때에 기록한 시 - 시편 7편, 57편, 56편(블레셋), 142편(아둘람 동굴), 18편, 52편(도엑), 54편(십 광야), 59편, 시편 34편(가드왕 '아기스'의 다른 이름 '아비멜렉')
2. 밧세바와의 간음죄와 그리고 우리야를 죽이는 살인죄를 저질러 나단 선지자가 다윗의 죄를 책망했을 때 통회하는 심정으로 지은 시 - 시편 51편
3. 아들 압살롬에게 예루살렘 성을 빼앗기고 쫓길 때 기록한 시 - 시편 3편과 63편
4. 전쟁의 승리를 노래 - 요압이 소금골짜기에서 에돔을 쳤을 때 승리의 시 - 시편 60편
5. 하나님의 법궤를 다윗성에 옮겨 왔을 때의 큰 기쁨을 노래 - 시편 105편
6. 솔로몬의 시 - 시편 72편과 127편
7. 하나님의 사람 모세의 시 - 시편 90편(시편 가운데 가장 오래된 것으로 하나님의 영원하심과 인간의 연약함에 대해 시를 쓰듯 기도)

성경 66권 가운데 시편만큼 두렵고 상한 심령을 어루만지며 위로와 평안을 주는 책도 없다. 때로는 시처럼, 때로는 기도처럼, 때로는 믿음의 신앙고백처럼 읽혀지는 시편은 어떤 상황과 처지 가운데 있는 독자라도 그 영혼이 소성케 되며, 여호와

를 인정하는 믿음의 노래로 온 세상을 가득 채우게 할 것이다. 시편에서 또한 메시아에 관한 예언적 부분이 있다. 예수님께서는 시편을 통해 자신에 관해 말씀하신다. 신약의 기록자들이 시편을 인용하고 있다.(눅 24:44)

시편(150편)

책	1권	2권	3권	4권	5권
모세 오경과 비유	1~41편	42~72편	73~89편	90~106편	107~150편
	인간	구원	성소	방황	성경
	개인적	사회적	민족적	세계적	우주적
	창세기	출애굽기	레위기	민수기	신명기
송영	시 41:13 이스라엘의 하나님 여호와를 영원부터 영원까지 송축할지로다 아멘 아멘	시 72:18~19 홀로 기이한 일들을 행하시는 여호와 하나님 곧 이스라엘의 하나님을 찬송하며 그 영화로운 이름을 영원히 찬송할지어다 온 땅에 그의 영광이 충만할지어다 아멘 아멘	시 89:52 여호와를 영원히 찬송할지어다 아멘 아멘	시 106:48 여호와 이스라엘의 하나님을 영원부터 영원까지 찬양할지어다 모든 백성들아 아멘 할지어다 할렐루야	시 150:6 호흡이 있는 자마다 여호와를 찬양할지어다 할렐루야
주요 내용	애가	국가 공동체의 찬양			찬양의 시
편집자 및 저자	주로 다윗	히스기야와 요시야		에스라 혹은 느헤미야	
		다윗과 고라	아삽	주로 미상	

편집 연도	B.C. 1020~970	B.C. 970~610	B.C. 430까지
저작 기간	약 1,000년		

저자별 시편 분류

다윗(73편)	3~9, 11~32, 34~41, 51~65, 68~70, 86, 101, 103, 108~110, 122, 124, 131, 133, 138~145편
솔로몬(2편)	72, 127편
아삽(12편)	50, 73~83편
고라자손(11편)	42, 44~49, 84~85, 87~88편
에단(1편) (대상2:8)	89편
모세(1편)	90편
작자미상(50편)	1~2, 10, 33, 43, 66~67, 71, 91~100, 102, 104~107, 111~121, 123, 125~126, 128~130, 132, 134~137, 146~150편

다윗의 시편 정리

사울에게 쫓겨 도망다닐 때	7편, 56~57편, 142편(아둘람 동굴), 52편(도엑), 54편(십광야), 59편, 34편(가드왕 아기스의 다른 이름)
밧세바와의 간음죄	시편 51편
아들 압살롬에게 쫓길 때	시편 3편, 시편 63편
요압이 소금골짜기에서 에돔에 승리	시편 60편
법궤를 다윗성에 옮겨 올 때	시편 105편

제 1 권 (1~41편)

시편 1편 "복 있는 사람은 악인들의 꾀를 따르지 아니하며 죄인들의 길에 서지 아니하며 오만한 자들의 자리에 앉지 아니하고 오직 여호와의 율법을 즐거워하여 그의 율법을 주야로 묵상하는도다 그는 시냇가에 심은 나무가 철을 따라 열매를 맺으며 그 잎사귀가 마르지 아니함 같으니 그가 하는 모든 일이 다 형통하리로다 악인들은 그렇지 아니함이여 오직 바람에 나는 겨와 같도다 그러므로 악인들은 심판을 견디지 못하며 죄인들이 의인들의 모임에 들지 못하리로다 무릇 의인들의 길은 여호와께서 인정하시나 악인들의 길은 망하리로다"(1:1~6)

시편 2편 "여호와께서 내게 이르시되 너는 내 아들이라 오늘 내가 너를 낳았도다"(7)

시편 3편 "천만인이 나를 에워싸 진 친다 하여도 나는 두려워하지 아니하리이다"(6)
[다윗이 압살롬의 반란을 피하여 도망할 때]

시편 4편 [저녁의 기도] "주께서 내 마음에 두신 기쁨은 그들의 곡식과 새 포도주가 풍성할 때보다 더하니이다"(7)

시편 5편 [아침의 기도] "여호와여 아침에 주께서 나의 소리를 들으시리니 아침에 내가 주께 기도하고 바라리이다"(3)

시편 6편 "여호와여 돌아와 나의 영혼을 건지시며 주의 사랑으로 나를 구원하소서"(4)

시편 7편 "여호와 내 하나님이여 내가 주께 피하오니 나를 쫓아오는 모든 자들에게서 나를 구원하여 내소서"(1) [다윗이 사울에게 쫓길 때]

시편 8편 "주의 손가락으로 만드신 주의 하늘과 주께서 베풀어 두신 달과 별들을 내가 보오니 사람이 무엇이기에 주께서 그를 생각하시며 인자가 무엇이기에 주께서 그를 돌보시나이까"(3~4), "여호와 우리 주여 주의 이름이 온 땅에 어찌 그리 아름다운지요"(9)

시편 9편 "여호와여 주의 이름을 아는 자는 주를 의지하오리니 이는 주를 찾는 자

들을 버리지 아니하심이니이다"(10)

시편 10편 "악인의 팔을 꺾으소서 악한 자의 악을 더 이상 찾아낼 수 없을 때까지 찾으소서"(15)

시편 11편 "여호와는 의로우사 의로운 일을 좋아하시나니 정직한 자는 그의 얼굴을 뵈오리로다"(7)

시편 12편 "여호와여 도우소서 경건한 자가 끊어지며 충실한 자들이 인생 중에 없어지나이다"(1)

시편 13편 "나는 오직 주의 사랑을 의지하였사오니 나의 마음은 주의 구원을 기뻐하리이다"(5)

시편 14편 "어리석은 자는 그의 마음에 이르기를 하나님이 없다 하는도다 그들은 부패하고 그 행실이 가증하니 선을 행하는 자가 없도다"(1)

시편 15편 "여호와여 주의 장막에 머무를 자 누구오며 주의 성산에 사는 자 누구오니이까"(1)

시편 16편 "여호와는 나의 산업과 나의 잔의 소득이시니 나의 분깃을 지키시나이다"(5), "주께서 생명의 길을 내게 보이시리니 주의 앞에는 충만한 기쁨이 있고 주의 오른쪽에는 영원한 즐거움이 있나이다"(11)

시편 17편 "나의 걸음이 주의 길을 굳게 지키고 실족하지 아니하였나이다"(5), "나를 눈동자 같이 지키시고 주의 날개 그늘 아래에 감추사 내 앞에서 나를 압제하는 악인들과 나의 목숨을 노리는 원수들에게서 벗어나게 하소서"(8~9)

시편 18편 "나의 힘이신 여호와여 내가 주를 사랑하나이다 여호와는 나의 반석이시요 나의 요새시요 나를 건지시는 이시요 나의 하나님이시요 내가 그 안에 피할 나의 바위시요 나의 방패시요 나의 구원의 뿔이시요 나의 산성이시로다"(1~2)

[다윗을 사울의 손에서 건져 주신 날]

시편 19편 "여호와의 율법은 완전하여 영혼을 소성시키며 여호와의 증거는 확실하여 우둔한 자를 지혜롭게 하며 여호와의 교훈은 정직하여 마음을 기쁘게 하고 여호와의 계명은 순결하여 눈을 밝게 하시도다 여호와를 경외하는 도는 정결하여 영원까지 이르고 여호와의 법도 진실하여 다 의로우니 금 곧 많은 순금보다 더 사모할 것이며 꿀과 송이꿀보다 더 달도다"(7~10)

시편 20편 "환난 날에 여호와께서 네게 응답하시고 야곱의 하나님의 이름이 너를 높이 드시며"(1)

시편 21편 "여호와여 왕이 주의 힘으로 말미암아 기뻐하며 주의 구원으로 말미암아 크게 즐거워하리이다 그의 마음의 소원을 들어 주셨으며 그의 입술의 요구를 거절하지 아니하셨나이다"(1~2)

시편 22편 "내 하나님이여 내 하나님이여 어찌 나를 버리셨나이까 어찌 나를 멀리 하여 돕지 아니하시오며 내 신음 소리를 듣지 아니하시나이까 내 하나님이여 내가 낮에도 부르짖고 밤에도 잠잠하지 아니하오나 응답하지 아니하시나이다"(1~2), "나는 벌레요 사람이 아니라 사람의 비방 거리요 백성의 조롱 거리니이다 나를 보는 자는 다 나를 비웃으며 입술을 비쭉거리고 머리를 흔들며 말하되 그가 여호와께 의탁하니 구원하실 걸, 그를 기뻐하시니 건지실 걸 하나이다"(6~8), "내 겉옷을 나누며 속옷을 제비 뽑나이다"(18)

[고난 받는 종의 노래로 십자가 사건에 인용된 시]

시편 23편 "여호와는 나의 목자시니 내게 부족함이 없으리로다 그가 나를 푸른 풀밭에 누이시며 쉴 만한 물 가로 인도하시는도다 내 영혼을 소생시키시고 자기 이름을 위하여 의의 길로 인도하시는도다 내가 사망의 음침한 골짜기로 다닐지라도 해를 두려워하지 않을 것은 주께서 나와 함께 하심이라 주의 지팡이와 막대기가 나를 안위하시나이다 주께서 내 원수의 목전에서 내게 상을 차려 주시고 기름을 내 머리에 부으셨으니 내 잔이 넘치나이다 내 평생에 선하심과 인자하심이 반드시 나를 따르리니 내가 여호와의 집에 영원히 살리로다"(1~6)

시편 24편 "여호와의 산에 오를 자가 누구며 그의 거룩한 곳에 설 자가 누구인가"(3), "영광의 왕이 누구시냐 강하고 능한 여호와시요 전쟁에 능한 여호와시로다 문들아 너희 머리를 들지어다 영원한 문들아 들릴지어다 영광의 왕이 들어가시리 로다 영광의 왕이 누구시냐 만군의 여호와께서 곧 영광의 왕이시로다"(8~10)

시편 25편 "나의 하나님이여 내가 주께 의지하였사오니 나를 부끄럽지 않게 하시 고 나의 원수들이 나를 이겨 개가를 부르지 못하게 하소서"(2)

시편 26편 "여호와여 나를 살피시고 시험하사 내 뜻과 내 양심을 단련하소서"(2)

시편 27편 "여호와는 나의 빛이요 나의 구원이시니 내가 누구를 두려워하리요 여 호와는 내 생명의 능력이시니 내가 누구를 무서워하리요"(1), "내가 여호와께 바 라는 한 가지 일 그것을 구하리니 곧 내가 내 평생에 여호와의 집에 살면서 여호와 의 아름다움을 바라보며 그의 성전에서 사모하는 그것이라"(4)

시편 28편 "여호와는 나의 힘과 나의 방패이시니 내 마음이 그를 의지하여 도움을 얻었도다"(7)

시편 29편 "너희 권능 있는 자들아 영광과 능력을 여호와께 돌리고 돌릴지어다"(1)

시편 30편 "여호와 내 하나님이여 내가 주께 부르짖으매 나를 고치셨나이다"(2)

시편 31편 "내가 나의 영을 주의 손에 부탁하나이다 진리의 하나님 여호와여 나를 속량하셨나이다"(5), "여호와를 바라는 너희들아 강하고 담대하라"(24)

시편 32편 "너희는 무지한 말이나 노새 같이 되지 말지어다 그것들은 재갈과 굴레 로 단속하지 아니하면 너희에게 가까이 가지 아니하리로다"(9)

시편 33편 "여호와를 자기 하나님으로 삼은 나라 곧 하나님의 기업으로 선택된 백 성은 복이 있도다"(12)

시편 34편 "젊은 사자는 궁핍하여 주릴지라도 여호와를 찾는 자는 모든 좋은 것에 부족함이 없으리로다"(10), "여호와는 마음이 상한 자를 가까이 하시고 충심으로 통회하는 자를 구원하시는도다"(18)

시편 35편 "여호와여 나와 다투는 자와 다투시고 나와 싸우는 자와 싸우소서"(1)

시편 36편 "교만한 자의 발이 내게 이르지 못하게 하시며 악인들의 손이 나를 쫓아내지 못하게 하소서"(11)

시편 37편 "여호와를 기뻐하라 그가 네 마음의 소원을 네게 이루어 주시리로다"(4)

시편 38편 "여호와여 나를 버리지 마소서 나의 하나님이여 나를 멀리하지 마소서 속히 나를 도우소서 주 나의 구원이시여"(21~22)

시편 39편 "주여 이제 내가 무엇을 바라리요 나의 소망은 주께 있나이다"(7), "내가 잠잠하고 입을 열지 아니함은 주께서 이를 행하신 까닭이니이다"(9), "여호와여 나의 기도를 들으시며 나의 부르짖음에 귀를 기울이소서 내가 눈물 흘릴 때에 잠잠하지 마옵소서"(12)

시편 40편 "나를 기가 막힐 웅덩이와 수렁에서 끌어올리시고 내 발을 반석 위에 두사 내 걸음을 견고하게 하셨도다"(2)

시편 41편 "주께서 나를 온전한 중에 붙드시고 영원히 주 앞에 세우시나이다"(12)

제 2 권(42~72편)

시편 42편 "내 영혼아 네가 어찌하여 낙심하며 어찌하여 내 속에서 불안해 하는가 너는 하나님께 소망을 두라 그가 나타나 도우심으로 말미암아 내가 여전히 찬송하리로다"(5)

시편 43편 "내 영혼아 네가 어찌하여 낙심하며 어찌하여 내 속에서 불안해 하는가 너는 하나님께 소망을 두라 그가 나타나 도우심으로 말미암아 내 하나님을 여전히 찬송하리로다"(5)

시편 44편 "그들이 자기 칼로 땅을 얻어 차지함이 아니요 그들의 팔이 그들을 구원함도 아니라 오직 주의 오른손과 주의 팔과 주의 얼굴의 빛으로 하셨으니 주께서 그들을 기뻐하신 까닭이니이다"(3)

시편 45편 "왕은 정의를 사랑하고 악을 미워하시니 그러므로 하나님 곧 왕의 하나님이 즐거움의 기름을 왕에게 부어 왕의 동료보다 뛰어나게 하셨나이다"(7)

시편 46편 "하나님은 우리의 피난처시요 힘이시니 환난 중에 만날 큰 도움이시라"(1)

시편 47편 "너희 만민들아 손바닥을 치고 즐거운 소리로 하나님께 외칠지어다"(1), "찬송하라 하나님을 찬송하라 찬송하라 우리 왕을 찬송하라"(6)

시편 48편 "터가 높고 아름다워 온 세계가 즐거워함이여 큰 왕의 성 곧 북방에 있는 시온 산이 그러하도다"(2)

시편 49편 "사람은 존귀하나 장구하지 못함이여 멸망하는 짐승 같도다"(12), "존귀하나 깨닫지 못하는 사람은 멸망하는 짐승 같도다"(20)

시편 50편 "감사로 하나님께 제사를 드리며 지존하신 이에게 네 서원을 갚으며 환난 날에 나를 부르라 내가 너를 건지리니 네가 나를 영화롭게 하리로다"(14~15)

시편 51편 "하나님이여 내 속에 정한 마음을 창조하시고 내 안에 정직한 영을 새롭게 하소서 나를 주 앞에서 쫓아내지 마시며 주의 성령을 내게서 거두지 마소서"(10~11), "주께서는 제사를 기뻐하지 아니하시나니 그렇지 아니하면 내가 드렸을 것이라 주는 번제를 기뻐하지 아니하시나이다 하나님께서 구하시는 제사는 상한 심령이라 하나님이여 상하고 통회하는 마음을 주께서 멸시하지 아니하시리이다"(16~17)

[다윗의 참회의 시, 다윗이 밧세바와 동침한 일과 우리아를 죽인 일로 나단의 책망을 듣고 참회함]

시편 52편 "간사한 혀여 너는 남을 해치는 모든 말을 좋아하는도다 그런즉 하나님이 영원히 너를 멸하심이여 너를 붙잡아 네 장막에서 뽑아 내며 살아 있는 땅에서 네 뿌리를 빼시리로다"(4~5), "그러나 나는 하나님의 집에 있는 푸른 감람나무 같

음이여 하나님의 인자하심을 영원히 의지하리로다"(8)

['다윗이 제사장 아히멜렉에게 왔었다'고 도엑이 사울왕에게 고함으로 아히멜렉이 죽음]

시편 53편 "어리석은 자는 그의 마음에 이르기를 하나님이 없다 하도다 그들은 부패하며 가증한 악을 행함이여 선을 행하는 자가 없도다"(1)

시편 54편 "하나님이여 주의 이름으로 나를 구원하시고 주의 힘으로 나를 변호하소서"(1)

[다윗이 십 황무지에 숨어 있을 때]

시편 55편 "네 짐을 여호와께 맡기라 그가 너를 붙드시고 의인의 요동함을 영원히 허락하지 아니하시리로다"(22)

시편 56편 "내가 두려워하는 날에는 내가 주를 의지하리이다"(3)

[다윗이 사울을 피해 블레셋으로 피신했을 때]

시편 57편 "하나님이여 내 마음이 확정되었고 내 마음이 확정되었사오니 내가 노래하고 내가 찬송하리이다"(7), "하나님이여 주는 하늘 위에 높이 들리시며 주의 영광이 온 세계 위에 높아지기를 원하나이다"(11) [다윗이 사울을 피해 아둘람 굴에 있을 때]

시편 58편 "의인이 악인의 보복 당함을 보고 기뻐함이여 그의 발을 악인의 피에 씻으리로다"(10)

시편 59편 "나는 주의 힘을 노래하며 아침에 주의 인자하심을 높이 부르오리니 주는 나의 요새이시며 나의 환난 날에 피난처심이니이다"(16)[사울이 다윗을 죽이려고 그 집을 지킬 때]

시편 60편 "주를 경외하는 자에게 깃발을 주시고 진리를 위하여 달게 하셨나이다"(4)

[다윗의 영토확장, 요압이 소금골짜기에서 에돔을 쳤을 때]

시편 61편 "주는 나의 피난처시요 원수를 피하는 견고한 망대이심이니이다"(3)

시편 62편 "나의 영혼이 잠잠히 하나님만 바람이여 나의 구원이 그에게서 나오는 도다 오직 그만이 나의 반석이시요 나의 구원이시요 나의 요새이시니 내가 크게 흔들리지 아니하리로다"(1~2)

시편 63편 "하나님이여 주는 나의 하나님이시라 내가 간절히 주를 찾되 물이 없어 마르고 황폐한 땅에서 내 영혼이 주를 갈망하며 내 육체가 주를 앙모하나이다"(1)
[다윗이 압살롬의 반역으로 유다에 있을 때]

시편 64편 "하나님이여 내가 근심하는 소리를 들으시고 원수의 두려움에서 나의 생명을 보존하소서"(1)

시편 65편 "주의 은택으로 한 해를 관 씌우시니 주의 길에는 기름 방울이 떨어지며 들의 초장에도 떨어지니 작은 산들이 기쁨으로 띠를 띠었나이다"(11~12)

시편 66편 "온 땅이여 하나님께 즐거운 소리를 낼지어다"(1), "내가 나의 마음에 죄악을 품었더라면 주께서 듣지 아니하시리라"(18)

시편 67편 "하나님은 우리에게 은혜를 베푸사 복을 주시고 그의 얼굴 빛을 우리에게 비추사"(1), "하나님이 우리에게 복을 주시리니 땅의 모든 끝이 하나님을 경외하리로다"(7)

시편 68편 "그의 거룩한 처소에 계신 하나님은 고아의 아버지시며 과부의 재판장이시라"(5), "날마다 우리 짐을 지시는 주 곧 우리의 구원이신 하나님을 찬송할지로다"(19)

시편 69편 "내가 부르짖음으로 피곤하여 나의 목이 마르며 나의 하나님을 바라서 나의 눈이 쇠하였나이다"(3), "여호와는 궁핍한 자의 소리를 들으시며 자기로 말미암아 갇힌 자를 멸시하지 아니하시나니"(33)

시편 70편 "나의 영혼을 찾는 자들이 수치와 무안을 당하게 하시며 나의 상함을 기뻐하는 자들이 뒤로 물러가 수모를 당하게 하소서"(2)

시편 71편 "하나님이여 내가 늙어 백발이 될 때에도 나를 버리지 마시며 내가 주의 힘을 후대에 전하고 주의 능력을 장래의 모든 사람에게 전하기까지 나를 버리지 마소서"(18)

시편 72편 "그는 가난한 자와 궁핍한 자를 불쌍히 여기며 궁핍한 자의 생명을 구원하며"(13) [솔로몬의 시]

제 3 권(73~89편)

시편 73편 "무릇 주를 멀리하는 자는 망하리니 음녀 같이 주를 떠난 자를 주께서 다 멸하셨나이다"(27)

시편 74편 "주께서 땅의 경계를 정하시며 주께서 여름과 겨울을 만드셨나이다 여호와여 이것을 기억하소서 원수가 주를 비방하며 우매한 백성이 주의 이름을 능욕하였나이다"(17~18)

시편 75편 "오직 재판장이신 하나님이 이를 낮추시고 저를 높이시느니라"(7), "또 악인들의 뿔을 다 베고 의인의 뿔은 높이 들리로다"(10)

시편 76편 "너희는 여호와 너희 하나님께 서원하고 갚으라 사방에 있는 모든 사람도 마땅히 경외할 이에게 예물을 드릴지로다"(11)

시편 77편 "여호와의 일들을 기억하며 주께서 옛적에 행하신 기이한 일을 기억하리이다"(11), "주의 백성을 양 떼 같이 모세와 아론의 손으로 인도하셨나이다"(20)

시편 78편 "우리가 이를 그들의 자손에게 숨기지 아니하고 여호와의 영예와 그의 능력과 그가 행하신 기이한 사적을 후대에 전하리로다"(4), "그들이 돌이켜 하나님을 거듭거듭 시험하며 이스라엘의 거룩하신 이를 노엽게 하였도다"(41)

시편 79편 "우리는 우리 이웃에게 비방 거리가 되며 우리를 에워싼 자에게 조소와

조롱 거리가 되었나이다"(4)

시편 80편 "만군의 하나님이여 우리를 회복하여 주시고 주의 얼굴의 광채를 비추사 우리가 구원을 얻게 하소서"(7)

시편 81편 "나는 너를 애굽 땅에서 인도하여 낸 여호와 네 하나님이니 네 입을 크게 열라 내가 채우리라"(10)

시편 82편 "하나님이여 일어나사 세상을 심판하소서 모든 나라가 주의 소유이기 때문이니이다"(8)

시편 83편 "여호와여 그들의 얼굴에 수치가 가득하게 하사 그들이 주의 이름을 찾게 하소서"(16), "여호와라 이름하신 주만 온 세계의 지존자로 알게 하소서"(18)

시편 84편 "만군의 여호와여 주의 장막이 어찌 그리 사랑스러운지요"(1), "주의 궁정에서의 한 날이 다른 곳에서의 천 날보다 나은즉 악인의 장막에 사는 것보다 내 하나님의 성전 문지기로 있는 것이 좋사오니"(10)

시편 85편 "우리 구원의 하나님이여 우리를 돌이키시고 우리에게 향하신 주의 분노를 거두소서"(4)

시편 86편 "여호와여 주의 도를 내게 가르치소서 내가 주의 진리에 행하오리니 일심으로 주의 이름을 경외하게 하소서"(11)

시편 87편 "여호와께서 야곱의 모든 거처보다 시온의 문들을 사랑하시는도다"(2)

시편 88편 "여호와여 어찌하여 나의 영혼을 버리시며 어찌하여 주의 얼굴을 내게서 숨기시나이까"(14)

시편 89편 "내가 능력 있는 용사에게는 돕는 힘을 더하며 백성 중에서 택함 받은 자를 높였으되"(19)

제 4 권(90~106편)

시편 90편 "우리의 연수가 칠십이요 강건하면 팔십이라도 그 연수의 자랑은 수고와 슬픔뿐이요 신속히 가니 우리가 날아가나이다"(10) [모세의 기도]

시편 91편 "하나님이 이르시되 그가 나를 사랑한즉 내가 그를 건지리라 그가 내 이름을 안즉 내가 그를 높이리라 그가 내게 간구하리니 내가 그에게 응답하리라 그들이 환난 당할 때에 내가 그와 함께 하여 그를 건지고 영화롭게 하리라"(14~15)

시편 92편 "의인은 종려나무 같이 번성하며 레바논의 백향목 같이 성장하리로다 이는 여호와의 집에 심겼음이여 우리 하나님의 뜰 안에서 번성하리로다 그는 늙어도 여전히 결실하며 진액이 풍족하고 빛이 청청하니 여호와의 정직하심과 나의 바위 되심과 그에게는 불의가 없음이 선포되리로다"(12~15) [안식일의 찬송시]

시편 93편 "…여호와께서 능력의 옷을 입으시며 띠를 띠셨으므로 세계도 견고히 서서 흔들리지 아니하는도다"(1)

시편 94편 "율례를 빙자하고 재난을 꾸미는 악한 재판장이 어찌 주와 어울리리이까"(20)

시편 95편 "오라 우리가 굽혀 경배하며 우리를 지으신 여호와 앞에 무릎을 꿇자 그는 우리의 하나님이시요 우리는 그가 기르시는 백성이며 그의 손이 돌보시는 양이기 때문이라"(6~7)

시편 96편 "새 노래로 여호와께 노래하라 온 땅이여 여호와께 노래할지어다"(1)

시편 97편 "의인이여 너희는 여호와로 말미암아 기뻐하며 그의 거룩한 이름에 감사할지어다"(12)

시편 98편 "온 땅이여 여호와께 즐거이 소리칠지어다 소리 내어 즐겁게 노래하며 찬송할지어다"(4)

시편 99편 "시온에 계시는 여호와는 위대하시고 모든 민족보다 높으시도다"(2)

시편 100편 "감사함으로 그의 문에 들어가며 찬송함으로 그의 궁정에 들어가서 그에게 감사하며 그의 이름을 송축할지어다"(4)

시편 101편 "거짓을 행하는 자는 내 집 안에 거주하지 못하며 거짓말하는 자는 내 목전에 서지 못하리로다"(7)

시편 102편 "내 원수들이 종일 나를 비방하며 내게 대항하여 미칠 듯이 날뛰는 자들이 나를 가리켜 맹세하나이다 나는 재를 양식 같이 먹으며 나는 눈물 섞인 물을 마셨나이다"(8~9)

시편 103편 "아버지가 자식을 긍휼히 여김 같이 여호와께서는 자기를 경외하는 자를 긍휼히 여기시나니 이는 그가 우리의 체질을 아시며 우리가 단지 먼지뿐임을 기억하심이로다"(13~14)

시편 104편 "여호와여 주께서 하신 일이 어찌 그리 많은지요 주께서 지혜로 그들을 다 지으셨으니 주께서 지으신 것들이 땅에 가득하니이다"(24)

시편 105편 "나의 기름 부은 자를 손대지 말며 나의 선지자들을 해하지 말라"(15)
시편 106편 "할렐루야 여호와께 감사하라 그는 선하시며 그 인자하심이 영원함이로다"(1)

제 5 권(107~150편)

시편 107편 "여호와께 감사하라 그는 선하시며 그 인자하심이 영원함이로다"(1)

시편 108편 "여호와여 내가 만민 중에서 주께 감사하고 뭇 나라 중에서 주를 찬양하오리니 주의 인자하심이 하늘보다 높으시며 주의 진실은 궁창에까지 이르나이다"(3~4)

시편 109편 "나는 사랑하나 그들은 도리어 나를 대적하니 나는 기도할 뿐이라 그들이 악으로 나의 선을 갚으며 미워함으로 나의 사랑을 갚았사오니"(4~5)

시편 110편 "주의 권능의 날에 주의 백성이 거룩한 옷을 입고 즐거이 헌신하니 새벽 이슬 같은 주의 청년들이 주께 나오는도다 여호와는 맹세하고 변하지 아니하시리라 이르시기를 너는 멜기세덱의 서열을 따라 영원한 제사장이라 하셨도다"
(4~5) [메시아 예언의 시]

시편 111편 "여호와를 경외함이 지혜의 근본이라 그의 계명을 지키는 자는 다 훌륭한 지각을 가진 자이니 여호와를 찬양함이 영원히 계속되리로다"(10)

시편 112편 "정직한 자들에게는 흑암 중에 빛이 일어나나니 그는 자비롭고 긍휼이 많으며 의로운 이로다"(4)

시편 113편 "해 돋는 데에서부터 해 지는 데에까지 여호와의 이름이 찬양을 받으시리로다 여호와는 모든 나라보다 높으시며 그의 영광은 하늘보다 높으시도다"
(3~4)

시편 114편 "유다는 여호와의 성소가 되고 이스라엘은 그의 영토가 되었도다"(2)

시편 115편 "높은 사람이나 낮은 사람을 막론하고 여호와를 경외하는 자들에게 복을 주시리로다"(13)

시편 116편 "주께서 내 영혼을 사망에서, 내 눈을 눈물에서, 내 발을 넘어짐에서 건지셨나이다"(8)

시편 117편 "우리에게 향하신 여호와의 인자하심이 크시고 여호와의 진실하심이 영원함이로다 할렐루야"(2) [가장 짧은 시]

시편 118편 "내가 고통 중에 여호와께 부르짖었더니 여호와께서 응답하시고 나를 넓은 곳에 세우셨도다 여호와는 내 편이시라 내가 두려워하지 아니하리니 사람이 내게 어찌할까"(5~6), "내가 죽지 않고 살아서 여호와께서 하시는 일을 선포하리

로다"(17)

시편 119편 "고난 당하기 전에는 내가 그릇 행하였더니 이제는 주의 말씀을 지키나이다"(67), "주의 말씀은 내 발에 등이요 내 길에 빛이니이다"(105), "내가 두 마음 품는 자들을 미워하고 주의 법을 사랑하나이다"(113) [시편 중에서 가장 긴 시, 176절]

시편 120편 "내가 환난 중에 여호와께 부르짖었더니 내게 응답하셨도다"(1)

시편 121편 "여호와는 너를 지키시는 이시라 여호와께서 네 오른쪽에서 네 그늘이 되시나니 낮의 해가 너를 상하게 하지 아니하며 밤의 달도 너를 해치지 아니하리로다"(5~6)

시편 122편 "네 성 안에는 평안이 있고 네 궁중에는 형통함이 있을지어다"(7)

시편 123편 "상전의 손을 바라보는 종들의 눈 같이, 여주인의 손을 바라보는 여종의 눈 같이 우리의 눈이 여호와 우리 하나님을 바라보며 우리에게 은혜 베풀어 주시기를 기다리나이다"(2)

시편 124편 "우리의 영혼이 사냥꾼의 올무에서 벗어난 새 같이 되었나니 올무가 끊어지므로 우리가 벗어났도다 우리의 도움은 천지를 지으신 여호와의 이름에 있도다"(7~8)

시편 125편 "여호와를 의지하는 자는 시온 산이 흔들리지 아니하고 영원히 있음 같도다"(1)

시편 126편 "여호와께서 시온의 포로를 돌려 보내실 때에 우리는 꿈꾸는 것 같았도다 그 때에 우리 입에는 웃음이 가득하고 우리 혀에는 찬양이 찼었도다.."(1~2), "눈물을 흘리며 씨를 뿌리는 자는 기쁨으로 거두리로다"(5)
[바벨론 포로 후 2차 귀환 때에 드리는 기쁨의 시]

시편 127편 "여호와께서 집을 세우지 아니하시면 세우는 자의 수고가 헛되며 여호와께서 성을 지키지 아니하시면 파수꾼의 깨어 있음이 헛되도다"(1), "보라 자식들은 여호와의 기업이요 태의 열매는 그의 상급이로다 젊은 자의 자식은 장사의 수중의 화살 같으니 이것이 그의 화살통에 가득한 자는 복되도다…"(3~5) [솔로몬의 시]

시편 128편 "여호와께서 시온에서 네게 복을 주실지어다 너는 평생에 예루살렘의 번영을 보며 네 자식의 자식을 볼지어다…"(5~6)

시편 129편 "여호와께서는 의로우사 악인들의 줄을 끊으셨도다"(4), "그들은 지붕의 풀과 같을지어다 그것은 자라기 전에 마르는 것이라"(6)

시편 130편 "파수꾼이 아침을 기다림보다 내 영혼이 주를 더 기다리나니 참으로 파수꾼이 아침을 기다림보다 더하도다"(6)

시편 131편 "여호와여 내 마음이 교만하지 아니하고 내 눈이 오만하지 아니하오며 내가 큰 일과 감당하지 못할 놀라운 일을 하려고 힘쓰지 아니하나이다"(1)

시편 132편 "내가 그의 원수에게는 수치를 옷 입히고 그에게는 왕관이 빛나게 하리라 하셨도다"(18)

시편 133편 "보라 형제가 연합하여 동거함이 어찌 그리 선하고 아름다운고"(1)

시편 134편 "천지를 지으신 여호와께서 시온에서 네게 복을 주실지어다"(3)

[시편 120~134편 총 15편의 시는 성전 순례 시]

시편 135편 "내가 알거니와 여호와께서는 위대하시며 우리 주는 모든 신들보다 위대하시도다"(5)

시편 136편 "신들 중에 뛰어난 하나님께 감사하라 그 인자하심이 영원함이로다"(2), "우리를 비천한 가운데에서도 기억해 주신 이에게 감사하라 그 인자하심이 영원함이로다"(23)

[후렴 – "그 인자하심이 영원함이로다"]

시편 137편 "우리가 바벨론의 여러 강변 거기에 앉아서 시온을 기억하며 울었도다"(1)

[바벨론으로 사로잡혀 간 자들의 노래]

시편 138편 "여호와께서는 높이 계셔도 낮은 자를 굽어살피시며 멀리서도 교만한 자를 아심이니이다"(6)

시편 139편 "여호와여 내 혀의 말을 알지 못하시는 것이 하나도 없으시니이다"(4), "내가 주의 영을 떠나 어디로 가며 주의 앞에서 어디로 피하리이까"(7), "내가 주께 감사하옴은 나를 지으심이 심히 기묘하심이라 주께서 하시는 일이 기이함을 내 영혼이 잘 아나이다"(14)

시편 140편 "내가 알거니와 여호와는 고난 당하는 자를 변호해 주시며 궁핍한 자에게 정의를 베푸시리이다"(12)

시편 141편 "여호와여 내 입에 파수꾼을 세우시고 내 입술의 문을 지키소서"(3)

시편 142편 "내 영이 내 속에서 상할 때에도 주께서 내 길을 아셨나이다 내가 가는 길에 그들이 나를 잡으려고 올무를 숨겼나이다"(3)

[다윗이 사울을 피하여 아둘람 굴에 은신하여 있을 때]

시편 143편 "주를 향하여 손을 펴고 내 영혼이 마른 땅 같이 주를 사모하나이다 7) 여호와여 속히 내게 응답하소서 내 영이 피곤하니이다…"(6)

시편 144편 "여호와여 사람이 무엇이기에 주께서 그를 알아 주시며 인생이 무엇이기에 그를 생각하시나이까"(3), "이러한 백성은 복이 있나니 여호와를 자기 하나님으로 삼는 백성은 복이 있도다"(15)

시편 145편 "왕이신 나의 하나님이여 내가 주를 높이고 영원히 주의 이름을 송축하리이다"(1), "여호와께서 자기를 사랑하는 자들은 다 보호하시고 악인들은 다 멸하시리로다"(20)

시편 146편 "나의 생전에 여호와를 찬양하며 나의 평생에 내 하나님을 찬송하리로다"(2)

시편 147편 "여호와께서 예루살렘을 세우시며 이스라엘의 흩어진 자들을 모으시며"(2), "여호와께서 겸손한 자들은 붙드시고 악인들은 땅에 엎드러뜨리시는도다"(6)

시편 148편 "여호와의 이름을 찬양할지어다 그의 이름이 홀로 높으시며 그의 영광이 땅과 하늘 위에 뛰어나심이로다"(13)

시편 149편 "여호와께서는 자기 백성을 기뻐하시며 겸손한 자를 구원으로 아름답게 하심이로다"(4)

시편 150편 "호흡이 있는 자마다 여호와를 찬양할지어다 할렐루야"(6)

열왕기 상(22장) 하(25장)

열왕기상은 다윗 왕이 노쇠하자 왕위 계승을 둘러싼 암투가 벌어지고 선지자 나단의 후원을 얻으며 왕으로 등극하는 솔로몬 왕의 이야기로 역사서가 시작된다. 솔로몬은 놀라운 지혜로 나라를 잘 다스리고 많은 부귀와 영광을 누린다. 또한 다윗 왕이 그토록 원하던 성전을 7년 동안 건축하고 다시 13년 걸려 왕궁을 건축하였다. 이스라엘 백성들이 하나님을 버리고 왕을 구한 이후로 최고의 전성시대가 왔다. 그러나 백성들은 지나친 노동력과 무거운 세금 징수로 지쳤고, 수많은 이방의 첩들과 아내들을 통해 이방 신이 들어와 잡다한 우상숭배로 하나님께서는 다윗의 왕조를 나뉘게 하신다.

열왕기상 12장부터 열왕기하 25장까지는, 솔로몬이 죽은 후 나라가 분열되어 그의 아들 르호보암은 남유다의 왕으로 유다 왕국을 다스리고 여로보암과 10지파는 배반하여 북쪽으로 가서 북이스라엘 왕국을 세워 왕국은 분열왕국의 모습을 갖게 된다. 북이스라엘에는 여로보암 왕을 비롯해 아합 왕과 여로보암Ⅱ와 같은 강한 왕들이 나왔으나 19왕 모두 여로보암과 같이 악한 왕이었고 바알과 아세라, 그모스, 밀곰 등을 섬기고 마침내 앗수르에 의해 B.C. 722년에 멸망당한다.

잔존해 있던 남유다 역시 우상숭배하여 하나님께 범죄하고 B.C. 586년에 바벨론에 의해 멸망당한다. 하나님께서는 이사야, 스바냐, 하박국, 예레미야, 에스겔 그리고 다니엘과 같은 선지자를 통해 계속적으로 하나님의 심판의 말씀을 전하지만 왕과 백성들 모두 하나님께 불순종하므로 70년 바벨론 포로로 열왕기하의 역사는 끝맺고 있다.

왕정시대 - 역사서 6권(삼상, 삼하, 왕상, 왕하, 스, 느)

6. 왕국의 시작 (B.C. 1050)	7. 왕국의 분열 (B.C. 930)	8. 유다의 멸망 (B.C. 722)	9. 바벨론 포로 (B.C. 605)	10. 포로 귀환 (B.C. 536)
삼상 1~왕상 11장	왕상 12~왕하 17장	왕하 18~25장		스 1~10장 느 1~13장

왕국의 시작 개관(삼상 1장 – 왕상 11장)

1. 사무엘	2. 사울	3. 다윗	4. 솔로몬
삼상 1~12장	삼상 13~31장	삼하 1~삼하 24장	왕상 1~11장
B.C.1090	B.C. 1050	B.C. 1010	B.C. 970

열왕기서와 역대기

열왕기상·하 (Kings)	역대상·하 (Chronicles)
이스라엘의 왕을 중심으로 "북이스라엘과 남유다의 역사"	이스라엘의 정통성과 성전을 중심으로 "남유다의 역사만 기록"

4. 솔로몬 (왕상 1~11장) – 40년 통치

1~4장	5~9장	10장	11장
왕위 계승과 지혜	성전 및 왕궁건축	솔로몬의 영광	타락과 죽음
1. 왕위계승 2. 다윗의 유언과 왕권강화 3. 지혜 4. 부귀영화	1. 7년 성전건축 2. 13년 왕궁건축 3. 성전에 법궤 안치 4. 여호와의 나타나심	1. 스바여왕 방문 2. 솔로몬 부와 명성	1. 솔로몬의 죄악 2. 하나님의 심판 3. 아히야의 예언 4. 솔로몬의 죽음

1. 왕위 계승과 지혜 (왕상 1~4장)

1) 왕위 계승 (왕상 1장)

다윗이 나이가 많아 늙었을 때 학깃의 아들 아도니아가 스스로 높여 왕이 되고 요압과 제사장 아비아달도 함께 모의한다. 그러나 나단 선지자의 도움으로 밧세바는 다윗에게 왕위 계승을 묻고 그의 아들 솔로몬이 왕위를 계승한다. 제사장 사독과 선지자 나단과 브나야를 불러 솔로몬을 기혼에서 기름부어 왕으로 삼는다.

2) 다윗의 유언과 죽음 (왕상 2장)

① 요압이 아브넬과 아마샤를 죽였으니 저를 죽이라
② 바르실레의 아들들에게 은총을 베풀라
③ 시므이는 악독한 말로 나를 저주하였으니 죽이라

솔로몬의 왕권강화 (왕상 2장)

① **아도니야를 죽인다.** 아도니야가 왕권이 아우에게로 갔으니 수넴여자 아비삭을 달라고 청한다. 솔로몬은 브나야를 보내 아도니야를 죽인다. (왕상 2:22~23)
② **제사장 아비아달을 고향 아나돗으로 추방한다.** 마땅히 죽을 자이나 아버지 다윗왕과 함께 했으므로 죽이지 않는다. (여호와께서 실로에서 엘리 집에 대한 심판이 성취된다.)
③ **요압이 아도니야를 따랐기에** 아도니야의 죽음과 아비아달의 추방 소식을 듣고

제단 뿔을 잡는다. "요압이 까닭 없이 흘린 피를 나와 내 아버지 집에서 네가 제하리라"며 브나야를 시켜 요압을 제거한다.

④ **시므이가 처형된다.** 예루살렘을 떠나지 말라 명했으나 3년 후에 두 종을 찾으러 가드로 가서 종들을 데려온다. 브나야가 시므이를 죽인다.

아도니야를 따르는 사람들		솔로몬을 따르는 사람들	
요나단	아비아달의 아들, 모사	나단	선지자
아비아달	제사장(엘리 계열의 마지막 제사장)	사독	제사장
요압	다윗의 군사령관	브나야	경호 대장 (대제사장 여호야다의 아들)

3) 지혜 (왕상 3장)

기브온 산당에서 솔로몬이 일천번제를 드린다. 기브온에 모세의 회막과 놋제단이 그곳에 있었고 천 마리 희생으로 번제를 드렸다.(왕상 3:4, 대하 1:3~6)

첫 번째 여호와의 나타나심 - 꿈 (왕상 3:5~14)
"내가 네게 무엇을 줄꼬 너는 구하라"
"종은 작은 아이라 듣는 마음을 종에게 주사 선악을 분별하게 하옵소서"(왕상 3:9)
"내게 지혜와 지식을 주사 이 백성을 제판하게 하소서"(대하 1:10)

솔로몬이 받은 축복 (왕상 3:12~14)
1. 지혜롭고 총명한 마음
2. 부귀와 영광
3. 장수 (왕상 4:14)
4. 바닷가의 모래 같은 넓은 마음 (왕상 4:29)

솔로몬의 재판 (왕상 3장)

창기 두 여자가 살아 있는 아들이 자기 아이라고 서로 쟁론한다. 솔로몬이 "산 아이를 둘로 나누어 반은 이 여자에게 반은 이 여자에게 주라" 한다. 산 아들의 어머니는 아들을 위하는 마음이 불붙는 것 같아 아들을 양보하고 아이를 죽이지 말라고 호소한다. 다른 여자는 아이를 둘로 나누어 내 것도 되게 말고 네 것도 되게 말고 나누라 한다. 솔로몬이 산 아이를 결코 죽이지 말라고 한 그의 어머니에게 준다.

"온 이스라엘이 왕이 심리하여 판결함을 듣고 왕을 두려워하였으니 이는 하나님의 지혜가 그 속에 있음이라"(3:28)

4) 부귀영화 (왕상 4장)

민족과 땅과 복을 누림(왕상 4:20~28)
뛰어난 지혜를 얻어 모든 사람보다 뛰어남
하나님이 솔로몬에게 지혜와 총명을 주시되 바닷가에 모래 같이 하시니라(왕상 4:29)

2. 성전건축과 왕궁 (왕상 5~9장)

1) 성전 건축 7년 (왕상 5~6장)

출애굽 후(480년) 즉 솔로몬 제 4년에 착공하여 7년에 걸쳐 성전을 건축한다.(왕상 6:1, 38) 두로 왕 히람이 레바논의 백향목을 보낸다.

2) 왕궁 건축 13년 (왕상 7~9장)

① 성전 기구, 두 놋기둥 (야긴과 보아스), 놋바다

여호와의 모든 기구는 금으로 만들어 진다. 금단, 진설병 금상, 정금 등잔대(왕상 7:48~50)

② 언약궤 성전으로 옮김 (왕상 8:9~11)

언약궤 안에는 두 돌판 외에 아무 것도 없으니(8:9)

③ 솔로몬의 봉헌사 (왕상 8:12~21)

여호와여 위로 하늘과 아래로 땅에 주와 같은 신이 없나이다.(8:23)

④ 솔로몬의 봉헌 기도 (왕상 8:22~53)

"주께서 전에 말씀하시기를 내 이름이 거기 있으리라 하신 곳 이 성전을 향하여 주의 눈이 주야로 보시오며 주의 종이 이 곳을 향하여 비는 기도를 들으시옵소서 주의 종과 주의 백성 이스라엘이 이 곳을 향하여 기도할 때에 주는 그 간구함

을 들으시되 주께서 계신 곳 하늘에서 들으시고 들으시사 사하여 주옵소서"(왕상 8:29~30)

⑤ 솔로몬의 축복 (왕상 8:54~61)
"이에 세상 만민에게 여호와께서만 하나님이시고 그 외에는 없는 줄을 알게 하시기를 원하노라 그런즉 너희의 마음을 우리 하나님 여호와께 온전히 바쳐 완전하게 하여 오늘과 같이 그의 법도를 행하며 그의 계명을 지킬지어다"(왕상 8:60~61)

⑥ 성전 봉헌식 (왕상 8:62~66)
번제, 소제, 감사제를 드렸으니 놋제단이 작아 제물과 화목제의 기름을 다 용납할 수 없음이라 (왕상 8:64)

두 번째 여호와의 나타나심(왕상 9:2~9) - 성전과 왕궁 건축 후
"나는 네가 건축한 이 성전을 거룩하게 구별하여 **내 이름**을 영원히 그 곳에 두며 내 **눈길**과 내 **마음**이 항상 거기에 있으리니"(왕상 9:3)
"다윗과 같이 행하면 네 왕위가 영원할 것이다"(왕상 9:4)
"이스라엘의 왕위에 오를 사람이 네게서 끊어지지 아니하리라 한 대로 네 이스라엘의 왕위를 영원히 견고하게 하려니와"(왕상 9:5)

"만일 너희나 너희의 자손이 아주 돌아서서 나를 따르지 아니하며 내가 너희 앞에 둔 나의 계명과 법도를 지키지 아니하고 가서 **다른 신을 섬겨 그것을 경배하면** 내가 이스라엘을 내가 그들에게 준 땅에서 끊어 버릴 것이요 **내 이름**을 위하여 내가 거룩하게 구별한 이 성전이라도 내 앞에서 **던져버리리니** 이스라엘은 다른 민족 가운데 속담거리와 이야기 거리가 될 것이다"(왕상 9:6~7)

3. 솔로몬의 영광 (왕상 10장)

1) 스바 여왕의 방문 (왕상 10:1~13)

① 향품과 금(120달란트)과 보석을 가져옴

② 솔로몬의 지혜와 왕궁과 여호와의 성전을 보고 크게 감동한다.

2) 솔로몬의 부와 명성 (왕상 10:14~29)

① 솔로몬의 부 (왕상 10:14~25)
상아 보좌에 금을 입히고 궁의 그릇과 잔이 모두 정금이다. 솔로몬 왕이 마시는 그릇은 다 금이요 레바논 궁의 그릇들도 다 정금이라. 은을 귀히 여기지 않았다. 다시스에서 3년에 한 번 금, 은, 상아, 원숭이, 공작을 실어왔다.
해마다 솔로몬의 지혜와 얼굴을 보기위해 온 세상 사람들이 예물을 가지고 온다.
솔로몬 왕의 재산과 지혜가 세상의 그 어느 왕보다 큰지라 (왕상 10:23)

② 솔로몬의 군사력 (왕상 10:26~29)
병거 1천4백대, 마병 1만2천명, 은은 돌 같이 흔하였고 백향목을 뽕나무 같이 여겼다. 말과 병기를 애굽에서 값 주고 들여온다.

4. 솔로몬의 타락(왕상 11장)

1) 솔로몬의 죄악(왕상 11:1~8) – 마음이 여호와를 떠남

① 이방 여인과 통혼 – 바로의 딸 외에 이방여인들을 사랑함(왕상11:1~2)
② 아내를 많이 둠 – 후궁 700명, 첩 300명(왕상 11:3)
③ 우상숭배 – 시돈의 여신 '아스다롯', 암몬의 신 '밀곰, 몰록', 모압의 '그모스'를 섬기고 이들을 위해 산당을 지음(왕상 11:5~7)

> **세 번째 여호와의 나타나심(왕상 11:9~13) – 솔로몬의 타락 후**
> "네가 내 언약과 내가 네게 명령한 법도를 지키지 아니하였으니 내가 반드시 이 나라를 네게서 빼앗아 네 신하에게 주리라 그러나 네 아버지 다윗을 위하여 네 세대에는 이 일을 행하지 아니하고 네 아들의 손에서 빼앗으려니와 오직 내가 이 나라를 다 빼앗지 아니하고 내 종 다윗과 내가 택한 예루살렘을 위하여 한 지파를 네 아들에게 주리라"(왕상 11:11~13)

2) 하나님의 심판 (왕상 11:14~40)

① 나라를 빼앗아 신하에게 줄 것

"네가 내 언약과 내 법도를 지키니 아니하였으니 내가 반드시 이 나라를 네게서 빼앗아 네 신하에게 줄 것이라"(왕상 11:11)

② 대적자를 일으키시는 하나님(왕상 11:14~28)
에돔 사람 하닷, 소바인 르손(이후에 수리아 왕이 됨), 에브라임 지파 여로보암이 솔로몬을 대적한다.
"솔로몬이 여로보암을 죽이려 하자 여로보암이 애굽으로 도망하여 솔로몬이 죽기까지 머문다"(왕상 11:40)

3) 아히야 선지자의 예언(왕상 11:29~39)

새 옷을 12조각내어 여로보암에게 10조각을 주고 이스라엘 10지파를 다스리는 왕이 될 것을 예언하고 다윗의 행함같이 내 율례와 명령을 지키면 내가 다윗을 위하여 세운 것 같이 너를 세우겠다 언약하신다. 그러나 다윗을 위하고 예루살렘을 위하여 한 지파를 솔로몬에게 있게 하여 주실 것을 말씀하신다.

4) 솔로몬의 죽음(왕상 11:41~43)

"솔로몬이 그의 조상들과 함께 자매 그의 아버지 다윗의 성읍에 장사되고 그의 아들 르호보암이 대신하여 왕이 되니라"(왕상 11:43)

아가 (8장)

"Song of Songs"

솔로몬의 청년 때 기록된 아가서는 솔로몬의 '노래 중의 노래'이고 유월절에 기쁘게 낭독되는 책이다. 주제는 "사랑"이다. 사랑은 하나님의 선물이요 축복이다. 솔로몬 왕과 술람미의 포도원지기인 한 여인의 순수하고 아름다운 사랑을 주제로 담고 있다. 술람미 여인은 왕의 사랑을 받을 만한 자격이 있거나 조건을 갖추고 있어 왕의 사랑을 받는 것이 아니다. 하나님께서 택한 백성을 사랑하시는 무한한 사랑이 보여지고 교회를 향한 하나님의 마음으로도 보여진다.

아가서에는 풍부한 은유와 육감적인 표현이 특징이다. 신체 부분에 대한 언급도 서슴지 않고 솔직하게 표현되고 또한 솔로몬의 폭넓은 지식과 넓은 지역의 언급과 이국적인 정서의 식물들과 동물들이 상징적으로 표현되고 있다.
유대인 남자들은 성인이 되어야 이 책을 읽을 수 있다. 남녀 간의 사랑이 성숙되어 가는 과정에서도 깨어있고 분별력이 있어야 한다는 결론이다. 포도원을 허는 작은 여우는 사랑의 관계가 열매 맺을 때 치명적이다.(아 2:15) 영적으로 신부인 우리가 주님과의 깊은 교제 가운데 훼방하고 주님과의 관계를 허무는 작은 여우를 잡아야 한다.
사랑의 완성은 하나가 되는 것이다.
"내 사랑하는 자는 내게 속하였고 나는 그에게 속하였도다"(아 2:16)

사랑의 체험		시련과 승리	
1~2장 구애	3~4장 결혼	5장 갈등	6~8장 사랑의 승리
사랑의 고백, 기쁨	혼인, 신부예찬	갈등	사랑의 회복 완전한 사랑
내 사랑아 너는 어여쁘고 어여쁘다(1:15) 내 사랑하는 자는 내게 속하였고 나는 그에게 속하였도다(2:16)	내 누이 내 신부야 네가 내 마음을 빼앗았구나(4:10) 너는 동산의 샘이요 생수의 우물이요 (4:15)	내가 잘지라도 마음은 깨었는데 나의 사랑하는 자의 소리가 들리는구나(5:2)	너는 나를 도장 같이 마음에 품고 도장 같이 팔에 두라 사랑은 죽음 같이 강하고 (8:6)

잠언 (31장)

"Proverbs"

잠언은 솔로몬의 장년 때에 기록된 지혜의 글로서 대다수가 솔로몬에 의해 기록되었다. 솔로몬이 치리하던 이스라엘은 지리적으로 가장 넓은 영토와 평화와 지혜를 통한 복과 재물로 역사상 가장 큰 번영을 누렸다. 잠언은 히브리 민족에게 인생을 지혜롭고 가치 있게 살기를 원하며 귀한 격언이나 훈계를 가르친다. 가르침에는 신앙적 교훈과 도덕적 교훈으로 삶에 분별력 있고 유익한 판단을 하도록 교훈한다. 잠언은 무려 250년 이라는 시간을 거스르며 편집되었다.

1~9장	10~22장	23~31장
잠언의 목적	솔로몬의 잠언	기타 저자의 잠언 모음
이는 지혜와 훈계를 알게 하며 명철의 말씀을 깨닫게 하며 지혜롭게, 공의롭게, 정의롭게, 정직하게 행할 일에 대하여 훈계를 받게 하며 어리석은 자를 슬기롭게 하며 젊은 자에게 지식과 근신함을 주기 위한 것이니(1:2~4) 여호와를 경외하는 것이 지식의 근본이거늘 미련한 자는 지혜와 훈계를 멸시하느니라(1:7) 너는 범사에 그를 인정하라 그리하면 네 길을 지도하시리라(3:6)	지략이 없으면 백성이 망하여도 지략이 많으면 평안을 누리느니라(11:14) 마음의 즐거움은 얼굴을 빛나게 하여도 마음의 근심은 심령을 상하게 하느니라(15:13) 노하기를 더디하는 자는 용사보다 낫고 자기의 마음을 다스리는 자는 성을 빼앗는 자보다 나으니라(16:32) 마음의 즐거움은 양약이라도 심령의 근심은 뼈를 마르게 하느니라(17:22)	지혜자, 솔로몬, 아굴(30장) 내가 두 가지 일을 주께 구하였사오니 내가 죽기 전에 내게 거절하지 마시옵소서 곧 헛된 것과 거짓말을 내게서 멀리 하옵시며 나를 가난하게도 마옵시고 부하게도 마옵시고 오직 필요한 양식으로 나를 먹이시옵소서 혹 내가 배불러서 하나님을 모른다 여호와가 누구냐 할까 하오며 혹 내가 가난하여 도둑질하고 내 하나님의 이름을 욕되게 할까 두려워함이니이다(30:7~9) 현숙한 아내의 잠언(31장)

전도서(12장)

"Ecclesiastes"

솔로몬이 노년에 기록한 책으로 솔로몬은 지혜, 쾌락, 부귀, 일, 친구, 인기, 종교, 결혼, 자녀, 지위 등을 최고의 선으로 여기며 모두 시도해 보았지만 결국 이 모든 것이 허무하다는 결론을 내린다. 이 비관적인 결론은 어쩌면 솔로몬의 영적상태와 같은 맥락일 수 있다. 다윗 왕에게 물려받은 영토와 부와 재물, 지혜로 모든 나라의 관심과 영광을 누린 솔로몬 왕은 모든 삶이 허무하다고 말한다. 이 책은 인생의 비극과 허무함으로 끝나는 것이 아니고 '그 절망감 만큼이나 간절한 인생의 본분은 하나님을 찾는 것이고 하나님을 경외하는 것이다'라고 전하고 있다. 인간의 최고의 삶은 하나님의 명령을 따라 사는 것이다. 하나님이 없는 인생은 무의미 하고 허무할 뿐이다. **"하나님을 경외하고 그의 명령들을 지킬지어다 이것이 모든 사람의 본분이니라"**(전 12:13)

1~3장	4~5장	7~10장	11~12장
허무	성공. 욕심	지혜	권고
헛되고 헛되며 헛되고 헛되니 모든 것이 헛되도다(1:2) 행위의 허무(즐거움, 수고) 소유의 허무 범사에 기한이 있고 천하 만사가 다 때가 있나니 (3:1) 사람마다 먹고 마시는 것과 수고함으로 낙을 누리는 그것이 하나님의 선물인 줄도 또한 알았도다(3:13)	사람이 모든 수고와 모든 재주로 말미암아 이웃에게 시기를 받으니 이것도 헛되어 바람을 잡는 것이로다(4:4)	형통한 날에는 기뻐하고 곤고한 날에는 되돌아 보아라(7:14)	일의 결국을 다 들었으니 하나님을 경외하고 그의 명령들을 지킬지어다 이것이 모든 사람의 본분이니라(12:13)

7

왕국의 분열

왕국의 분열과 유다의 멸망

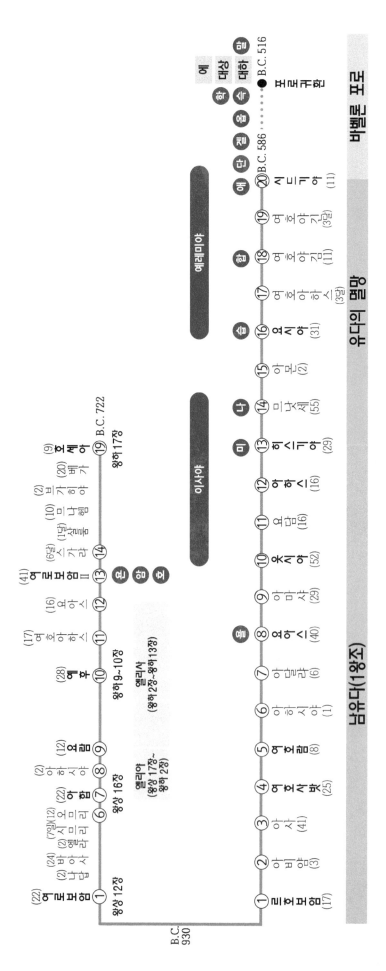

7. 왕국의 분열

(왕상 12장~왕하 17장)

왕정시대 - 역사서 6권(삼상, 삼하, 왕상, 왕하, 스, 느)				
6. 왕국의 시작 (B.C. 1050)	**7. 왕국의 분열** (B.C. 930)	**8. 유다의 멸망** (B.C. 722)	**9. 바벨론 포로** (B.C. 605)	**10. 포로 귀환** (B.C. 536)
삼상 1~왕상 11장	왕상 12~왕하 17장	왕하 18~25장		스 1~10장 느 1~13장

① 요엘 B.C. 835~805(요아스)
② 요나, 아모스, 호세아 B.C. 786~746(여로보암Ⅱ) – 북이스라엘
③ 이사야 B.C. 740~690(웃시야, 요담, 아하스, 히스기야) – 62년 사역
④ 미가 B.C. 704~696(요담, 아하스, 히스기야) – 8년 활동
⑤ 나훔 B.C. 612(므낫세)
⑥ 스바냐 B.C. 640~621(요시야)
⑦ 예레미야 B.C. 627~565(요시야, 여호아하스, 여호야김, 여호야긴, 시드기야) – 50년 사역
⑧ 하박국 B.C. 621~589(여호야김)

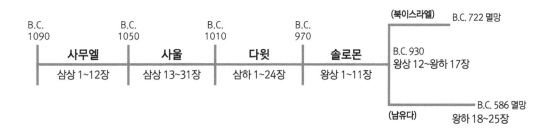

왕국의 분열 개관

(왕상 12장~왕하 17장)

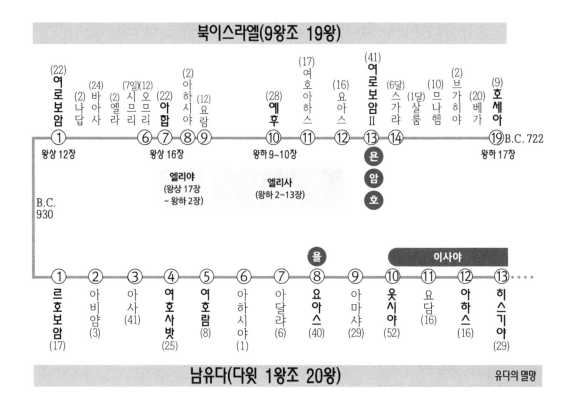

다윗을 이어 왕이 된 솔로몬은 하나님의 은혜로 전무후무한 지혜와 부귀영화를 누린다. 그의 생애에 가장 큰 영광과 번영의 절정은 하나님의 성전과 왕궁을 건축했을 때이다. 이후 솔로몬은 1천 명(후궁 700명, 첩 300명)의 이방 여인들을 사랑하였음으로 하나님을 떠나 이방신들을 섬기게 된다. 이방 신전과 제단이 예루살렘에 들어서고 한편 백성들은 20년 동안의 노역과 과중한 세금을 견뎌야 했다. 결국 솔로몬의 아들인 르호보암 때, 북쪽 10지파는 유다 지파를 배반하고 여로보암을 왕으로 추대하여 북이스라엘을 건국한다. 그러나 하나님은 다윗에게 언약하신 약속을 지키시기 위해 남유다를 존속시켜 다윗 왕조가 이어지게 하신다.

7. 왕국의 분열

왕국의 분열 이유

1. 솔로몬의 죄 (왕상 11:31~39; 왕상 9:3~7)

첫째, 우상숭배 곧 여호와 하나님을 버리고 시돈의 여신 아스다롯, 모압의 신 그모스, 암몬의 신 밀곰을 섬기고 경배했기 때문이다.

둘째, 다윗이 행함 같지 아니하며 하나님 보시기에 정직한 일과 법도와 율례를 행하지 않았기 때문이다.

셋째, 하나님이 세우신 '왕의 제도'를 어김 때문이다.

> **왕의 제도(신 17:14~20) : (네 형제 중에서 한 사람을 세우되…)**
> 1) 반드시 네 하나님 여호와께서 택하신 자를 왕으로 세울 것
> 2) 병마를 많이 두지 말 것
> 3) 아내를 많이 두지 말 것
> 4) 은금을 많이 쌓지 말 것
> 5) 율법서의 등사본을 평생에 자기 옆에 두고 읽을 것

2. 르호보암의 세금문제 – 북쪽 지파들의 배반

"왕의 아버지가 우리의 멍에를 무겁게 하였으나 왕은 이제 왕의 아버지가 우리에게 시킨 고역과 메운 무거운 멍에를 가볍게 하소서 그리하시면 우리가 왕을 섬기겠나이다"(왕상 12:3~4)

"내 새끼 손가락이 내 아버지의 허리보다 굵으니 내 아버지께서 너희에게 무거운 멍에를 메게 하였으나 이제 나는 너희의 멍에를 더욱 무겁게 할지라 내 아버지는 채찍으로 너희를 징계하였으나 나는 전갈 채찍으로 너희를 징계하리라"(왕상 12:10~11)

"온 이스라엘이 여로보암을 이스라엘의 왕으로 삼았으니 유다 지파 외에는 다윗의 집을 따르는 자가 없느니라"(왕상 12:20)

3. 10지파와 유다지파의 갈등

다윗 왕을 두고 유다와 이스라엘의 갈등하는 배경(삼하 19:40~43)

이스라엘 : "어찌 왕을 도둑하여 왕과 왕을 따르는 모든 사람으로 요단을 건너가게 하였느냐"

유다 : "왕은 우리의 종친인 까닭이다 우리가 왕의 것을 조금이라도 얻어 먹었느냐"(삼하 19:41~43)

4. 아히야 선지자와 여로보암(왕상 11:30~32)

솔로몬의 죄를 심판하기 위한 하나님의 뜻이다.

하나님은 아히야 선지자를 보내어 여로보암을 준비하신다.(왕상 11:28~40)

새 옷을 열두 조각으로 찢어 열 조각을 여로보암에게 주시며 다윗 집안의 축복을 약속하신다.

여로보암 : (북)이스라엘 10지파의 왕

르호보암 : (남)유다 1지파의 왕(유다 지파와 베냐민 지파가 합쳐짐)

북이스라엘 ① 여로보암(22년, 악) 왕상 11:29~40, 12:16~14장

선지자 : 아히야(유다 출신의 하나님의 사람)

"내 종 다윗이 행함 같이 내 율례와 명령을 지키면 내가 너와 함께 있어 내가 다윗을 위하여 세운 것 같이 너를 위하여 견고한 집을 세우고 이스라엘을 네게 주리라"(왕상 11:38)

여로보암은 하나님께 택함을 받아 선지자 아히야에게 기름부음을 받고 왕이 되어 수도를 '세겜'으로 정하여 북이스라엘의 초대왕이 된다.

1. 여로보암의 죄(왕상 12장)

① 벧엘과 단에 금송아지 우상과 산당을 세움(왕상 12:27)

② 레위 지파가 아닌 보통 백성을 제사장으로 삼음

③ 절기의 날짜를 임의로 바꿈

백성들이 예루살렘(남유다) 성전에 가서 여호와를 섬기지 못하도록 한다. 정치적 기득권을 지키기 위함이다.

2. 벧엘 제단을 규탄하는 하나님의 사람(왕상 13장)

1) 하나님의 사람의 경고 : "다윗의 집에 요시야라 이름하는 아들을 낳으리니 그가 네 위에 분향하는 산당 제사장을 네 위에서 제물로 바칠 것이요 또 사람의 뼈를 네 위에서 사르리라"

[남유다 요시야 왕 때 성취됨(왕하 23:15~16)] [320년 후의 요시야 왕의 예언]

그 징조로 제단이 갈라지며 재가 쏟아지리라 한다. 여로보암이 손을 펴며 그를 잡으라 함에 그의 손이 마르더라 하나님의 사람이 여호와께 기도하여 손이 성하게 되자 여로보암이 하나님의 사람을 자기 집으로 초대한다. 그러나 여호와의 말씀이 떡도 먹지말고 물도 마시지 말고 왔던 길로 되돌아 가지 말라고 하나님의 사람에게 말씀하신다.

2) 하나님의 사람과 벧엘의 늙은 선지자 : 여로보암의 죄를 심판하실 하나님의 뜻을 전하고 "떡도 먹지 말고 물도 마시지 말고 왔던 길로 되돌아가지도 말라" 하였으나 벧엘의 늙은 선지자의 속임에 빠져 사자에게 찢겨 죽는다.

3. 여로보암 아들의 죽음과 집에 내릴 재앙(왕상 14장)

1) 여로보암의 아들 '아비야'의 죽음 : 아비야가 병듦으로 아내를 변장시켜 아히야 선지자에게 보내지만 "네 이전 사람들보다 더 악을 행하고 너를 위하여 다른 신을 만들며 우상을 부어 만들어 나를 노엽게 하고 나를 네 등 뒤에 버렸도다"(왕상 14:9)

2) 여로보암에게 속한 사내를 다 끊어 버림 : '거름 더미를 쓸어 버림 같이 여로보암의 집을 말갛게 쓸어 버릴 것이라 '여로보암에게 속한 자가 성읍에서 죽은즉 개가 먹고, 들에서 죽은즉 공중의 새가 먹으리라 거름 더미를 쓸어 버림 같이 여로보암의 집을 말갛게 쓸어 버릴지라'(왕상 14:10)

하나님의 택하심으로 기름부음을 받고 왕이 된 여로보암은 자신의 기득권을 지키기 위해 이스라엘을 분리하여 여호와를 떠나 우상을 섬기게 한다. 하나님은 백성들을 죄의 길로 이끌어 타락하게 한 여로보암의 죄를 단순한 개인의 죄로 여기지 않고 국가적이고 민족적인 죄로 여겨 그를 심판하실 뿐 아니라 여로보암의 이름을 '저주의 아이콘'으로 사용 하신다.

남유다 ① 르호보암(17년, 악) 왕상 11:41~12:15, 14:21~31, 대하 11:1~12:16

선지자 : 아히야

솔로몬의 아들로 유다의 왕이 된다.

세금 문제로 백성들의 멍에를 무겁게 하여 북쪽지파들의 배반이 일어난다.

여호와의 율법을 버림으로 온 이스라엘이 이를 본받게 하고, 산당과 우상과 아세라상을 세워 섬긴다. 남색하는 자가 있었고 이방인이 행하는 가증한 일을 하여 여호와 보기에게 악을 행한다.

르호보암과 여로보암 사이에 항상 전쟁이 있느니라(왕상 14:30)

남유다 ② 아비얌 or 아비야(3년, 악) 왕상 15:1~8, 대하 13:1~22

북이스라엘 여로보암 왕 제18년째 해에 왕이 된다.

아버지 르호보암이 행한 모든 죄를 행하여 여호와 앞에 온전하지 못하였으나 "여호와께서 다윗을 위하여 예루살렘에서 그에게 등불을 주시되 그의 아들을 세워 뒤를 잇게 하사 예루살렘을 견고하게"(왕상 15:4) 하신다.

[여호와 하나님은 여전히 다윗 왕을 그리워하심]

남유다 ③ 아사(41년, 선) 왕상 15:9~24, 대하 14:1~16:14

선지자 : 아사랴   선견자 : 하나니

북이스라엘 여로보암 왕 제20년에 왕이 되어 여호와 보시기에 선과 정의를 행한 정직한 왕이다. 아사의 마음이 일평생 여호와 하나님을 향하여 온전하였다.

1. 종교개혁 (왕상 15:11~14, 대하 15:8~15)
① 이방신들의 제단과 산당, 가증한 물건들을 제거함
② 아세라 상을 섬기는 태후 '마아가'를 폐위하고 우상을 찍음(왕상 15:13)
③ 남색하는 자를 그 땅에서 쫓아냄
④ 산당은 없애지 아니하니라

2. 아사 왕의 실책 (왕상 15:16~22, 대하 16:1~12)

① 북이스라엘 바아사가 **침략하였을 때에** 하나님을 의지 하지 않고 아람 왕 벤하닷을 의지함으로 이를 책망하는 선견자 하나니를 옥에 가두고 또 백성 중에서 몇 사람을 학대한다.

② '아사 왕이 발에 병이 생겨 매우 위독했으나 병이 있을 때에 그가 여호와께 구하지 않고 의원에게 먼저 구하였더라'

북이스라엘 ② 나답(2년, 악) 왕상 15:25~31

북이스라엘 여로보암의 아들 나답이 남유다 아사 왕 제2년에 왕이 된다.
아버지 여로보암의 길로 행하였고 잇사갈 족속 바아사가 반역하여 깁브돈에서 피살된다.

북이스라엘 ③ 바아사(24년, 악) 왕상 15:27~16:4

선지자 : 예후

남유다 아사 왕 제3년에 북이스라엘 나답 왕을 죽이고 왕이 된다.
여로보암의 길로 행하여 선지자 '예후'에게 책망을 받는다.

북이스라엘 ④ 엘라(2년, 악) 왕상 16:6~14

남유다 아사 왕 제26년에 북이스라엘 바아사의 아들 엘라가 왕이된다.
여로보암의 집과 같이 악을 행하였고 시므리의 반역으로 디르사에서 피살된다.

북이스라엘 ⑤ 시므리(7일, 악) 왕상 16:10~20

남유다 아사 왕 제27년에 북이스라엘 왕 엘라를 반역하고 왕이 된다.
왕권 강화를 위하 바아사의 온 집안 사람들을 죽이나 오므리가 대적하여 성읍을 함락할 때 왕궁에 불을 지르고 죽는다.(자살)

북이스라엘 ⑥ 오므리(12년, 악) 왕상 16:16~28

블레셋과의 전쟁을 위해 깁브돈에 있던 오므리가 디르사에서 시므리가 왕이 되었다는 소식을 듣고 회군하여 시므리를 대적한다. 시므리가 죽자 왕이 되어 북이스라엘을 다스린다.

오므리는 북이스라엘 수도를 세겜에서 '사마리아' 옮긴다.(세멜에게 은 두 달란트로 사마리아 산을 사서 성읍을 건축하고 북이스라엘의 수도로 삼음)

여로보암의 모든 길로 행하되 모든 사람보다 더욱 악을 행한다.

북이스라엘 ⑦ 아합(22년, 악) 왕상 16:29~22장, 대하 18장

선지자 : 엘리야, 오바댜, 미가야

남유다 아사 왕 제38년에 왕이 된다.
역대 모든 왕보다 더욱 악을 행하여 여로보암의 죄를 따라 행하는 것을 오히려 가볍게 여긴다.
시돈 왕 엣 바알의 딸 이세벨과 결혼하고(앗수르 대비책) 바알과 아세라 신앙을 전파하여 바알신앙을 국교화 한다. 음탕한 제사로 종교적 도덕적으로 타락하며 딸 아달랴를 남유다 여호사밧의 아들 여호람과 결혼시켜 우상을 남유다에 전파한다.
이세벨이 여호와의 제단을 헐고 여호와의 선지자들을 멸할 때에 선지자 오바댜가 100명을 50명씩 굴에 숨기고 떡과 물을 공급한다.(왕상 18:3,4)

1. 아람과의 전쟁 "벤하닷을 살리는 아합" (왕상 20장)

아람과의 2차 전쟁 때 하나님의 사람이 이르되 아람 사람이 말하기를 여호와는 산의 신이요 골짜기의 신은 아니라 함으로 여호와께서 아람을 이스라엘 손에 넘겨 "너희는 내가 여호와 인줄 알리라"(왕상 20:28)하신다. 그러나 아합이 벤하닷을 '너는 내 형제다', '벤하닷은 왕의 형제이니이다'하고 살린다. 여호와의 말씀이 내가 멸하기로 작정한 사람을 네 손으로 놓았은즉 네 목숨은 그의 목숨을 대신하리라 하신다.(왕상 20:42)

2. 나봇의 포도원 (왕상 21장)

아합이 나봇의 포도원을 원하나 나봇은 모세의 율법에 따라 조상의 유산을 왕께 줄 수 없다 함으로 이세벨이 악한 꾀를 내어 장로들에게 편지를 보내 금식을 선포하고 거짓 증인 둘을 세우고 "나봇이 하나님과 왕을 저주하였다'하게 함으로 돌에 맞아 죽게 한다. 이 일이 악함으로 하나님께서 **엘리야**를 아합에게 보내어 '개들이 나봇의 피를 핥은 곳에서 네 피 곧 네 몸의 피도 핥으리라"(21:19) 하셨다. 이세벨에게도 "개들이 이스르엘 성읍 곁에서 이세벨을 먹을지라 아합에게 속한 자로서 성읍에서 죽은 자는 개들이 먹고 들에서 죽은 자는 공중의 새가 먹으리라고 하셨느니라"(21:23) 하신다. 이에 아합이 그의 옷을 찢고 굵은 베로 몸을 동이고 금식함으로 하나님께서 엘리야에게 '아합이 내 앞에서 겸비함을 네가 보느냐 그가 내 앞에서 겸비하므로 내가 재앙을 저의 시대에는 내리지 아니하고 그 아들의 시대에 내리리라' 하신다.

3. 아합 왕의 죽음 (왕상 22장) – 길르앗 라못

옛적 이스라엘 땅 길르앗 라못을 되찾기 위해 남유다 여호사밧과 연합하여 아람과 전쟁한다. 전쟁을 앞두고 이 싸움이 어떠할 것인지 선지자 400명에게 물을 때에 그들에게 임한 거짓말 하는 영이 사람이 듣기에 좋은 말을 하게 하여 "능히 이기겠다" 한다. 그러나 **미가야 선지자**는 이 싸움에서 아합이 죽을 것을 예언한다. 미가야의 말로 아합 왕은 왕복을 벗고 변장하여 출전하나 무심코 쏜 화살이 아합의 갑옷 솔기에 맞아 피를 많이 흘림으로 죽는다. 피 묻은 병거를 사마리아 못에서 씻으니 개들이 와서 핥음으로 나봇의 피 값을 신원하여 주신다.

남유다 ④ 여호사밧(25년, 선) 왕상 22:41~50, 대하 17~20장

선지자 : 예후, 야하시엘, 엘리에셀

북이스라엘 아합 왕 제4년에 왕이 된다.

1. 영적

아버지 아사 왕의 모든 길로 행하여 여호와 앞에서 정직히 행함

다윗의 길로 행하며 전심으로 여호와의 길을 걸음

남색하는 자 추방, 산당은 폐하지 않음(왕상 22:43, 대하 20:33)

여호사밧이 이스라엘의 왕과 더불어 화평하니라(왕상 22:44)

2. 군사적(대하 17:11~13)
견고한 요새와 국고성 건축
용맹스러운 군사조직
블레셋과 아라비아에게 조공을 받음

3. 도덕적
아합 가문과 혼인함으로 인척관계 맺음(여호사밧의 아들 여호람과 아합의 딸 아달랴와 결혼)

북이스라엘 아합과 연합하여 길르앗 라못 전쟁 참여(400명 선지자 vs 미가야 선지자)

선견자 예후가 여호사밧을 규탄한다. "왕이 악한자를 돕고 여호와를 미워하는 자들을 사랑하는 것이 옳으니이까"(대하 19:2~3)

재판관과 법정을 세우고 '여호와를 위하여 하라'명함

아람과의 전쟁(대하 20장) : "찬송의 승리"(성가대)

아람이 여호사밧 왕을 치러 올 때 여호사밧이 두려워하여 여호와께 낯을 향하여 간구하고 온 백성에게 금식하라 공포한다. 여호와의 영이 레위 사람 야하시엘에게 임하여 "너희는 두려워하지 말라 이 전쟁은 너희에게 속한 것이 아니요 하나님께 속한 것이니라 너희와 함께 한 여호와가 구원하는 것을 보라 두려워하지 말며 놀라지 말고 그들을 맞서 나가라 여호와가 너희와 함께 하리라"(대하 20:15~17) 하신다. 여호사밧이 백성들에게 '너희는 너희 하나님 여호와를 신뢰하라 그리하면 견고히 서리라 그의 선지자들을 신뢰하라 그리하면 형통하리라' 한다.

백성 중에 노래하는 자들을 택하여 거룩한 예복을 입히고 군대 앞에 행진하며 "여호와께 감사하세 그의 인자하심이 영원하도다" 찬송한다. 여호와께서 복병을 두고 치심으로 승리한다. 브라가 골짜기에서 여호와를 송축한다.(대하 20:26)

여호사밧 왕과 같이 전쟁과 같은 고난이 올 때 간구하고 금식하고 찬양함으로 영적인 승리를 가져올 수 있다.

엘리야

(왕상 17장~왕하 2장)

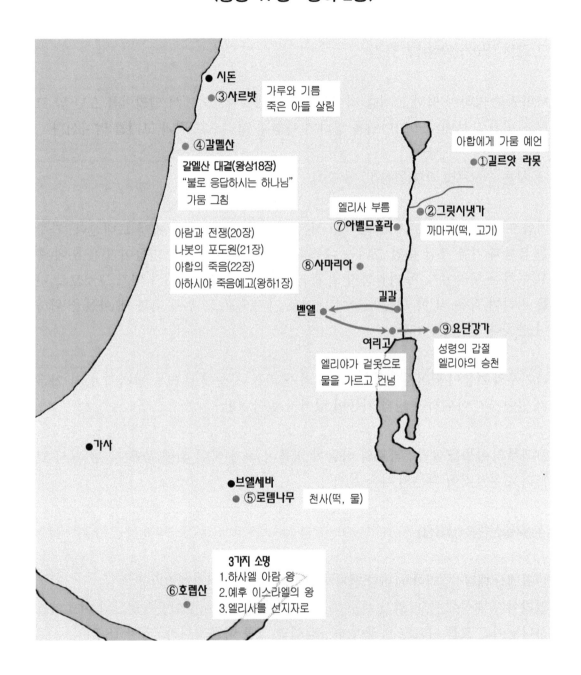

시돈
③사르밧

가루와 기름
죽은 아들 살림

④갈멜산

갈멜산 대결(왕상18장)
"불로 응답하시는 하나님"
가뭄 그침

아람과 전쟁(20장)
나봇의 포도원(21장)
아합의 죽음(22장)
아하시야 죽음예고(왕하1장)

아합에게 가뭄 예언
①길르앗 라못

엘리사 부름
⑦아벨므홀라

②그릿시냇가
까마귀(떡, 고기)

⑧사마리아

길갈

벧엘

여리고

⑨요단강가
성령의 갑절
엘리야의 승천

엘리야가 겉옷으로
물을 가르고 건넘

가사

브엘세바
⑤로뎀나무   천사(떡, 물)

3가지 소명
1.하사엘 아람 왕
2.예후 이스라엘의 왕
3.엘리사를 선지자로

⑥호렙산

1. 길르앗 라못(왕상 17:1~2)

수년 동안 비와 이슬이 없을 것임을 경고 : 길르앗에 우거하는 디셉사람 엘리야는 아합 왕에게 "내 말이 없으면 수년 동안 비와 이슬이 그친다"고 경고한다.

2. 그릿 시냇가(왕상 17:3~7)

까마귀를 명하여 떡과 고기를 먹이시는 하나님 : 여호와께서 엘리야를 요단 앞 그 릿 시냇가로 보내시고 까마귀를 명하여 아침과 저녁으로 떡과 고기를 먹이신다.

3. 시돈 - 사르밧 과부(왕상 17:8~24)

가뭄으로 시내가 마르자 엘리야를 시돈지역 사르밧의 과부에게 보내신다. 가루 한 움큼과 기름 조금 뿐인 그녀는 나무를 주워 아들과 음식을 만들어 먹은 후에 죽 고자 하나 엘리야가 "두려워하지 말고 가서 네 말대로 하려니와 먼저 그것으로 나 를 위하여 작은 떡 한 개를 만들어 내게로 가져오고 그 후에 너와 네 아들을 위하 여 만들라"한다.(눅 4:26)

1) **가루와 기름이 떨어지지 않음** : 여호와가 비를 지면에 내리는 날까지 통의 가루 가 떨어지지 아니하며 병의 기름이 없어지지 아니함

2) **과부의 아들을 살림** : 과부의 아들이 병들어 죽자 아이 위에 몸을 세 번 펴서 엎 드리고 부르짖어 과부의 아들 살림

4. 갈멜산(왕상 18장)

1) **갈멜산 대결 : 엘리야 vs 바알 선지자 450명 + 아세라 선지자 400명**
엘리야가 백성에게 "너희가 어느 때까지 둘 사이에서 머뭇머뭇하려느냐 여호와가 하나님이면 그를 따르고 바알이 하나님이면 그를 따를지니라"(왕상 18:21)

엘리야와 바알 선지자들이 각각 송아지를 잡고 각을 떠 나무 위에 놓고 각자의 신 을 부르되 불로 응답하시는 이가 하나님이라한다. 먼저 바알 선지자들이 아침부

터 낮까지 바알의 이름을 부르되 응답하지 않자 엘리야가 그들을 조롱하여 "큰 소리로 부르라 그는 신인즉 묵상하고 있는지 혹은 그가 잠깐 나갔는지 혹은 그가 길을 행하는지 혹은 그가 잠이 들어서 깨워야 할 것인지" 하매 바알 선지자들이 피가 흐르기까지 칼과 창으로 그들의 몸을 상하게 한다. 그러나 저녁 소제 드릴 때까지 이르렀으나 아무 소리도 없고 응답하는 자나 돌아보는 자가 아무도 없더라

엘리야가 돌 열두 개를 취하여 그 돌로 제단을 쌓는다. 제단을 돌아가며 통 넷에 물을 채워다가 번제물과 나무 위에 세 번을 부어 물이 제단으로 두루 흘러 도랑에 물이 가득 차게 한 다음 하나님께 기도한다.

엘리야의 기도 : "주께서 이스라엘 중에서 하나님이신 것과 내가 주의 종인 것과 내가 주의 말씀대로 이 모든 일을 행하는 것을 오늘 알게 하옵소서 여호와여 내게 응답하옵소서 내게 응답하옵소서 이 백성에게 주 여호와는 하나님이신 것과 주는 그들의 마음을 되돌이키심을 알게 하옵소서"(왕상 18:36~39)

이에 여호와의 불이 내려서 번제물과 나무와 돌과 흙을 태우고 또 도랑의 물을 핥는다. "모든 백성이 보고 엎드려 말하되 여호와 그는 하나님이시로다 여호와 그는 하나님이시로다" 엘리야가 바알 선지자들을 하나도 도망하지 못하게 하고 그들을 잡아다가 기손 시냇가에서 죽인다.

2) 가뭄 그침 : 엘리야가 기도하여 3년 6개월 만에 큰 비가 내림

엘리야가 갈멜 산 꼭대기로 올라가서 땅에 꿇어 엎드려 그의 얼굴을 무릎 사이에 넣고 간절히 기도한다. 비가 내릴 조짐이 보이기까지 일곱 번을 그리하다가 비로소 바다에서 사람의 손 만한 작은 구름을 보고 큰 비를 준비하게 한다.

> 엘리야는 우리와 성정이 같은 사람이로되 그가 비가 오지 않기를 간절히 기도한즉 삼 년 육 개월 동안 땅에 비가 오지 아니하고 다시 기도하니 하늘이 비를 주고 땅이 열매를 맺었느니라 (약 5:17~18)

5. 브엘세바 – 로뎀나무(왕상 19:1~8)

천사로부터 떡과 물을 공급받음 : 엘리야가 바알의 제사장과 아세라 선지자들을 죽인 일로 이세벨이 엘리야를 죽이고자 함으로 남유다 브엘세바로 도망하여 로뎀나무 아래에서 죽고자 기도한다. "여호와여 넉넉하오니 지금 내 생명을 거두시옵소서"

"여호와의 천사가 어루만지며 일어나 먹으라 함으로 숯불에 구운 떡과 한 병 물을 마시고 다시 누웠더니 여호와의 천사가 또 다시 와서 어루만지며 이르되 일어나 먹으라 네가 갈 길을 다 가지 못할까 하노라" 하기에 "이에 일어나 먹고 마시고 그 음식물의 힘을 의지하여 사십 주 사십 야를 가서 하나님의 산 호렙에 이르니라" 탈진된 엘리야를 어루만지시며 먼저 육신의 힘을 보충해 주시고 그 후에 영적인 사역을 주신다.

"죽여주소서" 기도한 인물 : 모세(민 11:15), 욥(욥 3:21), 엘리야(왕상 19:4), 요나(욥 4:3)

6. 호렙산 – 3가지 사명(왕상 19:9~18)

"내가 만군의 하나님 여호와께 열심이 유별하오니 이는 이스라엘 자손이 주의 언약을 버리고 주의 제단을 헐며 칼로 주의 선지자들을 죽였음이오며 오직 나만 남았거늘 그들이 내 생명을 찾아 빼앗으려 하나이다"(왕상 19:10)

여호와께서 엘리야에게 보이심 "네가 어찌하여 여기 있느냐", "여호와의 산에 서라"
① 바람 가운데에 계시지 아니하신 하나님
② 지진 가운데 계시지 아니하신 하나님
③ 불 가운데 계시지 아니하신 하나님
④ 후에 세미한 소리로 엘리야를 찾아오신 하나님

바람, 비진, 불 가운데 계시지 아니하신 하나님께서 미세한 소리로 엘리야를 만나신다. 엘리야는 갈멜산에서는 하늘에서 내리는 불로 하나님을 경험하고 호렙산에서는 미세한 소리 가운데 여호와 하나님을 만난다.

엘리야에게 "3가지 사명" 주심(왕상 19:15~16)
① 하사엘(아람 군대장관)에게 기름을 부어 아람의 왕이 되게 하라
② 님시의 손자 예후에게 기름을 부어 이스라엘의 왕이 되게 하라
③ 엘리사에게 기름을 부어 너를 대신하여 선지자가 되게 하라

아합의 가문 심판 - "하사엘의 칼을 피하는 자를 예후가 죽일 것이요 예후의 칼을 피하는 자를 엘리사가 죽이리라 그러나 내가 이스라엘 가운데에 칠천 명을 남기리니 다 바알에게 무릎을 꿇지 아니하고 다 바알에게 입맞추지 아니한 자니라"(왕상 19:17~18)

7. 아벨므홀라(왕상 19:19~21)

엘리사에게 기름부음 : 엘리야는 자신의 겉옷을 던져 12겨리 소를 모는 엘리사를 부른다.

8. 사마리아(왕상 20장~왕하 1장)

1) 아람과의 전쟁에서 "벤하닷을 살리는 아합"(왕상 20장)
벤하닷이 군대를 소집하여 싸울 때에, "아람 사람이 말하기를 여호와는 산의 신이요 골짜기의 신은 아니라" 함으로 하나님이 그들을 아합의 손에 넘기신다. "여호와의 말씀에 내가 이 큰 군대를 다 네 손에 넘기리니 너희는 내가 여호와인줄을 알리라"(20:28) 그러나 아합이 아람 왕 벤하닷을 살림으로 "내가 멸하기로 작정한 사람을 네 손으로 놓았은즉 네 목숨은 그의 목숨을 대신하고 네 백성은 그의 백성을 대신하리라"(20:42) 하신다.

2) 나봇의 포도원(왕상 21장)
아합이 나봇의 포도원을 원하나 얻지 못함으로 식음을 전폐한다. "내 조상의 유산을 왕께 줄 수 없다"(21:4) 함으로 이세벨이 거짓 증인 둘을 세워 나봇이 하나님과 왕을 저주하였다하게 하여 나봇이 돌에 맞아 죽게 한다. 이 일이 악함으로 하나님께서 아합에게 개들이 나봇의 피를 핥은 곳에서 네 피 곧 네 몸의 피도 핥으리라 하시고, 이세벨에게도 개들이 이스르엘 성읍 곁에서 이세벨을 먹을지라 하신다. 또 아합에게 속한 자로서 성읍에서 죽은 자는 개들이 먹고 들에서 죽은 자는 공중의 새가 먹으리라 하신다. 이에 아합이 그의 옷을 찢고 굵은 베로 몸을 동이고 금식함으로 하나님께서 엘리야에게 '아합이 내 앞에서 겸비함을 네가 보느냐 그가 내 앞에서 겸비하므로 내가 재앙을 저의 시대에는 내리지 아니하고 그 아들의 시대에 내리리라' 하신다.

나봇이 땅을 팔지 않은 이유

1) 예레미야 25장 23절, "토지를 영구히 팔지 말 것은 토지는 다 내 것임이니라 너희는 거류민이요 동거하는 자로서 나와 함께 있느니라"

2) 민수기 36장 7절, "그리하면 이스라엘 자손의 기업이 이 지파에서 저 지파로 옮기지 않고 이스라엘 자손이 다 각기 조상 지파의 기업을 지킬 것이니라"

3) 아합 왕의 죽음 (왕상 22장) : 미가야 선지자 vs 거짓 선지자 400명

옛적에 이스라엘의 땅 길르앗 라못을 되찾기 위해 아합이 남유다 여호사밧과 동맹하여 전쟁한다. 전쟁을 앞두고 선지자 400명에게 이 싸움이 어떠할지 묻되 그들에게 임한 거짓말 하는 영이 사람이 듣기에 좋은 말을 하게 하여 '능히 이기겠다' 한다. 그러나 미가야 선지자는 이 싸움에서 아합이 죽을 것을 예언함으로 선지자 중 하나인 시드기야가 미가야의 뺨을 치며 "여호와의 영이 나를 떠나 어디로 가서 네게 말씀하시더냐" 함으로 "네가 골방에 들어가서 숨는 그 날에 보리라" 한다.

미가야의 말로 아합 왕은 왕복을 벗고 변장하여 출전하나 무심코 쏜 화살이 아합의 갑옷 솔기에 맞아 피를 많이 흘림으로 죽는다. 아합 왕을 장사하고 병거 바닥에 고인 피를 "사마리아 못에서 씻으매 개들이 그의 피를 핥았으니 여호와께서 하신 말씀과 같이 되었더라" (왕상 22:38)

4) 아하시야가 왕이 됨 (왕하 1장)

아합이 죽고 그의 아들 아하시야가 이스라엘의 왕이 된다. 아하시야가 사마리아에 있는 그의 다락 난간에서 떨어져 병들매 사자를 보내어 에그론의 신 바알세붑에게 "이 병이 낫겠나" 물어 보라 한다. 엘리야가 "이스라엘에 하나님이 없어서 너희가 에그론의 신 바알세붑에게 물으러 가느냐" 하고 아하시야가 침상에서 내려오지 못하고 반드시 죽을 것을 예언한다. 이에 아하시야가 오십부장과 그의 군사 오십 명을 엘리야에게로 보내어 엘리야를 부르나 엘리야가 하늘에서 불을 내려 그와 그 군사들을 살라 버린다. 두 번째도 그와 같이 하되 세 번째 보내진 오십부장은 "자신의 생명과 자신과 함께한 오십 명의 생명을 귀하게 여겨달라" 무릎을 꿇고 간구함으로 그들을 따라 왕에게 이르러 왕이 바알세붑에게 물은 일로 반드시 죽을 것을 예고한다.

9. 길갈→ 벧엘→ 여리고→ 요단강가 (왕하 2장)

"엘리사가 엘리야를 열정적으로 따름"(왕하 2:1~7) : 여호와께서 회오리바람으로 엘리야를 하늘로 올리고자 하실 때에 엘리사가 엘리야를 더욱 가까이에서 따른다.

1) 엘리야의 겉옷으로 요단강을 가르고 건넘 (왕하 2:8) : "엘리야가 겉옷을 가지고 말아 물을 치매 물이 이리 저리 갈라지고 두 사람이 마른 땅 위로 건너더라"

2) 엘리사가 엘리야에게 성령의 갑절의 역사를 구함 (왕하 2:9~10)
"당신의 성령이 하시는 역사가 갑절이나 내게 있게 하소서"
"네가 어려운 일을 구하는도다 그러나 나를 네게서 데려가시는 것을 네가 보면 그 일이 네게 이루어지려니와 그렇지 아니하면 이루어지지 아니하리라"

3) 엘리야 승천 (왕하 2:11) : "두 사람이 길을 가며 말하더니 불수레와 불말들이 두 사람을 갈라놓고 엘리야가 회오리 바람으로 하늘로 올라가더라"

> **성경에 인용된 엘리야 :** ① 변화산(마 17:4) ② 세례요한(엘리야)(마 17:10~13) ③ 선지자 엘리야 (말 4:5~6) ④ 믿음의 기도(약 5:17)

엘리사

(왕하 2장~왕하 13장)

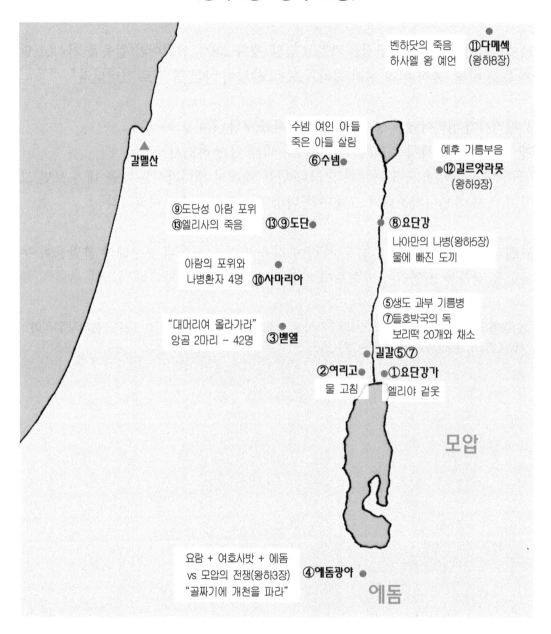

벤하닷의 죽음
하사엘 왕 예언

⑪다메섹
(왕하8장)

수넴 여인 아들
죽은 아들 살림
⑥수넴

예후 기름부음
⑫길르앗라못
(왕하9장)

⑨도단성 아람 포위
⑬엘리사의 죽음
⑬⑨도단

⑧요단강
나아만의 나병(왕하5장)
물에 빠진 도끼

아람의 포위와
나병환자 4명
⑩사마리아

⑤생도 과부 기름병
⑦들호박국의 독
보리떡 20개와 채소

"대머리여 올라가라"
암곰 2마리 - 42명
③벧엘

길갈⑤⑦

②여리고
물 고침

①요단강가
엘리야 겉옷

갈멜산

모압

요람 + 여호사밧 + 에돔
vs 모압의 전쟁(왕하3장)
"골짜기에 개천을 파라"

④에돔광야

에돔

1. 요단강(왕하 2:12~14)

요단강을 가르고 건넘 : "엘리야의 몸에서 떨어진 그의 겉옷을 가지고 물을 치며 이르되 엘리야의 하나님 여호와는 어디 계시니이까 하고 그도 물을 치매 물이 이리 저리 갈라지고 엘리사가 건너니라"

2. 여리고 - 물 고침(왕하 2:19~22)

"이 성읍의 위치는 좋으나 물이 나쁘므로 토산이 익지 못하고 떨어지나이다" 함으로 물 근원으로 나아가 소금을 그 가운데에 던지며 "여호와의 말씀이 내가 이 물을 고쳤으니 이로부터 다시는 죽음이나 열매 맺지 못함이 없을지니라"하니 그 물이 고쳐져서 오늘까지 이스라엘 사람들이 사용하는 물이 되었다.

3. 벧엘(왕하 2:23~24)

암곰 2마리가 42명 죽임 : 작은 아이들이 엘리사를 조롱하여 "대머리여 올라가라 대머리여 올라가라" 함으로 엘리사가 여호와의 이름으로 저주하매 수풀에서 암곰 둘이 나와서 아이들 중의 42명을 죽인다.

자칫 잔인한 이미지로 받아들여지는 본문은 작은 아이는 영어로 youth 즉 청년이고 하나님의 선지자를 조롱하는 이방 청년들이고 엘리야의 승천을 믿지 않고 비아냥거림으로 조롱하여 심판 받은 것이다.

4. 에돔광야(왕하 3장) – 요람, 여호사밧, 에돔 연합군 – 개천을 파라

개천의 물이 핏빛으로 보이게 함으로 승리 : 아합이 죽은 후에 모압이 이스라엘을 배반하여 바치던 양털 조공을 단절하자 북이스라엘 여호람 왕은 남유다 여호사밧과 에돔과 연합하여 모압을 치러 가나 7일 만에 물이 떨어져 근심할 때에 엘리사를 찾는다. 엘리사는 여호람 왕을 생각해서는 그 앞에 나오지 아니하였을 것이나 남유다 여호사밧을 생각하여 기꺼이 나아와 골짜기에 개천을 많이 팔 것을 알려준다. 모압이 아침 해에 비친 붉은 물을 연합군의 핏빛으로 여기고 노략하러 왔다가 패하고 돌아간다.

5. 길갈(왕하 4:1~7)

기름 그릇을 채움 "네 집에 무엇이 있느냐" 생도의 과부가 빚으로 두 아들이 종으로 끌려가게 되자 과부에게 가서 이웃에게 그릇을 많이 빌려오게 하고 집에 남아 있는 기름 한 그릇을 빌려온 그릇에 채우게 한다. 기름이 다 채워지기까지 기름이 멈추지 않다가 기름이 그릇에 다 채워지자 이윽고 멈춘다. 이를 팔아 빚을 갚게 하고 남은 것으로 두 아들과 생활하라 한다.

6. 수넴(왕하 4:8~37)

수넴 여인에게 아들을 얻게 함(왕하 4:8~17)
수넴 여인이 엘리사를 하나님의 거룩한 사람으로 세심하게 식사를 대접하고 방에 침상과 책상을 준비하여 거기에 머물게 한다. 엘리사가 '그를 위하여 무엇을 하여야 할까' 하다가 그녀에게 아들이 없음으로 "한 해가 지나 이때쯤에 네가 아들을 안으리라" 함으로 다음 해에 엘리사가 말한 대로 아들을 낳는다.

죽은 아들을 살림(왕하 4:18~37)
몇 년 후 아들이 '내 머리야 내 머리야' 하다가 어머니의 무릎에서 죽는다. 갈멜산에 있는 엘리사에게 아들의 죽음을 고하고 엘리사는 아들을 살린다.
"엘리사가 여호와께 기도하고 아이 위에 올라 엎드려 자기 입을 그의 입에, 자기 눈을 그의 눈에, 자기 손을 그의 손에 대고 그의 몸에 엎드리니 아이의 살이 차차 따뜻하더라 엘리사가 내려서 집 안에서 한 번 이리 저리 다니고 다시 아이 위에 올라 엎드리니 아이가 일곱 번 재채기 하고 눈을 뜨는지라"(왕하 4:33~35)

수넴 여인은 온 이스라엘이 바알과 아세라를 섬기는 시대적 분위기 속에서 하나님의 사람을 공경하고 섬겼던 여인이다. 그 일로 아들을 낳았을 뿐 아니라 죽은 아들을 다시 살리는 놀라운 기적을 두 번씩이나 체험하는 복을 받았다.

7. 길갈(왕하 4:38~44)

1) **국 속에 든 독 제거** (왕하 4:38~41) : 흉년이 들어 먹을 것이 없을 때에 엘리사가 자기 사환에게 큰 솥을 걸고 선지자의 제자들을 위하여 국을 끓이라 한다. 한 사람

이 들호박을 따서 국 끓이는 솥에 넣는다. "하나님의 사람이여 솥에 죽음의 독이 있나이다" 하므로 엘리사가 "가루를 가져오라" 하여 솥에 던짐으로 해독되어 무리에게 주어 먹게 한다.

2) 보리떡 20개와 채소의 이적 (왕하 4:42~44) : 한 사람이 보리떡 20개와 또 자루에 담은 채소를 엘리사에게 주니 엘리사가 이를 무리에게 주어 먹게 한다. 그러나 그 사환이 "어찌 이것을 백 명에게 주겠나이까" 하나 "여호와의 말씀이 그들이 먹고 남으리라 하셨느니라" 함으로 주었더니 여호와께서 말씀하신 대로 먹고 남음이 되었다.

8. 요단강(왕하 5장~6:1~7)

1) 나아만 장군의 나병을 고침(왕하 5장)

아람의 군대장관 나아만은 큰 용사였으나 나병환자였다. 이스라엘의 소녀 하나가 나아만 아내의 수종드는 자로 있으면서 "우리 주인이 사마리아에 계신 선지자 앞에 계셨으면 좋겠나이다 그가 그 나병을 고치리이다" 함으로 나아만이 엘리사를 찾아온다. 엘리사가 나아만 장군에게 "요단강에 가서 일곱 번 몸을 담그라" 함으로 분노하여 돌아가려 하나 그의 종들이 "선지자가 당신에게 큰일을 행하라 말하였더면 행하지 아니하였으리이까 하물며 당신에게 씻어 깨끗하게 하라 함이리이까" 함으로 요단강에 가서 일곱 번 몸을 담궈 나병이 낫는다.

엘리사를 찾아와 "내가 이제 이스라엘 외에는 온 천하에 신이 없는 줄을 아나이다" 하고 엘리사에게 예물을 드리려하나 받지 않음으로 엘리사에게 청하여 노새 두 마리에 실을 흙을 구한다. "이제부터는 종이 번제물과 다른 희생 제사를 여호와 외 다른 신에게는 드리지 아니하고 다만 여호와께 드리겠나이다 다만 오직 한 가지 일이 있사오니 내 주인께서 림몬의 신당에 들어가 경배할 때에 그가 내 손을 의지함으로 내가 림몬의 신당에서 몸을 굽히오니 림몬의 신당에서 몸을 굽힐 때에 여호와께서 이 일에 대하여 당신의 종을 용서하시기를 원하나이다."

엘리사의 종 게하시가 탐심을 품고 나아만을 쫓아가서 은 한 달란트와 옷 두 벌을 받아 숨겨두고 엘리사를 속임으로 나아만의 나병이 게하시에게 발병한다.

나아만은 나병을 고침받는 과정에서 하나님을 알게 되었다. 기도 응답 받는 것이 목적이 아니라 그 과정에서 하나님을 깨닫는 것이 영적인 축복이다.

2) 물에 빠진 쇠도끼를 떠오르게 함 : 선지 생도들의 생활관을 짓기 위해 나무를 하던 중 도끼가 물속에 빠진다. 빌려온 쇠도끼가 물속에 빠짐으로 엘리사가 나뭇가지를 베어 물에 던져 쇠도끼를 떠오르게 한다.

9. 도단 – 아람군대의 포위(왕하 6:8~23)

엘리사를 잡으러 온 아람군대 : 아람의 군대가 여러번 이스라엘을 공격하나 엘리사가 이를 도움으로 번번히 실패하자 아람 왕이 이스라엘과 내통하는 자가 있는가 생각할 때에 신복 중의 하나가 아니로소이다 오직 이스라엘 선지자 엘리사가 왕이 침실에서 하신 말씀을 이스라엘의 왕에게 고하나이다 함으로 엘리사를 잡기 위해 말과 병거와 많은 군사를 보낸다. 이를 본 사환이 두려워하나 엘리사가 두려워하지 말라 우리와 함께 한 자가 그들과 함께 한 자보다 많으니라 하고 기도하여 그의 눈을 열어 보게 하니 불말과 불병거가 산에 가득하여 엘리사를 둘러 있는 모습을 본다. 엘리사가 아람 군대의 눈을 어둡게 하옵소서 기도하고 그들을 사마리아 성으로 인도한다. 이스라엘 왕이 그들을 칠까 하나 엘리사는 그들에게 떡과 물을 먹게 한 후 아람 군대를 돌아가게 한다.

10. 사마리아 – 기근(왕하 6:24~8:6)

1) 포위된 사마리아 (왕하 6:24~7:20) : 아람 왕 벤하닷이 그의 온 군대를 모아 올라와서 사마리아를 에워싼다. 성안에 먹을 것이 떨어지자 심지어 서로의 아들을 잡아먹는 지경에까지 이른다. 이에 이스라엘 왕이 이것이 엘리사의 탓으로 여기고 엘리사를 죽이려 하나 "내일 이맘때에 사마리아 성문에서 고운 밀가루 한 스아를 한 세겔로 매매하고 보리 두 스아를 한 세겔로 매매하리라" 한다. 엘리사의 말을 듣던 믿음 없던 한 장관이 "여호와께서 하늘에 창을 내신들 어찌 이런 일이 있으리요" 함으로 "네가 네 눈으로 보기는 할 것이나 그것을 먹지는 못하리라"고 한다.

성문 어귀에 있던 나병환자 4명이 아람 진영으로 향할 때에 하나님께서 아람군대로 병거 소리와 말 소리와 큰 군대의 소리를 듣게 하신다. 아람 사람들이 이는 이스라엘 왕이 헷 사람의 왕들과 애굽 왕들을 값을 주고 우리에게 오게 하였다 생각하고 진영을 그대로 둔 채 목숨을 위하여 도망한다. 나병환자들이 이 복된 소식을 왕궁에 가서 알림으로 이스라엘 백성들이 아람 군대 진영으로 달려와 고운 밀가루 한 스아에 한 세겔이 되고 보리 두 스아가 한 세겔이 되리라 하였던 말씀이 이루어진다. 하나님을 믿지 못하고 그런 일이 있을 수 없다고 비웃던 한 장관은 성문을 지키다가 백성들이 몰려나옴으로 성문에서 밟혀 죽는다.

> 하나님께서는 이스라엘이 가장 어렵고 굶주린 때에 하나님의 사람 엘리사를 보내시어 소망의 말씀을 주신다. 힘 없고 능력 없는 나병환자의 발자국 소리를 하나님께서 큰 연합군의 소리로 들리게 하심으로 아람 군대를 쫓아내셨고, 한 장관은 하나님에 대한 불신앙으로 그가 말한 대로 죽음을 당하게 된다. '하나님은 내 귀에 들린 대로 행하리라' 말씀하신다.(민14:28)

2) 7년 기근과 수넴 여인의 기업 회복 (왕하 8:1~6)

수넴 여인에게 "앞으로 있을 7년의 기근을 피하여 네 가족과 다른 나라에 가서 살라"함으로 여인이 엘리사의 말대로 행하여 블레셋 땅에서 살다가 7년 기근이 끝난 후에 돌아와 자기의 집과 전토를 되찾기 위해 왕에게 호소하러 나아간다. 그때 마침 엘리사의 기적 이야기를 듣고 싶어 하는 왕에게 엘리사의 사환 게하시가 수넴 여인의 죽은 아들을 살렸던 일을 왕에게 말해 주고 왕이 그 여자의 모든 소유를 돌려주게 한다. 그녀가 떠나고 없던 7년의 소산물까지도 계산해 줄 것을 명한다.

11. 다메섹 - 아람의 왕 하사엘(왕하 8:7~15)

벤하닷의 죽음과 하사엘이 왕이 될 것을 예언 : 엘리사가 다메섹에 갔을 때 아람 왕 벤하닷이 병들자 엘리사에게 생사를 묻기 위해 군대장관 하사엘을 보낸다. 엘리사는 벤하닷이 죽을 것과 하사엘이 아람의 왕이 될 것을 예언하고 하사엘이 부끄러워하기까지 그의 얼굴을 쏘아보다가 운다. 이는 하사엘이 이스라엘 자손에게 행할 모든 악함을 알고 있기 때문이다. "네가 그들의 성에 불을 지르며 장정을 칼로 죽이며 어린 아이를 메치며 아이 밴 부녀를 가르리라" 이에 돌아가 하사엘이 물에 적신 이불을 벤하닷의 얼굴에 덮어 그를 죽이고 대신하여 왕이 된다.

이 예언은 엘리야 선지자에게 주어진 예언이었고 엘리사가 하사엘에게 기름을 부어 아람의 왕으로 성취된다.

12. 길르앗 라못 - 이스라엘의 왕 예후(왕하 9:1~13)

엘리사가 한 제자를 길르앗 라못에 있는 예후에게 보내어 기름을 부어 이스라엘의 왕으로 세운다. "여호와께서 너를 기름 부어 이스라엘의 왕으로 삼노니 너는 네 주 아합의 집을 치라 내가 나의 종 곧 선지자들의 피와 여호와의 종들의 피를 이세벨에게 갚아 주리라"(왕하 9:7)

13. 도단 - 엘리사의 죽음(왕하 13:14~21)

임종을 앞둔 엘리사와 요아스(왕하 13:14~20)
병이 들어 죽음을 앞둔 엘리사를 북이스라엘 요아스 왕이 문안한다. 엘리사가 요아스에게 동쪽으로 활을 쏘게 하고 화살들을 잡고 땅을 치게하니 요아스가 3번을 침으로 엘리사가 노하여 "대여섯 번을 칠 것을 3번만 쳤음으로 아람을 3번만 이길 것이라" 한다.

엘리사의 죽은 뼈(왕하 13:20~21) : 엘리사가 죽은 다음 해에, 이스라엘 사람들이 장사를 지내는 중에 모압 도적 떼들이 쳐들어 왔음을 보고 다급한 나머지 시체를 엘리사의 묘실에 들어 던지매 시체가 엘리사의 뼈에 닿자 곧 회생하여 살아난다.

왕국의 분열 개관

(왕상 12장~왕하 17장)

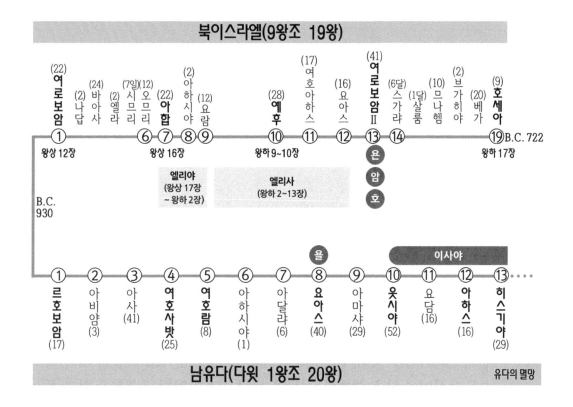

북이스라엘(9왕조 19왕)

엘리야
(왕상 17장
~왕하 2장)

엘리사
(왕하 2~13장)

이사야

남유다(다윗 1왕조 20왕)

유다의 멸망

북이스라엘 ⑧ 아하시야(2년, 악) 왕상 22:51~53, 왕하 1:1~16, 대하 20:35~37

선지자 : 엘리야

유다 왕 여호사밧 제17년에 북이스라엘 아합의 아들 아하시야가 왕이 된다.
아하시야가 사마리아에 있는 그의 다락 난간에서 떨어져 병들매 사자를 보내어
에그론의 신 바알세붑에게 "이 병이 낫겠나" 물어 보라 한다. 엘리야가 "이스라엘
에 하나님이 없어서 너희가 에그론의 신 바알세붑에게 물으러 가느냐 아하시야가
침상에서 내려오지 못하고 반드시 죽으리라" 함으로 죽는다.

아하시야가 2년 만에 죽을 때에 그에게 아들이 없으므로 그의 동생 요람이 왕이 된다.(왕하 1:17)

북이스라엘 ⑨ 요람 or 여호람(12년, 악) 왕하 1:17~18, 3장, 6:20~33, 8:16~24

선지자 : 엘리야

유다 왕 여호사밧 제18년째 해에 북이스라엘 아합의 아들 요람이 왕이 된다. 여호와 보시기에 악을 행하나 그의 부모 아합과 이세벨과 같지는 않았다. 아버지 아합이 만든 바알의 주상을 없이하나 느밧의 아들 여로보암의 길로 행한다.

길르앗 라못을 되찾기 위해 아람 왕 하사엘과 싸움
남유다 아하시야와 연합하여 길르앗 라못으로 가서 아람 왕 하사엘과 싸울 때에 부상을 당하자 치료를 위해 이스르엘로 피한다. 그때에 그의 신하 예후가 반역하여 일어나 요람을 뒤쫓아 가서 활을 쏨으로 화살이 그의 염통을 꿰뚫어 그가 병거 가운데에 엎드러진다. 예후가 그의 장관 빗갈에게 '그 시체를 가져다가 이스르엘 사람 나봇의 밭에 던지라' 함으로 나봇의 억울함을 신원하여 준다.

남유다 ⑤ 여호람(8년, 악) 왕하 8:16~24, 대하 21장

북이스라엘 왕 아합의 아들 요람 제5년에 왕이된다.
아합의 딸 아달랴와 결혼하여 북이스라엘 왕들의 길로 행하고 아합의 집과 같이 하여 여호와 보시기에 악을 행한다. 산당을 세워 이스라엘이 음행하게 하고 백성을 미혹하게 하고 왕위에 올라 세력을 얻은 후 그의 모든 아우들을 죽인다.(대하 21:4) 후에 창자에 병이 들어 죽는다.

남유다 ⑥ 아하시야(1년, 악) 왕하 8:25~29, 대하 22:1~9

북이스라엘 요람 제12년에 여호람의 아들 아하시야가 왕이 되고 아합의 길로 행하여 여호와 보시기에 악을 행한다.

북이스라엘 요람 왕과 연합하여 길르앗 라못에서 아람 왕 하사엘과 전쟁한다.

요람이 부상을 당하여 치료를 위해 이스르엘에 있을 때에 아하시야가 문안한다. 예후의 손에 요람이 죽는 것을 보고 아하시야가 므깃도까지 도망하나 결국 그곳에서 예후의 손에 죽는다.

북이스라엘 ⑩ 예후(28년, 악) 왕하 9~10장

선지자 : 엘리사

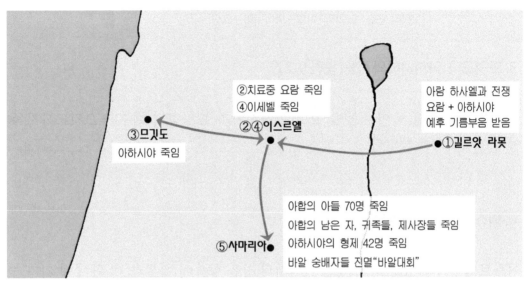

②치료중 요람 죽임
④이세벨 죽임

②④이스르엘

아람 하사엘과 전쟁
요람 + 아하시야
예후 기름부음 받음
①길르앗 라못

③므깃도
아하시야 죽임

아합의 아들 70명 죽임
아합의 남은 자, 귀족들, 제사장들 죽임
아하시야의 형제 42명 죽임
바알 숭배자들 전멸 "바알대회"

⑤사마리아

〔예후의 사명〕

1. 길르앗 라못(왕하 9장)

아합의 가문을 심판하기 위해 여호와 하나님께서 엘리사를 통해 예후에게 기름을 부어 왕으로 세운다. "너는 네 주 아합의 집을 치라 내가 나의 종 곧 선지자들의 피와 여호와의 종들의 피를 이세벨에게 갚아 주리라"(왕하 9:7)
엘리사의 제자가 길르앗 라못에서 예후를 찾아 북이스라엘의 왕으로 기름 부을 때 예후는 사명을 받는다.

예후의 사명(왕하 9:6~10)
1. 아합의 집을 치라
2. 아합에게 속한 모든 남자를 멸절하라
3. 이세벨을 멸하라

북이스라엘 요람이 남유다의 아하시야 왕과 연합하여 길르앗 라못 땅을 찾기 위해 아람 하사엘과 전쟁 중에 요람이 부상을 입어 치료차 이스르엘로 옮겨진다.

2. 이스르엘 - 치료 중인 요람(왕하 9:24)

예후가 힘을 다하여 활을 당겨 요람의 염통을 꿰뚫고 요람은 죽는다. 예후가 요람의 시체를 '나봇의 밭에 던지라' 명함으로 엘리야가 예언함과 같이 이루어진다.

[왕상 21:21~22]   [오므리 왕조 : 오므리 – 아합 – 아하시야 – 요람]

3. 므깃도 - 아하시야의 죽음(왕하 9:27)

예후가 요람 왕을 죽이는 것을 보고 아하시야가 도망하니 예후가 므깃도까지 쫓아가 아하시야를 죽인다.

아하시야도 아합의 집에 속한다. 왜냐하면 아합과 이세벨의 딸 아달랴가 낳은 아들이기 때문이다.

4. 이스르엘 - 이세벨의 죽음

이스르엘에서 단장을 하고 있던 이세벨의 창을 향하여 예후가 '내 편이 될 자가 누구냐' 함으로 내시들이 이세벨을 창밖으로 내던진다. 이세벨의 시신을 거두어 장사하려 하나 두골과 발과 그의 손 외에는 찾지 못한다. 이스르엘 토지에서 개들이 이세벨의 살을 먹을지라한 엘리야의 예언이 성취된다.(왕하 9:32~36)

5. 사마리아(왕하 10장)

1) 아합의 아들 70명을 죽임 - 아합의 아들들이 사마리아에서 교육을 받고 있을 때에 예후가 교육하는 자들에게 편지하여 '내 편이 되려거든 아합의 아들들의 머리를 가져오라' 함으로 왕자 70명의 머리를 광주리에 담아 이스르엘 예후에게 가져간다.(왕하 10:1, 7)

2) 아합의 집에 속한 자 - 이스르엘에 남아 있는 자들과 그의 귀족들과 신뢰 받는 자들과 제사장들을 죽인다.(왕하 10:11)

3) 남유다 아하시야 왕의 형제 42명 죽임 - 요람 왕에게 문안하러 왔다.

4) 바알대회를 열어 바알을 섬기는 자들을 진멸하고 그곳을 변소간으로 만든다.

아합의 가문과 바알을 멸한다. 그러나 예후는 여로보암의 길로 행하여 벧엘과 단에서 금송아지를 섬기는 죄를 떠나지 않는다.(왕하 10:28~29)

> 예후가 여호와 하나님의 사명을 '하나님의 마음에 있는 대로 아합의 집에 다 행하였으므로 하나님께서 그를 축복하셔서 예후의 자손이 왕위를 이어 4대를 지내리라' 하신다.(왕하 10:30~31)
> 예후 - 여호아하스 - 요아스 - 여로보암Ⅱ - 스가랴 (예후의 왕조)

남유다⑦ 아달랴 여왕(6년, 악) 왕하 11:1~16, 대하 22:10~12

[아달랴 : 아합과 이세벨의 딸, 남유다 여호람의 아내]

아들 아하시야가 죽자 자신이 왕이 되기 위해 왕의 자손을 모두 멸하고 남유다의 왕으로 6년 동안 통치한다. 바알의 산당과 바알의 제사장들을 섬긴다.

아달랴가 왕이 되기 위해 왕의 자손들을 모두 멸할 때에 여호세바가 남편 제사장 여호야다와 함께 아하시야의 아들 요아스를 빼내어 성전에 6년을 숨긴다. 여호세바는 아하시야의 누이다. 아달랴 여왕의 일곱째 해에 제사장 여호야다가 제사장들과 호위병들을 세우고 왕자인 요아스에게 왕관을 씌우고 기름을 부어 왕으로 삼는다.

남유다⑧ 요아스(40년, 선→ 악) 왕하 12:1~13:25, 대하 24:1~27

북이스라엘 왕 예후 제 7년에 제사장 여호야다의 도움으로 왕이 된다. 여호야다가 왕자에게 왕관을 씌우고 율법책을 주고 기름을 부어 왕으로 삼고 백성들이 왕의 만세를 부른다. 요아스는 7세에 왕이 된다.(왕하 11:12)

여호야다의 개혁 : 제사장 여호야다가 아달랴 여왕을 죽이고 바알의 신당을 허물며 제단과 우상을 깨뜨리고 바알의 제사장들을 죽인다. 7세였던 요아스를 왕으로 세운다. 요아스는 제사장 여호야다가 교훈하는 날 동안에 여호와 보시기에 정직히 행한다. 여호와의 성전 보수를 위해 헌금함을 설치한다.(왕하 11:18)

요아스의 영적인 죄
제사장 여호야다가 죽은 후에 요아스는 여호와의 전을 버리고 아세라 목상과 우

상을 섬긴다.(대하 24:18)

여호야다의 아들 스가랴가 성령에 감동되어 "너희가 어찌하여 여호와의 명령을 거역하느냐 너희가 여호와를 버렸으므로 여호와께서도 너희를 버리셨느니라"고 한다. 요아스는 여호야다의 아들 제사장 '스가랴'를 여호와의 전 뜰 안에서 돌로 쳐 죽인다.(대하 24:20~21)

아람왕 하사엘 : 하사엘이 예루살렘을 향하여 올라올 때 요아스는 성전의 모든 성물과 여호와의 성전 곳간과 왕궁에 있는 금을 바칠뿐더러 예루살렘의 모든 방백들을 죽여 다메섹 왕에게 바친다.

> 요아스는 제사장 여호야다 생전에는 바알신전을 파괴하고 여호와의 성전을 수축하는 등 신앙적으로 나라를 세우지만 제사장 여호야다가 죽은 후에는 여호와의 전을 버리고 아세라 목상과 우상을 섬긴다. 여호야다의 아들 제사장 스가랴가 성령에 감동되어 영적 타락을 지적하자 여호와의 전 뜰 안에서 그를 돌로 쳐 죽인다. 요아스는 여호야다와 그의 아들 스가랴의 피로 말미암아 반역한 부하들의 손에 피살된다.(대하 24:15~27)

예언서

구약 성경 39권 중에는 17권의 예언서가 편집되어 있다. 하나님께 부르심을 받은 선택된 한 민족이 죄로 말미암아 왕국이 분열된다. 분열왕국시대부터 선지자를 보내셔서 회개하여 하나님께로 돌아 올 것을 호소하시며 그렇지 않을 때에는 하나님의 심판을 피할 수 없음을 경고하신다.

예언서는 역사적인 시간을 따라 논리적으로 기술된 책이 아니다. 오히려 하나님의 감성이 배어져 있는 책으로 역사적 배경 가운데 '영적인 진리를 깨닫고 돌아오라' 하는 한 차원 높은 영성이 묻어 있는 책이다. 하나님의 백성 된 이스라엘이 하나님을 등 뒤로 던져버리고 바알과 아세라를 섬기는 그들을 향해 돌아오라고 호소하신다.

예언서의 주제는 '심판'이다. 그러나 심판의 메시지에 이어지는 구원과 회복을 읽다보면 더 없는 하나님의 사랑이 느껴지는 것이 예언서이다. 하나님은 본질상 불법과 죄를 사랑하실 수 없다. 그래서 하나님의 공의를 찾으시며 죄를 버리고 돌아오면 하나님은 회복시키시고 구원하신다는 메시지이다.

예언서의 목적은 "여호와께로 돌아오라 말씀으로 돌아오라"이다. 예언서의 선지자들은 미래의 일을 점치는 점쟁이가 아니다. 그들은 시대마다 특별한 소명을 갖고 하나님의 말씀을 '전하는 자요', '외치는 자요', '고하는 자'들이며, 이들은 하나님의 마음이 전해져 이스라엘이 변화될 때까지 '행위'를 통해, '삶' 전체를 통해 메시지를 전하기도 한다.

호세아에게는 음란한 여인과 결혼하여 음란한 자식을 낳으라 하시고, 예레미야에게는 멍에를 메라, 아내와 자녀 없이 혼자 살라하신다. 이사야는 벗은 몸과 벗은 발로 3년 동안 예언의 말씀을 전하라, 자녀를 낳으라하시고, 에스겔은 머리털과 수염을 깎으라, 아내의 죽음에도 울지 말라 하신다.

예언서의 메시지는 상징적인 표현과 반복되는 메시지가 많으며, 예언서의 해석은 당대의 왕과 장차 오실 왕(메시아) 이중적인 의미를 내포하고 있다.(이새의 줄기에서 한 싹)

예언서의 맥락은 '심판의 말씀'인가 '회복의 말씀'인가를 찾아 읽다보면 성령님께서 예언서를 통해 주시는 하나님의 마음을 깨닫게 하신다.

요엘 (3장)

요엘은 남유다의 요아스때 활동한 선지자이다.(왕하 14:25) 요엘서는 메뚜기의 습격(자연재해)을 통해 하나님의 심판을 전하며 '내게로 돌아오라'는 메시지를 전한다. **'여호와의 날'**에는 악인의 멸망과 하나님의 백성들의 구원이 동시적으로 이루어진다.

요엘서는 소선지서 중에 가장 초기에 기록된 저작물로 유대 땅의 불의함을 심판하기 위한 대 재난을 예언한다. 메뚜기 떼의 재난으로 '양식이 없어지고 목초지가 파괴되고 무화과나무 껍질까지 말갛게 벗겨진다. 밭이 황무하고 토지가 마르고 곡식이 떨어지며 새 포도주가 마르고 기름이 떨어짐으로 사람의 즐거움이 말랐도다'(욜 1:10~12) 라고 예언한다.

요엘서의 메시지는 **"너희는 옷을 찢지 말고 마음을 찢고 너희 하나님 여호와께로 돌아올지어다"**(욜 2:13) 회개하고 돌아오는 하나님의 자녀들에게는 하나님의 영을 부어주시는 회복의 언약이 있다.(욜 2:28-29) **"누구든지 여호와의 이름을 부르는 자는 구원을 얻으리니"**(욜 2:32)

요엘(3장)

1장	2~3장
심판과 여호와의 날	구원과 여호와의 날
여호와의 심판의 날이 황패함	① 회개 ② 회복 ③ 성령 ④ 유다의 회복

1. 심판과 여호와의 날 (욜 1장)

여호와의 심판의 날이 황패하다. "팥중이가 남긴 것을 메뚜기가 먹고 메뚜기가 남긴 것을 느치가 먹고 느치가 남긴 것을 황충이 먹었도다"(욜 1:4)

2. 구원과 여호와의 날 (욜 2~3장)

1) 회개 : 마음을 찢고 여호와께로 돌아오라

"여호와의 말씀에 너희는 이제라도 금식하고 울며 애통하고 마음을 다하여 내게로 돌아오라 하셨나니 너희는 옷을 찢지 말고 마음을 찢고 너희 하나님 여호와께로 돌아올지어다 그는 은혜로우시며 자비로우시며 노하기를 더디하시며 인애가 크시사 뜻을 돌이켜 재앙을 내리지 아니하시나니"(욜 2:12~13)

2) 회복 : 이른 비와 늦은 비
"시온의 자녀들아 너희는 너희 하나님 여호와로 말미암아 기뻐하며 즐거워할지어다 그가 너희를 위하여 비를 내리시되 이른 비를 너희에게 적당하게 주시리니 이른 비와 늦은 비가 예전과 같을 것이라"(욜 2:23)

3) 성령 : "내 영을 부어주리라"
"그 후에 내가 내 영을 만민에게 부어 주리니 너희 자녀들이 장래 일을 말할 것이며 너희 늙은이는 꿈을 꾸며 너희 젊은이는 이상을 볼 것이며 그 때에 내가 또 내 영을 남종과 여종에게 부어 줄 것이며"(욜 2:28~29)

[사도행전 2장16~21절에서 인용 : 베드로가 오순절 성령강림 후에 술에 취했다고 말하는 자들에게 성령 강림을 설명할 때]

4) 유다의 회복 : "예루살렘의 여호와"
"그런즉 너희가 나는 내 성산 시온에 사는 너희 하나님 여호와인 줄 알 것이라 예루살렘이 거룩하리니 다시는 이방 사람이 그 가운데로 통행하지 못하리로다"(욜 3:17)

왕국의 분열 개관

(왕상 12장~왕하 17장)

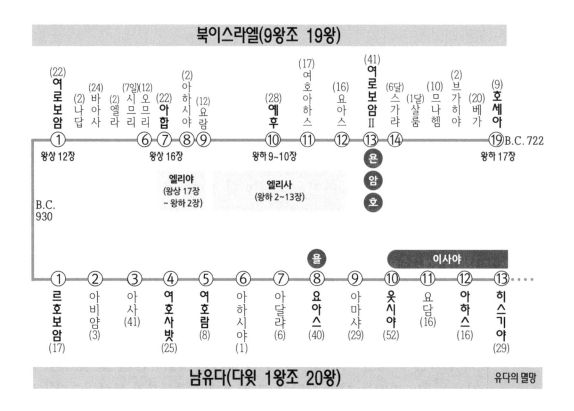

북이스라엘 ⑪ 여호아하스(17년, 악) 왕하 13:1~9, 22~23

선지자 : 엘리사

예후의 아들 여호아하스는 유다의 왕 요아스 제23년에 왕이 된다.
느밧의 아들 여로보암의 길로 행하고 이스라엘이 범죄하므로 여호와께서 아람 왕 하사엘과 그의 아들 벤하닷을 들어 치신다. 이에 여호아하스가 여호와께 간구하매 구원하여 주시는데 그럼에도 여전히 여로보암의 집 길로 행하여 악을 행하므로 다시 아람 손에 넘겨 겨우 마병 50명, 병거 10대, 보병 1만 명만 남는다. 이마저도 "아브라함과 이삭과 야곱과 더불어 세우신 언약 때문에 이스라엘에게 은혜를 베풀며 불쌍히 여기시며 돌보심으로 멸하기를 즐겨하지 아니하심"(왕하 13:23) 때문이다.

북이스라엘 ⑫ 요아스(16년, 악) 왕하 13:10~20, 14:8~16, 대하 25:17~24

선지자 : 엘리사

북이스라엘 여호아하스의 아들 요아스 왕은 유다의 왕 요아스 제37년에 왕이 된다.

느밧의 아들 여로보암의 길로 행한다.

요아스가 병들어 임종을 앞둔 엘리사를 문안한다. 엘리사가 요아스에게 동쪽으로 활을 쏘게 하고 화살들을 잡고 땅을 치게 하니 요아스가 3번을 침으로 엘리사가 노하여 '대여섯 번을 칠 것을 3번만 쳤음으로 아람을 3번만 이길 것이라' 한다.(왕하 13장)

남유다 ⑨ 아마샤(29년, 선) 왕하 14:17~22, 대하 25장

남유다 요아스의 아들 아마샤가 북이스라엘 왕 요아스 제2년에 왕이 된다.

여호와 보시기에 정직히 행하나 다윗 같지는 않았다. 아버지 부왕을 죽인 신복들을 죽였으나 모세의 율법(신 24:16)을 따라 그들의 자녀들은 죽이지 아니한다.

산당을 제거하지 않음으로 백성들이 산당에서 제사 지낸다.

에돔 정복 - 소금 골짜기에서 에돔 사람 만 명을 죽이고 만 명을 사로잡아 바위 꼭대기에서 밀쳐 떨어뜨려 온 몸이 부서지게 한다.(대하 25:5~12)

우상숭배 - 에돔과의 전쟁에서 승리한 후 세일 자손의 신들을 가져와 자기의 신으로 세우고 경배하며 분향한다.

하나님의 진노하심으로 북이스라엘을 들어 치심 - 요아스가 유다 왕 아마샤를 사로잡고 예루살렘에 이르러 여호와의 성전과 왕궁 곳간의 금은 모든 기명을 탈취하고 사람을 볼모로 잡고 사마리아로 돌아 갔더라(왕하14:13~14, 대하 25:15~24)

에돔과 전쟁할 때에, 북이스라엘 요아스에게 은 100달란트를 주고 큰 용사 10만 명을 고용하였다가 어떤 사람이 이 일을 '하나님이 기뻐하지 않으신다' 함으로 돌려보낸 후 하나님을 의지하여 전쟁에서 승리한다. 그러나 에돔의 세일 자손이 섬기는 신들을 가져와 자기의 신으로 세우고 경배하며 분향하므로 이에 하나님이 진노하사 하나님의 사람을 그에게 보내어 책망하시나 듣지 않는다. 하나님께서 북이스라엘 요아스의 손에 다시 넘기심으로 예루살렘 성벽 약 400규빗을 파괴하고 하나님의 성전에 있는 금과 은과 그릇과 왕궁의 재물과 사람들을 포로로 끌려가게 하신다.(대하 25:17~24)

북이스라엘⑬ 여로보암Ⅱ(41년, 악) 왕하14:23~29

선지자 : 요나, 아모스, 호세아

예후 왕조의 요아스의 아들 여로보암Ⅱ는 남유다 왕 아마샤 제15년에 왕이 된다. 느밧의 아들 여로보암의 길로 행하여 모든 악에서 떠나지 아니하였다.
선지자 요나가 활동하던 시기였고 요나서를 통하여 니느웨의 구원을 전하게 하신다.(왕하 14:25)

여로보암Ⅱ는 북이스라엘을 경제적으로 황금기로 이끈 주역이며 이스라엘의 영토를 하맛 어귀에서부터 아라바 바다(사해)까지 확장한다. 그가 악한 왕이었음에도 여호와 하나님께서 그를 번영하게 하신 이유는 "이스라엘의 고난이 심하여 매인 자도 없고 놓인 자도 없고 이스라엘을 도울 자도 없음을 보셨고 또 이스라엘의 이름을 천하에서 없이 하겠다고도 아니하셨으므로 여로보암Ⅱ의 손으로 구원"하신다.(왕하 14:25~27)

북이스라엘 멸망 전에 아모스와 호세아 같은 선지자들을 보내셔서
하나님의 말씀으로 깨닫게 하시는 기회를 주셨다.

+

요나 (4장)

요나는 '평화' 또는 '비둘기'를 뜻하며, 앗수르 제국의 수도인 니느웨 성에 하나님의 심판을 전하라고 보내진 선지자이다. 그의 사명은 "회개하라 사십 일이 지나면 니느웨가 무너지리라"(욘 3:4) 는 것이다. 그러나 요나는 하나님의 심판의 소식을 듣고 저들이 회개하여 심판을 면하게 될까함으로 하나님의 얼굴을 피해 니느웨 정 반대편 다시스(지중해 서쪽 끝 스페인 남쪽 항구도시)로 가는 배에 오른다. 하나님께서 풍랑으로 그를 묶으시고 바다의 물고기로 삼키시매 밤낮 3일 동안 물고기 뱃속에 있으면서 하나님이 자신의 주권자가 되심과 구원자가 되심을 인정하며 회개할 때까지 두셨다가 다시 육지로 토해 내신다.

물고기 뱃속에서 살아나온 요나가 니느웨로 가서 '40일이 지나면 니느웨가 무너지리라' 외치니 니느웨가 회개하여 심판을 면한다. 요나는 하나님의 심판이 거두어진 것을 몹시 싫어하고 성냄으로 하나님이 그에게 박넝쿨을 통해 열방을 향한 하나님의 마음이 어떠하신지 보이시고 교훈하신다. 시기적으로 요나서는 니느웨 멸망(B.C. 612) 이전으로 본다.

요나서는 이스라엘 뿐 아니라 모든 열방과 민족을 사랑하시고 그들이 주께로 돌아오기를 기다리시는 하나님의 '보편적 사랑'이 주제라 할 수 있다.

요한복음 3장 16절, "하나님이 세상을 이처럼 사랑하사 독생자를 주셨으니…"

요나(4장)

1장	2장	3장	4장
요나의 불순종	요나의 기도	니느웨의 회개	하나님의 사랑

1. 요나의 불순종(욘 1장)

① 요나의 사명 : "너는 일어나 저 큰 성읍 니느웨로 가서 그것을 향하여 외치라 그 악독이 내 앞에 상달되었음이니라"(욘 1:2), "사십 일이 지나면 니느웨가 무너지리라"(욘 3:4)

② 다시스로 도망하는 요나 : 욥바에서 배를 타고 다시스로 도망

③ 풍랑과 바다의 물고기로 삼킴 : 여호와께서 큰 바람을 바다 위에 내리신다. 제비를 뽑아 재앙이 누구 때문인지 알아보자하고 제비가 요나에게 뽑힌다.(1:9~12) 하나님께서 큰 물고기로 요나를 삼키게 하시고 밤낮 3일 물고기 뱃속에 있는다.

2. 요나의 기도(욘 2장)
① 하나님을 바라는 순전한 마음과 믿음 - 주의 성전을 바라보나이다.(2:4)
② 구원의 주권자가 되시는 하나님 - 구원은 여호와께 속하였나이다.(2:9)
③ 3일 만에 육지로 나온 요나 – 여호와께서 그 물고기에게 말씀하시매 요나를 육지에 토하니라(2:10)

3. 니느웨의 회개(욘 3장)
① 두 번째 요나를 보내심 : "40일이 지나면 니느웨가 무너지리라"(3:4)
② 회개하는 니느웨 : 하나님을 믿고, 금식을 선포하고, 굵은 베옷을 입고, 왕으로부터 사람과 짐승까지 금식하고 회개한다.(3:9)
③ 용서하시는 하나님 : 하나님께서 그들의 뉘우침을 보시고 뜻을 돌이키사 그들에게 내리기로 하신 재앙을 거두신다.(3:10)

4. 하나님의 사랑(욘 4장)
① 매우 싫어하고 성내는 요나
"이제 내 생명을 거두어 가소서 사는 것보다 죽는 것이 내게 나음이니이다"(3절)
"네가 성내는 것이 옳으냐"(4절)
"사는 것보다 죽는 것이 내게 나으니이다"(8절)
"성내는 것이 어찌 옳으냐"(9절)
② 박넝쿨 교훈 : "네가 수고도 아니하였고 재배도 아니하였고 하룻밤에 났다가 하룻밤에 말라 버린 이 박넝쿨을 아꼈거든"(10절)
③ 보편적인 하나님의 사랑 : "하물며 이 큰 성읍 니느웨에는 좌우를 분변하지 못하는 자가 십이만여 명이요 가축도 많이 있나니 내가 어찌 아끼지 아니하겠느냐"(11절)

아모스 (9장)

아모스는 '짐을 지는 사람'을 뜻하며, 북이스라엘 여로보암Ⅱ 때, 그리고 남유다 웃시야 왕 때에 유다 드고아 지역에서 목자이자 뽕나무를 재배하는 농부였으나 하나님께서 그를 부르셔서 북이스라엘로 보냄을 받은 선지자이다.

여로보암Ⅱ는 정치.경제적으로 최고의 황금기를 이루었으며 영토를 하맛 어귀에서부터 아라바 바다(사해)까지 확장하는 등 북이스라엘 역사 가운데 최고의 전성기를 누린다. 그러나 외적인 화려함 이면에는 영적인 타락과 부패함으로 우상숭배가 만연하였고 부도덕함과 방탕함은 물론 부유층들의 압제와 부패가 사회적 참상이었다.

이에 하나님께서 아모스를 부르셔서 '그들의 모든 죄악으로 인해 하나님의 심판이 이르게 될 것이며 북이스라엘이 멸망하게 될 것'을 예언하게 하신다.

① 이스라엘의 죄는 가난한 자들에 대한 횡포이다.

"그들이 은을 받고 의인을 팔며 신 한 켤레를 받고 가난한 자를 팔며 힘 없는 자의 머리를 티끌 먼지 속에 발로 밟고 연약한 자의 길을 굽게 하며 아버지와 아들이 한 젊은 여인에게 다녀서 내 거룩한 이름을 더럽히며…"(암 2:6~8)

② 남유다의 죄는 율법을 멸시하여 지키지 아니함이다.

"여호와의 율법을 멸시하며 그 율례를 지키지 아니하고 그의 조상들이 따라가던 거짓 것에 미혹되었음이라 내가 유다에 불을 보내리니 예루살렘의 궁궐들을 사르리라"(암 2:4~5)

③ 영적인 죄는 선지자로 예언하지 못하게 함이다.

"너희가 나실 사람으로 포도주를 마시게 하며 또 선지자에게 명령하여 예언하지 말라 하였느니라"(암 2:12)

그러므로 아모스의 주된 메시지는 '정의와 공의를 회복하라'는 말씀이다.

아모스(9장)

1~2장	3~6장	7~9:10	9:11~15
주변국과 이스라엘의 죄	돌아오지 않는 이스라엘	심판의 환상	회복

1. 주변국과 이스라엘의 죄(암 1~2장)

① 다메섹 - 철 타작기로 타작하듯이 길르앗을 압박하였음

② 가사 - 포로들을 에돔에 넘김

③ 두로 - 형제의 계약을 어기고 포로들을 에돔에 넘김

④ 에돔 - 칼로 그의 형제를 쫓아가며 맹렬히 화를 내며 분을 품음

⑤ 암몬 - 자기의 지경을 넓히고자 길르앗의 아이밴 여인의 배를 가름

⑥ 모압 - 에돔 왕의 뼈를 불살라 재를 만듬

⑦ 유다 - 여호와의 율법을 멸시함과 조상들이 따라가던 거짓 것에 미혹됨

⑧ 이스라엘 - 가난한 자를 압제함과 하나님의 거룩한 이름을 더럽힘

"이스라엘의 서너 가지 죄로 말미암아 내가 그 벌을 돌이키지 아니하리니 이는 그들이 은을 받고 의인을 팔며 신 한 켤레를 받고 가난한 자를 팔며 힘 없는 자의 머리를 티끌 먼지 속에 발로 밟고 연약한 자의 길을 굽게 하며 아버지와 아들이 한 젊은 여인에게 다녀서 내 거룩한 이름을 더럽히며 모든 제단 옆에서 전당 잡은 옷 위에 누우며 그들의 신전에서 벌금으로 얻은 포도주를 마심이니라"(암 2:6~8)

> **외식적인 신앙생활 경고** : 이스라엘의 삶이 가난한 자들을 압제하는 것이 관례가 되었고, 여호와 하나님의 율례를 떠난 삶을 살았기에 예배는 드리지만 그들의 마음은 하나님으로부터 멀리 있어 삶은 쾌락적이고 방탕한 삶뿐임을 지적하신다.

2. 돌아오지 않는 이스라엘(암 3~6장)

"주 여호와께서는 자기의 비밀을 그 종 선지자들에게 보이지 아니하시고는 결코 행하심이 없으시리라"(암 3:7)

1) 사마리아에 내리신 벌(앗수르에 의해 멸망) : "그러므로 주 여호와께서 이와 같이 말씀하시되 이 땅 사면에 대적이 있어 네 힘을 쇠하게 하며 네 궁궐을 약탈하리라"(암 3:11)

2) 들으라 : "들으라 너희는 힘없는 자를 학대하며 가난한 자를 압제하며 가장에게 이르기를 술을 가져다가 우리로 마시게 하라 하는도다"(암 4:1)

3) 돌아오지 않는 이스라엘(암 4:6~11)

"너희가 내게로 돌아오지 아니하였느니라"(4:6, 8, 9, 10, 11)

① "양식이 떨어지게 하였으나~"
② "물을 마시러 가서 만족하게 마시지 못하였으나~"
③ "곡식을 마르게 하는… 깜부기… 팥중이로… 다 먹게 하였으나~"
④ "전염병… 칼… 노략… 악취로 코를 찌르게 하였으나~"
⑤ "성읍 무너뜨리기를… 불붙는 가운데서 빼낸 나무 조각 같이 되었으나~"

4) 슬픔의 노래 : "애가"(암 5장)

"처녀 이스라엘이 엎드러졌음이여 다시 일어나지 못하리로다 자기 땅에 던지움이여 일으킬 자 없으리로다 주 여호와께서 이와 같이 말씀하시되 이스라엘 중에서 천 명이 행군해 나가던 성읍에는 백 명만 남고 백 명이 행군해 나가던 성읍에는 열 명만 남으리라 하셨느니라 여호와께서 이스라엘 족속에게 이와 같이 말씀하시기를 **너희는 나를 찾으라 그리하면 살리라**"(암 5:2~4)

"정의를 쓴 쑥으로 바꾸며 공의를 땅에 던지는 자들아"(암 5:7), "너희가 힘없는 자를 밟고 그에게서 밀의 부당한 세를 거두었은즉 너희가 비록 다듬은 돌로 집을 건축하였으나 거기 거주하지 못할 것이요 아름다운 포도원을 가꾸었으나 그 포도주를 마시지 못하리라 너희의 허물이 많고 죄악이 무거움을 내가 아노라 너희는 의인을 학대하며 뇌물을 받고 성문에서 가난한 자를 억울하게 하는 자로다"(암 5:11~12)

"마치 사람이 사자를 피하다가 곰을 만나거나 혹은 집에 들어가서 손을 벽에 대었다가 뱀에게 물림 같도다"(암 5:19)

"내가 너희 절기들을 미워하여 멸시하며 너희 성회들을 기뻐하지 아니하나니 너희가 내게 번제나 소제를 드릴지라도 내가 받지 아니할 것이요 너희의 살진 희생의 화목제도 내가 돌아보지 아니하리라 네 노랫소리를 내 앞에서 그칠지어다 네 비파 소리도 내가 듣지 아니하리라 오직 **정의를 물 같이, 공의를 마르지 않는 강 같이 흐르게 할지어다**"(암 5:21~24)

5) 이스라엘의 멸망(암 6장)

① 지도자들의 죄악 : 교만한 자와 백성들의 머리인 지도자들이여 "상아 상에 누우며 침상에서 기지개 켜며 양 떼에서 어린 양과 우리에서 송아지를 잡아서 먹고 비파 소리에 맞추어 노래를 지절거리며 다윗처럼 자기를 위하여 악기를 제조하며 대접으로 포도주를 마시며 귀한 기름을 몸에 바르면서 요셉의 환난에 대하여는 근심하지 아니하는 자로다"(암 6:4~6)

② 이스라엘의 멸망 : "주 여호와가 당신을 두고 맹세하셨노라 내가 야곱의 영광을 싫어하며 그 궁궐들을 미워하므로 이 성읍과 거기에 가득한 것을 원수에게 넘기리라 하셨느니라"(암 6:8), "…이스라엘 족속아 내가 한 나라를 일으켜 너희를 치리니 그들이 하맛 어귀에서부터 아라바 시내까지 너희를 학대하리라 하셨느니라"(암 6:14)

3. 심판의 환상(암 7:1~9:10)

7:1~3	7:4~6	7:7~9	8:1~14	9:1~10
메뚜기	불	다림줄	여름 실과	성전파괴
메뚜기를 보내시려다 아모스의 중보로 뜻을 돌이키시는 하나님	불로 심판하시려다 아모스의 중보로 뜻을 돌이키시는 하나님	기울어짐 없는 분명한 심판을 예고하시는 하나님	광주리에 담겨 보기에는 그럴듯하나 곧 썩어짐 같이 이스라엘의 끝이 임박했음	피할 수 없는 심판

1) 메뚜기 : "메뚜기가 땅의 풀을 다 먹을지라"(암 7:2)

2) 불 : "불이 큰 바다를 삼키고 육지까지 먹으려 함"(암 7:4)

3) 다림줄 : "다림줄을 내 백성 이스라엘 가운데 두고"(암 7:8)

4) 여름 실과 : "내 백성 이스라엘의 끝이 이르렀다"('끝', '죽음과 멸망')

"주 여호와의 말씀이니라 보라 날이 이를지라 내가 기근을 땅에 보내리니 **양식이 없어 주림이 아니며 물이 없어 갈함이 아니요 여호와의 말씀을 듣지 못한 기갈이라**"(암 8:11)

5) 성전파괴 : "내가 그 남은 자를 칼로 죽이리니 그 중에서 한 사람도 도망하지 못하며 그 중에서 한 사람도 피하지 못하리라"(암 9:1)

아모스와 아마샤의 대결(암 7:10~17)

아마샤 : 이스라엘의 왕 여로보암에게 보내어 이르되 "이스라엘 족속 중에 아모스가 왕을 모반하나니 그 모든 말을 이 땅이 견딜 수 없나이다"

아모스 : "여로보암은 칼에 죽겠고 이스라엘은 반드시 사로잡혀 그 땅에서 떠나겠다 하나이다"

아마샤 : "선견자야 너는 유다 땅으로 도망하여 가서 거기에서나 떡을 먹으며 거기에서나 예언하고 다시는 벧엘에서 예언하지 말라 이는 왕의 성소요 나라의 궁궐임이니라"

아모스 : "나는 선지자가 아니며 선지자의 아들도 아니라 나는 목자요 뽕나무를 재배하는 자로서 양 떼를 따를 때에 여호와께서 나를 데려다가 여호와께서 내게 이르시기를 가서 내 백성 이스라엘에게 예언하라 하셨나니 이제 너는 여호와의 말씀을 들을지니라", '네가 이르기를 이스라엘에 대하여 예언하지 말며 이삭의 집을 향하여 경고하지 말라 하므로', "여호와께서 이와 같이 말씀하시기를 네 아내는 성읍 가운데서 창녀가 될 것이요 네 자녀들은 칼에 엎드러지며 네 땅은 측량하여 나누어질 것이며 너는 더러운 땅에서 죽을 것이요 이스라엘은 반드시 사로잡혀 그의 땅에서 떠나리라 하셨느니라"

4. 회복 (암 9장)

"그 날에 내가 다윗의 무너진 장막을 일으키고 그것들의 틈을 막으며 그 허물어진 것을 일으켜서 옛적과 같이 세우고 그들이 에돔의 남은 자와 **내 이름으로 일컫는 만국을 기업으로 얻게 하리라 이 일을 행하시는 여호와의 말씀이니라**"(암 9:11~12)

사도행전 15장 예루살렘 종교회의에서 예루살렘교회 지도자인 야고보가 인용한다. – "이 후에 내가 돌아와서 다윗의 무너진 장막을 다시 지으며 또 그 허물어진 것을 다시 지어 일으키리니 이는 그 남은 사람들과 내 이름으로 일컬음을 받는 모든 이방인들로 주를 찾게 하려 함이라 하셨으니"(행 15:16~17)

호세아 (14장)

호세아는 '구원' 또는 '해방'을 뜻하며, 하나님의 메시지를 전하기 위해 하나님께서는 호세아에게 음란한 여인과 결혼하여 자녀를 낳으라 하신다. 하나님을 버리고 이방신을 좇는 이스라엘을 향한 하나님의 마음을 깨달으며 말씀을 전하는 선지자가 호세아이다.

호세아 (14장)

1~3장	4~10장	11~14장
호세아와 고멜	심판	회복

1. 호세아와 고멜(호 1~3장)

1) 음란한 여자와 결혼(호 1장)
"너는 가서 음란한 여자를 맞이하여 음란한 자식들을 낳으라 이 나라가 여호와를 떠나 크게 음란함이니라"(호 1:2)
① 이스르엘(아들) : '이스라엘 족속의 나라를 폐할 것'(흩으심)
② 로루하마(딸) : '긍휼히 여김을 받지 못하는 자'(은총이 없음)
③ 로암미(아들) : '내 백성이 아니다'
[고멜(호세아의 아내) : 여호와를 떠난 이스라엘을 상징한다.]

2) 이스라엘과 하나님(호 2장)
"너희 어머니와 논쟁하고 논쟁하라 그는 내 아내가 아니요 나는 그의 남편이 아니라 그가 그의 얼굴에서 음란을 제하게 하고 그 유방 사이에서 음행을 제하게 하라"(호 2:2)

"내가 그의 자녀를 긍휼히 여기지 아니하리니 이는 그들이 음란한 자식들임이니라"(호 2:4)

"그들의 어머니는 음행하였고 그들을 임신했던 자는 부끄러운 일을 행하였나니 이는 그가 이르기를 나는 나를 사랑하는 자들을 따르리니 그들이 내 떡과 내 물과 내 양털과 내 삼과 내 기름과 내 술들을 내게 준다 하였음이라"(호 2:5)

"그러므로 내가 가시로 그 길을 막으며 담을 쌓아 그로 그 길을 찾지 못하게 하리니"(호 2:6)

"이제 내가 그 수치를 그 사랑하는 자의 눈 앞에 드러내리니 그를 내 손에서 건져 낼 사람이 없으리라"(호 2:10)

3) 고멜을 사랑하는 호세아(호 3장)
"여호와께서 내게 이르시되 이스라엘 자손이 다른 신을 섬기고 건포도 과자를 즐길지라도 여호와가 그들을 사랑하나니 너는 또 가서 타인의 사랑을 받아 음녀가 된 그 여자를 사랑하라"(호 3:1)

2. 심판(호 4~10장)

"내 백성이 지식이 없으므로 망하는도다 네가 지식을 버렸으니 나도 너를 버려 내 제사장이 되지 못하게 할 것이요 네가 네 하나님의 율법을 잊었으니 나도 네 자녀들을 잊어버리리라 그들은 번성할수록 내게 범죄하니 내가 그들의 영화를 변하여 욕이 되게 하리라"(호 4:6~7)

"오라 우리가 여호와께로 돌아가자 여호와께서 우리를 찢으셨으나 도로 낫게 하실 것이요 우리를 치셨으나 싸매어 주실 것임이라 여호와께서 이틀 후에 우리를 살리시며 셋째 날에 우리를 일으키시리니 우리가 그의 앞에서 살리라 그러므로 우리가 여호와를 알자 힘써 여호와를 알자 그의 나타나심은 새벽 빛 같이 어김없나니 비와 같이, 땅을 적시는 늦은 비와 같이 우리에게 임하시리라 하니라"(호 6:1~3)

"그들이 두 마음을 품었으니 이제 벌을 받을 것이라"(호 10:2)

3. 회복(호 11~14장)

"이스라엘이 어렸을 때에 내가 사랑하여 내 아들을 애굽에서 불러냈거늘"(호 11:1)

> '아기 예수님이 애굽으로 피신 후 대헤롯이 죽었다는 소식을 듣고 애굽에서 나오심'으로 호세아 11
> 장 1절의 말씀이 성취된다.(마 2:19~21)

"이스라엘아 네 하나님 여호와께로 돌아오라 네가 불의함으로 말미암아 엎드러졌느니라 여호와께로 돌아오라"(호 14:1)

"내가 이스라엘에게 이슬과 같으리니 그가 백합화 같이 피겠고 레바논 백향목 같이 뿌리가 박힐 것이라"(호 14:5)

> **'아모스'**는 북이스라엘이 정치.경제적으로 최고의 전성기를 누릴 때에 '하나님의 공의'를 부르짖는
> 선지자였다면, **'호세아'**는 북이스라엘이 멸망하기 전 타락이 극할 때에 '하나님의 사랑'을 부르짖
> 어 주께로 돌아 올 것을 호소하는 선지자였다.
> 이스라엘 멸망(B.C. 722)이 아모스와 호세아를 통해 선포되었고, 북이스라엘이 앗수르에 의해 멸
> 망한 후에는 역사적으로 수치가 되는 '사마리아인'을 남기게 된다.

왕국의 분열 개관

(왕상 12장~왕하 17장)

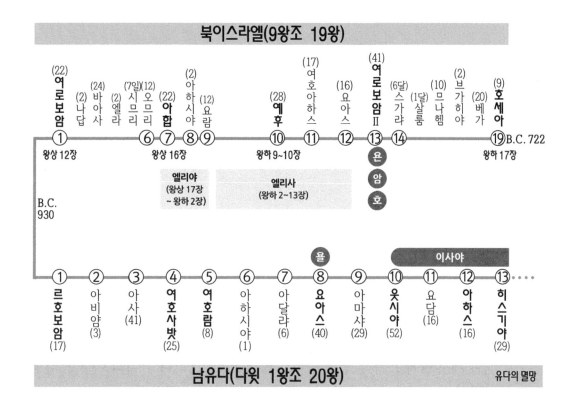

남유다 ⑩ 웃시야 or 아사랴(52년, 선) 왕하 15:1~7, 대하 26:1~23

선지자 : 이사야(사 1~6장), 스가랴(묵시를 밝히 아는 자)

북이스라엘 왕 여로보암Ⅱ 제27년에 왕이 된다.
아버지 아마샤의 행위대로 하여 여호와 보시기에 정직히 행하고 영토 확장과 경제적 부강을 이룬다. 그러나 산당을 제거하지 않음으로 백성이 산당에서 제사하고 분향한다.
웃시야는 성소 안에서 직접 분향하여 여호와께서 치심으로 나병환자가 된다.(15:5) 그가 강성하여지매 그의 마음이 교만해지고 악을 행하여 분향하려 할 때 제사장들이 만류하나 오히려 제사장에게 화를 낼 때에 그의 이마에 나병이 생긴다. 별궁에서 지내며 그의 아들 요담이 백성을 다스렸다.(대하 26:16~19)

북이스라엘 ⑭ 스가랴(6개월, 악) 왕하 15:8~12

선지자 : 호세아

예후의 아들로 유다 왕 웃시야 제38년에 왕이 된다.
그도 자기 선왕들처럼 여호와께서 보시기에 악을 행한다. 이스라엘 백성을 범죄하게 한 느밧의 아들 여로보암의 길로 행한다. 야베스의 아들 살룸의 반역으로 백성 앞에서 죽임 당한다. 이렇게 하여 전에 여호와께서 예후에게 '네 자손이 4대를 이어 이스라엘의 왕이 될 것'(왕하 10:30)이라 하신 예언대로 성취(왕하15:12)된다.

예후왕조 : 예후 - 여호아하스 - 요아스 - 여로보암 II – 스가랴

북이스라엘 ⑮ 살룸(1개월, 악) 왕하 15:13~15

선지자 : 호세아

유다 웃시야 제39년에 스가랴 왕을 죽이고 왕이 된다. 그러나 가디의 아들 므나헴이 디르사에서 사마리아로 올라와 반역함으로 1개월 만에 죽는다.

북이스라엘 ⑯ 므나헴(10년, 악) 왕하 15:16~22

선지자 : 호세아

유다 웃시야 제39년에 살룸을 죽이고 왕이 되고 느밧의 아들 여로보암의 길로 행한다.

앗수르 왕 '불'(디글랏 빌레셀)이 이스라엘을 치려할 때에 오히려 그에게 은 1천 달란트를 주고 그의 도움을 받아 자신의 왕권을 굳건히 하고자 한다. 이에 이스라엘의 모든 큰 부자들에게 한 사람당 은 50세겔씩을 강제하여 바친다.(왕하 15:19,20)

북이스라엘 ⑰ 브가히야(2년, 악) 왕하 15:23~26

선지자 : 호세아

유다 왕 웃시야 제50년에 아버지 므나헴을 이어 왕이 되고 여호와께서 보시기에 악을 행한다. 브가히야는 그의 군대 지휘관 중 한 사람인 르말랴의 아들 베가가 길르앗 사람 50명과 함께 반역을 일으켜 사마리아 궁중 요새에서 죽임을 당한다.

북이스라엘 ⑱ 베가(20년, 악) 왕하 15:27~31, 16:5 대하 28:5~6

선지자 : 호세아, 오뎃(대하 28:9~11)

유다 왕 아사랴 제52년에 브가히야를 죽이고 왕이 되고 여호와께서 보시기에 악을 행해 느밧의 아들 여로보암의 죄에서 떠나지 아니한다.
아람왕 르신과 함께 남유다 아하스 왕을 공격한다(왕하 16:5)
이스라엘의 왕 베가 때에 앗수르 왕 디글랏 빌레셀이 침략하여 이욘과 아벨벳마아가와 야노아와 게데스와 하솔과 길르앗과 갈릴리와 납달리의 온 지역을 점령하고 주민들을 앗수르로 사로잡아 간다.
엘라의 아들 호세아가 반역하므로 죽임을 당한다.

남유다 ⑪ 요담(16년, 선) 왕하 15:32~36, 대하 27:1~9

북이스라엘 왕 베가 제2년에 왕이 되어 나병에 걸린 아버지 웃시야 왕과 섭정하고 아버지 웃시야의 행위대로 여호와 보시기에 정직히 행한다. 여호와의 성전 윗문을 건축하고 암몬과의 전쟁에서 승리하여 3년간 조공을 받는다.

남유다 ⑫ 아하스(16년, 악) 왕하 16장, 대하 28장

선지자 : 이사야(사 7~19장)

북이스라엘 왕 베가 제17년에 왕이 되고 다윗의 길을 떠나 이스라엘의 악한 왕들의 뒤를 따른다. 이방신을 섬겨 자기 아들을 산채로 불에 태워 우상의 제물로 바친다.(몰록숭배) 산당과 작은 산 위에 모든 푸른 나무 아래에서 제사를 드리며 분향한다.

아람 왕 르신과 북이스라엘 베가 왕은 유다의 아하스 왕을 공격하여 예루살렘을 에워쌌으나 이기지 못한다. 아하스가 앗수르 왕 디글랏 빌레셀에게 "나는 왕의 신복이요 왕의 아들이라 아람과 이스라엘 손에서 나를 구원하소서" 아하스는 여호와의 성전과 왕궁 곳간에 있는 은금을 앗수르 왕에게 예물로 보낸다. 앗수르 왕이 다메섹을 쳐서 점령하고 르신을 죽인다.(왕하 16:5~9) 아하스는 앗수르 왕에게 굴욕적인 외교를 통하여 예루살렘을 지킨다.

후에 아하스가 앗수르 왕 디글랏 빌레셀을 만나러 다메섹에 갔다가 그 제단의 모든 구조와 제도의 양식을 그려 제사장 우리야에게 보낸다. 아하스가 앗수르에서 돌아오기도 전에 제단을 만들었고 여호와의 성전의 기명을 떼어내고 성전의 물건으로 다메섹 제단처럼 만들어 섬기는 죄를 범한다.(왕하 16:14~18)

아하스의 영적 실패
① 하나님을 의지하지 않고 이방 신을 의지(앗수르)
② 다메섹에 있는 앗수르 신의 제단을 여호와의 성전에 만든다.

이사야 7장 1~9절 : 아람과 이스라엘이 연합하였다는 말을 듣고 아하스의 마음과 백성의 마음이 숲이 바람에 흔들림 같이 흔들릴 때에 여호와께서 선지자 이사야를 통해 아하스에게 "아람과 르신과 이스라엘과 동맹할지라도 두려워 말고 낙심하지 말라 이들은 연기나는 두 부지깽이 그루터기에 불과하니 그 일은 서지 못하며 이루어지지 못하리라 만일 너희가 굳게 믿지 아니하면 너희는 굳게 서지 못하리라" 하였음에도 하나님을 믿지 못하고 앗수르 왕을 의지하여 악을 범한다.
하나님께서 약속의 징조를 주신다.

임마누엘 징조(사 7:14) : "주께서 친히 징조를 너희에게 주실 것이라 보라 처녀가 잉태하여 아들을 낳을 것이요 그의 이름을 임마누엘이라 하리라"
[임마누엘의 징조는 신약에서 예수 그리스도로 성취 되었다.(마 1:23, 눅 1:31, 요 1:45)]

북이스라엘 ⑲ 호세아(9년, 악) 왕하 17장

유다 왕 아하스 제12년에 베가를 죽이고 호세아가 왕이 된다. 그러나 여호와께서 보시기에 악을 행한다.

북이스라엘이 앗수르에 멸망당함 (B.C. 722) - 사마리아인
호세아 왕이 애굽의 왕 '소'에게 사자들을 보내고 해마다 하던 대로 앗수르 왕에게 조공을 드리지 아니하매 앗수르 왕이 호세아가 배반함을 보고 그를 옥에 가둔다. 앗수르의 살만에셀이 이스라엘 온 땅을 두루 다니며 노략하고 사마리아를 3년간 포위하여 점령한다. 이스라엘 사람을 사로잡아 앗수르로 끌어다가 고산 강가에 있는 할라와 하볼과 메대 사람의 여러 고을에 정착시켰으며, 사마리아에는 바벨론과 구다와 아와와 하맛과 스발와임에서 사람을 옮겨다가 이스라엘 자손을 대신하여 살게 한다. 이스라엘의 정통성을 훼파하고 혼혈민족을 이루게 함으로 이스라엘의 정체성을 종식시킨다.(왕하 17:33)

북이스라엘은 호세아 9년에 앗수르 살만에셀에게 멸망당한다. 이스라엘 역사 가운데 '사마리아인'이라는 이름을 남긴다. 이는 750년 후에 신약성경에서 예수님이 '사마리아인'에 관심을 갖고 언급하시는 배경이 된다.
여로보암에서 시작된 북이스라엘은 200여 년의 역사에 종말을 고한다.

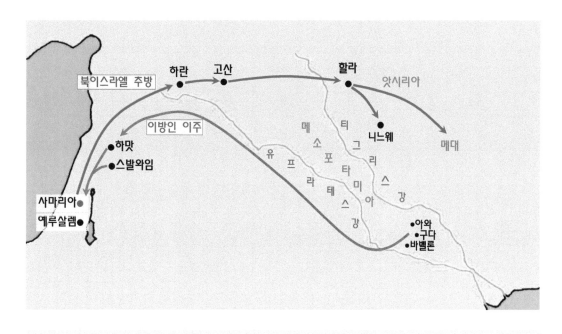

북이스라엘 호세아 9년, 북이스라엘 멸망(B.C. 722)

북이스라엘이 멸망당하는 이유(왕하 17:7~23)
이스라엘 자손은 애굽의 종살이를 벗어나게 하신 하나님을 버리고 다른 신을 섬기고 이방 사람의 규례를 따르고 하나님을 버렸다. 산당을 세워 목상과 아세라상을 섬겨 분향하여 악을 행하였으며 우상을 섬기며 또한 여로보암이 세운 금송아지를 섬기며 하나님의 말씀을 떠났다. 그들은 선지자를 통하여 말씀으로 돌아오라 했으나 목을 곧게 하여 돌아오지 아니하였고 풍요와 다산의 신 바알을 섬겼다.

"여호와께서 이스라엘에게 심히 노하사 그들을 그의 앞에서 제거하시니 오직 유다 지파 외에는 남은 자가 없으니라"(왕하 17:18)

8

유다의 멸망

히스기야 왕에서 마지막 다섯 왕

이사야, 미가, 나훔, 스바냐,
예레미야, 하박국, 예레미야애가

8. 유다의 멸망

히스기야 왕에서 마지막 다섯 왕
(왕하 18~25장)

왕정시대 - 역사서 6권(삼상, 삼하, 왕상, 왕하, 스, 느)				
6.왕국의 시작 (B.C. 1050)	**7.왕국의 분열** (B.C. 930)	**8.유다의 멸망** (B.C. 722)	**9.바벨론 포로** (B.C. 605)	**10.포로 귀환** (B.C. 536)
삼상 1~왕상 11장	왕상 12~왕하 17장	왕하 18~25장		스 1~10장 느 1~13장

유다의 멸망 개관
(왕하 18~25장)

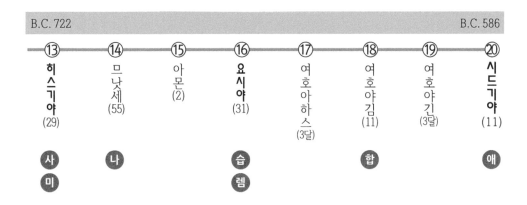

남유다 ⑬ 히스기야(29년, 선) 왕하 18~20장, 대하 29~32장

선지자 : 이사야(사 20~39장)

아하스의 아들 히스기야는 북이스라엘의 호세아 왕 제3년에 왕이 된다. 다윗의 길로 행하여 여호와 보시기에 정직히 행하였고 여호와를 의지하여 그의 전후 그러한 왕이 없었다. 모세에게 명하신 계명을 지키며 여호와와 연합하여 그를 떠나지 않는다. 여호와께서 그와 함께 하시매 그가 형통하였으며, 아버지 아하스 왕이 섬기던 앗수르 왕을 배반하여 섬기지 않는다.

히스기야 왕(왕하 18~20장)

종교개혁	앗수르의 침공	히스기야의 발병과 회복
왕하 18:1~12	왕하 18:13~19장	왕하 20장

1. 히스기야의 종교개혁 (왕하 18:1~12)

1) 성전 정화
여러 산당들을 제거하여 주상을 깨뜨리며 아세라 목상을 찍으며 모세가 만들었던 놋뱀을 이스라엘이 분향함으로 그것을 부수고 느후스단(놋조각)이라 일컬었다.(18:4)

```
대하 30:1~27
```

2) 유월절 지킴(대하 30:1, 5)
히스기야는 유월절을 회복하고 남유다 뿐 아니라 북이스라엘까지 초청하여 유월절을 지킨다. 오랫동안 지키지 못한 규례이기에 북이스라엘에 공포하여 예루살렘으로 와서 이스라엘 하나님 여호와의 유월절을 지키라 한다.

"히스기야가 온 이스라엘과 유다에 사람을 보내고 또 에브라임과 므낫세에 편지를 보내어 예루살렘 여호와의 전에 와서 이스라엘 하나님 여호와를 위하여 유월절을 지키라 하니라"(대하 30:1), "드디어 왕이 명령을 내려 브엘세바에서부터 단까지 온 이스라엘에 공포하여 일제히 예루살렘으로 와서 이스라엘 하나님 여호와의 유월절을 지키라 하니 이는 기록한 규례대로 오랫동안 지키지 못하였음이더라"

3) 7일 동안 무교절 지킴(대하 30:21~22)
"예루살렘에 모인 이스라엘 자손이 크게 즐거워하며 칠 일 동안 무교절을 지켰고 레위 사람들과 제사장들은 날마다 여호와를 칭송하며 큰 소리 나는 악기를 울려 여호와를 찬양하였으며 히스기야는 여호와를 섬기는 일에 능숙한 모든 레위 사람들을 위로하였더라 이와 같이 절기 칠 일 동안에 무리가 먹으며 화목제를 드리고 그의 조상들의 하나님 여호와께 감사하였더라"

> **기쁨의 절기 "250년 만의 기쁨이요"(대하 30:25~27)**
> "유다 온 회중과 제사장들과 레위 사람들과 이스라엘에서 온 모든 회중과 이스라엘 땅에서 나온 나그네들과 유다에 사는 나그네들이 다 즐거워하였으므로 예루살렘에 큰 기쁨이 있었으니 이스라엘 왕 다윗의 아들 솔로몬 때로부터 이러한 기쁨이 예루살렘에 없었더라 그 때에 제사장들과 레위 사람들이 일어나서 백성을 위하여 축복하였으니 그 소리가 하늘에 들리고 그 기도가 여호와의 거룩한 처소 하늘에 이르렀더라"
> [하나님은 다윗을 생각하시며 예루살렘을 지켜 보호하심]

4) 십일조와 예물(대하 31:5-10)
곡식과 포도주와 기름과 꿀과 소산물의 첫 열매와 모든 것의 십일조를 가져왔다.

2. 앗수르의 침공(왕하 18:13~19장)

1) 앗수르의 1차 침공(왕하 18:13~19:7)
앗수르 왕이 랍사게를 예루살렘으로 보내어 위협한다.
"이제 네가 너를 위하여 저 상한 갈대 지팡이 애굽을 의뢰하도다"(18:21)
"내가 어찌 여호와의 뜻이 아니고야 이제 이곳을 멸하러 올라왔겠느냐"(18:25)
"너희는 히스기야에게 속지말라 그가 너희를 내손에서 건져내지 못하리라"

(18:29)
"히스기야의 말을 듣지 말고 너희는 내게 항복하고 내게로 나아오라"(18:31)
"그들이 사마리아를 내 손에서 건졌느냐"(18:34)
"여호와가 예루살렘을 내 손에서 건지겠느냐"(18:35)

백성 – 백성들은 히스기야 왕의 명령을 따라 잠잠하고 대답하지 않았다.
히스기야 – 히스기야 왕은 그 옷을 찢고 굵은 베를 두르고 여호와의 전에 들어간다.
히스기야 왕이 서기관과 장로들을 선지자 이사야에게 보낸다.
여호와의 말씀 – 너는 앗수르의 모욕하는 말 때문에 두려워하지 말라 그가 본국에 돌아가서 칼에 죽으리라 하신다.(19:6~7)

2) 앗수르의 2차 침공(왕하 19:8~37)
랍사게가 앗수르왕 산헤립의 편지를 히스기야 왕에게 전한다.
"네 하나님이 예루살렘을 앗수르 왕의 손에 넘기지 아니하겠다 하는 말에 속지 말라"(19:10)
히스기야가 그 편지를 여호와의 성전에서 여호와 앞에 펴 놓고 기도한다.

히스기야의 기도 : "이스라엘의 하나님 여호와여 주는 천하만국에 홀로 하나님이시라 앗수르 왕이 여러 민족을 황폐하게 했으나 그들의 신은 신이 아니요 사람이 손으로 만든 나무와 돌뿐이라 우리를 그의 손에서 구원하옵소서 그리하시면 천하만국이 주 여호와가 홀로 하나님이신줄 알리이다"(왕하 19:15~19)

여호와의 말씀 : 내게 기도하는 것을 내가 들었노라 하신다. "그가 이 성에 이르지 못하며 화살을 쏘지 못하며 방패를 세우지 못하며 토성도 쌓지 못할 것이다. 이 성에 이르지 못하리라 내가 나와 나의 종 다윗을 위하여 이 성을 보호하여 구원하리라" 하신다. (왕하 19:32~34)

그 밤에 여호와의 사자가 앗수르 진영의 군사 18만 5천명을 쳐서 그들이 다 송장이 된다. 앗수르 왕 산헤립이 떠나 돌아가고 니느웨의 니스록 신전에서 칼로 쳐 죽임을 당하고 그 아들 에살핫돈이 왕이 된다.(왕하 19:35~37)

3. 히스기야의 발병과 회복, 그리고 자만 (왕하 20장)

히스기야가 병들어 죽게 되었을 때 선지자 이사야가 "여호와의 말씀이 너는 집을 정리하라 네가 죽고 살지 못하리라" 이른다. 히스기야는 낯을 벽으로 향하고 심히 통곡하며 기도한다.

"내가 진실과 전심으로 주 앞에 행하며 주께서 보시기에 선하게 행한 것을 기억하옵소서"(20:3)

이사야가 여호와의 말씀을 히스기야에게 전한다.

"내가 네 기도를 들었고 네 눈물을 보았노라 내가 너를 낫게 하리니 네가 삼 일 만에 여호와의 성전에 올라가겠고 내가 네 날에 15년을 더할 것이며 나와 다윗을 위하여 이 성을 앗수르 왕의 손에서 보호하리라"(20:5~6)하신다.

이사야가 무화과 반죽으로 그의 상처에 놓으니 나았더라. 히스기야가 이사야에게 여호와께서 나를 낫게 하시고 3일 만에 여호와의 성전에 올라가게 하실 징표를 구하자 해 그림자가 10도를 물러 갈 것이라 아하스의 해시계가 10도 뒤로 물러가게 하신다.

바벨론 사절단 앞에서 자만했던 히스기야 (왕하 20:12~18)

히스기야가 병 들었다 함을 듣고 바벨론 왕 브로닥 발라단이 사절단을 보내어 편지와 예물을 가지고 문안한다. 히스기야가 그들의 말을 듣고 자만하여 자기 보물고의 금은과 향품과 보배로운 기름과 그의 군기고와 창고의 모든 것을 다 사자들에게 보였는데 왕궁과 그의 나라 안에 있는 모든 것 중에서 히스기야가 그에게 보이지 아니한 것이 없다.

이사야가 '그들이 어디서부터 왔으며 그들에게 무엇을 보였나이까' 함으로 '내 궁에 있는 모든 것을 보았나니 나의 창고에서 보지 아니한 것이 하나도 없나이다' 한다. 이에 이사야가 유다 왕국의 멸망을 예언한다.

"여호와의 말씀이 날이 이르리니 왕궁의 모든 것과 왕의 조상들이 오늘까지 쌓아 두었던 것이 바벨론으로 옮긴 바 되고 하나도 남지 아니할 것이요 또 왕의 몸에서 날 아들 중에서 사로잡혀 바벨론 왕궁의 환관이 되리라 하셨나이다"

앗수르 왕을 정리해 봅시다

1. 디글랏 빌레셀 - 남유다 아하스왕의 굴욕적 외교 (왕하 6:5~11)
2. 살만에셀 - 사마리아를 함락시키고 북이스라엘을 멸망시킴 (왕하 17:5), 사마리아인 생겨남
3. 사르곤 (이사야 20장) - 사마리아인을 민족혼혈 정책 펼침
4. 산헤립 - 히스기야와 남유다 위협 (왕하 19장)
5. 에살핫돈 - 산헤립의 아들로 그 다음 왕이 된다. (왕하 19:37)
6. 앗수르 바니팔 - 오스납발(스 4:10)

앗수르 제국의 멸망은 지나친 영토확장에 따르는 조직적인 통치제도가 없었고 바벨론의 등장으로 더욱 위축되었다. 바벨론과 메대의 동맹군에 의해 니느웨가 함락되었고 앗수르 제국은 종말을 고했다.(참고 스펙트럼 성서지도, 이원희 목사, p100)

이사야 (66장)

이사야는 '여호와는 구원이시다'라는 뜻이다. 그는 남유다 웃시야 왕이 죽던 해에 선지자로 부름을 받아 60년간 웃시야, 요담, 아하스, 히스기야, 므낫세 왕의 시대를 거치며 예언자로 활동했다.(이사야의 아버지 아모스는 남유다 제9대 왕 아마샤와 형제임으로 웃시야 왕과는 사촌관계이다.)

형제인 북이스라엘이 앗수르에 의해 멸망당하는 것을 목격했고 남아 있는 남유다 마저도 앗수르 왕에게 위협을 당하고 성전과 왕궁의 금과 은을 바치는 등 비통하고 어려운 시기에 활동했던 선지자이다.(북왕국 멸망과 남유다의 위기)

이사야서는 장차 오실 '메시아'에 대한 예언이 가장 풍부하고 진하게 새겨져 있어 읽는 이로 하여금 메시아의 도래를 대망하게 한다. 이사야는 메시아적 선지자이면서 구원을 전하는 복음적 선지자이다. 특히 이사야 53장은 성경 1189장 가운데 가장 메시아의 구속을 잘 예언하고 있는 장으로 예수님의 속죄 사역을 더 이상 잘 예언한 곳은 없다. 또한 이사야서는 예언서임에도 히스기야 왕의 치리가 기록되어 있어(사 36~39장까지) 예언서를 통해 역사적인 사건을 만나게 됨으로 더욱 흥미롭다.

역사의 격변기를 겪으며 '여호와께 돌아오라 그리하면 하나님의 구원과 회복이 임할 것'을 예언하였던 이사야 선지자는 므낫세 왕 때에 톱으로 켜서 죽임을 당한 선지자로 전해지고 있으며(히 11:37), 또한 신약 성경에서 21회나 인용이 된 예언서가 바로 이사야이다.

이사야 (66장)

1~39장				40~66장		
심판				회복		
1~12장	13~27장	28~35장	36~39장	40~48장	49~57장	58~66장
유다의 심판	열방의 심판	심판과 회복	히스기야와 이사야	구속의 약속	구속의 성취	구속의 완성

심판(사 1~39장)

심판(1~39장)

1~12장	13~27장	28~35장	36~39장
유다의 심판	열방의 심판	심판과 회복	히스기야와 이사야

1. 유다의 심판(1~12장)

1~6장	7~19장	20~39장	40~66장
웃시야 왕	아하스 왕	히스기야 왕	므낫세 왕

1장 : 배신한 이스라엘을 고발하시는 하나님
① **가축만도 못한 유다 백성** : "소는 그 임자를 알고 나귀는 그 주인의 구유를 알건마는 이스라엘은 알지 못하고 나의 백성은 깨닫지 못하는도다 하셨도다"(사 1:3)

"여호와께서 말씀하시되 너희의 무수한 제물이 내게 무엇이 유익하뇨 나는 숫양의 번제와 살진 짐승의 기름에 배불렀고 나는 수송아지나 어린 양이나 숫염소의 피를 기뻐하지 아니하노라 너희가 내 앞에 보이러 오니 이것을 누가 너희에게 요구하였느냐 내 마당만 밟을 뿐이니라 헛된 제물을 다시 가져오지 말라 분향은 내가 가증히 여기는 바요 월삭과 안식일과 대회로 모이는 것도 그러하니 성회와 아울러 악을 행하는 것을 내가 견디지 못하겠노라"(사 1:11~13)

② **하나님의 권고** : "너희는 스스로 씻으며 스스로 깨끗하게 하여 내 목전에서 너희 악한 행실을 버리며 행악을 그치고 선행을 배우며 정의를 구하며 학대 받는 자를 도와 주며 고아를 위하여 신원하며 과부를 위하여 변호하라 하셨느니라 여호와께서 말씀하시되 오라 우리가 서로 변론하자 너희의 죄가 주홍 같을지라도 눈과 같이 희어질 것이요 진홍 같이 붉을지라도 양털 같이 희게 되리라"(사 1:16~18)

③ **유다의 죄** : "네 고관들은 패역하여 도둑과 짝하며 다 뇌물을 사랑하며 예물을 구하며 고아를 위하여 신원하지 아니하며 과부의 송사를 수리하지 아니하는도다" (사 1:23)

2장 : 여호와의 날

"오라 우리가 여호와의 산에 오르며 야곱의 하나님의 전에 이르자 그가 그의 길을 우리에게 가르치실 것이라 우리가 그 길로 행하리라 하리니 이는 율법이 시온에서부터 나올 것이요 여호와의 말씀이 예루살렘에서부터 나올 것임이니라"(사 2:3)

"주께서 주의 백성 야곱 족속을 버리셨음은 그들에게 동방 풍속이 가득하며 그들이 블레셋 사람들 같이 점을 치며 이방인과 더불어 손을 잡아 언약하였음이라"(사 2:6)

"대저 만군의 여호와의 날이 모든 교만한 자와 거만한 자와 자고한 자에게 임하리니 그들이 낮아지리라"(사 2:12)

"너희는 인생을 의지하지 말라 그의 호흡은 코에 있나니 셈할 가치가 어디 있느냐"(사 2:22)

3장 : 유다에 대한 심판

"보라 주 만군의 여호와께서 예루살렘과 유다가 의뢰하며 의지하는 것을 제하여 버리시되"(사 3:1)

"예루살렘이 멸망하였고 유다가 엎드러졌음은 그들의 언어와 행위가 여호와를 거역하여 그의 영광의 눈을 범하였음이라"(사 3:8)

4장 : 예루살렘의 영광된 미래

"시온에 남아 있는 자, 예루살렘에 머물러 있는 자 곧 예루살렘 안에 생존한 자 중 기록된 모든 사람은 거룩하다 칭함을 얻으리니"(사 4:3)

5장 : 포도원의 비유

"땅을 파서 돌을 제하고 극상품 포도나무를 심었도다 그 중에 망대를 세웠고 또 그 안에 술틀을 팠도다 좋은 포도 맺기를 바랐더니 들포도를 맺었도다"(사 5:2)

"무릇 만군의 여호와의 포도원은 이스라엘 족속이요 그가 기뻐하시는 나무는 유다 사람이라 그들에게 정의를 바라셨더니 도리어 포학이요 그들에게 공의를 바라셨더니 도리어 부르짖음이었도다"(사 5:7)

6장 : 이사야를 선지자로 부르시다

"그 때에 내가 말하되 화로다 나여 망하게 되었도다 나는 입술이 부정한 사람이요 나는 입술이 부정한 백성 중에 거주하면서 만군의 여호와이신 왕을 뵈었음이로다 하였더라 그 때에 그 스랍 중의 하나가 부젓가락으로 제단에서 집은 바 핀 숯을 손에 가지고 내게로 날아와서 그것을 내 입술에 대며 이르되 보라 이것이 네 입에 닿았으니 네 악이 제하여졌고 네 죄가 사하여졌느니라 하더라"(사 6:5~7)

"내가 또 주의 목소리를 들으니 주께서 이르시되 내가 누구를 보내며 누가 우리를 위하여 갈꼬 하시니 그 때에 내가 이르되 내가 여기 있나이다 나를 보내소서"(사 6:8)

"그 중에 십분의 일이 아직 남아 있을지라도 이것도 황폐하게 될 것이나 밤나무와 상수리나무가 베임을 당하여도 그 그루터기는 남아 있는 것 같이 거룩한 씨가 이 땅의 그루터기니라 하시더라"(사 6:13)

1~6장	**7~19장**	20~39장	40~66장
웃시야 왕	**아하스 왕**	히스기야 왕	므낫세 왕

이사야 7장에서 19장까지는 아하스 왕의 통치기간을 배경으로 하고 있다. 아하스 왕은 하나님과의 언약보다는 자신의 정치적인 능력을 신뢰하였고 친앗수르 정책으로 디글랏 빌레셀에게 예물을 바치며 '나는 왕의 신복이요 왕의 아들이라'(왕하 16:7~8)며 굴욕적인 외교를 펼쳤다. 아하스 왕은 다메섹 제단의 모양과 구조를 그려 남유다 제사장 우리야에게 보내어 하나님의 성전에 다메섹 제단을 만들고 제사를 드린 왕이다. 아하스 왕은 영적 혼합주의를 보여주었고 북이스라엘의 멸망을 보면서도 영적인 교훈을 얻지 못했다.

7장 : 아하스 왕에게 임마누엘 징조

"어떤 사람이 다윗의 집에 알려 이르되 아람이 에브라임과 동맹하였다 하였으므로 왕의 마음과 그의 백성의 마음이 숲이 바람에 흔들림 같이 흔들렸더라"(사 7:2)

"그에게 이르기를 너는 삼가며 조용하라 르신과 아람과 르말리야의 아들이 심히 노할지라도 이들은 연기 나는 두 부지깽이 그루터기에 불과하니 두려워하지 말며 낙심하지 말라"(사 7:4)

"주 여호와의 말씀이 그 일은 서지 못하며 이루어지지 못하리라"(사 7:7)

"에브라임의 머리는 사마리아요 사마리아의 머리는 르말리야의 아들이니라 만일 너희가 굳게 믿지 아니하면 너희는 굳게 서지 못하리라 하시니라"(사 7:9)

임마누엘 징조(사 7:14)

"그러므로 주께서 친히 징조를 너희에게 주실 것이라
보라 처녀가 잉태하여 아들을 낳을 것이요
그의 이름을 임마누엘이라 하리라"

[환난 가운데 있는 남유다에 임마누엘의 징조를 통해 믿음의 확증을 주시기 위함(마 1:22~23)]

8장 : 이사야의 아들을 통해 전하는 메시지

*첫째 아들(스알야숩) : '남는 자가 돌아오리라'(사 7:3)
*둘째 아들(마헬살랄하스바스) : '다메섹과 사마리아가 멸망한다'
"이는 이 아이가 내 아빠, 내 엄마라 부를 줄 알기 전에 다메섹의 재물과 사마리아의 노략물이 앗수르 왕 앞에 옮겨질 것임이라"(사 8:4)

9장 : 메시아의 탄생과 통치

"이는 한 아기가 우리에게 났고 한 아들을 우리에게 주신 바 되었는데 그의 어깨에는 정사를 메었고 그의 이름은 기묘자라, 모사라, 전능하신 하나님이라, 영존하시는 아버지라, 평강의 왕이라 할 것임이라"(사 9:6)

10장 : 앗수르는 하나님의 진노의 도구

"앗수르 사람은 화 있을진저 그는 내 진노의 막대기요 그 손의 몽둥이는 내 분노라"(사 10:5)

"도끼가 어찌 찍는 자에게 스스로 자랑하겠으며 톱이 어찌 켜는 자에게 스스로 큰 체하겠느냐 이는 막대기가 자기를 드는 자를 움직이려 하며 몽둥이가 나무 아닌 사람을 들려 함과 같음이로다"(사 10:15)

"이스라엘이여 네 백성이 바다의 모래 같을지라도 남은 자만 돌아오리니 넘치는 공의로 파멸이 작정되었음이라"(사 10:22)

11장 : 이새의 줄기에서 의로운 통치자가 나올 것

"이새의 줄기에서 한 싹이 나며 그 뿌리에서 한 가지가 나서 결실할 것이요 그의 위에 여호와의 영 곧 지혜와 총명의 영이요 모략과 재능의 영이요 지식과 여호와를 경외하는 영이 강림하시리니 그가 여호와를 경외함으로 즐거움을 삼을 것이며 그의 눈에 보이는 대로 심판하지 아니하며 그의 귀에 들리는 대로 판단하지 아니하며 공의로 가난한 자를 심판하며 정직으로 세상의 겸손한 자를 판단할 것이며 그의 입의 막대기로 세상을 치며 그의 입술의 기운으로 악인을 죽일 것이며 공의로 그의 허리띠를 삼으며 성실로 그의 몸의 띠를 삼으리라"(사 11:1~5)

"물이 바다를 덮음 같이 여호와를 아는 지식이 세상에 충만할 것임이니라"(사 11:9, 합 2:14)

12장 : 여호와의 구원에 감사

"보라 하나님은 나의 구원이시라 내가 신뢰하고 두려움이 없으리니 주 여호와는 나의 힘이시며 나의 노래시며 나의 구원이심이라"(사 12:2)

심판(1~39장)

1~12장	13~27장	28~35장	36~39장
유다의 심판	**열방의 심판**	심판과 회복	히스기야와 이사야

2. 열방의 심판(사 13~27장)

13장 : 바벨론에 대한 심판

"너희는 애곡할지어다 여호와의 날이 가까웠으니 전능자에게서 멸망이 임할 것임이로다 그러므로 모든 손의 힘이 풀리고 각 사람의 마음이 녹을 것이라 그들이 놀라며 괴로움과 슬픔에 사로잡혀 해산이 임박한 여자 같이 고통하며 서로 보고 놀라며 얼굴이 불꽃 같으리로다"(사 13:6~8)

"메대 사람이 활로 청년을 쏘아 죽이며 태의 열매를 긍휼히 여기지 아니하며 아이를 애석하게 보지 아니하리라"(사 13:18)

14장 : 바벨론의 멸망과 이스라엘의 회복

"민족들이 그들을 데리고 그들의 본토에 돌아오리니 이스라엘 족속이 여호와의 땅에서 그들을 얻어 노비로 삼겠고 전에 자기를 사로잡던 자들을 사로잡고 자기를 압제하던 자들을 주관하리라"(사 14:2)

"너 아침의 아들 계명성이여 어찌 그리 하늘에서 떨어졌으며 너 열국을 엎은 자여 어찌 그리 땅에 찍혔는고"(사 14:12)

"계명성"이란, 이중적 해석이 가능하다. 계명성은 일차적으로 바벨론의 왕을 의미하며, 또는 사단의 유형으로 본다. 계명성은 '빛을 낳는 자'의 뜻으로 루시퍼를 의미하며, '새벽 별' 또는 'Venus'(금성)의 별칭이다.

신약 성경에서는 사도 요한은 '새벽 별'로 두아디라 교회를 돕게 될 예수 그리스도를 상징적으로 말하며, 베드로후서 1장 19절에서는 '샛별'의 의미를 재림하여 오실 예수 그리스도를 언급하고 있다.

앗수르의 멸망 예언(사 14:24~32장) "내가 앗수르를 나의 땅에서 파하며 나의 산에서 그것을 짓밟으리니 그 때에 그의 멍에가 이스라엘에게서 떠나고 그의 짐이 그들의 어깨에서 벗어질 것이라"(사 14:25)

15장 : 모압의 심판 경고

16장 : 모압의 멸망
"우리가 모압의 교만을 들었나니 심히 교만하도다 그가 거만하며 교만하며 분노함도 들었거니와 그의 자랑이 헛되도다"(사 16:6)

"이제 여호와께서 말씀하여 이르시되 품꾼의 정한 해와 같이 삼 년 내에 모압의 영화와 그 큰 무리가 능욕을 당할지라 그 남은 수가 심히 적어 보잘것없이 되리라 하시도다"(사 16:14)

17장 : 다메섹과 에브라임(이스라엘 사마리아)의 멸망에 관한 경고
"그 날에 야곱의 영광이 쇠하고 그의 살진 몸이 파리하리니"(4절), "감람나무를 흔들 때에 가장 높은 가지 꼭대기에 과일 두세 개가 남음"(6절)같으리라. "이는 네가 네 구원의 하나님을 잊어버리며 네 능력의 반석을 마음에 두지 아니한 까닭이라" (사 17:10)

18장 : 구스의 멸망
"추수하기 전에 꽃이 떨어지고 포도가 맺혀 익어갈 때에 내가 낫으로 그 연한 가지를 베며 퍼진 가지를 찍어 버려서 산의 독수리들과 땅의 들짐승들에게 던져 주리라"(사 18:5,6)

19장 : 애굽에 관한 경고
"애굽에 관한 경고라 보라 여호와께서 빠른 구름을 타고 애굽에 임하시리니 애굽의 우상들이 그 앞에서 떨겠고 애굽인의 마음이 그 속에서 녹으리로다"(사 19:1)

1~6장	7~19장	**20~39장**	40~66장
웃시야 왕	아하스 왕	**히스기야 왕**	므낫세 왕

20장 : 앗수르 왕(사르곤)에게 망하는 애굽과 구스에 대한 경고

"여호와께서 이르시되 나의 종 이사야가 삼 년 동안 벗은 몸과 벗은 발로 다니며 애굽과 구스에 대하여 징조와 예표가 되었느니라 이사야의 수치는 애굽과 구스가 망하고 수치 당할 것을 예표한다. 앗수르 포로가 될 때 그들은 벗은 몸과 벗은 발로 볼기까지 드러내어 애굽의 수치를 보이리니 그들이 바라던 구스와 자랑하던 애굽으로 말미암아 그들이 놀라고 부끄러워할 것이라"(사 20:3~5)

21장 : 바벨론의 멸망

속이는 자는 속이고 약탈하는 자는 약탈한다. 엘람(앗수르)이 치고 메대가 에워싸는 혹독한 묵시를 본다.(2절)

22장 : 환상 골짜기에 관한 경고(예루살렘)

여호와께서 회개하라 하셨음에도 소와 양을 잡아 고기를 먹고 포도주를 마시면서 기뻐하고 즐거워하며 내일 죽으리니 먹고 마시자 한다. 여호와께서 진실로 이 죄악은 너희가 죽기까지 용서하지 못하리라 하신다.(사 22:12~14)

23장 : 두로에 관한 경고

시돈의 무역 상인들은 부요하고 나일의 추수를 운송하여 열국의 시장이 되었으나 여호와께서 그의 손을 펴사 열방을 흔드시고 무너뜨리신다. 70년이 찬 후에 여호와께서 두로를 돌보실 것이나 그가 다시 열방과 음란을 행할 것이다. 이에 그 무역으로 생긴 이익과 재물이 여호와를 위하여 여호와 앞에 사는 자가 배불리 먹을 양식, 잘 입을 옷감이 되리라(사 23:2~3, 11, 17~18)

> **이사야 24~27장까지는 '이사야의 묵시' '작은 묵시록'**이다. 열방의 죄를 하나님이 어떻게 심판하시고 통치를 이루시는 지에 대한 내용과 심판 후에 있을 감사와 찬양의 노래를 비유적으로 기록한다.

24장 : 대 환난 예언

"하나님의 심판이 임하는 이유는 땅이 그 주민 아래서 더럽게 되었나니 이는 그들이 율법을 범하여 율례를 어기며 영원한 언약을 깨뜨렸음이라. 그러므로 저주가 땅을 삼켰고 그 중에 사는 자들이 정죄함을 당하였고 땅의 주민이 불타서 남은 자가 적도다"(사 24:5~13)

25장 : 이사야의 찬양

이사야는 구원의 하나님을 찬양한다. 여호와께서 연회를 베푸심으로 모든 얼굴에서 눈물을 씻기시며 자기 백성의 수치를 온 천하에서 제하신다.

26장 : 이스라엘의 회복

"주께서 심지가 견고한 자를 평강하고 평강하도록 지키시리니 이는 그가 주를 신뢰함이니이다 너희는 여호와를 영원히 신뢰하라 주 여호와는 영원한 반석이심이로다"(사 26:3~4)

27장 : 이스라엘의 구원에 대한 확신

"그 날에 여호와께서 그의 견고하고 크고 강한 칼로 날랜 뱀 리워야단 곧 꼬불꼬불한 뱀 리워야단을 벌하시며 바다에 있는 용을 죽이시리라"(사 27:1)

3. 심판과 회복(28~35장)

심판(1~39장)

1~12장	13~27장	**28~35장**	36~39장
유다의 심판	열방의 심판	**심판과 회복**	히스기야와 이사야

28장 : 시온의 기초들

"그러므로 주 여호와께서 이같이 이르시되 보라 내가 한 돌을 시온에 두어 기초를 삼았노니 곧 시험한 돌이요 귀하고 견고한 기촛돌이라 그것을 믿는 이는 다급하게 되지 아니하리로다"(사 28:16)

한 돌 : 일차적으로는 히스기야를 가리키지만 궁극적으로는 예수 그리스도를 예표한다.

29장 : 아리엘이여 아리엘이여
아리엘 : 하나님의 번제단을 의미하며 번제단은 하나님의 성전을 의미함으로 아리엘은 예루살렘을 의미

"내가 아리엘을 괴롭게 하리니 그가 슬퍼하고 애곡하며 내게 아리엘과 같이 되리라"(사 29:2)

"주께서 이르시되 이 백성이 입으로는 나를 가까이 하며 입술로는 나를 공경하나 그들의 마음은 내게서 멀리 떠났나니 그들이 나를 경외함은 사람의 계명으로 가르침을 받았을 뿐이라"(사 29:13)

30장 : 애굽과 맺은 언약이 헛되도다
"애굽의 도움은 헛되고 무익하니라 그러므로 내가 애굽을 가만히 앉은 라합이라 일컬었느니라"(사 30:7)

(유다의 패역함)"대저 이는 패역한 백성이요 거짓말 하는 자식들이요 여호와의 법을 듣기 싫어하는 자식들이라 그들이 선견자들에게 이르기를 선견하지 말라 선지자들에게 이르기를 우리에게 바른 것을 보이지 말라 우리에게 부드러운 말을 하라 거짓된 것을 보이라"(사 30:9~10)

31장 : 유다의 불신앙
(앗수르의 공격을 받을 때 하나님을 의지하기보다 애굽을 의지함을 책망)

"애굽은 사람이요 신이 아니며 그들의 말들은 육체요 영이 아니라 여호와께서 그의 손을 펴시면 돕는 자도 넘어지며 도움을 받는 자도 엎드러져서 다 함께 멸망하리라"(사 31:3)

32장 : 의의 왕(메시아)을 예고
"보라 장차 한 왕이 공의로 통치할 것이요 방백들이 정의로 다스릴 것이며"(사 32:1)

"마침내 위에서부터 영을 우리에게 부어 주시리니 광야가 아름다운 밭이 되며 아름다운 밭을 숲으로 여기게 되리라"(사 32:15)

33장 : 은혜를 구하는 유다
"여호와여 우리에게 은혜를 베푸소서 우리가 주를 앙망하오니 주는 아침마다 우리의 팔이 되시며 환난 때에 우리의 구원이 되소서"(사 33:2)

"대저 여호와는 우리 재판장이시요 여호와는 우리에게 율법을 세우신 이요 여호와는 우리의 왕이시니 그가 우리를 구원하실 것임이라"(사 33:22)

34장 : 열방을 심판(에돔의 멸망)
"여호와의 칼이 하늘에서 족하게 마셨은즉 보라 이것이 에돔 위에 내리며 진멸하시기로 한 백성 위에 내려 그를 심판할 것이라 여호와의 칼이 피 곧 어린 양과 염소의 피에 만족하고 기름 곧 숫양의 콩팥 기름으로 윤택하니 이는 여호와를 위한 희생이 보스라에 있고 큰 살륙이 에돔 땅에 있음이라"(사 34:5~6)

35장 : 택함 받은 자들의 축복
"너희는 약한 손을 강하게 하며 떨리는 무릎을 굳게 하며 겁내는 자들에게 이르기를 굳세어라, 두려워하지 말라, 보라 너희 하나님이 오사 보복하시며 갚아 주실 것이라 하나님이 오사 너희를 구하시리라 하라"(사 35:3~4)

"여호와의 속량함을 받은 자들이 돌아오되 노래하며 시온에 이르러 그들의 머리 위에 영영한 희락을 띠고 기쁨과 즐거움을 얻으리니 슬픔과 탄식이 사라지리로다"(사 35:10)

4. 히스기야와 이사야(36~39장)

심판(1~39장)

1~12장	13~27장	28~35장	36~39장
유다의 심판	열방의 심판	심판과 회복	**히스기야와 이사야**

이사야 36~39장은 히스기야 왕의 역사적 사건이 예언서 가운데 기록되어 있다. 열왕기하 18~20 장의 내용과 동일하나 이사야는 히스기야 왕의 종교개혁의 내용을 생략하고 앗수르 침입과 히스기 야의 발병과 회복 그리고 바벨론에서 온 사절단들에 대한 내용을 기록하고 있다.

36장 : 앗수르 왕 산헤립의 침공
[1차 앗수르 공격] 히스기야 14년에 앗수르의 산헤립이 유다를 침공한다. 랍사게가 유다 방언으로 백성들을 현혹시킬 때에 유다 방언으로 말고 아람방언으로 말하라 한다.

랍사게 : "히스기야의 말을 듣지 말라 앗수르 왕이 또 이같이 말씀하시기를 너희는 내게 항복하고 내게로 나아오라 혹시 히스기야가 너희에게 이르기를 여호와께서 우리를 건지시리라 할지라도 속지 말라 열국의 신들 중에 자기의 땅을 앗수르 왕 의 손에서 건진 자가 있느냐"(사 36:16~18)

유다 백성 : (침묵) – 히스기야가 아무 대답도 할지 말라 하므로…

37장 : 히스기야의 기도
"히스기야 왕이 자기의 옷을 찢고 굵은 베 옷을 입고 여호와의 전으로 갔고 왕궁 맡은 자 엘리아김과 서기관 셉나와 제사장 중 어른들도 굵은 베 옷을 입으니라 왕이 그들을 아모스의 아들 선지자 이사야에게로 보내어" 중보기도를 부탁한다.(사 37:1~3)

이사야 : "너희가 들은 바 앗수르 왕의 종들이 나를 능욕한 말로 말미암아 두려워하지 말라 보라 내가 영을 그의 속에 두리니 그가 소문을 듣고 그의 고국으로 돌아갈 것이 며 또 내가 그를(산헤립) 그의 고국에서 칼에 죽게 하리라 하셨느니라"(사 37:6~7)

[2차 앗수르 공격]

산헤립의 협박 : "너희는 유다의 히스기야 왕에게 이같이 말하여 이르기를 너는 네가 신뢰하는 하나님이 예루살렘이 앗수르 왕의 손에 넘어가지 아니하리라 하는 말에 속지 말라"(사 37:10)

히스기야의 기도 : 히스기야가 그 사자들의 손에서 글을 받아 보고 여호와의 전에 올라가서 그 글을 여호와 앞에 펴 놓고 기도한다.
"여호와여 앗수르 왕들이 과연 열국과 그들의 땅을 황폐하게 하였고 그들의 신들을 불에 던졌사오나 그들은 신이 아니라 사람의 손으로 만든 것일 뿐이요 나무와 돌이라 그러므로 멸망을 당하였나이다 우리 하나님 여호와여 이제 우리를 그의 손에서 구원하사 천하 만국이 주만이 여호와이신 줄을 알게 하옵소서 하니라"(사 37:14~20)

하나님의 응답 : "그러므로 여호와께서 앗수르 왕에 대하여 이같이 이르시되 그가 이 성에 이르지 못하며 화살 하나도 이리로 쏘지 못하며 방패를 가지고 성에 가까이 오지도 못하며 흙벽을 쌓고 치지도 못할 것이요 그가 오던 길 곧 그 길로 돌아가고 이 성에 이르지 못하리라"(사 37:33~34)
그 밤에 여호와의 사자가 앗수르 진중에서 18만 5천명을 쳤으므로 아침에 일어나 본즉 시체뿐이다. 이에 앗수르의 산헤립이 돌아가서 니느웨에 거주하더니 자기 신 니스록의 신전에서 경배할 때에 그의 아들 아드람멜렉과 사레셀이 그를 칼로 죽이고 아라랏 땅으로 도망하였으므로 그의 아들 에살핫돈이 이어 왕이 된다.(사 37:36~38)

38장 : 히스기야의 발병과 회복

그 때에 히스기야가 병들어 죽게 되니 이사야 선지자가 히스기야에게 '너는 네 집에 유언하라 네가 죽고 살지 못하리라' 한다. 이에 히스기야가 얼굴을 벽으로 향하고 여호와께 통곡하며 기도한다. "여호와여 구하오니 내가 주 앞에서 진실과 전심으로 행하며 주의 목전에서 선하게 행한 것을 기억하옵소서"(사 38:1~3)
응답하시는 하나님 : "내가 네 기도를 들었고 네 눈물을 보았노라 내가 네 수한에 십오 년을 더하고 너와 이 성을 앗수르 왕의 손에서 건져내겠고 내가 또 이 성을 보호하리라 이는 여호와께로 말미암는 너를 위한 징조이니 곧 여호와께서 하신 말씀을 그가 이루신다는 증거이니라 보라 아하스의 해시계에 나아갔던 해 그림자

를 뒤로 십 도를 물러가게 하리라 하셨다 하라 하시더니 이에 해시계에 나아갔던 해의 그림자가 십 도를 물러가니라"(사 38:5~8)

이사야서에만 기록된 히스기야의 기도(사 38:9~20)
죽음을 맞이한 히스기야 왕은 생명의 주권자가 되시는 하나님께 전심으로 의지하여 호소한다. 사망에서 생명으로 옮겨진 자는 하나님을 경배하며 생명의 의미를 다시 새긴다. 사망에서 생명으로 옮겨진 자의 입술에는 감사와 찬양만 있을 뿐이다. 히스기야가 죽을 병에 걸렸다가 다시 고침을 받았다는 것을 통하여 하나님께서는 죽은 자를 다시 살리시는 구원의 역사를 보게 하신다.

"보옵소서 내게 큰 고통을 더하신 것은 내게 평안을 주려 하심이라 주께서 내 영혼을 사랑하사 멸망의 구덩이에서 건지셨고 내 모든 죄를 주의 등 뒤에 던지셨나이다"(사 38:17)

"여호와께서 나를 구원하시리니 우리가 종신토록 여호와의 전에서 수금으로 나의 노래를 노래하리로다"(사 38:20)

39장 : 바벨론 사절단의 위문

바벨론 왕 므로닥발라딘이 히스기야가 병 들었다가 나았다 함을 듣고 히스기야에게 글과 예물을 보낸다. 히스기야가 사자들로 말미암아 기뻐하여 그들에게 보물 창고 곧 은금과 향료와 보배로운 기름과 모든 무기고에 있는 것을 다 보여 주었으니 히스기야가 궁중의 소유와 전 국내의 소유를 보여주지 아니한 것이 없다.(사 39:1~2)
이에 하나님께서 이사야를 통해 히스기야를 책망하신다. "네 집에 있는 모든 소유와 네 조상들이 오늘까지 쌓아 둔 것이 모두 바벨론으로 옮긴 바 되고 남을 것이 없으리라"(사 39:6)

히스기야는 스스로 자만하여 부와 군사력을 과시하며 치명적인 외교실수를 한다. 하나님이 이를 책망하심에도 마음이 교만하여 자기가 받은 은혜를 고맙게 여기지 않자 여호와 하나님께서 진노하신다. 이에 히스기야가 자신의 교만을 뉘우침으로 그의 생전에 벌하지 않으시고 정확하게 100년 후에 하나님의 말씀이 성취되어 모두 바벨론으로 옮겨진다.

회복 (사 40~66장)

회복(40~66장)

40~48	49~57	58~66
구속의 약속	구속의 성취	구속의 완성

1~6장	7~19장	20~39장	**40~66장**
웃시야 왕	아하스 왕	히스기야 왕	**므낫세 왕**

1. 구속의 약속(사 40~48장)

40장 : 여호와의 위로

"너희는 위로하라 내 백성을 위로하라 너희는 예루살렘의 마음에 닿도록 말하며 그것에게 외치라 그 노역의 때가 끝났고 그 죄악이 사함을 받았느니라 외치는 자의 소리여 이르되 너희는 광야에서 여호와의 길을 예비하라 사막에서 우리 하나님의 대로를 평탄하게 하라 골짜기마다 돋우어지며 산마다, 언덕마다 낮아지며 고르지 아니한 곳이 평탄하게 되며 험한 곳이 평지가 되게 하라 여호와의 영광이 나타나고 모든 육체가 그것을 함께 보리라"(사 40:1~5)

[예수님의 오실 길을 예비하라 - 마태복음 3장 3절에서 인용]

"모든 육체는 풀이요 그의 모든 아름다움은 들의 꽃과 같으니 풀은 마르고 꽃은 시드나 우리 하나님의 말씀은 영원히 서리라"(사 40:6~8)

"주 여호와께서 장차 강한 자로 임하실 것이요"(사 40:10)

"창조주 하나님"(사 40:18~26)

새 힘을 주시는 하나님(사 40:27~31) : "소년이라도 피곤하며 곤비하며 장정이라도 넘어지며 쓰러지되 오직 여호와를 앙망하는 자는 새 힘을 얻으리니 독수리가 날개치며 올라감 같을 것이요 달음박질하여도 곤비하지 아니하겠고 걸어가도 피곤하지 아니하리로다"(사 40:30~31)

41장 : 나 여호와가 응답하리라

"두려워하지 말라 내가 너와 함께 함이라 놀라지 말라 나는 네 하나님이 됨이라 내가 너를 굳세게 하리라 참으로 너를 도와 주리라 참으로 나의 의로운 오른손으로 너를 붙들리라"(사 41:10)

"버러지 같은 너 야곱아, 너희 이스라엘 사람들아 두려워하지 말라 나 여호와가 말하노니 내가 너를 도울 것이라 네 구속자는 이스라엘의 거룩한 이이니라"(사 41:14)

42장 : 여호와의 종(메시아 예언)

"내가 붙드는 나의 종, 내 마음에 기뻐하는 자 곧 내가 택한 사람을 보라 내가 나의 영을 그에게 주었은즉 그가 이방에 정의를 베풀리라 그는 외치지 아니하며 목소리를 높이지 아니하며 그 소리를 거리에 들리게 하지 아니하며 상한 갈대를 꺾지 아니하며 꺼져가는 등불을 끄지 아니하고 진실로 정의를 시행할 것이며 그는 쇠하지 아니하며 낙담하지 아니하고 세상에 정의를 세우기에 이르리니 섬들이 그 교훈을 앙망하리라"(사 42:1~4)

43장 : 이스라엘의 구속과 회복

"야곱아 너를 창조하신 여호와께서 지금 말씀하시느니라 이스라엘아 너를 지으신 이가 말씀하시느니라 너는 두려워하지 말라 내가 너를 구속하였고 내가 너를 지명하여 불렀나니 너는 내 것이라"(사 43:1)

"나 곧 나는 여호와라 나 외에 구원자가 없느니라"(사 43:11)

"보라 내가 새 일을 행하리니 이제 나타낼 것이라 너희가 그것을 알지 못하겠느냐 반드시 내가 광야에 길을 사막에 강을 내리니 장차 들짐승 곧 승냥이와 타조도 나를 존경할 것은 내가 광야에 물을, 사막에 강들을 내어 내 백성, 내가 택한 자에게 마시게 할 것임이라"(사 43:19~20)

"이 백성은 내가 나를 위하여 지었나니 나를 찬송하게 하려 함이니라"(사 43:21)

44장 : 나 외에 다른 신은 없다

"나는 처음이요 나는 마지막이라 나 외에 다른 신이 없느니라"(사 44:6)

"우상을 만드는 자는 다 허망하도다 그들이 원하는 것들은 무익한 것이거늘 그것들의 증인들은 보지도 못하며 알지도 못하니 그러므로 수치를 당하리라"(사 44:9)

"너는 내게로 돌아오라 내가 너를 구속하였음이니라"(사 44:22)

고레스 왕을 준비하심(사 44:28) : "고레스에 대하여는 이르기를 내 목자라 그가 나의 모든 기쁨을 성취하리라 하며 예루살렘에 대하여는 이르기를 중건되리라 하며 성전에 대하여는 네 기초가 놓여지리라 하는 자니라"

고레스 왕은 바사(페르시아)의 왕으로 여호와께서 특별한 사명을 주시고 기름 부음을 받은 자 같이 사용하신다. 그는 이스라엘이 포로에서 나와 예루살렘에 돌아오도록 조서를 내린 왕이다. 역사적으로 약 180년 후에 일어날 일을 예언하는 것이다.

45장 : 고레스를 세우신다

"여호와께서 그의 기름 부음을 받은 고레스에게 이같이 말씀하시되 내가 그의 오른손을 붙들고 그 앞에 열국을 항복하게 하며 내가 왕들의 허리를 풀어 그 앞에 문들을 열고 성문들이 닫히지 못하게 하리라"(사 45:1)

토기장이이신 여호와(사 45:9) : "질그릇 조각 중 한 조각 같은 자가 자기를 지으신 이와 더불어 다툴진대 화 있을진저 진흙이 토기장이에게 너는 무엇을 만드느냐 또는 네가 만든 것이 그는 손이 없다 말할 수 있겠느냐"

역사의 주관자(사 45:11~25) : "우상을 만드는 자는 부끄러움을 당하며 욕을 받아 다 함께 수욕 중에 들어갈 것이로되"(16절), "나는 여호와라 나 외에 다른 이가 없느니라"(18절), "나 외에 다른 신이 없나니 나는 공의를 행하며 구원을 베푸는 하나님이라 나 외에 다른 이가 없느니라"(21절)

46장 : 무력한 신들과 구원의 하나님

"야곱의 집이여 이스라엘 집에 남은 모든 자여 내게 들을지어다 배에서 태어남으로부터 내게 안겼고 태에서 남으로부터 내게 업힌 너희여 너희가 노년에 이르기까지 내가 그리하겠고 백발이 되기까지 내가 너희를 품을 것이라 내가 지었은즉 내가 업을 것이요 내가 품고 구하여 내리라"(사 46:3~4)

"너희는 옛적 일을 기억하라 나는 하나님이라 나 외에 다른 이가 없느니라 나는 하나님이라 나 같은 이가 없느니라"(사 46:9)

47장 : 심판 받을 바벨론

바벨론은 우상숭배, 음욕, 주술, 자기숭배, 교만, 백성을 향한 포악함으로 말미암아 심판을 받는다.(사 47:8~11) [누구든지 바벨론이 되면 지을 수 있는 죄와 하나님의 심판이다.]

48장 : 새 일을 약속하신다

"네가 들었으니 이 모든 것을 보라 너희가 선전하지 아니하겠느냐 이제부터 내가 새 일 곧 네가 알지 못하던 은비한 일을 네게 듣게 하노니 이 일들은 지금 창조된 것이요 옛 것이 아니라 오늘 이전에는 네가 듣지 못하였으니 이는 네가 말하기를 내가 이미 알았노라 하지 못하게 하려 함이라"(사 48:6~7)

"야곱아 내가 부른 이스라엘아 내게 들으라 나는 그니 나는 처음이요 또 나는 마지막이라 과연 내 손이 땅의 기초를 정하였고 내 오른손이 하늘을 폈나니 내가 그들을 부르면 그것들이 일제히 서느니라"(사 48:12~13)

2. 구속의 성취(사 49~57장)

회복 (40~66장)

40~48	49~57	58~66
구속의 약속	구속의 성취	구속의 완성

49장 : 여호와의 종
이사야 49장 1~7절 : 이사야를 부르심 "여호와께서 태에서부터 나를 부르셨고 내 어머니의 복중에서부터 내 이름을 기억하셨으며"(사 49:1), "그는 태에서부터 나를 그의 종으로 지으신 이시오"(사 49:5)

이사야 49장 8~21절 : 예루살렘을 회복하심 "하늘이여 노래하라 땅이여 기뻐하라 산들이여 즐거이 노래하라 여호와께서 그의 백성을 위로하셨은즉 그의 고난 당한 자를 긍휼히 여기실 것임이라"(13절)

"여인이 어찌 그 젖 먹는 자식을 잊겠으며 자기 태에서 난 아들을 긍휼히 여기지 않겠느냐 그들은 혹시 잊을지라도 나는 너를 잊지 아니할 것이라 내가 너를 내 손바닥에 새겼고 너의 성벽이 항상 내 앞에 있나니"(사 49:15~16)

"모든 육체가 나 여호와는 네 구원자요 네 구속자요 야곱의 전능자인 줄 알리라"(사 49:26)

50장 : 종의 순종(메시아의 순종)
"주 여호와께서 학자들의 혀를 내게 주사 나로 곤고한 자를 말로 어떻게 도와 줄 줄을 알게 하시고 아침마다 깨우치시되 나의 귀를 깨우치사 학자들 같이 알아듣게 하시도다"(사 50:4) [학자의 혀는 돕는 역할, 학자의 귀는 알아듣는 역할로서 거역하지 않음을 의미한다.]

"나를 때리는 자들에게 내 등을 맡기며 나의 수염을 뽑는 자들에게 나의 뺨을 맡기며 모욕과 침 뱉음을 당하여도 내 얼굴을 가리지 아니하였느니라"(사 50:6)

메시아의 대속의 모습이다. 예수 그리스도의 고통스런 대속의 모습을 예언한 이 말씀은 마태복음 26:67, 27:26, 27:30에서 이 수치스러움과 부끄러움을 기꺼이 감내하시는 메시아의 고난을 반복적으로 기록하고 있다.

51장 : 여호와의 구원

"내가 내 말을 네 입에 두고 내 손 그늘로 너를 덮었나니 이는 내가 하늘을 펴며 땅의 기초를 정하며 시온에게 이르기를 너는 내 백성이라 말하기 위함이니라 여호와의 손에서 그의 분노의 잔을 마신 예루살렘이여 깰지어다 깰지어다 일어설지어다 네가 이미 비틀걸음 치게 하는 큰 잔을 마셔 다 비웠도다"(사 51:16~17)

52장 : 포로에서 돌아온 시온

"좋은 소식을 전하며 평화를 공포하며 복된 좋은 소식을 가져오며 구원을 공포하며 시온을 향하여 이르기를 네 하나님이 통치하신다 하는 자의 산을 넘는 발이 어찌 그리 아름다운가"(사 52:7)

"너 예루살렘의 황폐한 곳들아 기쁜 소리를 내어 함께 노래할지어다 이는 여호와께서 그의 백성을 위로하셨고 예루살렘을 구속하셨음이라"(사 52:9)
"여호와께서 열방의 목전에서 그의 거룩한 팔을 나타내셨으므로 땅 끝까지도 모두 우리 하나님의 구원을 보았도다"(사 52:10)

이사야 52장 13~15절 [고난받는종] : "보라 내 종이 형통하리니 받들어 높이 들려서 지극히 존귀하게 되리라 전에는 그의 모양이 타인보다 상하였고 그의 모습이 사람들보다 상하였으므로 많은 사람이 그에 대하여 놀랐거니와 그가 나라들을 놀라게 할 것이며 왕들은 그로 말미암아 그들의 입을 봉하리니 이는 그들이 아직 그들에게 전파되지 아니한 것을 볼 것이요 아직 듣지 못한 것을 깨달을 것임이라"

53장 : 메시아의 구속

"우리가 전한 것을 누가 믿었느냐 여호와의 팔이 누구에게 나타났느냐 그는 주 앞에서 자라나기를 연한 순 같고 마른 땅에서 나온 뿌리 같아서 고운 모양도 없고 풍채도 없은즉 우리가 보기에 흠모할 만한 아름다운 것이 없도다 그는 멸시를 받아 사람들에게 버림 받았으며 간고를 많이 겪었으며 질고를 아는 자라 마치 사람들이 그에게서 얼굴을 가리는 것 같이 멸시를 당하였고 우리도 그를 귀히 여기지 아니하였도다 그는 실로 우리의 질고를 지고 우리의 슬픔을 당하였거늘 우리는 생각하기를 그는 징벌을 받아 하나님께 맞으며 고난을 당한다 하였노라 그가 찔림은 우리의 허물 때문이요 그가 상함은 우리의 죄악 때문이라 그가 징계를 받으므로 우리는 평화를 누리고 그가 채찍에 맞으므로 우리는 나음을 받았도다 우리는 다 양 같아서 그릇 행하여 각기 제 길로 갔거늘 여호와께서는 우리 모두의 죄악을 그에게 담당시키셨도다 그가 곤욕을 당하여 괴로울 때에도 그의 입을 열지 아니하였음이여 마치 도수장으로 끌려 가는 어린 양과 털 깎는 자 앞에서 잠잠한 양 같이 그의 입을 열지 아니하였도다 그는 곤욕과 심문을 당하고 끌려 갔으나 그 세대 중에 누가 생각하기를 그가 살아 있는 자들의 땅에서 끊어짐은 마땅히 형벌 받을 내 백성의 허물 때문이라 하였으리요 그는 강포를 행하지 아니하였고 그의 입에 거짓이 없었으나 그의 무덤이 악인들과 함께 있었으며 그가 죽은 후에 부자와 함께 있었도다"(사 53:1~9)

그리스도께서 곤욕을 당하여 괴로울 때도 고난의 종으로서 완전하게 순종하는 모습을 그리고 있다.

본문 53장 7절은 사도행전 8장 32~33절에서 에디오피아 내시가 예배하러 예루살렘에 왔다가 돌아가는 길에 읽던 본문이다. 빌립이 성령에 인도하심을 받아 에디오피아 내시에게 성경을 풀어준다.

이사야서 53장은 성경 전체에서 메시아의 구속 사건을 가장 잘 예언한 위대한 장이다. 신구약 어떤 본문도 이사야 53장 보다 예수 그리스도의 대속의 죽음을 완벽하게 보여주는 곳은 없다. 신약 성경에서 이사야서는 가장 많이 인용(약 21회)된 성경이고, 특히 이사야서 53장은 여러번 인용되었다.

54장 : 이스라엘에 대한 사랑

다시는 이스라엘이 수치를 당하지 않는다는 말씀이다. 역사적으로 다리오 왕때 예루살렘에 귀환하여 성전과 예루살렘이 회복될 때를 예언한다.

"네 장막터를 넓히며 네 처소의 휘장을 아끼지 말고 널리 펴되 너의 줄을 길게 하며 너의 말뚝을 견고히 할지어다 이는 네가 좌우로 퍼지며 네 자손은 열방을 얻으며 황폐한 성읍들을 사람 살 곳이 되게 할 것임이라"(사 54:2~3)

55장 : 하나님의 은혜

"오호라 너희 모든 목마른 자들아 물로 나아오라 돈 없는 자도 오라 너희는 와서 사 먹되 돈 없이, 값 없이 와서 포도주와 젖을 사라 너희가 어찌하여 양식이 아닌 것을 위하여 은을 달아 주며 배부르게 하지 못할 것을 위하여 수고하느냐 내게 듣고 들을지어다 그리하면 너희가 좋은 것을 먹을 것이며 너희 자신들이 기름진 것으로 즐거움을 얻으리라"(사 55:1~2)

"너희는 여호와를 만날 만한 때에 찾으라 가까이 계실 때에 그를 부르라 악인은 그의 길을, 불의한 자는 그의 생각을 버리고 여호와께로 돌아오라 그리하면 그가 긍휼히 여기시리라 우리 하나님께로 돌아오라 그가 너그럽게 용서하시리라 이는 내 생각이 너희의 생각과 다르며 내 길은 너희의 길과 다름이니라 여호와의 말씀이니라 이는 하늘이 땅보다 높음 같이 내 길은 너희의 길보다 높으며 내 생각은 너희의 생각보다 높음이니라"(사 55:6~9)

"하나님은 인간과 달라서 그의 말은 헛되지 않다"(사 55:11)

56장 : 이방인의 구원

'이방인과 고자도 여호와와 연합하면 영원한 이름을 주어 끊어지지 않게 할 것이라'(사 56:3~5)

"내가 곧 그들을 나의 성산으로 인도하여 기도하는 내 집에서 그들을 기쁘게 할 것이며 그들의 번제와 희생을 나의 제단에서 기꺼이 받게 되리니 이는 **내 집은 만민이 기도하는 집**이라 일컬음이 될 것임이라"(사 56:7)

이사야 56장 9~12절 : 몰지각한 목자들

"이스라엘의 파수꾼들은 맹인이요 다 무지하며 벙어리 개들이라 짖지 못하며 다 꿈꾸는 자들이요 누워 있는 자들이요 잠자기를 좋아하는 자들이니 이 개들은 탐욕이 심하여 족한 줄을 알지 못하는 자들이요 그들은 몰지각한 목자들이라"

57장 : 우상숭배를 규탄

"무당의 자식, 간음자와 음녀의 자식들아 너희는 가까이 오라"(사 57:3)
"네가 기름을 가지고 몰렉에게 나아가되 향품을 더하였으며 네가 또 사신을 먼 곳

에 보내고 스올에까지 내려가게 하였으며"(사 57:9)

"내가 높고 거룩한 곳에 있으며 또한 통회하고 마음이 겸손한 자와 함께 있나니 이는 겸손한 자의 영을 소생시키며 통회하는 자의 마음을 소생시키려 함이라"(사 57:16)

3. 구속의 완성(사 58~66장)

회복 (40~66장)

40~48	49~57	58~66
구속의 약속	구속의 성취	**구속의 완성**

58장 : 참된 금식
"내가 기뻐하는 금식은 흉악의 결박을 풀어 주며 멍에의 줄을 끌러 주며 압제 당하는 자를 자유하게 하며 모든 멍에를 꺾는 것이 아니겠느냐 또 주린 자에게 네 양식을 나누어 주며 유리하는 빈민을 집에 들이며 헐벗은 자를 보면 입히며 또 네 골육을 피하여 스스로 숨지 아니하는 것이 아니겠느냐 그리하면 네 빛이 새벽 같이 비칠 것이며 네 치유가 급속할 것이며 네 공의가 네 앞에 행하고 여호와의 영광이 네 뒤에 호위하리니 네가 부를 때에는 나 여호와가 응답하겠고 네가 부르짖을 때에는 내가 여기 있다 하리라"(사 58:6~9)

"만일 안식일에 네 발을 금하여 내 성일에 오락을 행하지 아니하고 안식일을 일컬어 즐거운 날이라, 여호와의 성일을 존귀한 날이라 하여 이를 존귀하게 여기고 네 길로 행하지 아니하며 네 오락을 구하지 아니하며 사사로운 말을 하지 아니하면 네가 여호와 안에서 즐거움을 얻을 것이라 내가 너를 땅의 높은 곳에 올리고 네 조상 야곱의 기업으로 기르리라 여호와의 입의 말씀이니라"(사 58:13~14)

59장 : 여호와의 구원
"여호와의 손이 짧아 구원하지 못하심도 아니요 귀가 둔하여 듣지 못하심도 아니라 오직 너희 죄악이 너희와 너희 하나님 사이를 갈라 놓았고 너희 죄가 그의 얼굴을 가리어서 너희에게서 듣지 않으시게 함이니라"(사 59:1~2)

"이는 우리의 허물이 주의 앞에 심히 많으며 우리의 죄가 우리를 쳐서 증언하오니 이는 우리의 허물이 우리와 함께 있음이니라 우리의 죄악을 우리가 아나이다 우리가 여호와를 배반하고 속였으며 우리 하나님을 따르는 데에서 돌이켜 포학과 패역을 말하며 거짓말을 마음에 잉태하여 낳으니"(사 59:12~13)

60장 : "여호와의 영광", "시온의 회복", "예루살렘의 영광"
"일어나라 빛을 발하라 이는 네 빛이 이르렀고 여호와의 영광이 네 위에 임하였음이니라"(사 60:1)

"다시는 낮에 해가 네 빛이 되지 아니하며 달도 네게 빛을 비추지 않을 것이요 오직 여호와가 네게 영원한 빛이 되며 네 하나님이 네 영광이 되리니 다시는 네 해가 지지 아니하며 네 달이 물러가지 아니할 것은 여호와가 네 영원한 빛이 되고 네 슬픔의 날이 끝날 것임이라"(사 60:19~20)

> **요한계시록 21장 23절**, "그 성은 해나 달의 비침이 쓸 데 없으니 이는 하나님의 영광이 비치고 어린 양이 그 등불이 되심이라"
> **요한계시록 22장 5절**, "다시 밤이 없겠고 등불과 햇빛이 쓸 데 없으니 이는 주 하나님이 그들에게 비치심이라 그들이 세세토록 왕 노릇 하리로다"

"그 작은 자가 천 명을 이루겠고 그 약한 자가 강국을 이룰 것이라 때가 되면 나 여호와가 속히 이루리라"(사 61:22)

> 사로잡힌 이스라엘이 회복된다는 예언적 말씀이지만 구속사적 해석은 메시아를 통해 이루어질 완전한 회복이고 종말론적인 해석을 통해 이루어진다.(계 21:23, 22:5)

61장 : 메시아의 구원의 소식
"주 여호와의 영이 내게 내리셨으니 이는 여호와께서 내게 기름을 부으사 가난한 자에게 아름다운 소식을 전하게 하려 하심이라 나를 보내사 마음이 상한 자를 고치며 포로된 자에게 자유를, 갇힌 자에게 놓임을 선포하며"(사 61:1)

예수님께서 누가복음 4장 8~19절에서 이사야의 글(61장)을 인용하시고 나사렛에서 배척을 받으신다. '이 글이 오늘 너희 귀에 응하였도다' "기름 부음 받은 자의 소명"

"오직 너희는 여호와의 제사장이라 일컬음을 받을 것이라 사람들이 너희를 우리 하나님의 봉사자라 할 것이며 너희가 이방 나라들의 재물을 먹으며 그들의 영광을 얻어 자랑할 것이니라"(사 61:6)

62장 : 시온의 회복
"나는 시온의 의가 빛 같이, 예루살렘의 구원이 횃불 같이 나타나도록 시온을 위하여 잠잠하지 아니하며 예루살렘을 위하여 쉬지 아니할 것인즉"(사 62:1)

"다시는 너를 버림 받은 자라 부르지 아니하며 다시는 네 땅을 황무지라 부르지 아니하고 오직 너를 헵시바라 하며 네 땅을 쁄라라 하리니 이는 여호와께서 너를 기뻐하실 것이며 네 땅이 결혼한 것처럼 될 것임이라"(사 62:4)

"사람들이 너를 일컬어 거룩한 백성이라 여호와께서 구속하신 자라 하겠고 또 너를 일컬어 찾은 바 된 자요 버림 받지 아니한 성읍이라 하리라"(사 62:12)

63장 : 구원의 기도
"주는 우리 아버지시라 아브라함은 우리를 모르고 이스라엘은 우리를 인정하지 아니할지라도 여호와여, 주는 우리의 아버지시라 옛날부터 주의 이름을 우리의 구속자라 하셨거늘"(사 63:16)

64장 : 이사야의 기도
"무릇 우리는 다 부정한 자 같아서 우리의 의는 다 더러운 옷 같으며 우리는 다 잎사귀 같이 시들므로 우리의 죄악이 바람 같이 우리를 몰아가나이다"(사 64:6)

"그러나 여호와여, 이제 주는 우리 아버지시니이다 우리는 진흙이요 주는 토기장이시니 우리는 다 주의 손으로 지으신 것이니이다"(사 64:8)

65장 : 심판과 새 하늘과 새 땅 창조
"내가 너희를 칼에 붙일 것인즉 다 구푸리고 죽임을 당하리니 이는 내가 불러도 너희가 대답하지 아니하며 내가 말하여도 듣지 아니하고 나의 눈에 악을 행하였으며 내가 즐겨하지 아니하는 일을 택하였음이니라"(사 65:12)

"보라 내가 새 하늘과 새 땅을 창조하나니 이전 것은 기억되거나 마음에 생각나지 아니할 것이라"(사 65:17)

"내가 예루살렘을 즐거워하며 나의 백성을 기뻐하리니 우는 소리와 부르짖는 소리가 그 가운데에서 다시는 들리지 아니할 것이며 거기는 날 수가 많지 못하여 죽는 어린이와 수한이 차지 못한 노인이 다시는 없을 것이라 곧 백 세에 죽는 자를 젊은이라 하겠고 백 세가 못되어 죽는 자는 저주 받은 자이리라"(사 65:19~20)

[요한계시록 21장 1절 4절과 같은 종말론적 표현이다.]

"그들이 부르기 전에 내가 응답하겠고 그들이 말을 마치기 전에 내가 들을 것이며 이리와 어린 양이 함께 먹을 것이며 사자가 소처럼 짚을 먹을 것이며 뱀은 흙을 양식으로 삼을 것이니 나의 성산에서는 해함도 없겠고 상함도 없으리라 여호와께서 말씀하시니라"(사 65:24~25)

66장 : 하나님의 구원

"여호와께서 이와 같이 말씀하시되 하늘은 나의 보좌요 땅은 나의 발판이니 너희가 나를 위하여 무슨 집을 지으랴 내가 안식할 처소가 어디랴 나 여호와가 말하노라 내 손이 이 모든 것을 지었으므로 그들이 생겼느니라 무릇 마음이 가난하고 심령에 통회하며 내 말을 듣고 떠는 자 그 사람은 내가 돌보려니와"(사 66:1~2)

"예루살렘을 사랑하는 자들이여 다 그 성읍과 함께 기뻐하라 다 그 성읍과 함께 즐거워하라 그 성을 위하여 슬퍼하는 자들이여 다 그 성의 기쁨으로 말미암아 그 성과 함께 기뻐하라"(사 66:10)

"어머니가 자식을 위로함 같이 내가 너희를 위로할 것인즉 너희가 예루살렘에서 위로를 받으리니 너희가 이를 보고 마음이 기뻐서 너희 뼈가 연한 풀의 무성함 같으리라 여호와의 손은 그의 종들에게 나타나겠고 그의 진노는 그의 원수에게 더하리라"(사 66:13~14)

"내가 지을 새 하늘과 새 땅이 내 앞에 항상 있는 것 같이 너희 자손과 너희 이름이 항상 있으리라 여호와의 말이니라"(사 66:22)

예언서의 대표격인 이사야서는 하나님의 백성들이 외형적이고 형식적인 종교의식에 치우쳐 이스라엘의 마음이 하나님에게서 떠나 멀어져 있는 것을 지적하고 있다. 오늘날 우리를 영적으로 돌아보게 하는 말씀이다. 기도회와 교회 행사와 수많은 예배 가운데 예배자의 마음이 하나님의 임재를 느끼고 깊은 영적 각성을 통해 나를 통찰하고 삶의 변화(내면의 변화)가 일어나야 할 것이다. 신앙이 깊어지는 것은 내가 추구하는 것을 따라감이 아니고 하나님의 뜻을 위해 자기 부인과 자기 십자가를 져야할 것을 말한다.

미가 (7장)

'여호와 같은 자 누구인가' 모레셋 사람 미가는 요담, 아하스, 히스기야 세 왕 때에 활동했던 선지자이다. 이사야와 같은 시대에 부름심을 받았으나 이사야보다 조금 늦게 부름을 받았다.(미 1:1) 이사야는 예루살렘 출신인 반면 미가는 아모스처럼 시골 변방 출신 선지자이다. 그는 가난한 농부와 노동자들을 동정하고 부자들의 횡포와 불의를 책망한다. 미가는 특별히 부유층과 지도자들을 신랄하게 나무라며 불공평한 재판으로 신음하는 백성들의 목소리가 되어준다. '회개하지 않으면 하나님의 심판이 임할 것이라' 전하며 인류 최대의 희망은 유대 땅 베들레헴에서 메시아가 올 때 비로서 나타날 것이다.(미 5:2)

1~2장	3~5장	6~7장
심판	심판과 구원	회복
이스라엘과 유다	타락한 지도자와 예루살렘	이스라엘을 심판하신 후 언약 백성을 회복

1. 심판 : 이스라엘과 유다(미 1~2장)

"이는 다 야곱의 허물로 말미암음이요 이스라엘 족속의 죄로 말미암음이라 야곱의 허물이 무엇이냐 사마리아가 아니냐 유다의 산당이 무엇이냐 예루살렘이 아니냐"(미 1:5)

"밭들을 탐하여 빼앗고 집들을 탐하여 차지하니 그들이 남자와 그의 집과 사람과 그의 산업을 강탈하도다 그러므로 여호와의 말씀에 내가 이 족속에게 재앙을 계획하나니 너희의 목이 이에서 벗어나지 못할 것이요 또한 교만하게 다니지 못할 것이라 이는 재앙의 때임이라 하셨느니라"(미 2:2~3)

2. 심판과 구원 : 타락한 지도자와 예루살렘(미 3~5장)

"그들의 우두머리들은 뇌물을 위하여 재판하며 그들의 제사장은 삯을 위하여 교훈하며 그들의 선지자는 돈을 위하여 점을 치면서도 여호와를 의뢰하여 이르기를 여호와께서 우리 중에 계시지 아니하냐 재앙이 우리에게 임하지 아니하리라 하는도다"(미 3:11)

"곧 많은 이방 사람들이 가며 이르기를 오라 우리가 여호와의 산에 올라가서 야곱의 하나님의 전에 이르자 그가 그의 도를 가지고 우리에게 가르치실 것이니라 우리가 그의 길로 행하리라 하리니 이는 율법이 시온에서부터 나올 것이요 여호와의 말씀이 예루살렘에서부터 나올 것임이라"(미 4:2)

"베들레헴 에브라다야 너는 유다 족속 중에 작을지라도 이스라엘을 다스릴 자가 네게서 내게로 나올 것이라 그의 근본은 상고에, 영원에 있느니라"(미 5:2)

[마태복음 2장 6절에서 '동방의 박사들이 유대인의 왕이 나신 곳이 어디냐' 물을 때 선지자 미가의 예언으로 답한다.]

3. 회복 : 이스라엘을 심판하신 후 언약 백성의 회복(미 6~7장)

"사람아 주께서 선한 것이 무엇임을 네게 보이셨나니 여호와께서 네게 구하시는 것은 오직 정의를 행하며 인자를 사랑하며 겸손하게 네 하나님과 함께 행하는 것이 아니냐"(미 6:8)

"나의 대적이여 나로 말미암아 기뻐하지 말지어다 나는 엎드러질지라도 일어날 것이요 어두운 데에 앉을지라도 여호와께서 나의 빛이 되실 것임이로다"(미 7:8)

유다의 멸망 개관
(왕하 18~25장)

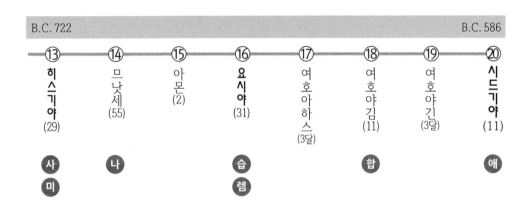

남유다 ⑭ 므낫세(55년, 악) 왕하 21장, 대하 33장

선지자 : 이사야(사 40~66장)

여호와 보시기에 악을 행하여 여호와께서 이스라엘 자손 앞에서 쫓아내신 이방사람의 가증한 일을 따라서 행한다. 아버지 히스기야 왕이 헐어버린 산당을 다시 세우고 바알 제단과 아세라 목상과 일월성신 제단을 여호와의 성전에 세운다. 자기 아들을 불가운데 지나게 하는 몰록을 숭배하며 점치고 신접한 자와 박수를 신임한다.

"므낫세가 유다에게 범죄하게 하여 여호와께서 보시기에 악을 행한 것 외에도 또 무죄한 자의 피를 심히 많이 흘려 예루살렘 이 끝에서 저 끝까지 가득하게 하였더라"(왕하 21:16)

역대하 33장을 통해 본 므낫세
여호와 하나님께서 므낫세와 그의 백성에게 이르셨으나 듣지 않음으로 앗수르 왕으로 치게 하신다. 그들이 므낫세를 사로잡고 쇠사슬로 결박하여 바벨론으로 끌고 간다. 환난 가운데 여호와 하나님께 간구하고 하나님 앞에 크게 겸손하자 하나님이 그의 기도를 들으시고 다시 왕위에 앉게 하신다. 그 후에 이방 신들과 여호와의 성전 안에 있던 우상을 제거하며 예루살렘에 쌓은 모든 제단들을 다 성 밖에 던지고 여호와의 제단을 보수한다. 화목제와 감사제를 그 제단 위에 드리고 유다 백성들에게 명령하여 이스라엘 하나님 여호와를 섬기라 공포하므로 백성들이 그의 하나님 여호와께 제사를 드리나 산당에서도 여전히 제사를 겸하여 드린다.

그러나 유다의 멸망은 '므낫세 왕의 죄악 때문이라'고 여러번 반복적으로 기록하고 있다.(왕하 21:11~12, 23:26~27, 24:3~4) "유다 왕 히스기야의 아들 므낫세가 예루살렘에 행한 것으로 말미암아 내가 그들을 세계 여러 민족 가운데에 흩으리라"(렘 15:4)

나훔 (3장)

나훔은 '안위자', '충만한 위로'의 뜻이 있으며, 므낫세, 아몬 그리고 요시야의 통치 기간에 예언하였던 선지자이다. 동시대에 활동했던 선지자로는 스바냐, 예레미야, 하박국 선지자가 있다.

나훔의 주제는 니느웨에 대한 하나님의 심판이다. 앗수르 제국은 야만적인 이방인으로 '하나님께서 쓰시는 진노의 막대기요 그 손의 몽둥이'(사 10:5) 이다. 잔인하기로 악명 높은 앗수르는 B.C. 722년에 북이스라엘을 정복했으며 남유다를 틈틈이 위협하였다. 그러나 B.C. 612년 앗수르의 수도 니느웨가 함락됨으로 급속히 몰락한다.

다른 예언서들은 이스라엘 백성의 회개를 촉구하고 여호와께로 돌아갈 것을 강조하는데 반해 나훔은 니느웨의 멸망과 심판을 예언한다. 이는 역사적으로 오랫동안 이스라엘과 유다를 괴롭힌 것에 대한 하나님의 심판이다.

1장	2~3장
니느웨에 대한 진노(심판)	**니느웨의 멸망**
'요나서'에는 니느웨 백성과 왕이 회개함으로 하나님의 재앙이 내리지 않고 오히려 열방을 향하신 하나님의 마음과 사랑이 전해진다.	'나훔서'는 다시 타락한 니느웨가 회개하지 않음으로 하나님의 심판을 받고 멸망할 것을 예언하신다.

1. 니느웨를 향한 하나님의 진노(나 1장)

"여호와는 질투하시며 보복하시는 하나님이시니라 여호와는 보복하시며 진노하시되 자기를 거스르는 자에게 여호와는 보복하시며 자기를 대적하는 자에게 진노를 품으시며"(나 1:2)

"여호와께서 이같이 말씀하시기를 그들이 비록 강하고 많을지라도 반드시 멸절을 당하리니 그가 없어지리라 내가 전에는 너를 괴롭혔으나 다시는 너를 괴롭히지 아니할 것이라 이제 네게 지운 그의 멍에를 내가 깨뜨리고 네 결박을 끊으리라"
(나 1:12~13)

2. 니느웨의 멸망(나 2~3장)

"강들의 수문이 열리고 왕궁이 소멸되며 정한 대로 왕후가 벌거벗은 몸으로 끌려가니 그 모든 시녀들이 가슴을 치며 비둘기 같이 슬피 우는도다"(나 2:6~7)

"니느웨가 공허하였고 황폐하였도다 주민이 낙담하여 그 무릎이 서로 부딪히며 모든 허리가 아프게 되며 모든 낯이 빛을 잃도다"(나 2:10)

"앗수르 왕이여 네 목자가 자고 네 귀족은 누워 쉬며 네 백성은 산들에 흩어지나 그들을 모을 사람이 없도다 네 상처는 고칠 수 없고 네 부상은 중하도다 네 소식을 듣는 자가 다 너를 보고 손뼉을 치나니 이는 그들이 항상 네게 행패를 당하였음이 아니더냐 하시니라"(나 3:18~19)

남유다 ⑮ 아몬(2년, 악) 왕하 21:19~26, 대하 33:21~25

아버지 므낫세 왕과 같이 여호와 보시기에 악을 행하고 우상을 섬기다 신복들의 반역으로 궁중에서 죽는다. 그러나 백성들이 아몬을 죽인 사람들을 다 죽이고 므낫세의 아들 요시야를 왕으로 세운다.

유다의 멸망 개관
(왕하 18~25장)

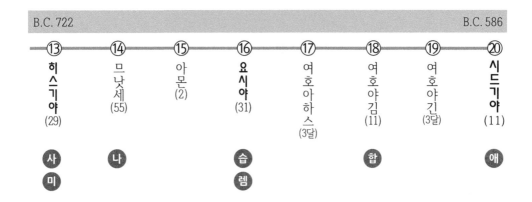

남유다 ⑯ 요시야 (31년, 선) 왕하 22~23장, 대하 34~35장

아버지 아몬이 암살당함으로 8세의 어린 나이에 왕이 된다. 여호와 보시기에 정직히 행하고 다윗의 길로 행한 왕이다. 왕위에 있은 지 8년(16세)에 그의 조상 다윗의 하나님을 비로소 찾고, 왕위 12년(20세)에 유다와 예루살렘을 중심으로 종교개혁을 시작한다.

왕하 22장	왕하 23장
성전 수리 및 율법 책	종교개혁

1. 성전 수리 및 율법 책 (왕하 22장)

대 제사장 힐기야가 여호와의 성전을 보수 하는 중에 율법 책을 발견한다. 서기관 사반이 왕 앞에서 읽으매 왕이 곧 옷을 찢고 회개하고 여선지자 훌다를 찾아가 하나님의 뜻을 묻는다. 이에 '이 백성이 나를 버리고 다른 신에게 예배하였으므로 여호와께서 유다를 향하여 심판하실 것과 요시야가 여호와 앞에 겸비하고 회개하므로 유다의 멸망을 보기 전에 조상들과 쉴 것이라' 말씀하신다.(왕하 22:15~20) 북이스라엘 초대 왕 여로보암 때 벧엘 제단에서 늙은 선지자가 예언한 요시야 왕이다.

2. 종교개혁 (왕하 23장)

"왕이 단 위에 서서 여호와 앞에서 언약을 세우되 마음을 다하고 뜻을 다하여 여호와께 순종하고 그의 계명과 법도와 율례를 지켜 이 책에 기록된 이 언약의 말씀을 이루게 하리라 하매 백성이 다 그 언약을 따르기로 하니라"(왕하 23:3)

1) 우상과 이방신 제거
태양상과 바알과 아세라와 하늘의 일월성신의 제단과 기명을 제거한다. 신접한 자와 점치는 자와 무당들을 제거하고 남창의 집을 헐어버리고 우상들을 빻아 가루를 만들어 제사하던 자들과 평민의 묘지에 뿌린다. 아하스의 제단과 므낫세의 제단, 솔로몬의 산당, 여로보암의 제단을 제거한다.

2) 유월절 회복
"이 언약책에 기록된 대로 너희의 하나님 여호와를 위하여 유월절을 지키라"(왕하 23:21~23)
"요시야와 같이 마음을 다하며 뜻을 다하며 힘을 다하여 모세의 모든 율법을 따라 여호와께로 돌이킨 왕은 요시야 전에도 없었고 후에도 그와 같은 자가 없었더라"(왕하 23:25)

이쯤하여 세계사적 배경에서는 앗수르의 니느웨가 신흥국가 바벨론에 의해 함락되어 붕괴된다. 그 당시 애굽의 왕 바로느고가 바벨론과 싸우는 앗수르를 도우러 1차 갈그미스 전투에 원정을 갈 때에 요시야 왕이 이를 저지하다가 바로느고에게 므깃도에서 죽임을 당한다. 여선지자 훌다는 이미 요시야 왕의 죽음에 대하여 "내가 너로 너의 조상들에게 돌아가서 평안히 묘실로 들어가게 하리니 내가 이 곳에 내리는 모든 재앙을 네 눈이 보지 못하리라"(왕하 22:20, 대하34:28) 예언했으며, 선지자 예레미야는 요시야 왕의 죽음에 대해 애가를 지어 부른다.(대하 35:25)

유다의 멸망 이유 : "그러나 여호와께서 유다를 향하여 내리신 그 크게 타오르는 진노를 돌이키지 아니하셨으니 이는 므낫세가 여호와를 격노하게 한 그 모든 격노 때문이라"(왕하 21:12, 23:26, 24:3)

남유다의 멸망과 마지막 다섯 왕(왕하 22~25장)

므깃도 전투 B.C. 609	1차 바벨론 포로 B.C. 605	주변국	2차 바벨론 포로 B.C. 597	3차 바벨론 포로 B.C. 586
⑯ 요시야(31년)	⑱ 여호야김(11년)	여호야김 3년 후 느브갓네살 배반	⑲ 여호야긴(3달)	⑳ 시드기야(11년)
므깃도 전투 요시야 왕과 애굽 바로느고 요시야 사망 (23:29) 1차 갈그미스 전투 ⑰ 여호아하스(3달) 여호야김 왕 은과 금 – 바로 왕 (23:35)	애굽 바로느고와 바벨론 느브갓네살 바벨론 승리 2차 갈그미스 전투 유대점령 **1차 바벨론 포로** 다니엘과 세 친구	갈대아 부대, 아람, 모압, 암몬 부대가 유다를 친다.(24:2) 여호야김 사망 바벨론 왕이 애굽 강에서부터 유브라데 강까지 점령 (24:7)	여호야긴 왕이 악함 바벨론이 예루살렘 포위 **2차 바벨론 포로** 여호야긴과 왕후, 신복, 용사 1만명, 지도자 성전보물＋왕궁보물 에스겔 포로(겔1:2) 비천한자들 남음 시드기야왕	바벨론을 배반 (24:20) 예루살렘 18개월 포위, 기근, 양식 떨어짐 **3차 바벨론 포로** 시드기야 포로 시드기야의 두 아들 죽음 예루살렘 멸망 예루살렘 성전 멸망 놋 그릇, 놋 기둥
왕하 23장	단 1:1	왕하 24:1~7	왕하 24:8~17	왕하 25장
습 렘	합			애

여호야긴 왕은 바벨론 포로(18세)가 된지 37년 만에 바벨론 왕 에윌므로닥이 옥에서 자유케하고 지위를 회복시켜 왕의 식탁에서 양식을 먹게 한다. 유다의 마지막 다섯 왕 중에 유일하게 바벨론 포로가 되어 생명을 보존하고 후손도 보게 된다. 1차 포로귀환 때 지도자인 스룹바벨이 여호야긴의 손자이다.

스바냐(3장)

스바냐는 '하나님께서 숨기신다' 는 뜻이다. 주제는 '여호와의 날'이며 중심사상은 '심판'이다. 스바냐는 히스기야의 현손으로 요시야 시대에 활동한다. 활동 시기는 앗수르가 멸망하기 전이며(습 2:13~15) 예레미야와 나훔과 동시대적 인물이다. 그러나 요시야가 통치를 시작할 무렵 앗수르는 쇠퇴해 간다.

북이스라엘 멸망 후 남유다 왕 므낫세와 아몬은 앗수르에게 조공을 바침으로 전쟁을 피하고자 했다. 남유다의 영적분위기는 우상의 제단을 세우고 이방종교의 제사와 아들을 제물로 바치기까지(왕하 21:3~6) 타락한 신앙을 엿볼 수 있다. 스바냐는 백성들의 죄악으로 유다에 임박한 심판을 예고하면서도 구원의 약속도 잊지 않는다.

1장	2장	3장
임박한 유다의 심판	여러 나라에 임할 심판	구원의 약속

1. 임박한 유다의 심판(1장)

"내가 유다와 예루살렘의 모든 주민들 위에 손을 펴서 남아 있는 바알을 그 곳에서 멸절하며 그마림이란 이름과 및 그 제사장들을 아울러 멸절하며"(습 1:4)

"여호와를 배반하고 따르지 아니한 자들과 여호와를 찾지도 아니하며 구하지도 아니한 자들을 멸절하리라"(습 1:6)

"그 때에 내가 예루살렘에서 찌꺼기 같이 가라앉아서 마음속에 스스로 이르기를 여호와께서는 복도 내리지 아니하시며 화도 내리지 아니하시리라 하는 자를 등불로 두루 찾아 벌하리니 그들의 재물이 노략되며 그들의 집이 황폐할 것이라 그들이 집을 건축하나 거기에 살지 못하며 포도원을 가꾸나 그 포도주를 마시지 못하리라"(습 1:12~13)

"그들의 은과 금이 여호와의 분노의 날에 능히 그들을 건지지 못할 것이며 이 온 땅이 여호와의 질투의 불에 삼켜지리니 이는 여호와가 이 땅 모든 주민을 멸절하되 놀랍게 멸절할 것임이라"(습 1:18)

2. 여러 나라에 임할 심판 (2장)

"명령이 시행되어 날이 겨 같이 지나가기 전, 여호와의 진노가 너희에게 내리기 전, 여호와의 분노의 날이 너희에게 이르기 전에 그리할지어다 여호와의 규례를 지키는 세상의 모든 겸손한 자들아 너희는 여호와를 찾으며 공의와 겸손을 구하라 너희가 혹시 여호와의 분노의 날에 숨김을 얻으리라"(습 2:2~3)

1) 블레셋에 임할 심판 (2:4~7)

2) 모압과 암몬에 임할 심판 (2:8~11)

3) 구스와 앗수르에 임할 심판 (2:12~15)

3. 구원의 약속(3장)

"여호와가 네 형벌을 제거하였고 네 원수를 쫓아냈으며 이스라엘 왕 여호와가 네 가운데 계시니 네가 다시는 화를 당할까 두려워하지 아니할 것이라"(습 3:15)

"너의 하나님 여호와가 너의 가운데에 계시니 그는 구원을 베푸실 전능자이시라 그가 너로 말미암아 기쁨을 이기지 못하시며 너를 잠잠히 사랑하시며 너로 말미암아 즐거이 부르며 기뻐하시리라"(습 3:17)

예레미야 (52장)

예레미야는 "여호와가 세우다"는 뜻이다. 제사장 힐기야의 아들로서 아나돗 출신의 제사장이며 선지자이다. [아나돗 : 예루살렘 북동쪽 약 5km 지점, 베냐민 지파의 성읍]

예레미야서는 예레미야 선지자의 개인적 삶을 잘 보여주는 자서전적 예언서일 뿐 아니라 그의 사명과 당대 왕들과의 면담까지 기록하여 '문집 중의 문집'이라 알려졌다. 그의 친구이자 비서 역할을 하는 바룩이 예언서를 받아 쓸 수 있게 하였다.(렘 36장)

예레미야는 유다 멸망의 마지막 다섯 왕의 통치기간에 활동한 선지자이다. '바벨론 포로가 되는 것이 하나님의 뜻이며 살 길이다'라고 외치므로 왕과 고관들과 백성들과 제사장들까지 나라를 팔아먹는 매국노로 여긴다. 하나님께서 예레미야에게 '결혼도 하지 말고 자녀도 낳지 말라' 하심으로 약 50년의 세월동안 외롭고 안타까움으로 사역하며 눈물로 기도했던 선지자였기에 우리는 그를 '눈물의 선지자'라 부른다.

예레미야는 1차 포로로 바벨론에 옮겨진 다니엘에게도 영적 영향력을 끼쳤으며, 2차 포로 때의 에스겔과도 동시대적 인물이다. 하나님께서 바벨론의 포로로 3차에 걸쳐 끌려간 이스라엘을 위해 폐허 같은 예루살렘에는 예레미야를 세우셨고, 바벨론 제국의 왕궁에는 다니엘을, 바벨론 포로된 백성들 가운데는 에스겔을 세우셔서 말씀을 전하게 하셨다.

사람들이 듣고 싶어 하는 메시지를 전하기보다(거짓 선지자 하나냐와 같이) 하나님이 원하시는 메시지를 분명하게 전하고자 힘썼던 예레미야는 역사의 대세를 좇기보다 외롭지만 하나님의 종으로서 당당하게 사명을 감당한 선지자이다. 갇히기도 하고 매를 맞기도 하고 온갖 죽음의 위협을 견디며 예언의 말씀이 성취되어 역사가 되는 것을 지켜보았던 예레미야는 선지자 중의 선지자라 할 수 있겠다.

특별히 '바벨론의 포로가 되는 것이 하나님의 뜻'이라 전함에도 자신의 기득권과 왕의 영광을 포기하지 못한 왕들은 예레미야의 메시지를 온전히 신뢰하지 못한다. 이 때문에 유대 18대 왕인 여호야김과 유다의 마지막 왕이자 구약 역사의 마지막 왕인 시드기야를 통해 깊이 느껴지는 하나님의 실망감 까지도 읽어지는 예언서이다.

예언서임에도 불구하고 예레미야서에는 여호야김 왕과 시드기야 왕의 역사적 기록이 흥미롭다. 바벨론 포로시에 요하난에 의하여 유다 땅에 남아있던 사람들과 애굽에 들어가서도 예언을 하는 기록이 있다.(렘 43장)

하나님께서는 예레미야서 29장 11절 말씀을 통해 "너희를 향한 나의 생각을 내가 아나니 평안이요 재앙이 아니라 너희에게 미래와 희망을 주는 것이니라" 바벨론 포로 생활 70년도 이스라엘에게 미래와 희망이 되는 것이라 말씀하신다.
예레미야에게는 소수의 돕는 자로 바룩과 아히감과 그의 아들 그다랴 총독과 구스인 에벳멜렉이 있고 대부분의 인물들이 그를 적대시하였다.

예레미야 (52장)

심판		회복			
1~25장	26~29장	30~33장	34~45장	46~51장	52장
심판	예레미야의 고난	회복	예루살렘 함락	열방의 심판	유다의 멸망

1~20장	21~44장	45~52장
요시야와 여호야김	시드기야, 여호야김	여호야김과 시드기야

심판(렘 1~29장)

1. 심판(렘 1~25장) : 유다와 예루살렘의 죄에 대한 심판을 예언

1장	2~6장	7~10장	11~20장	21~25장
부르심과 소명	유다의 범죄와 심판 예고	위선적 예배와 우상숭배 심판	예레미야의 영적 고민과 이에 답하시는 하나님	유다의 왕들과 거짓 선지자들

1. 부르심과 소명(1장)

1~10절	11~15절	16절	17~19절
부르심과 소명	두 가지 환상	심판의 이유	예레미야를 보호하심

1) 부르심과 소명

1장 : 예레미야의 부르심과 소명
"베냐민 땅 아나돗의 제사장들 중 힐기야의 아들 예레미야의 말이라 유다 왕 요시야가 다스린 지 13년에 여호와의 말씀이 예레미야에게 임하였고"(렘 1:1~2)

"내가 너를 모태에 짓기 전에 너를 알았고 네가 배에서 나오기 전에 너를 성별하였고 너를 여러 나라의 선지자로 세웠노라"(렘 1:5)

"너는 아이라 말하지 말고 내가 너를 누구에게 보내든지 너는 가며 내가 네게 무엇을 명령하든지 너는 말할지니라"(렘 1:7)

"여호와께서 그의 손을 내밀어 내 입에 대시며 여호와께서 내게 이르시되 보라 내가 내 말을 네 입에 두었노라"(렘 1:9)

2) 두 가지 환상 (렘 1:11~15)
① 살구나무 가지 환상 : '이는 내가 내 말을 지켜 그대로 이루려 함이라'
② 끓는 가마 환상 : '재앙이(침략자) 북방에서 일어난다.'

3) 심판의 이유 : 여호와 하나님을 버리고 우상숭배
"무리가 나를 버리고 다른 신들에게 분향하며 자기 손으로 만든 것들에 절하였은즉 내가 나의 심판을 그들에게 선고하여 그들의 모든 죄악을 징계하리라"(렘 1:16)

4) 예레미야를 보호하심(렘 1:17~19) : '내가 너를 견고한 성읍, 쇠기둥, 놋성벽이 되게 하리라'

2. 유다의 범죄와 심판예고(2~6장)

2장 : 이스라엘은 여호와의 성물이요 첫 열매
"이스라엘은 여호와를 위한 성물 곧 그의 소산 중 첫 열매이니 그를 삼키는 자면 모두 벌을 받아 재앙이 그들에게 닥치리라"(렘 2:3)

이스라엘의 두 가지 악
① 생수의 근원이신 하나님을 버린 것
② 스스로 웅덩이를 판 것
"내 백성이 두 가지 악을 행하였나니 곧 그들이 생수의 근원되는 나를 버린 것과 스스로 웅덩이를 판 것인데 그것은 그 물을 가두지 못할 터진 웅덩이들이니라"(렘 2:13)

3장 : 유다의 음란과 행악
1) 돌이킬 수 없는 유다의 음란함 :
"네가 많은 무리와 행음하고서도 내게로 돌아오려느냐"(렘 3:1)
"그가 모든 높은 산에 오르며 모든 푸른 나무 아래로 가서 거기서 행음하였도다"(렘 3:6)
"내게 배역한 이스라엘이 간음을 행하였으므로 내가 그를 내쫓고 그에게 이혼서까지 주었으되 그의 반역한 자매 유다가 두려워하지 아니하고 자기도 가서 행음함을 내가 보았노라"(렘 3:8)

2) 패역한 이스라엘이 돌아오기를 바라는 하나님의 열망 :
"내가 말하기를 내가 어떻게 하든지 너를 자녀들 중에 두며 허다한 나라들 중에 아름다운 기업인 이 귀한 땅을 네게 주리라 하였고 내가 다시 말하기를 너희가 나를 나의 아버지라 하고 나를 떠나지 말 것이니라 하였노라"(렘 3:19)

4장 : 돌아오라 호소하시는 하나님
1) 내게로 돌아오라 : "너희 묵은 땅을 갈고 가시덤불에 파종하지 말라 유다인과 예루살렘 주민들아 너희는 스스로 할례를 행하여 너희 마음 가죽을 베고 나 여호와께 속하라 그리하지 아니하면 너희 악행으로 말미암아 나의 분노가 불 같이 일어나 사르리니 그것을 끌 자가 없으리라"(렘 4:3~4)

2) 임박한 심판을 탄식하는 선지자 : "슬프고 아프다 내 마음속이 아프고 내 마음이

답답하여 잠잠할 수 없으니 이는 나의 심령이 나팔 소리와 전쟁의 경보를 들음이로다"(렘 4:19)

5장 : 예루살렘의 허물과 반역
1) **예루살렘의 부패** : "너희가 만일 정의를 행하며 진리를 구하는 자를 한 사람이라도 찾으면 내가 이 성읍을 용서하리라"(렘 5:1)

2) **백성들의 패역** : "그들이 여호와를 인정하지 아니하며 말하기를 여호와께서는 계시지 아니하니 재앙이 우리에게 임하지 아니할 것이요 우리가 칼과 기근을 보지 아니할 것이며"(렘 5:12)

3) **하나님의 징벌** : "이 땅에 무섭고 놀라운 일이 있도다 선지자들은 거짓을 예언하며 제사장들은 자기 권력으로 다스리며 내 백성은 그것을 좋게 여기니 마지막에는 너희가 어찌하려느냐"(렘 5:30~31)

6장 : 멸망당할 예루살렘과 백성
"예루살렘아 너는 훈계를 받으라 그리하지 아니하면 내 마음이 너를 싫어하고 너를 황폐하게 하여 주민이 없는 땅으로 만들리라"(렘 6:8)
"이는 그들이 가장 작은 자로부터 큰 자까지 다 탐욕을 부리며 선지자로부터 제사장까지 다 거짓을 행함이라"(렘 6:13)

"여호와께서 이와 같이 말씀하시되 보라 한 민족이 북방에서 오며 큰 나라가 땅 끝에서부터 떨쳐 일어나나니 그들은 활과 창을 잡았고 잔인하여 사랑이 없으며 그 목소리는 바다처럼 포효하는 소리라 그들이 말을 타고 전사 같이 다 대열을 벌이고 시온의 딸인 너를 치려 하느니라 하시도다"(렘 6:22~23)

3. 위선적인 예배와 우상숭배(렘 7~10장)

7장 : 여호와의 말씀을 들으라
"너희가 도둑질하며 살인하며 간음하며 거짓 맹세하며 바알에게 분향하며 너희가 알지 못하는 다른 신들을 따르면서 내 이름으로 일컬음을 받는 이 집에 들어와서 내 앞에 서서 말하기를 우리가 구원을 얻었나이다 하느냐 이는 이 모든 가증한 일을 행하려 함이로다 내 이름으로 일컬음을 받는 이 집이 너희 눈에는 도둑의 소굴로 보이느냐 보라 나 곧 내가 그것을 보았노라"(렘 7:9~11)

"그런즉 너는 이 백성을 위하여 기도하지 말라 그들을 위하여 부르짖어 구하지 말라 내게 간구하지 말라 내가 네게서 듣지 아니하리라"(렘 7:16)

"그 때에 내가 유다 성읍들과 예루살렘 거리에 기뻐하는 소리, 즐거워하는 소리, 신랑의 소리, 신부의 소리가 끊어지게 하리니 땅이 황폐하리라"(렘 7:34)

8장 : 그들의 죄와 형벌
"이 예루살렘 백성이 항상 나를 떠나 물러감은 어찌함이냐 그들이 거짓을 고집하고 돌아오기를 거절하도다"(렘 8:5)

"그러므로 내가 그들의 아내를 타인에게 주겠고 그들의 밭을 그 차지할 자들에게 주리니 그들은 가장 작은 자로부터 큰 자까지 다 욕심내며 선지자로부터 제사장까지 다 거짓을 행함이라"(렘 8:10)

"내가 그들을 진멸하리니 포도나무에 포도가 없을 것이며 무화과나무에 무화과가 없을 것이며 그 잎사귀가 마를 것이라 내가 그들에게 준 것이 없어지리라"(렘 8:13)

9장 : 유다에 임할 심판
"내가 예루살렘을 무더기로 만들며 승냥이 굴이 되게 하겠고 유다의 성읍들을 황폐하게 하여 주민이 없게 하리라"(렘 9:11)

"그들과 그들의 조상이 알지 못하던 여러 나라 가운데에 그들을 흩어 버리고 진멸되기까지 그 뒤로 칼을 보내리라"(렘 9:16)

"무릇 모든 민족은 할례를 받지 못하였고 이스라엘은 마음에 할례를 받지 못하였느니라"(렘 9:26)

10장 : 우상의 헛됨과 참 하나님

"여러 나라의 길을 배우지 말라 이방 사람들은 하늘의 징조를 두려워하거니와 너희는 그것을 두려워하지 말라 여러 나라의 풍습은 헛된 것이니 삼림에서 벤 나무요 기술공의 두 손이 도끼로 만든 것이라"(렘 10:2~3)

"오직 여호와는 참 하나님이시요 살아 계신 하나님이시요 영원한 왕이시라 그 진노하심에 땅이 진동하며 그 분노하심을 이방이 능히 당하지 못하느니라"(렘 10:10)

4. 예레미야의 영적 고민과 답하시는 하나님(11~20장)

11장 : 언약의 상기와 예레미야의 살해 음모

"너희는 내 목소리를 순종하고 나의 모든 명령을 따라 행하라 그리하면 너희는 내 백성이 되겠고 나는 너희의 하나님이 되리라"(렘 11:4)
"바알에게 분향함으로 나의 노여움을 일으킨 이스라엘 집과 유다 집의 악으로 말미암아 그를 심은 만군의 여호와께서 그에게 재앙을 선언하셨느니라"(렘 11:17)

아나돗 사람들이 예레미야를 죽이려 음모함 "나는 끌려서 도살 당하러 가는 순한 어린 양과 같으므로 그들이 나를 해하려고 꾀하기를 우리가 그 나무와 열매를 함께 박멸하자 그를 살아 있는 자의 땅에서 끊어서 그의 이름이 다시 기억되지 못하게 하자 함을 내가 알지 못하였나이다"(렘 11:19)

"여호와께서 아나돗 사람들에 대하여 말씀하시되 그들이 네 생명을 빼앗으려고 너는 여호와의 이름으로 예언하지 말라 두렵건대 우리 손에 죽을까 하노라 하도다"(렘 11:21~22)

12장 : 예레미야의 질문과 여호와의 답변

"여호와여 내가 주와 변론할 때에는 주께서 의로우시니이다 그러나 내가 주께 질문하옵나니 악한 자의 길이 형통하며 반역한 자가 다 평안함은 무슨 까닭이니이까"(렘 12:1)
"내가 내 집을 버리며 내 소유를 내던져 내 마음으로 사랑하는 것을 그 원수의 손

에 넘겼나니"(렘 12:7)

하박국의 질문(합 1:13) : "주께서는 눈이 정결하시므로 악을 차마 보지 못하시며 패역을 차마 보지 못하시거늘 어찌하여 거짓된 자들을 방관하시며 악인이 자기보다 의로운 사람을 삼키는데도 잠잠하시나이까"

13장 : 두 가지 비유
1) 썩은 베 띠(렘 13:1~11) : '너는 가서 베띠를 사서 네 허리에 두르고 그것이 물에 닿지 않게 하라' 그리고 '너는 그 베띠를 가지고 유프라테스 강가로 가서 그것을 그 곳 바위 틈에 숨겨 두어라', 여러 날이 지난 후에 '너는 유프라테스 강가로 가서 그 베띠를 끄집어내 보아라' 하시기에 유프라테스 강가로 가서 그것을 감추어 둔 곳을 파고 띠를 꺼내 보니 썩어서 못 쓰게 되어 있었다.
유프라테스(Euphrates)는 '솟는다' '페라트'는 아나돗 북동쪽 약 5km 지점의 '파라'
"내가 유다의 교만과 예루살렘의 큰 교만을 이같이 썩게 하리라 이 악한 백성이 내 말 듣기를 거절하고 그 마음의 완악한 대로 행하며 다른 신들을 따라 그를 섬기며 그에게 절하니 그들이 이 띠가 쓸 수 없음 같이 되리라"(렘 13:9~12)

2) 포도주 가죽부대(렘 13:12~14) : 너는 그들에게 이르기를 "이스라엘의 하나님 여호와의 말씀에 모든 가죽부대가 포도주로 차리라" 하라 그리하면 그들이 '모든 가죽부대가 포도주로 찰 줄을 우리가 어찌 알지 못하리요' 하리니 너는 다시 그들에게 이르기를 여호와의 말씀에 "내가 이 땅의 모든 주민과 다윗의 왕위에 앉은 왕들과 제사장들과 선지자들과 예루살렘 모든 주민으로 잔뜩 취하게 하고 또 그들로 피차 충돌하여 상하게 하되 부자 사이에도 그러하게 할 것이라 내가 그들을 불쌍히 여기지 아니하며 사랑하지 아니하며 아끼지 아니하고 멸하리라"하라

"구스인이 그의 피부를, 표범이 그의 반점을 변하게 할 수 있느냐 할 수 있을진대 악에 익숙한 너희도 선을 행할 수 있으리라"(렘 13:23)
[부정적인 대답을 강조한 반어법의 표현으로 악에 익숙한 백성들이 변화되는 것이 그만큼 어렵다는 것을 강조한 말씀이다.]

14장 : 칼과 기근
1) 칼과 기근과 전염병 재앙 : "너는 이 백성을 위하여 복을 구하지 말라 그들이 금

식할지라도 내가 그 부르짖음을 듣지 아니하겠고 번제와 소제를 드릴지라도 내가 그것을 받지 아니할 뿐 아니라 칼과 기근과 전염병으로 내가 그들을 멸하리라"(렘 14:11~12)

2) **거짓 선지자** : "여호와께서 내게 이르시되 선지자들이 내 이름으로 거짓 예언을 하도다 나는 그들을 보내지 아니하였고 그들에게 명령하거나 이르지 아니하였거늘 그들이 거짓 계시와 점술과 헛된 것과 자기 마음의 거짓으로 너희에게 예언하는도다"(렘 14:14)

15장 : 유다의 심판
"모세와 사무엘이 내 앞에 섰다 할지라도 내 마음은 이 백성을 향할 수 없나니 그들을 내 앞에서 쫓아 내보내라"(렘 15:1)

모세와 사무엘은 중보기도의 대표자들이다. 하나님은 유다의 죄로 말미암아 심판을 결심하셨다는 의지를 표현하고 계신다.

"네가 나를 버렸고 내게서 물러갔으므로 네게로 내 손을 펴서 너를 멸하였노니 이는 내가 뜻을 돌이키기에 지쳤음이로다"(렘 15:6)

내가 그들을 네 가지로 심판할 것(렘 15:3)
① 죽이는 칼 ② 찢는 개 ③ 삼켜 멸하는 공중의 새 ④ 땅의 짐승

신명기 28장 25~26절, "여호와께서 네 적군 앞에서 너를 패하게 하시리니 네가 그들을 치러 한 길로 나가서 그들 앞에서 일곱 길로 도망할 것이며 네가 또 땅의 모든 나라 중에 흩어지고 네 시체가 공중의 모든 새와 땅의 짐승들의 밥이 될 것이나 그것들을 쫓아줄 자가 없을 것이며"
[단순한 죽음보다도 죽음에 따르는 수치와 굴욕을 상징하며 아합과 이세벨의 죽음을 연상시킨다.]

16장 : 임박한 심판과 귀환의 약속
1) "너는 이 땅에서 아내를 맞이하지 말라 자녀를 두지 말라" - '그들이 죽더라도 시체를 새와 짐승의 밥이 될 것이라'(렘 16:2~4)
2) "초상집에 들어가지 말라" - '이 백성에게서 평강과 인자와 사람을 제할 것이라'(렘 16:5)
3) "잔치집에 들어가서 그들과 함께 먹거나 마시지 말라" - '기뻐하고 즐거워하는 소

리가 끊어질 것이라'(렘 16:8~9)

"내가 너희를 이 땅에서 쫓아내어 너희와 너희 조상들이 알지 못하던 땅에 이르게 할 것이라 너희가 거기서 주야로 다른 신들을 섬기리니 이는 내가 너희에게 은혜를 베풀지 아니함이라"(렘 16:13)

보라 날이 이르리니… "내가 그들을 그들의 조상들에게 준 그들의 땅으로 인도하여 들이리라"(렘 16:15)

17장 : 안식일을 거룩하게 하라
"이스라엘의 소망이신 여호와여 무릇 주를 버리는 자는 다 수치를 당할 것이라 무릇 여호와를 떠나는 자는 흙에 기록이 되오리니 이는 생수의 근원이신 여호와를 버림이니이다"(렘 17:13)

"그러나 만일 너희가 나를 순종하지 아니하고 안식일을 거룩되게 아니하여 안식일에 짐을 지고 예루살렘 문으로 들어오면 내가 성문에 불을 놓아 예루살렘 궁전을 삼키게 하리니 그 불이 꺼지지 아니하리라 하셨다 할지니라"(렘 17:27)

'안식일'은 하나님께서 이스라엘 백성의 하나님이 되실 때 언약으로 주신 규례이다. 하나님과의 관계가 이를 통해 드러난다. 하나님 말씀을 떠나면 하나님을 떠나는 것이다.

18장 : 토기장이의 비유
"이스라엘 족속아 이 토기장이가 하는 것 같이 내가 능히 너희에게 행하지 못하겠느냐 이스라엘 족속아 진흙이 토기장이의 손에 있음 같이 너희가 내 손에 있느니라"(렘 18:6) [하나님의 절대적 주권]

예레미야를 죽이려 함(렘 18:20) : "어찌 악으로 선을 갚으리이까마는 그들이 나의 생명을 해하려고 구덩이를 팠나이다 내가 주의 분노를 그들에게서 돌이키려 하고 주의 앞에 서서 그들을 위하여 유익한 말을 한 것을 기억하옵소서"
[예레미야는 이스라엘을 위하여 중보 하였으나 그들은 예레미야를 대적하여 죽이려 한다. 예레미야는 백성을 포기하고 하나님의 심판에 마음을 같이 한다.]

19장 : 깨진 옹기와 토기장이

"사람이 토기장이의 그릇을 한 번 깨뜨리면 다시 완전하게 할 수 없나니 이와 같이 내가 이 백성과 이 성읍을 무너뜨리리니 도벳에 매장할 자리가 없을 만큼 매장하리라"(렘 19:11)

20장 : 예레미야와 제사장 '바스훌'

예레미야의 예언함을 듣고 성전의 총감독 바스훌이 예레미야를 때리고 여호와의 성전에 목에 씌우는 칼로 채우고 다음날 풀어준다.

1) 바스훌에게 하나님의 재앙 예고 : "바스훌아 너와 네 집에 사는 모든 사람이 포로되어 옮겨지리니 네가 바벨론에 이르러 거기서 죽어 거기 묻힐 것이라 너와 너의 거짓 예언을 들은 네 모든 친구도 그와 같으리라"(렘 20:6)

2) 예레미야의 애가 : "내가 말할 때마다 외치며 파멸과 멸망을 선포하므로 여호와의 말씀으로 말미암아 내가 종일토록 치욕과 모욕 거리가 됨이니이다 내가 다시는 여호와를 선포하지 아니하며 그의 이름으로 말하지 아니하리라 하면 나의 마음이 불붙는 것 같아서 골수에 사무치니 답답하여 견딜 수 없나이다"(렘 20:8~9)

1~20장	21~44장	45~52장
요시야와 여호야김	**시드기야, 여호야김**	여호야김과 시드기야

5. 유다의 왕들과 거짓 선지자들(렘 21~25장)

21장 : 시드기야가 예레미야에게 바스훌과 스바냐를 보내어 기도요청
1) 예레미야에게 중보기도 요청(렘 21:2)
"바벨론의 느부갓네살 왕이 우리를 치니 청컨대 너는 우리를 위하여 여호와께 간구하라 여호와께서 혹시 그의 모든 기적으로 우리를 도와 행하시면 그가 우리를 떠나리라"

"여호와의 말씀이니라 그 후에 내가 유다의 왕 시드기야와 그의 신하들과 백성과 및 이 성읍에서 전염병과 칼과 기근에서 남은 자를 바벨론의 느부갓네살 왕의 손과 그들의 원수의 손과 그들의 생명을 찾는 자들의 손에 넘기리니 그가 칼날로 그들을 치되 측은히 여기지 아니하며 긍휼히 여기지 아니하며 불쌍히 여기지 아니하리라 하셨느니라"(렘 21:7)

2) 생명 길과 사망의 길
"보라 내가 너희 앞에 생명의 길과 사망의 길을 두었노라 너는 이 백성에게 전하라 하셨느니라 이 성읍에 사는 자는 칼과 기근과 전염병에 죽으려니와 너희를 에워싼 갈대아인에게 나가서 항복하는 자는 살 것이나 그의 목숨은 전리품 같이 되리라"(렘 21:8~9)

22장 : 유다의 왕들을 책망 – (왕들의 잔치)
'너희는 죽은 자(요시야)를 위하여 울지 말며 그를 위하여 애통하지 말고 잡혀 간 자(여호아하스)를 위하여 슬피 울라 그는 다시 돌아와 그 고국을 보지 못할 것임이라 살룸 왕(여호아하스)에 대하여 이와 같이 말씀하시니라 그가 이 곳으로 다시 돌아오지 못하고 잡혀 간 곳에서 그가 거기서 죽으리니 이 땅을 다시 보지 못하리라'(렘 22:10~12)

제1차 갈그미스 전투에서 애굽왕 바로느고의 손에 요시야 왕이 죽자 백성들은 요시야의 아들 여호아하스를 왕으로 세우나 석 달 후 바로느고에 의해 애굽으로 잡혀가고 친애굽 성향의 여호야김을 왕으로 세운다.

"그러나 네 두 눈과 마음은 탐욕과 무죄한 피를 흘림과 압박과 포악을 행하려 할 뿐이니라 그러므로 여호와께서 유다의 왕 요시야의 아들 여호야김에게 대하여 이와 같이 말씀하시니라 무리가 그를 위하여 슬프다 내 형제여, 슬프다 내 자매여 하며 통곡하지 아니할 것이며 그를 위하여 슬프다 주여 슬프다 그 영광이여 하며 통곡하지도 아니할 것이라 그가 끌려 예루살렘 문 밖에 던져지고 나귀 같이 매장함을 당하리라"(렘 22:17~19)

하나님의 말씀과 같이 여호야김은 전쟁 중에 죽는다. 이에 하나님은 '유다 왕 여호야김의 아들 고니야(여호야긴)가 나의 오른손의 인장반지라 할지라도 내가 빼어 네 생명을 찾는 자의 손과 네가 두려워하는 자의 손 곧 바벨론의 왕 느부갓네살의 손과 갈대아인의 손에 줄 것이라'(렘 22:24~25) 하시며, 또 그는 '자식이 없겠고 다윗의 왕위에 앉아 유다를 다스릴 사람이 다시는 없을 것임이라'(렘 22:30) 하신다.
고니야'(여호야긴) 왕은 역대상3:16과 마태복음1:11에서 '여고냐'로 기록됨 여호야긴은 비록 바벨론 느부갓네살에게 포로로 잡혀가지만(B.C. 597) 구약에서 유다의 마지막 왕으로 예수 그리스도의 족보에 기록된 공식적인 왕이다.

"네가 평안할 때에 내가 네게 말하였으나 네 말이 나는 듣지 아니하리라 하였나니 네가 어려서부터 내 목소리를 청종하지 아니함이 네 습관이라"(렘 21:21)

23장 : 미래의 왕 메시아
"보라 때가 이르리니 내가 **다윗에게 한 의로운 가지를** 일으킬 것이라 그가 왕이 되어 지혜롭게 다스리며 세상에서 정의와 공의를 행할 것이며 그의 날에 유다는 구원을 받겠고 이스라엘은 평안히 살 것이며 **그의 이름은 여호와 우리의 공의라** 일컬음을 받으리라"(렘 23:5~6)

'**여호와 우리의 공의**'는 시드기야의 이름의 뜻이다. 시드기야는 자기 이름의 뜻대로 살지 못하였으나 메시아 예수 그리스도는 그의 모든 일이 의로우시다. 여호와 찌두케누로서 여호와의 이름이다.

'사마리아 선지자들 가운데 바알을 의지하고 예언하여 내 백성 이스라엘을 그릇되게 하였고 또 예루살렘 선지자들 가운데도 그들은 간음을 행하며 거짓을 말하며 악을 행하는 자의 손을 강하게 하여 사람으로 그 악에서 돌이킴이 없게 하였은즉 내가 그들에게 쑥을 먹이며 독한 물을 마시게 하리니 이는 사악이 예루살렘 선지자들로부터 나와서 온 땅에 퍼짐이라'(렘 23:13~15)

"너희에게 예언하는 선지자들의 말을 듣지 말라 그들은 너희에게 헛된 것을 가르치나니 그들이 말한 묵시는 자기 마음으로 말미암은 것이요 여호와의 입에서 나온 것이 아니니라"(렘 23:16)

24장 : 무화과 두 광주리 환상
1)**좋은 무화과** : "내가 이 곳에서 옮겨 갈대아인의 땅(바벨론)에 이르게 한 유다 포로를 이 좋은 무화과 같이 잘 돌볼 것이라"(렘 24:5)
2)**나쁜 무화과** : "내가 유다의 왕 시드기야와 그 고관들과 예루살렘의 남은 자로서 이 땅에 남아 있는 자와 애굽 땅에 사는 자들을 나빠서 먹을 수 없는 이 나쁜 무화과 같이 버리되"(렘 24:8)

"내가 여호와인 줄 아는 마음을 그들에게 주어서 그들이 전심으로 내게 돌아오게 하리니 그들은 내 백성이 되겠고 나는 그들의 하나님이 되리라"(렘 24:7)

25장 : 70년 포로기간 예언

"이 모든 땅이 폐허가 되어 놀랄 일이 될 것이며 이 민족들은 칠십 년 동안 바벨론의 왕을 섬기리라"(렘 25:11)

바벨론 70년 포로 예언

1) 예레미야 25장 11~12절, "이 민족은 칠십 년 동안 바벨론의 왕을 섬기리라"
2) 예레미야 29장 10절, "바벨론에서 칠십 년이 차면 내가 너희를 돌보고 나의 선한 말을 너희에게 성취하여 너희를 이 곳으로 돌아오게 하리라"
3) 다니엘 9장 2절, "나 다니엘이 책을 통해 여호와께서 말씀으로 선지자 예레미야에게 알려 주신 그 연수를 깨달았나니 곧 예루살렘의 황폐함이 칠십 년만에 그치리라 하신 것이니라"

2. 예레미야의 고난 (렘 26~29장)

1~25장	26~29장	30~33장	34~45장	46~51장	52장
심판 예언	**예레미야의 고난**	회복 예언	예루살렘 함락	열방의 심판	유다의 멸망

26장(여호야김 초기) : 성전 뜰에서 말씀을 전한다

"예레미야가 여호와께서 명령하신 말씀을 모든 백성에게 전하기를 마치매 제사장들과 선지자들과 모든 백성이 그를 붙잡고 이르되 네가 반드시 죽어야 하리라"(렘 26:8)

또 예레미야와 같이 예언한 우리야가 애굽으로 도망하였으나 여호야김이 그를 데려와 왕이 칼로 그를 죽인다.(렘 26:23)

사반의 아들 아히감이 예레미야의 목숨을 구한다.(렘 26:24)
사반은(왕하 22:8) 요시야 왕 때의 서기관이다.

27장(여호야김 초기) : 거짓 제사장과 싸우는 예레미야
① 목에 멍에를 걸고 하나님의 말씀을 전하는 예레미야 : "바벨론 왕의 멍에를 목에 매고 그와 그의 백성을 섬기라 그리하면 살리라"(렘 27:11~12)
② 거짓 선지자들과 싸우는 예레미야 : "내가 그들을 보내지 아니하였거늘 그들이 내 이름으로 거짓을 예언하니 내가 너희를 몰아내리니"(렘 27:14~15)
③ "너희는 바벨론의 왕을 섬기라 그리하면 살리라"(렘 27:17)

28장(시드기야 왕 때) : 예레미야와 하나냐
하나냐는 하나님의 말씀에 2년 만에 바벨론에서 돌아온다고 예언한다.(2~3절) 그리고 하나냐가 예레미야 목의 나무 멍에를 빼앗아 꺾는다. "여호와께서 나무 멍에를 꺾었으니 쇠 멍에를 만들라"(13절) 하신다. 예레미야가 하나냐에게 "여호와께서 너를 보내지 아니하셨거늘 네가 이 백성에게 거짓을 믿게 하는도다 그러므로 여호와께서 이와 같이 말씀하시되 내가 너를 지면에서 제하리니 네가 여호와께 패역한 말을 하였음이라 네가 금년에 죽으리라 하셨느니라 하더니"(15~16절) 두 달 후에 죽는다.

29장(여호야긴 때 예루살렘에서) : 바벨론 포로에게 보낸 편지
"너희는 집을 짓고 거기에 살며 텃밭을 만들고 그 열매를 먹으라 아내를 맞이하여 자녀를 낳으며 너희 아들이 아내를 맞이하며 너희 딸이 남편을 맞아 그들로 자녀를 낳게 하여 너희가 거기에서 번성하고 줄어들지 아니하게 하라 너희는 내가 사로잡혀 가게 한 그 성읍의 평안을 구하고 그를 위하여 여호와께 기도하라 이는 그 성읍이 평안함으로 너희도 평안할 것임이라"(렘 29:5~7)

"여호와께서 이와 같이 말씀하시니라 바벨론에서 칠십 년이 차면 내가 너희를 돌보고 나의 선한 말을 너희에게 성취하여 너희를 이 곳으로 돌아오게 하리라"(렘 29:10)

"여호와의 말씀이니라 너희를 향한 나의 생각을 내가 아나니 평안이요 재앙이 아니니라 너희에게 미래와 희망을 주는 것이니라"(렘 29:11)

스마야에게 보낸 편지
스마야 : "이제 네가 어찌하여 너희 중에 선지자 노릇을 하는 아나돗 사람 예레미야를 책망하지 아

니하느냐"(렘 29:27)

예레미야 : "그러므로 여호와께서 이와 같이 말씀하시니라 보라 내가 느헬람 사람 스마야와 그의 자손을 벌하리니 그가 나 여호와께 패역한 말을 하였기 때문에 이 백성 중에 살아 남을 그의 자손이 하나도 없을 것이라 내가 내 백성에게 행하려 하는 복된 일을 그가 보지 못하리라 하셨느니라 이것은 여호와의 말씀이니라"(렘 29:32)

3. 회복 예언 (렘 30~33장)

1~25장	26~29장	30~33장	34~45장	46~51장	52장
심판 예언	예레미야의 고난	회복 예언	예루살렘 함락	열방의 심판	유다의 멸망

30장 : 이스라엘의 회복

"보라 내가 내 백성 이스라엘과 유다의 포로를 돌아가게 할 날이 오리니 내가 그들을 그 조상들에게 준 땅으로 돌아오게 할 것이니 그들이 그 땅을 차지하리라"(렘 30:3)

"보라 내가 야곱 장막의 포로들을 돌아오게 할 것이고 그 거처들에 사랑을 베풀 것이라 성읍은 그 폐허가 된 언덕 위에 건축될 것이요 그 보루는 규정에 따라 사람이 살게 되리라"(렘 30:18)

"너희는 내 백성이 되겠고 나는 너희들의 하나님이 되리라"(렘 30:22)

31장 : 이스라엘의 회복

"처녀 이스라엘아 내가 다시 너를 세우리니 네가 세움을 입을 것이요 네가 다시 소고를 들고 즐거워하는 자들과 함께 춤추며 나오리라"(렘 31:4)

"나는 이스라엘의 아버지요 에브라임은 나의 장자니라"(렘 31:9)

"그 때에 그들이 말하기를 다시는 아버지가 신 포도를 먹었으므로 아들들의 이가 시다 하지 아니하겠고 신 포도를 먹는 자마다 그의 이가 신 것 같이 누구나 자기의

죄악으로 말미암아 죽으리라"(렘 31:29~30)

"여호와의 말씀이니라 보라 날이 이르리니 내가 이스라엘 집과 유다 집에 새 언약을 맺으리라"(렘 31:31)

> **새 언약** : "내가 나의 법을 그들의 속에 두며 그들의 마음에 기록하여 나는 그들의 하나님이 되고 그들은 내 백성이 될 것이라"(렘 31:33)
> 여호와께서 이스라엘을 용서하시고 포로된 이스라엘의 귀환 후에 성령의 내적 역사를 의미한다. 영원한 종말론적 언약이다
> **고린도전서 11장 25절**, "내 피로 세운 새 언약이니"
> **누가복음 22장 20절**, "이 잔은 내 피로 세우는 새 언약이니"

32장(시드기야 왕 때) : 옥에 갇힌 예레미야 "하나멜의 밭을 사라"

바벨론의 손에 이스라엘이 멸망당할 것을 예언한 예레미야는 궁중의 시위대 뜰에 갇히게 된다. 이 때 하나님의 말씀에 '숙부의 아들 하나멜에게서 밭을 사라' 하심으로 예레미야는 베냐민 땅 아나돗에 있는 하나멜의 밭을 은 17세겔에 산다. 예레미야가 기도함에 하나님이 말씀하신다.

"나는 여호와요 모든 육체의 하나님이라 내게 할 수 없는 일이 있겠느냐"(27절)

'그들이 등을 내게로 돌리고 얼굴을 내게로 향하지 아니하며 내가 그들을 가르치되 끊임없이 가르쳤는데도 그들이 교훈을 듣지 아니하며 받지 아니하고 유다로 범죄 하게 한 것은 내가 명령한 것도 아니요 내 마음에 둔 것도 아니니라'(렘 32:33~35)

"그들은 내 백성이 되겠고 나는 그들의 하나님이 될 것이며, 나의 마음과 정성을 다하여 그들을 이 땅에 심으리라 내가 그들의 포로를 돌아오게 함이니라"(렘 32:38~44)

33장(시위대 뜰에 갇혔을 때) : 의로운 가지 비유로 포로에서 귀환을 약속

"일을 행하시는 여호와, 그것을 만들며 성취하시는 여호와, 그의 이름을 여호와라 하는 이가 이와 같이 이르시도다 너는 내게 부르짖으라 내가 네게 응답하겠고 네가 알지 못하는 크고 은밀한 일을 네게 보이리라"(렘 33:2~3)

"그 날 그 때에 내가 **다윗에게서 한 공의로운 가지**가 나게 하리니 그가 이 땅에 정의와 공의를 실행할 것이라 그 날에 유다가 구원을 받겠고 예루살렘이 안전히 살 것

이며 이 성은 여호와는 우리의 의라는 이름을 얻으리라 여호와께서 이와 같이 말씀하시니라 이스라엘 집의 왕위에 앉을 사람이 다윗에게 영원히 끊어지지 아니할 것이며"(렘 33:15~17) [메시아 예언 : 렘 22장, 33장]

사무엘하 7장 16절, "네 집과 네 나라가 내 앞에서 영원히 보전되고 네 왕위가 영원히 견고하리라"

"내가 그 포로된 자를 돌아오게 하고 그를 불쌍히 여기리라"(렘 33:26)

4. 예루살렘 함락(렘 34~45장)

1~25장	26~29장	30~33장	34~45장	46~51장	52장
심판 예언	예레미야의 고난	회복 예언	예루살렘 함락	열방의 심판	유다의 멸망

34장 : 시드기야 왕에게 경고하심
'예루살렘 성이 바벨론 왕의 손에 넘겨지고 불 탈것이라. 시드기야 왕은 사로잡혀 바벨론으로 끌려가게 되고 그곳에서 평안히 죽을 것이라'(렘 34:2~5) '시드기야 왕은 예루살렘에 있는 모든 백성들과 계약을 맺었는데 그 계약은 자유를 선포하여 히브리인의 남녀 노예를 자유롭게 하고 동족인 이스라엘 사람을 종으로 삼지 못하게 하는 것이었다. 그러나 그 후에 그들은 마음이 변하여 그들이 풀어준 노예들을 다시 끌어다가 종으로 삼음으로 경고하신다.'(렘 33:8~11)
'너희 조상들을 종살이하던 애굽에서 인도해낼 때에 그들과 계약을 맺고 7년마다 너희에게 팔린 너희 동족 히브리인을 놓아 주어라 하였으나 듣지 않았다. 그런데 너희가 동족에게 자유를 선포하고 그들을 놓아 주겠다고 성전에서 나에게 엄숙히 서약하였으나 너희가 다시 너희 동족에게 자유를 주지 않았으므로 이제 내가 너희에게 자유를 선언한다. 이 자유는 너희가 전쟁과 질병과 기근에서 죽는 자유이다. 내가 너희를 온 세계에 흩어 버릴 것이다.'(렘 33:17~20)

35장(여호야김 왕 때) : 레갑 족속의 순종

레갑 족속 요나답의 명령(렘 35:5~10) : '너희와 너희 자손은 영원히 ① 포도주를 마시지 말며 ② 너희가 집도 짓지 말며 ③ 파종도 하지 말며 ④ 포도원을 소유하지도 말고 너희는 평생 동안 ⑤ 장막에 살아라 그리하면 너희가 머물러 사는 땅에서 너희 생명이 길리라 하였으므로 모든 말을 순종하여 우리와 우리 아내와 자녀가 평생 동안 포도주를 마시지 아니하며 살 집도 짓지 아니하며 포도원이나 밭이나 종자도 가지지 아니하고 장막에 살면서 우리 선조 요나답이 우리에게 명령한 대로 다 지켜 행하였다.'

"레갑의 아들 요나답의 자손은 그의 선조가 그들에게 명령한 그 명령을 지켜 행하나 이 백성은 내게 순종하지 아니하도다"(렘 35:16)

여호와 하나님께서 레갑의 족속을 축복하심(렘 35:19)
"그러므로 하나님께서 레갑의 아들 요나답에게서 내 앞에 설 사람이 영원히 끊어지지 아니하리라 하시니라"
[예수님의 탄생소식을 가장 먼저 전해들은 목자들이 바로 이 레갑의 후손으로 추정한다.]

36장(여호야김 왕 때) : 바룩이 여호와의 성전에서 두루마리 낭독
"유다 가문이 내가 그들에게 내리려 한 모든 재난을 듣고 각기 악한 길에서 돌이키리니 그리하면 내가 그 악과 죄를 용서하리라"(렘 36:3)

남유다 18대 여호야김 왕
옥에 갇힌 예레미야가 바룩을 불러 하나님의 말씀을 기록하게 하고 이것을 금식일에 낭독하라 한다. 바룩이 금식일에 여호와의 성전에서 두루마리를 낭독하자 이를 듣고 여호야김 왕에게 들은 내용을 전한다. 왕이 예레미야의 두루마리를 자신 앞에서 낭독하게 하고 읽을 때 마다 칼로 베어 화로 불에 던져 넣는다. 신하들이 이를 말리나 왕이 듣지 않았고 왕과 신하들이 이 모든 말을 듣고도 두려워하거나 자기들의 옷을 찢지 아니하였다.

남유다 16대 요시야 왕
요시야 왕이 대제사장 힐기야가 성전에서 찾은 율법 책을 서기관 사반이 읽을 때 "왕이 율법책의 말을 듣자 곧 그의 옷을 찢으니라"(왕하 22:11)

하나님의 말씀을 듣고 마음에 찔려 옷을 찢으며 회개하는 요시야 왕과 하나님의 말씀을 듣고도 오히려 그 마음이 강팍하여 화로 불에 던져 넣은 여호야김의 내면은 대조적이다. 여호와의 말씀을 낭독하는 이유는 이스라엘이 회개할 기회를 주시는 것이다.

여호야김에 대한 저주 : "그에게 다윗의 왕위에 앉을 자가 없게 될 것이요 그의 시체는 버림을 당하여 낮에는 더위, 밤에는 추위를 당하리라 또 내가 그와 그의 자손과 신하들을 그들의 죄악으로 말미암아 벌할 것이라 내가 일찍이 그들과 예루살렘 주민과 유다 사람에게 그 모든 재난을 내리리라"(렘 36:30~31)
예레미야는 다른 두루마리를 가져다가 서기관 바룩에게 주고 원 두루마리의 내용을 다시 기록한다.(렘 36:32)

37장(시드기야 왕 때) : 요나단의 집에서 감옥 뜰로
① **예레미야에게 중보기도 요청(3절)** : 시드기야 왕이 예레미야에게 '너는 우리를 위하여 우리 하나님 여호와께 기도하라' 중보기도 요청을 한다.
② **하나님의 말씀을 전하는 예레미야(7~9절)** : "너희를 도우려고 나왔던 바로의 군대는 자기 땅 애굽으로 돌아가겠고 갈대아인이 다시 와서 이 성을 쳐서 빼앗아 불사르리라 여호와께서 이와 같이 말씀하시니라 너희는 스스로 속여 말하기를 갈대아인이 반드시 우리를 떠나리라 하지 말라 그들이 떠나지 아니하리라"

③ **감옥에 갇힌 예레미야(13~16절)** : 문지기의 우두머리 이리야가 예레미야에게 '바벨론에게 항복하려 한다'고 몰아세움으로 예레미야를 붙잡아 때린 후 서기관 요나단의 집 뚜껑 씌운 웅덩이에 가둔다.

④ **시드기야 왕과의 대화(17절)**
시드기야 : '여호와께로부터 받은 말씀이 있느냐'
예레미야 : '있나이다. 왕이 바벨론 왕의 손에 넘겨지리이다'
시드기야 왕과 대화 한 후에 요나단의 집에 되돌아가기를 원하지 않음으로 감옥 뜰에 가두고 매일 떡 한 개씩을 받는다.(21절)

38장(시드기야 왕 때) : 구덩이에 갇힌 예레미야
① **진흙 구덩이에 던져진 예레미야** : "이 성에 머무는 자는 칼과 기근과 전염병에 죽으리라 그러나 갈대아인에게 항복하는 자는 살리니 그는 노략물을 얻음 같이 자기의 목숨을 건지리라"(렘 38:2) 이에 고관들이 '이 사람이 백성의 평안을 구하지 않고 재난을 구하오니 이 사람을 죽이소서'(렘 38:4~5) 함으로 예레미야를 물이 없는 진흙 구덩이에 가둔다. 왕궁 내시 구스인 에벳멜렉이 시드기야에게 신원하여 예레미야를 구해내고 시위대 뜰에 머물게 한다.

에벳멜렉을 구원하시는 하나님(렘 39:17~18)
"내가 그 날에 너를 구원하리니 네가 그 두려워하는 사람들의 손에 넘겨지지 아니하리라 내가 반드시 너를 구원할 것인즉 네가 칼에 죽지 아니하고 네가 노략물 같이 네 목숨을 얻을 것이니 이는 네가 나를 믿었음이라"

② **시드기야 왕과의 대면** : 시드기야 왕이 비밀히 예레미야에게 '내가 너를 죽이지도 아니하겠으며 네 생명을 찾는 그 사람들의 손에 넘기지도 아니하리라' 함에 예레미야가 왕이 '만일 바벨론의 왕의 고관들에게 항복하면 네 생명이 살겠고 이 성이 불사름을 당하지 아니하겠고 너와 네 가족이 살려니와 네가 만일 나가서 바벨론의 왕의 고관들에게 항복하지 아니하면 이 성이 갈대아인의 손에 넘어가리니 그들이 이 성을 불사를 것이며 너는 그들의 손을 벗어나지 못하리라' 한다.(렘 38:16~18)

예레미야는 시드기야 왕에게 바벨론에 항복할 것을 간청하지만 시드기야는 유다인들을 두려워하여 예레미야의 말을 따르지 못한다. "예레미야가 이르되 그 무리가 왕을 그들에게 넘기지 아니하리이다 원하옵나니 내가 왕에게 아뢴 바 여호와의 목소리에 순종하소서 그리하면 왕이 복을 받아 생명을 보전하시리이다 그러나 만일 항복하기를 거절하시면 여호와께서 내게 보이신 말씀대로 되리이다"(렘 38:20~21)

"예레미야가 예루살렘이 함락되는 날까지 감옥 뜰에 머물렀더라"(렘 38:28)

39장 : 예루살렘 함락(시드기야 왕 11년)
바벨론 왕이 립나에서 시드기야의 아들들과 귀족들을 그의 목전에서 죽이고 시드기야의 두 눈을 빼어 바벨론으로 끌고 간다. 예루살렘 성전을 불사르고 성벽을 헐었으며 바벨론 왕 느부갓네살의 사령관 느부사라단이 아무 소유가 없는 빈민을 유다 땅에 남겨 두고 그 날에 포도원과 밭을 그들의 소유가 되게 한다. 또 예레미야에게 호의를 베풀어 그가 원하는 대로 하게 함으로 아히감의 아들 그다랴의 집에서 살게 된다.

40장 : 자유의 몸이 된 예레미야와 유다 총독 그다랴 [그다랴 : 사반의 손자, 아히감의 아들]
예레미야는 미스바로 가서 유다 총독으로 임명된 그다랴의 집에서 백성과 함께 산다. 그다랴는 백성들에게 "너희는 갈대아 사람을 섬기기를 두려워하지 말고 이 땅에 살면서 바벨론의 왕을 섬기라 그리하면 너희에게 유익하리라"(렘 40:9) 함으로 각처에서 유다 사람들이 돌아와 그와 함께 한다. 요하난과 군대 장관들이 이스마엘의 음모를 그다랴에게 알리나 믿지 않는다.

41장 : 이스마엘의 반역

이스마엘의 반역으로 그다랴와 그와 함께 한 유다사람과 갈대아 군사들이 죽는다. 가레아의 아들 요하난과 그와 함께 있는 모든 군 지휘관이 느다냐의 아들 이스마엘이 행한 모든 악을 듣고 이스마엘을 쫓는다. 이스마엘에게 사로잡혔던 자들이 요하난을 보고 기뻐하여 그들이 돌이켜 돌아온다. 요하난과 그 일행이 유다를 떠나 애굽으로 가려 하는데 그 이유는 바벨론 왕이 세운 총독 그다랴를 이스마엘이 살해하여 갈대아인을 두려워 했기 때문이다.(18절)

42장 : 요하난이 예레미야에게 중보기도 요청

요하난 : "당신의 하나님 여호와께서 우리가 마땅히 갈 길과 할 일을 보이시기를 원하나이다"

예레미야 : '너희는 너희가 두려워하는 바벨론의 왕을 겁내지 말라 내가 너희와 함께 있어 너희를 구원하며 그의 손에서 너희를 건지리니 두려워하지 말라 내가 너희를 불쌍히 여기리니 그도 너희를 불쌍히 여겨 너희를 너희 본향으로 돌려보내리라 그러나 만일 너희가 너희 하나님의 말씀을 복종하지 아니하고 애굽으로 가면 칼이 애굽에 미칠 것이고 애굽에서 너희가 죽을 것이라 나의 노여움과 분을 예루살렘 주민에게 부은 것 같이 너희가 애굽에 가면 너희가 저주와 치욕거리가 될 것이다. 애굽으로 가지 말라'(렘 42:11~19) 그러나 하나님의 뜻을 묻기는 하였으나 불순종한다. '너희 마음을 속였느니라'

43장 : 애굽

요하난과 모든 군 지휘관과 모든 백성이 유다 땅에 살라 하시는 여호와의 목소리를 순종하지 아니하고 모든 사람을 이끌고 애굽 땅 다바네스에 이른다.

다베네스에서 예레미야에게 임한 예언(렘 43:9~13)
'만군의 여호와 이스라엘의 하나님께서 바벨론 느부갓네살 왕을 불러오리니 그가 와서 애굽 땅을 치고 죽일 자는 죽이고 사로잡을 자는 사로잡고 칼로 칠자는 칼로 칠 것이며 애굽 신들의 신당들을 불사르리라' – B.C. 568년에 느부갓네살이 애굽을 정벌함–역사적 성취

44장 : 애굽의 유다인들에게 임한 예언

이스라엘의 모든 재난은 너희들의 완악함 때문이다. 선지자들을 끊임 없이 보내어 가증한 일을 행하지 말라 했으나 너희들은 듣지 않고 우상을 섬기며 악을 행하였다.(렘 44:4~8)

유다 성읍에서 하던 대로 하늘의 여왕에게 분향하고 그 앞에 전제 드리던 것을 폐한 후부터 모든 것이 궁핍하고 칼과 기근에 멸망을 당하였느니라 한다.(렘 44:17~18)

유다의 시드기야 왕을 바벨론의 느부갓네살에게 넘긴 것 같이 애굽의 바로 호브라 왕을 바벨론에 넘길 것이다.(렘 44:30)

바로 호브라 왕은 아프리에스(Apries)라 불리며 B.C. 589~570까지 애굽을 다스린 왕이다.

1~20장	21~44장	45~52장
요시야와 여호야김	시드기야, 여호야김	여호야김과 시드기야

45장(여호야김) : 바룩에 대한 축복

"내가 모든 육체에 재난을 내리리라 그러나 네가 가는 모든 곳에서는 내가 너에게 네 생명을 노략물 주듯 하리라"(렘 45:5)

바룩의 뜻은 '축복 받은 자'이다. 외로운 선지자 예레미야와 동역하였으며 학식이 뛰어나며 예레미야가 옥에 갇혀있는 동안에 선지자의 글을 대필하였다. 또한 여호야김이 두루마리를 불살라 예레미야를 도와 말씀을 다시 기록했다. 예레미야와 함께 애굽으로 끌려가 슬픔 가운데 있을 때 하나님의 축복의 말씀을 받는다.

5. 열방의 심판(렘 46~51장)

1~25장	26~29장	30~33장	34~45장	46~51장	52장
심판 예언	예레미야의 고난	회복 예언	예루살렘 함락	열방의 심판	유다의 멸망

46장 : 애굽의 멸망 예언

애굽이 갈그미스 전투에서 바벨론 느부갓네살에게 패한 애굽의 바로느고에 대한 말씀이다.

47장 : 블레셋의 멸망 예언

48장 : 모압의 멸망 예언

모압의 찬송 소리가 없어졌도다 우리가 모압의 교만을 들었나니 심한 교만 곧 그의 자고와 오만과 자랑과 그 마음의 거만이로다.(렘 48:2)

49장 : 암몬, 에돔, 다메섹, 게달, 하솔, 엘람의 멸망 예언

50장 : 바벨론의 멸망 예언

51장 : 바벨론의 심판 예언

바벨론이 황무지가 될 것이라. 유다를 위해 여호와께서 보복하신다.

6. 유다의 멸망(렘 52장)

1~25장	26~29장	30~33장	34~45장	46~51장	52장
심판 예언	예레미야의 고난	회복 예언	예루살렘 함락	열방의 심판	유다의 멸망

52장(시드기야 왕) : 예루살렘의 멸망

예루살렘 함락과 시드기야의 최후 : 시드기야가 바벨론 왕을 배반함으로 바벨론 군대가 예루살렘을 포위한다. 성 중에 기근이 심함으로 밤중에 도망하다가 여리고에서 사로잡혀 하맛 땅 리블라(립나)에서 시드기야의 아들들을 그의 눈앞에서 죽이고 유다의 고관들을 죽이며 그의 두 눈을 빼고 쇠사슬로 결박하여 바벨론으로 끌고 간다. 느부갓네살의 사령관 느부사라단이 성전과 왕궁과 예루살렘의 모든 집을 불태우고 예루살렘 성벽을 허물었으며 성전의 모든 기명과 금과 은과 놋까지 모두 바벨론으로 가져간다. 폐허가 된 유다 땅에는 남겨진 빈민들에게 포도원과 밭을 소유하게 하여 관리하며 농부가 되게 한다.

유다왕 여호야긴은 바벨론 포로가 된지 37년 만에 포로의 신분이 자유를 얻게 되고 바벨론 왕 에윌므로닥 앞에서 일평생 음식을 먹는 자가 된다. 여호야긴이 포로로 끌려 갈 때 나이가 18세임으로 37년 후에 자유의 몸이 되었으니 그가 자유를 얻게 된 때의 나이는 55세였다.

예레미야서와 유다의 마지막 다섯 왕

요시야(31년)	여호아하스(3달)	여호야김(11년)	여호야긴(3달)	시드기야(11년)
①렘 1:2 요시야 13년, 예레미야 소명 받음	①렘 22:10 살룸 왕	①렘 22:13~19 매장함을 당하리라	①렘 22:24 고니야	①렘 21:1~2 바스훌과 스바냐를 보내 기도 부탁
②렘 22:10 죽은 자(요시야)		②렘 25:11 70년 바벨론		②렘 28장 하나냐, 나무 멍에와 쇠 멍에
		③렘 26:8 성전 뜰에서 반드시 죽어야 하리라		③렘 32장 시위대 뜰, 아나돗(땅) 밭
		④렘 26:23 우리야를 죽임		④렘 33장 회복 약속, 크고 비밀한 일, 다윗의 가지
		⑤렘 26:24 아히감이 구해줌		⑤렘 34장 시드기야에게 경고
		⑥렘 27:2, 12 바벨론 왕의 멍에를 목에 매라		⑥렘 37장 시드기야 왕위, 서기관 요나단의 집 웅덩이에 가둠, 감옥 뜰로 옮김
				⑦렘 38장 진창 속 구덩이, 구스인 에벳멜렉
				⑧렘 39장 예루살렘 함락, 에벳멜렉 구원 약속
				⑨렘 43장 예레미야 애굽으로 감
				⑩렘 52장 시드기야 죽음

유다의 멸망 개관
(왕하18~25장)

B.C. 722   B.C. 586

⑬ 히스기야 (29)	⑭ 므낫세 (55)	⑮ 아몬 (2)	⑯ 요시야 (31)	⑰ 여호아하스 (3달)	⑱ 여호야김 (11)	⑲ 여호야긴 (3달)	⑳ 시드기야 (11)
사 / 미	나		습 / 렘		합		애

남유다의 멸망과 마지막 다섯 왕(왕하 22~25장)

므깃도 전투 B.C. 609	1차 바벨론 포로 B.C. 605	주변국	2차 바벨론 포로 B.C. 597	3차 바벨론 포로 B.C. 586
⑯ 요시야(31년)	⑱ 여호야김(11년)	여호야김 3년 후 느브갓네살 배반	⑲ 여호야긴(3달)	⑳ 시드기야(11년)
므깃도 전투 요시야 왕과 애굽 바로느고 요시야 사망 (23:29) 1차 갈그미스전투	애굽 바로느고와 바벨론 느브갓네살 바벨론 승리 2차 갈그미스전투 유대점령	갈대아 부대, 아람, 모압, 암몬 부대가 유다를 친다.(24:2)	여호야긴 왕이 악함 바벨론이 예루살렘 포위	바벨론을 배반(24:20) 예루살렘 18개월 포위, 기근, 양식 떨어짐
⑰ 여호아하스(3달)	**1차 바벨론 포로**	여호야김 사망 바벨론 왕이 애굽 강에서부터 유브라데 강까지 점령 (24:7)	**2차 바벨론 포로**	**3차 바벨론 포로**
여호야김 왕 은과 금 – 바로 왕 (23:35)	다니엘과 세 친구		여호야긴과 왕후, 신복, 용사 1만 명, 지도자 성전보물+왕궁보물	시드기야 포로 시드기야의 두 아들 죽음
			에스겔 포로(겔 1:2) 비천한 자들 시드기야왕	예루살렘 멸망 **예루살렘 성전 멸망** 놋 그릇, 놋 기둥
왕하 23장	단 1:1	왕하 24:1~7	왕하 24:8~17	왕하 25장
습 렘	합			애

남유다 ⑰ 여호아하스(살룸)(3달, 악) 왕하 23:31~34, 대하 36:1~4

애굽의 바로느고가 바벨론의 나보폴라살을 대적하기 위하여 갈그미스로 향할 때에 남유다의 요시야 왕이 므깃도에서 바로느고의 길을 막음으로 바로느고의 손에 죽는다. 유다 백성들이 요시야 왕의 둘째 아들 여호아하스를 왕으로 세우나 **1차 갈그미스 전투(B.C. 609)**를 마치고 귀환하던 바로느고가 여호아하스를 폐위시키고 친애굽 성향의 여호야김(요시야 왕의 첫째 아들)을 왕으로 세운다. 여호아하스는 하맛 땅 립나에 가두어 왕이 되지 못하게 했으며 그는 애굽에서 죽는다.

남유다 ⑱ 여호야김(엘리아김)(11년, 악) 왕하 23:34~24:7, 대하 36:4~8

선지자 : 예레미야(렘 22:13~23, 26장, 36장)

애굽 왕 바로느고가 여호야김을 왕으로 세우고 은 100달란트와 금 1달란트를 벌금으로 내게 한다. 이에 여호야김이 액수를 정하여 백성들에게 부담을 지워 세금을 거둔다.

2차 갈그미스 전투(B.C. 605)에서 바벨론의 느부갓네살 왕이 애굽의 바로느고에게 승리함으로 여호야김은 바벨론의 속국이 된다. 여호야김은 애굽에 바치던 조공을 느부갓네살에게 바치게 되고 1차 포로로 젊고 흠이 없고 학식이 뛰어난 자들을 잡아갈 때에 다니엘과 세 친구(사드락, 메삭, 아벳느고)들이 포함되어 잡혀간다.
3년 후 여호야김이 다시 애굽과 동맹을 시도하므로 느부갓네살을 배반한다. 이에 느부갓네살이 주변국(갈대아, 아람, 모압, 암몬 등)들을 보내어 유다를 침으로 큰 곤경에 빠지게 되고 여호야김은 죽는다.
여호야김은 애굽과의 동맹을 반대하던 선지자 우리야를 애굽에서 연행하여 그를 죽이고 평민의 묘지에 던졌으며, 예레미야의 예언을 조금도 귀담아 듣지 않고 오히려 예언이 기록된 두루마리를 칼로 오려내어 화로에 불태운 악한 왕이다. 성경은 그에 대하여 무죄한 자의 피를 흘리며 무수히 가증한 일을 행하여 므낫세의 길로 행한 악한 왕이라 기록한다.

하박국(3장)

하박국 선지자의 출신과 배경은 알려진바 없다. 하박국의 예언을 중심으로 1장 6절에서 11절을 근거로 갈대아 군대의 위협이 있는 시대였다. 바벨론 1차 포로 (B.C. 605년)에서 예루살렘 멸망 전(B.C. 586)사이의 시점으로 보아 B.C. 600년 경을 기록 연대로 보고 있다.

하박국은 3장으로 이루어진 짧은 예언서이다.
1장에서 하나님께 힐문하듯 질문하며 시작된다. 악인이 의인을 핍박하는 것이 '어느 때 까지리이까', '잠잠하시나이까', '옳으니이까' 결국 '여호와는 과연 의로우신가'라는 호소로 여호와께 묻고 여호와께서 응답하신다.(2장) 여호와께 질문을 던지고 여호와의 응답을 듣는 가운데 선지자는 어떤 고난 중에도 여호와에 대한 믿음을 고백하며 3장은 끝난다. 하박국의 처음 시작과 마지막은 그렇게 차별화 된다. 하박국은 지금의 우리들에게도 흥미로우며 은혜가 된다. 우리의 기도가 하나님께 호소하며 질문하며 시작되나 기도의 마무리는 하나님의 위로를 받으며 성경을 또는 문제를 새로운 영적 안목으로 바라보며 감사하며 마쳐지기 때문이다. 하박국의 결론은 다니엘의 세 친구의 믿음의 고백처럼 '그리 아니하실지라도'의 내면을 공유하고 있다.

또한 사도바울과 신약성경은 하박국 2장 4절 '오직 의인은 믿음으로 말미암아 살리라'는 말씀으로 갈라디아서 3장 11절, 로마서 1장 17절, 그리고 히브리서 10장 38절에 복음의 중심사상인 메시지로 전하고 있다.

하박국 (3장)

두 번의 대화		하박국의 기도
1:1~11	1:12~2장	3장

1. 두 번의 대화 (1~2장)

1) 하박국의 호소(1:2~4)
악인이 의인을 에워쌌으므로 정의가 굽게 행하여짐이니이다

2) 여호와의 응답(1:5~11)
자기의 소유가 아닌 거처들을 점령하는 갈대아 사람을 일으켰나니 그들의 군마는 표범보다 빠르고 저녁 이리보다 사나우며 그들은 자기들의 힘을 자기들의 신으로 삼는 자들이다.

3) 하박국의 두 번째 호소(1:12~17)
어찌하여 거짓된 자들을 방관하시며 악인이 자기보다 의로운 사람을 삼키는 데도 잠잠하시나이까(1:13)

4) 여호와의 두 번째 응답(2장)
이 묵시는 정한 때가 있나니 그 종말이 속히 이르겠고 결코 거짓되지 아니하리라 비록 더딜지라도 기다리라 지체되지 않고 반드시 응하리라 보라(2:3)

그의 마음은 교만하며 그 속에서 정직하지 못하나 의인은 그의 믿음으로 말미암아 살리라(2:4)

이는 물이 바다를 덮음 같이 여호와의 영광을 인정하는 것이 세상에 가득함이니라(2:14)

2. 하박국의 기도(3장)

비록 무화과나무가 무성하지 못하며 포도나무에 열매가 없으며 감람나무에 소출이 없으며 밭에 먹을 것이 없으며 우리에 양이 없으며 외양간에 소가 없을지라도 나는 여호와로 말미암아 즐거워하며 나의 구원의 하나님으로 말미암아 기뻐하리로다 주 여호와는 나의 힘이시라 나의 발을 사슴과 같게 하사 나를 나의 높은 곳으로 다니게 하시리로다(3:17~19)

남유다 ⑲ 여호야긴 or 고니야(3달, 악) 왕하 24:8~17, 대하 36:9~10

선지자 : 예레미야(렘 22:24~30, 52:31~34)

여호야김이 죽은 후 그 아들 여호야긴이 18세에 왕이 되었으나 여호와 보시기에 악을 행하였다. 바벨론의 느부갓네살이 예루살렘 성을 에워싸고 2차 바벨론 포로로 끌고 간다. 여호야긴 왕과 왕후와 그의 어머니와 신복과 지도자들, 용사들과 장인들, 기술자들과 제사장 에스겔도 포로로 끌려간다. 예루살렘 성전과 왕궁의 모든 보물과 그릇도 바벨론으로 옮겨간다.(이사야의 예언) 여호야긴은 바벨론에 무조건 항복하여 목숨을 구하고 백성들도 살아서 포로가 된다. 포로 37년 후에 바벨론의 에윌므로닥 왕이 여호야긴을 석방하고 왕의 테이블에 앉아 먹게 하며 유다인의 왕의 이름으로 지내게 한다.

마태복음의 예수님 족보에는 요시야왕에서 여고냐(여호야긴)로 족보가 기록되고 여호아하스, 여호야김, 시드기야 등은 빠져있다.

남유다 ⑳ 시드기야 or 맛다니야(11년, 악) 왕하 24:17~25:7, 대하 36:11~21

선지자 : 예레미야(렘 38장~39:10, 52:1~11)

느부갓네살이 여호야긴을 포로로 끌고 가고 대신 숙부 시드기야를 왕으로 세운다. 시드기야는 요시야 왕의 아들 중 하나이다. 시드기야는 선지자 예레미야의 예언과 경고를 여러번 들었음에도 느부갓네살을 배반하여 자신과 백성의 멸망을 초래했다. 애굽의 도움은 잠시였고 예루살렘은 느부갓네살에게 포위되어 B.C. 586년에 완전히 멸망한다. 시드기야는 포위망을 뚫고 도망하나 곧 바벨론에 생포되고 그의 아들들은 그가 보는 앞에서 죽임을 당한다. 시드기야는 두 눈이 뽑힌 채 놋 사슬에 결박되어 바벨론으로 끌려가 투옥되고 그곳에서 죽는다.(시편 107:10-11)

하나님께서는 히스기야 왕 때에 앗수르의 18만 5천명의 손에서도 예루살렘을 지켜 주셨으나 그의 아들들과 후손들의(므낫세와 아몬, 여호야김과 시드기야 등) 죄악으로 예루살렘을 바벨론 손에 넘기셨다.

3차 바벨론 포로 유수 후에 시위대장 느부사라단이 예루살렘 성전과 왕궁을 불태우고 귀인의 집까지 불사른다. 성전의 놋기둥과 놋그릇, 성전의 기구(도구)들을 가져갔는데 놋 무게를 헤아릴 수 없었다.(왕하 25:8~17)

유대 땅에는 아무 소유가 없는 빈민들이 포도원을 돌보고 사반의 손자 아히감의 아들 그달리야를 총독으로 세운다.(사반 – 왕하 22:8, 아히감 – 렘 26:24) 그러나 유다의 왕족 이스마엘이 그달리야를 죽이고 유대인과 갈대아인을 죽인다.(왕하 25:22~26)

여호야긴이 바벨론에 잡혀간지 37년 후에 바벨론 왕 에윌므로닥이 죄수의 옷을 벗게하고 그의 일평생에 왕의 양식을 먹고 쓸 것을 공급받는다.(왕하 25:27)

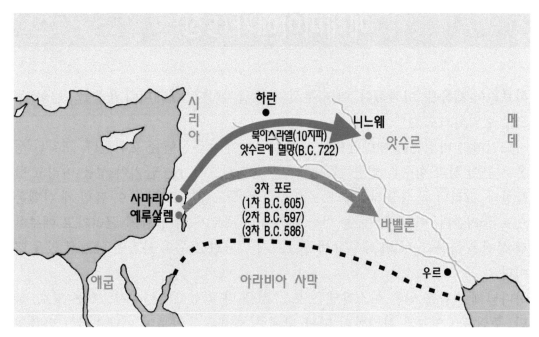

〔북이스라엘의 멸망과 남유다의 3차 포로〕

〔남유다의 멸망시대 선지자들〕

예레미야애가 (5장)

히브리어 제목은 "어찌하여"이며 본서의 첫 글자이다. '예레미야의 눈물', '눈물' 등으로 번역되기도 한다.

시드기야가 바벨론을 배반함으로 느부갓네살이 예루살렘을 포위한다. 포위된 성은 시간이 경과 할수록 심한 기근에 시달렸고 시드기야는 급기야 성을 버리고 탈출한다. 그러나 곧 붙들리게 됨으로 아들들은 죽고 자신도 두 눈이 뽑힌 채 바벨론으로 끌려간다. 이 때 모든 쓸 만한 사람들도 포로가 되어 함께 끌려가고 예루살렘 성전은 불탄다. 텅 빈 예루살렘에는 그저 가난한 소수의 사람만 남겨져 있을 뿐이다.

하나님께 택함을 받은 이스라엘은 모든 것을 다 잃었고(왕, 성전, 보물, 영토, 국민, 주권 등) 영광과 화려함이 떠난 황폐한 자리를 돌아보며 예레미야는 슬픔의 노래를 지어 부른다. 예레미야는 하나님의 심판을 예언하였을 뿐더러 그 심판이 어떻게 성취되는지 모든 역사를 지켜보았던 산증인이기에 그 슬픔과 아픔, 안타까움 등을 애가로 지어 저술하고 있다.

예레미야애가(5장)

1장	2~4장	5장
예레미야의 비탄과 예루살렘의 멸망	여호와의 진노	회복의 기도

1. 예레미야의 비탄과 예루살렘의 멸망(애 1장)

"슬프다 이 성이여 전에는 사람들이 많더니 이제는 어찌 그리 적막하게 앉았는고 전에는 열국 중에 크던 자가 이제는 과부 같이 되었고 전에는 열방 중에 공주였던 자가 이제는 강제 노동을 하는 자가 되었도다"(애 1:1)

"유다는 환난과 많은 고난 가운데에서 사로잡혀 갔도다. 시온의 도로들이 슬퍼함이여 절기를 지키려 나아가는 사람이 없음이로다"(애 1:3~4)

"예루살렘이 크게 범죄함으로 조소거리가 되었으니"(애 1:8)

"이로 말미암아 내가 우니 내 눈에 눈물이 물 같이 흘러내림이여 나를 위로하여 내 생명을 회복시켜 줄 자가 멀리 떠났음이로다 원수들이 이기매 내 자녀들이 외롭도다"(애 1:16)

2. 여호와의 진노(애 2~4장)

"슬프다 주께서 어찌 그리 진노하사 딸 시온을 구름으로 덮으셨는가 이스라엘의 아름다움을 하늘에서 땅에 던지셨음이여 그의 진노의 날에 그의 발판을 기억하지 아니하셨도다"(애 2:1)

"내 눈이 눈물에 상하며 내 창자가 끊어지며 내 간이 땅에 쏟아졌으니 이는 딸 내 백성이 패망하여 어린 자녀와 젖 먹는 아이들이 성읍 길거리에 기절함이로다"(애 2:11)

"모든 지나가는 자들이 다 너를 향하여 박수치며 딸 예루살렘을 향하여 비웃고 머리를 흔들며 말하기를 온전한 영광이라, 모든 세상 사람들의 기쁨이라 일컫던 성이 이 성이냐 하며"(애 2:15)

> 열왕기상 9장 7~9절에서 솔로몬이 성전 봉헌식을 한 후에 여호와께서 솔로몬에게 나타나셔서 경고하신 말씀대로 이루어졌다.

"여호와의 분노의 매로 말미암아 고난 당한 자는 나로다"(애 3:1)

"나의 살과 가죽을 쇠하게 하시며 나의 뼈들을 꺾으셨고 고통과 수고를 쌓아 나를 에우셨으며 나를 어둠 속에 살게 하시기를 죽은 지 오랜 자 같게 하셨도다"(애 3:4~6)

"우리가 스스로 우리의 행위들을 조사하고 여호와께로 돌아가자"(애 3:40)

"슬프다 어찌 그리 금이 빛을 잃고 순금이 변질하였으며 성소의 돌들이 거리 어귀마다 쏟아졌는고"(애 4:1)

"젖먹이가 목말라서 혀가 입천장에 붙음이여 어린 아이들이 떡을 구하나 떼어 줄 사람이 없도다"(애 4:4)

"우리가 헛되이 도움을 바라므로 우리의 눈이 상함이여 우리를 구원하지 못할 나라를 바라보고 바라보았도다"(애 4:17)

3. 회복의 기도(애 5장)

"우리의 기업이 외인들에게, 우리의 집들도 이방인들에게 돌아갔나이다"(애 5:2)

"대적들이 시온에서 부녀들을, 유다 각 성읍에서 처녀들을 욕보였나이다"
(애 5:11)

"주께서 어찌하여 우리를 영원히 잊으시오며 우리를 이같이 오래 버리시나이까 여호와여 우리를 주께로 돌이키소서 그리하시면 우리가 주께로 돌아가겠사오니 우리의 날들을 다시 새롭게 하사 옛적 같게 하옵소서"(애 5:20~21)

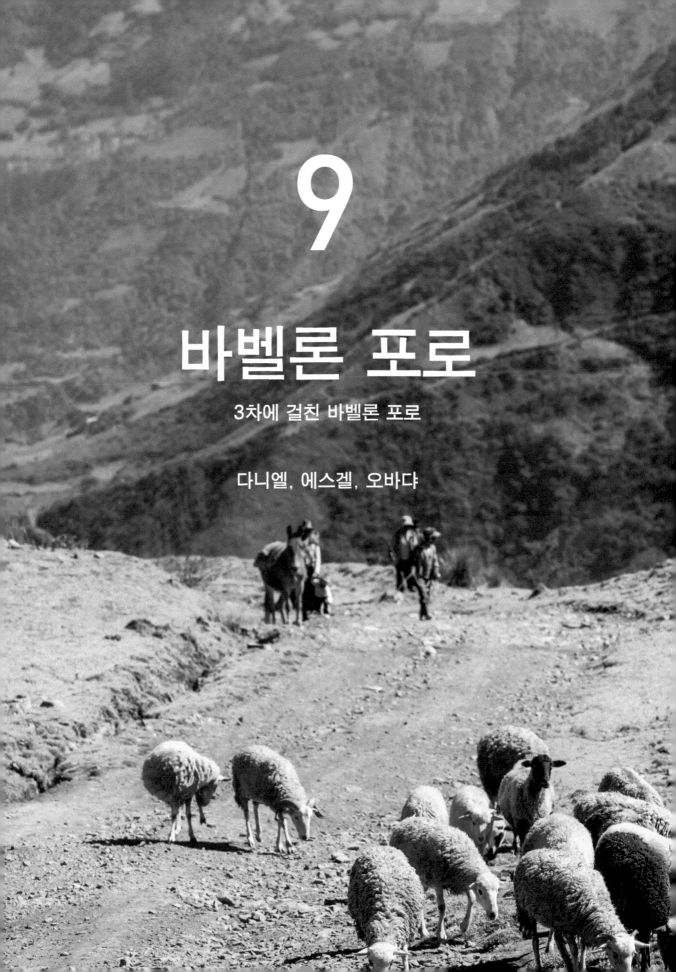

9

바벨론 포로

3차에 걸친 바벨론 포로

다니엘, 에스겔, 오바댜

9. 바벨론 포로시대

(B.C. 605)

왕정시대 - 역사서 6권(삼상, 삼하, 왕상, 왕하, 스, 느)				
6. 왕국의 시작 (B.C. 1050)	7. 왕국의 분열 (B.C. 930)	8. 유다의 멸망 (B.C. 722)	9. 바벨론 포로 (B.C. 605)	10. 포로 귀환 (B.C. 536)
삼상 1~왕상 11장	왕상 12~왕하 17장	왕하 18~25장		스 1~10장 느 1~13장

다니엘(12장)

다니엘은 '하나님은 나의 재판관이시다'는 뜻이다. 다니엘은 여호야김 3년(B.C. 605)에 바벨론의 느부갓네살에게 1차 포로로 끌려간다. 청소년 시절부터 바벨론의 왕궁에서 지냄으로 그의 어린 시절은 물론 그를 통해 이루시는 하나님의 역사를 다니엘서는 기록하고 있다. 흠이 없고 용모가 아름답고 지혜와 지식에 통달하여 학문에 익숙한 자이며 왕 앞에 설 만한 이스라엘 자손 중에서 왕족과 귀족 가운데 왕궁 교육을 받았다. 여호와 하나님을 유일신으로 섬기는 그는 꿈과 이상을 해석하는 능력으로 여러 민족의 신들 가운데 여호와 하나님을 높이며 영광을 돌린 선지자이다.

다니엘서에는 느부갓네살 왕의 꿈을 두 번이나(2장, 4장) 해석하였고 벨사살의 잔치 때에 왕궁 벽에 쓰여 진 손가락 글씨(5장) 해석과 바벨론 제국 이후의 시대에 대한 예언, 메시아 왕국의 도래에 대한 예언들을(7~12장) 기록하고 있다.
비록 나이는 젊고 어리지만 다니엘과 그의 세 친구는 왕의 진미를 거절하며 왕의 금 신상에 절하기를 거부하고 유일하신 여호와 하나님만을 섬기는 믿음과 용기와 헌신의 영성을 보여준다.

다니엘서 7장부터 12장은 다니엘의 환상과 예언을 통하여 이스라엘과 열방의 나라들을 경영하시는 하나님의 통치와 주권적인 경영자임을 인정하며 하나님 나라의 영존성과 더불어 종말론적 예언을 기록한 특별한 예언서이다.

다니엘은 예레미야의 예언을 들어 바벨론 멸망 즉 예루살렘의 황폐함이 70년 만에 그칠 것을 깨닫는다. 다니엘은 예루살렘이 멸망하기 전에 일찍이 바벨론으로 옮겨졌고 바벨론 멸망을 경험하였고 그 다음 세워진 페르시아 제국의 지도자로 쓰임 받으며 70년 이상의 사역을 한 영성의 인물이요 의인이다.(겔 14:14)

다니엘 (12장)

역사						예언			
1장	2장	3장	4장	5장	6장	7장	8장	9장	10~12장
뜻을 정한 다니엘 (채식)	느부갓네살 꿈 (금신상)	다니엘과 세 친구 (풀무불)	느부갓네살의 두 번째 꿈 (큰나무)	벨사살의 잔치 (손글씨)	사자굴에 들어간 다니엘	네 짐승의 환상 (사자,곰,표범,열뿔짐승)	숫양, 숫염소, 작은 뿔 환상	다니엘의 기도 700이레 620이레 한이레	미래의 전쟁 환상
느부갓네살				벨사살	다리오	벨사살		다리오	고레스

1. 역사(단 1~6장)

1) 뜻을 정한 다니엘 – 채식(1장)

유다에서 포로로 끌려온 소년들은 흠이 없고 아름답고 지식과 지혜가 통달하며 학문에 익숙하여 왕궁에 설 만한 소년들로 느부갓네살 왕의 음식과 그가 마시는 포도주와 쓸 것을 공급 받으며 목적을 가지고 길러진다.(단 1:3~5)

열흘 동안 채식만 하겠다는 이유는 왕이 내린 음식(우상에게 바쳐진 음식들)과 포도주로 몸을 더럽히지 않겠다는 신앙 때문이다.

다니엘과 사드락과 메삭과 아벳느고는 학문과 지혜가 뛰어나고 다니엘은 환상과 꿈을 깨닫고, 은혜와 총명이 그 나라에서 10배나 더하였다.
(단 1:17~20)

다니엘과 세 친구의 개명된 이름
1)다니엘 → 벨드사살
2)하나냐 → 사드락
3)미사엘 → 메삭
4)아사랴 → 아벳느고

2) 느부갓네살의 꿈 – 금 신상(2장)

느부갓네살의 꿈을 해석하여 바벨론의 모든 지혜자들과 다니엘과 세 친구의 목숨도 구한다.

"오직 은밀한 것을 나타내실 이는 하늘에 계신 하나님이시라 그가 느부갓네살 왕에게 후일에 될 일을 알게 하셨나이다"(단 2:27~28)

꿈의 형상	꿈의 해석
	머리 : 바벨론 제국(느브갓네살)
	가슴과 팔 : 페르시아 제국
	배와 넓적다리 : 헬라제국(그리스)
	두 다리 : 로마제국
	발과 발가락 : 열국시대
뜨인 돌(산에서 떨어진 돌) 손대지 아니한 돌	예수그리스도(하나님의 영원한 왕국) 예수그리스도의 성육신(초림과 재림)

"이 여러 왕들의 시대에 하늘의 하나님이 한 나라를 세우시리니 이것은 영원히 망하지도 아니할 것이요 그 국권이 다른 백성에게로 돌아가지도 아니할 것이요 도리어 이 모든 나라를 쳐서 멸망시키고 영원히 설 것이라 손대지 아니한 돌이 산에

서 나와서 쇠와 놋과 진흙과 은과 금을 부서뜨린 것을 왕께서 보신 것은 크신 하나님이 장래 일을 왕께 알게 하신 것이라 이 꿈은 참되고 이 해석은 확실하니이다" (단 2:44~45)

느부갓네살 왕이 엎드려 다니엘에게 절한다.

느부갓네살 왕은 다니엘의 하나님을 높이며 다니엘에게 절하고 예물과 향품을 선물하여 바벨론의 지도자로 높이고 그의 세 친구도 바벨론 지방을 다스리게 한다.(단 2:46~49)

"너희 하나님은 참으로 모든 신들의 신이시요 모든 왕의 주재시로다 네가 능히 이 은밀한 것을 나타내었으니 네 하나님은 또 은밀한 것을 나타내시는 이시로다"(단 2:47)

3) 다니엘과 세 친구 – 풀무 불(3장)

느부갓네살이 금신상을 세우고 낙성식을 할 때에 "누구든지 엎드려 절하지 아니하는 자는 즉시 맹렬히 타는 풀무불에 던져 넣으리라" 선포한다.(단 3:1~6)

이에 다니엘의 세 친구는 왕을 높이지 아니하며 왕의 신들을 섬기지 아니하며 왕이 세우신 금 신상에게 절하지 아니한다.(단 3:12) – 참소함

"왕이여 우리가 섬기는 하나님이 계시다면 우리를 맹렬히 타는 풀무불 가운데에서 능히 건져내시겠고 왕의 손에서도 건져내시리이다 **그렇게 하지 아니하실지라도** 왕이여 우리가 왕의 신들을 섬기지도 아니하고 왕이 세우신 금 신상에게 절하지도 아니할 줄을 아옵소서"(단 3:17~18)

느부갓네살이 분이 가득하여 풀무불을 평소보다 7배나 뜨겁게 하나 불 가운데서 상하지도 아니하고 머리털도 그을리지 아니하고 겉옷조차도 타지 않는다.(단 3:19~27)

"느부갓네살이 말하여 이르되 사드락과 메삭과 아벳느고의 하나님을 찬송할지로

다 그가 그의 천사를 보내사 자기를 의뢰하고 그들의 몸을 바쳐 왕의 명령을 거역하고 그 하나님 밖에는 다른 신을 섬기지 아니하며 그에게 절하지 아니한 종들을 구원하셨도다"(단 3:28)

"네가 물 가운데로 지날 때에 내가 너와 함께 할 것이라 강을 건널 때에 물이 너를 침몰하지 못할 것이며 네가 불 가운데로 지날 때에 타지도 아니할 것이요 불꽃이 너를 사르지도 못하리니"(사 43:2)

"그러므로 내가 이제 조서를 내리노니 각 백성과 각 나라와 각 언어를 말하는 자가 모두 사드락과 메삭과 아벳느고의 하나님께 경솔히 말하거든 그 몸을 쪼개고 그 집을 거름터로 삼을지니 이는 이같이 사람을 구원할 다른 신이 없음이니라"(단 3:29)

이사야 43장 11절, "나 곧 나는 여호와라 나 외에 구원자가 없느니라"
사도행전 4장 12절, "다른 이로써는 구원을 받을 수 없나니 천하 사람 중에 구원을 받을 만한 다른 이름을 우리에게 주신 일이 없음이라"

[이스라엘 역사의 수많은 열왕들보다 이방의 왕 느브갓네살이 여호와 하나님을 알게 되 찬송한다.]

4) 느부갓네살의 두 번째 꿈 – 큰 나무(4장)

느부갓네살이 한 꿈을 꾸고 두려워하며 번민함으로 박수와 술객과 갈대아 술사와 점쟁이들을 부르나 그들이 그 꿈을 해석하지 못한다.

꿈의 형상	꿈의 해석
나무가 자라 하늘 끝에 닿음(10절)	느부갓네살의 견고함과 창대함
아름다운 잎사귀와 열매(12절)	왕의 보호와 끼친 영향력
새와 들짐승(12, 14절)	이방 나라와 백성
순찰자(13절)	하나님의 사자
그루터기와 철과 놋줄(15절)	왕이 쫓겨나 당할 고통
일곱 때(16절)	7년의 때가 지나 느브갓네살이 회복

"그런즉 왕이여 내가 아뢰는 것을 받으시고 공의를 행함으로 죄를 사하고 가난한 자를 긍휼히 여김으로 죄악을 사하소서 그리하시면 왕의 평안함이 혹시 장구하리이다 하니라"(단 4:27) 그러나 12달 후에 이 모든 일이 성취되고 7년의 때가 지나 다시 느부갓네살이 회복 될 때에 느부갓네살이 하나님을 찬양하고 경배하며 인간의 연약함을 인정하며 겸손해야 함을 깨닫는다. "그러므로 지금 나 느부갓네살은 하늘의 왕을 찬양하며 칭송하며 경배하노니 그의 일이 다 진실하고 그의 행하심이 의로우시므로 교만하게 행하는 자를 그가 능히 낮추심이라"(단 4:37)

5) 벨사살 왕의 잔치 - 글자 쓰는 손가락(5장)

귀족 천명을 위해 큰 잔치를 베풀고 예루살렘 성전에서 가져온 금 은 기명에다 술을 마시며 그들의 신들을 찬양한다. 그 때에 사람의 손가락들이 나타나 석회 벽에 글자를 쓰는데 왕이 그 글자 쓰는 손가락을 보고 두려워함으로 그의 즐기던 얼굴빛이 변하고 그 생각이 번민하여 넓적다리 마디가 녹는 듯하고 그의 무릎이 서로 부딪친다. 왕이 소리 질러 술객과 갈대아 술사와 점쟁이를 불러와 그 글을 해석하게 하나 하지 못함으로 다니엘을 불러 해석하게 한다.

다니엘은 벨사살의 선왕 아버지 느부갓네살의 교만함을 하나님이 미워하심으로 그를 폐하셨고 벨사살 또한 하나님보다 자신을 높이고 금과 은과 구리와 나무와 흙으로 우상과 신상을 만들어 섬김으로 하나님께 영광을 돌리지 아니함을 꾸짖는다.(단 5:22)

"메네 메네 데겔 우바르신"(단 5:25)	
"메네"	'수를 센다'는 뜻으로 하나님이 이미 왕이 통치하는 날 수를 세어서 그것을 끝나게 하셨다 함이요
"데겔"	'저울에 단다'는 뜻으로 하나님이 왕을 저울에 달아 보았으나 부족하다 함이요
"우바르신" (베레스)	'나눈다'는 뜻으로 왕의 나라가 나뉘어서 메대와 바사 사람에게 준 바 되었다 함이다.

이에 벨사살이 다니엘에게 자주색 옷을 입히게 하며 금 사슬을 그의 목에 걸어 주고 그를 위하여 조서를 내려 나라의 셋째 통치자로 삼는다. 그러나 벨사살은 그 날 밤에 죽임을 당한다.

6) 사자 굴에 들어간 다니엘(6장)

벨사살이 죽자 메대의 다리오가 왕이 되었는데 다니엘은 민첩하고 지혜롭고 탁월함을 인정받아 전국 120도의 지도자(다리오의 총리 3인중 1인)가 된다. 그러나 다른 총리들과 고관들이 다니엘을 시기함으로 음모를 꾸미며 30일 동안 다리오 왕 외에 어떤 신에게든지 사람에게든지 무엇을 구하면 그를 사자 굴에 넣자 한다. 이에 다리오 왕이 조서에 도장을 찍어 금령을 내림으로 하루 세 번 예루살렘을 향하여 창문을 열고 기도하던 다니엘이 고발을 당한다. 다리오 왕은 다니엘을 매우 아꼈음으로 안타까워하며 다니엘을 사자 굴에 던져 넣고는 금식하며 모든 오락을 그치고 잠자기를 마다한다. "이른 새벽 급히 사자 굴에 달려가 슬피 소리 질러 다니엘에게 묻되 살아 계시는 하나님의 종 다니엘아 네가 항상 섬기는 네 하나님이 사자들에게서 능히 너를 구원하셨느냐"(단 6:20) 그날에 다리오 왕은 다니엘을 모함하고 참소하였던 자들과 그들의 처자들까지 사자 굴에 던져 넣는데 그들이 바닥에 닿기도 전에 사자들이 그들을 움킴으로 뼈까지도 부서진다.

바벨론을 함락시키고(B.C. 539) 메대를 점령한 왕은 바사의 고레스 왕이다.(B.C. 549) 여기서 다리오는 고레스 왕의 다른 지칭이라고 여겨진다. 또 다른 학설은 고레스 왕을 도와 섭정한 왕으로 추정하는 것이다. 고레스 왕(B.C. 559~530)

> 다리오의 조서 : "내 나라 관할 아래에 있는 사람들은 다 다니엘의 하나님 앞에서 떨며 두려워할지니 그는 살아 계시는 하나님이시요 영원히 변하지 않으실 이시며 그의 나라는 멸망하지 아니할 것이요 그의 권세는 무궁할 것이며 그는 구원도 하시며 건져내기도 하시며 하늘에서든지 땅에서든지 이적과 기사를 행하시는 이로다"(단 6:26~27)

2. 예언(단 7~12장)

1) 네 짐승의 환상(7장)

사자, 곰, 표범, 열 뿔 달린 짐승의 환상을 본다. 네 짐승은 네 왕을 의미하는데 바벨론과 페르시아와 헬라와 로마를 가리키며, 열 뿔은 그 나라에서 일어날 열 왕과 로마제국 이후 세상 끝 날까지의 여러 나라들을 가리키며, '한 때, 두 때, 반 때를 지내리라'(3년 반의 다른 표현)는 말은 적극리스도에게 성도들이 당할 핍박과 환난 당할 기간을 의미한다.

2) 숫양과 숫염소의 환상(8장)
① 두 뿔 가진 숫양이 한 숫염소에게 져 뿔이 꺾임
② 거룩한 자에 대한 다니엘의 대답은 2,300주야 후에 성소가 정결하게 될 것
③ 두 뿔 가진 숫양은 메대와 바사 왕들
④ 숫염소는 헬라 왕, 긴 뿔은 고레스 왕, 큰 뿔은 알렉산더를 의미

7장의 작은 뿔 환상	8장의 작은 뿔 환상
1) 로마에서 일어날 네 번째 왕국	1)그리스에서 일어날 세 번째 왕국
2)뿔이 11개, 10개중 3개 뿔이 뽑힐 것	2)1개의 뿔이 빠지고 4개의 뿔이 생김, 그 중 1개의 뿔에서 한 뿔이 나와 하늘까지 자람
3) 하나님의 백성을 42개월(3년 반)동안 박해	3)하나님의 백성을 2,300일 넘게(6년 이상) 박해

3) 다니엘의 기도(9장)
다니엘은 갈대아(바벨론) 포로 기한이 70년임을 깨닫는다. 다니엘의 기도는 금식기도이며 참회의 기도였다.(단 9:3~15) 다니엘의 온전한 삶에도 불구하고 다니엘의 중보기도는 자기 의가 아닌 하나님의 긍휼을 의지한다.(단 9:16~19)

"**주여** 들으소서 **주여** 용서하소서 **주여** 귀를 기울이시고 행하소서 지체하지 마옵소서 나의 하나님이여 주 자신을 위하여 하시옵소서"(단 9:19)

① **70이레** : B.C. 445년~B.C. 396년(49년)까지 – '아닥사스다 왕의 칙령에서부터 느헤미야의 예루살렘 성전 재건까지' '거룩한 이가 기름 부음을 받으리라'
② **62이레** : B.C. 396~A.D. 32(434년)까지 – 예루살렘 성전 재건에서 예수 그리스도의 죽음까지
③ **한 이레** : "7년 동안", 이 구절의 예언은 안티오쿠스 4세(에피파네스), 황폐케 하는 자로부터 예루살렘이 엄청난 시련을 겪었던 B.C. 2세기를 이 예언이 성취되는 시기로 본다.

4) 다니엘의 21일 금식기도(10장)
인자의 환상은 세 이레(21일) 동안의 금식기도 후에 본다. 힛데겔 강가에서 영광스런 사람의 이상을 본다. 인자의 위로와 격려가 있다. 첫날에 응답하려 했으나 바

사국이 21일 동안 막음으로 미가엘이 도와준다.

5) 열국의 예언(11장)
폐르시아의 통치 후 헬라 왕국의 발흥과 분열 – 알렉산더 사후
남방(프톨레미 왕조) – 애굽, 북방 – 셀류커스 왕조
수리아와 애굽의 전쟁(단 11:5~20)
안티오쿠스 4세 에피파네스의 득세(단 11:20~27)
순교(단 11:35) – 죄악 된 세력에 대한 지혜로운 자들의 승리

6) 다니엘의 최후의 예언 –'의인'들의 최후승리(단 12:2~3)
"그 때에 네 민족을 호위하는 큰 군주 미가엘이 일어날 것이요 또 환난이 있으리니 이는 개국 이래로 그 때까지 없던 환난일 것이며 그 때에 네 백성 중 책에 기록된 모든 자가 구원을 받을 것이라"(단 12:1)

"지혜 있는 자는 궁창의 빛과 같이 빛날 것이요 많은 사람을 옳은 데로 돌아오게 한 자는 별과 같이 영원토록 빛나리라"(단 12:3)

"많은 사람이 연단을 받아 스스로 정결하게 하며 희게 할 것이나 악한 사람은 악을 행하리니 악한 자는 아무것도 깨닫지 못하되 오직 지혜 있는 자는 깨달으리라"(단 12:10)

에스겔 (48장)

에스겔의 이름은 '하나님은 나의 힘'이라는 뜻이다. 예루살렘의 제사장 부시의 아들이다. B.C. 597년 제2차 바벨론 포로로 여호야긴 왕과 그 모친과 왕비와 귀족들이 붙잡혀 갈 때에 제사장 에스겔도 그 중에 끼어 있었다. 바벨론 포로가 된지 5년째 되는 해(B.C. 593)에 그발 강가에서 하나님의 부르심을 받아 23년간 활동한다. 에스겔은 B.C. 586년 고국의 예루살렘이 함락되고 무너지는 멸망의 역사 가운데 하나님의 말씀을 전하였다. 포로가 된 유대민족은 그들의 멸망이 조상들의 죄 때문이라고 비통해 할 때 에스겔은 조상들의 죄 때문이 아니라 우리 자신의 죄악 때문이라고 외친다.

에스겔서에서는 개인적 죄에 책임을 져야한다는 것이 강조되고 이스라엘이 하나님과의 언약을 파기하고 총체적인 죄의 결과로 포로가 된 결과에도 개인이 책임을 공유해야 한다는 것이 분명한 메시지로 나타나고 있다. 포로 공동체 안에서 회개하는 자들은 마른 뼈로부터 생명을 회복하는 공동체를 이룬다는 회복의 메시지를 전한다.

구약 가운데 성령의 역사를 나타내는 대표적인 성경으로 학자들은 분류하고 있다. '여호와의 말씀이 내게 임하여', '여호와의 권능이 내게 임하사', '주의 영이 나를 끌어', '여호와의 말씀이 내게 임하여', '새 영을 너희 속에 두며' 등 성령의 사역은 여러 곳에서 나타난다.(2:2, 3:24, 1:28, 11:24, 1:3, 36:26, 37:1, 37:14, 38:1, 40:1) 특별히 '인자'라는 단어가 90회 이상 사용되는데 인자라는 말은 에스겔 자신을 지칭하기도 하지만 예수님께서 자신을 '인자'라 칭하심으로 에스겔은 예수 그리스도의 예표라 할 수 있다.

에스겔은 신지자 활동을 하는 동안에 아내를 잃게 된다. 그러나 눈물도 흘리지 말고 울지도 말고 슬퍼하지도 말라 하신다. 그 이유는 예루살렘의 멸망이 다가올 때 사람들이 통곡할 수 없기 때문이다. 에스겔의 이러한 비극적인 모습은 예루살렘의 멸망을 상징적으로 암시하는 것이다.(겔 24:16)

에스겔(48장)

심판			회복
1~3장	4~24장	25~32장	33~48장
첫 번째 소명과 네 생물의 환상(계 4:7)	예루살렘 멸망의 예언과 환상	열방의 심판	두 번째 소명과 회복

1. 첫 번째 소명과 네 생물의 환상(1~3장)

1) 첫 번째 소명

에스겔(제사장 부시의 아들)이 30세 되던 해(여호야긴 왕과 함께 바벨론으로 끌려온 지 5년) 4월 5일에 그발 강가에서 포로들과 함께 있을 때 특별히 여호와의 권능이 임한다.

"인자야 내가 너를 이스라엘 자손 곧 패역한 백성, 나를 배반하는 자에게 보내노라 이 자손은 얼굴이 뻔뻔하고 마음이 굳은 자니라 내가 너를 그들에게 보내노니 너는 그들이 듣든지 아니 듣든지 그들 가운데에 선지자가 있음을 알지니라"(겔 2:3~5)

"인자야 내가 네게 주는 이 두루마리를 네 배에 넣으며 네 창자에 채우라 하시기에 내가 먹으니 그것이 내 입에서 달기가 꿀 같더라"(겔 3:3)

"네 이마를 화석보다 굳은 금강석 같이 하였으니 그들이 비록 반역하는 족속이라도 두려워하지 말며 그들의 얼굴을 무서워하지 말라 하시니라"(겔 3:9)

> **파수꾼 에스겔** : "인자야 내가 너를 이스라엘 족속의 파수꾼으로 세웠으니 너는 내 입의 말을 듣고 나를 대신하여 그들을 깨우치라 가령 내가 악인에게 말하기를 너는 꼭 죽으리라 할 때에 네가 깨우치지 아니하거나 말로 악인에게 일러서 그의 악한 길을 떠나 생명을 구원하게 하지 아니하면 그 악인은 그의 죄악 중에서 죽으려니와 내가 그의 피 값을 네 손에서 찾을 것이고 네가 악인을 깨우치되 그가 그의 악한 마음과 악한 행위에서 돌이키지 아니하면 그는 그의 죄악 중에서 죽으려니와 너는 네 생명을 보존하리라"(겔 3:17~19)

에스겔을 말 못하는 자가 되게 하심 : "내가 네 혀를 네 입천장에 붙게 하여 네가 말 못하는 자가 되어 그들을 꾸짖는 자가 되지 못하게 하리니 그들은 패역한 족속임이니라"(겔 3:26)

2) 네 생물의 환상

사람, 사자, 소, 독수리의 얼굴(북쪽에서 오는 폭풍과 구름 가운데 있다)

2. 예루살렘의 멸망의 예언과 환상(겔 4~24장)

1) 유다의 심판 예언(겔 4~6장)

에스겔 4장 : 상징으로 보이신 예루살렘 심판 예언

① 예루살렘 함락을 예고 - 토판에 예루살렘 그림(겔 4:1~3)

② 예루살렘 포로기간 예고(이스라엘 390일, 남유다 40일)(겔 4:4~8)

　　왼쪽으로 누워 이스라엘의 죄를, 오른쪽으로 누워 유다 족속의 죄를 담당하라

　　예루살렘이 포위될 때에 이처럼 고생할 것을 의미

③ 극심한 기근을 예고(겔 4:9~17)

　　보리떡처럼 만들어 먹되 인분으로 구우라 – 부정한 떡을 먹음

　　포로기간 중 부정한 음식을 먹는다는 의미 "떡과 물이 부족하여 피차에 두려워하여 떨며 그 죄악 중에서 쇠패하리라"(겔 4:17)

에스겔 5장 : 머리털과 수염을 깎는 상징

'1/3은 불사르고(전염병), 1/3은 칼로 치고(전쟁), 1/3은 바람에 흩으라(황무함, 능욕거리) 예루살렘에 거주하는 자들이 어떤 방법으로든 멸망할 것이라'(겔 5:1~4) "이것이 곧 예루살렘이라 내가 그를 이방인 가운데에 두어 나라들이 둘러 있게 하였거늘"(겔 5:5)

"그리한즉 네 가운데에서 아버지가 아들을 잡아먹고 아들이 그 아버지를 잡아먹으리라 내가 벌을 네게 내리고 너희 중에 남은 자를 다 사방에 흩으리라"(겔 5:10)

"너희 가운데에서 삼분의 일은 전염병으로 죽으며 기근으로 멸망할 것이요 삼분의 일은 너의 사방에서 칼에 엎드러질 것이며 삼분의 일은 내가 사방에 흩어 버리고 또 그 뒤를 따라 가며 칼을 빼리라"(예루살렘의 멸망을 선포하심)(겔 5:12)

에스겔 6장 : 우상 숭배를 심판

"너희 제단들이 황폐하고 분향제단들이 깨뜨려질 것이며 너희가 죽임을 당하여 너희 우상 앞에 엎드러지게 할 것이라"(겔 6:4)

"너희 중에서 살아 남은 자가 사로잡혀 이방인들 중에 있어서 나를 기억하되 그들이 음란한 마음으로 나를 떠나고 음란한 눈으로 우상을 섬겨 나를 근심하게 한 것을 기억하고 스스로 한탄하리니 이는 그 모든 가증한 일로 악을 행하였음이라"(겔 6:9)

2) 유다의 멸망 이유(겔 7~11장)

에스겔 7장 : 끝났도다

"내가 너를 불쌍히 여기지 아니하며 긍휼히 여기지도 아니하고 네 행위대로 너를 벌하여 네 가증한 일이 너희 중에 나타나게 하리니 내가 여호와인 줄을 너희가 알리라"(겔 7:4)

"끝이 왔도다, 끝이 왔도다 끝이 너에게 왔도다 볼지어다 그것이 왔도다"(겔 7:6)

[죄악이 편만했던 것처럼 멸망도 도처에 있다.]

"환난에 환난이 더하고 소문에 소문이 더할 때에 그들이 선지자에게서 묵시를 구하나 헛될 것이며 제사장에게는 율법이 없어질 것이요 장로에게는 책략이 없어질 것이며"(겔 7:26)

3) 예루살렘 성전 환상(8~11장)

에스겔서 8장에서 11장까지 에스겔은 주의 영의 환상 가운데 예루살렘 성전에 다녀온다.

에스겔 8장 : 환상가운데 예루살렘 성전의 우상 숭배를 본다.

"그가 손 같은 것을 펴서 내 머리털 한 모숨을 잡으며 주의 영이 나를 이끌어 예루살렘으로 가서 우상의 자리가 있는 곳(북향한 문)을 보이신다.(3절) 들어가 보니 각양 곤충과 가증한 짐승과 이스라엘 족속의 모든 우상을 그 사방 벽에 그렸고 이스라엘 족속의 장로 중 칠십 명이 그 앞에 섰으며 사반의 아들 야아사냐도 그 가운데에 섰고 각기 손에 향로를 들었는데 향연이 구름 같이 오르더라"(겔 8:10~11)

"그가 또 나를 데리고 여호와의 전으로 들어가는 북문에 이르시기로 보니 거기에 여인들이 앉아 *담무스를 위하여 애곡하더라"(겔 8:14) [담무스 : 증식의 신, 바벨론의 농경의 신]

"그가 또 나를 데리고 여호와의 성전 안뜰에 들어가시니라 보라 여호와의 성전 문 곧 현관과 제단 사이에서 약 스물다섯 명이 여호와의 성전을 등지고 낯을 동쪽으로 향하여 동쪽 태양에게 예배하더라"(겔 8:16)

에스겔 9장 : 분노를 쏟으시는 하나님
"여호와께서 이르시되 너는 예루살렘 성읍 중에 순행하여 그 가운데에서 행하는 모든 가증한 일로 말미암아 탄식하며 우는 자의 이마에 표를 그리라"(겔 9:4)

너희는 예루살렘 "성읍 중에 다니며 불쌍히 여기지 말며 긍휼을 베풀지 말고 쳐서 늙은 자와 젊은 자와 처녀와 어린이와 여자를 다 죽이되 이마에 표 있는 자에게는 가까이 하지 말라 내 성소에서 시작할지니라 하시매 그들이 성전 앞에 있는 늙은 자들로부터 시작하더라"(겔 9:5~6)
에스겔 : "주 여호와여 예루살렘을 향하여 분노를 쏟으시오니 이스라엘의 남은 자를 모두 멸하려 하시나이까"(겔 9:8)
하나님 : "내가 그들을 불쌍히 여기지 아니하며 긍휼을 베풀지 아니하고 그들의 행위대로 그들의 머리에 갚으리라 하시더라"(겔 9:10)

에스겔 10장 : 여호와의 영광이 성전을 떠나시다
"숯불을 두 손에 가득히 움켜 가지고 성읍 위에 흩으라 하시매 그가 내 목전에서 들어가더라"(겔 10:2)

"여호와의 영광이 성전 문지방을 떠나서 그룹들 위에 머무르니"(겔 10:8)

그룹을 타고 성전을 떠나시는 여호와의 영광과 그발 강가에서 보던 생물을 다시 본다.(겔 10:14, 22)

에스겔 11장 : 예루살렘의 심판
성전의 동문에 25명의 고관들 중에 야아사냐와(브나야의 아들) 블라댜를 보았고

예언 중에 블라댜가 죽는다.(겔 11:1~2)

"너희는 내가 여호와인 줄을 알리라 너희가 내 율례를 행하지 아니하며 규례를 지키지 아니하고 너희 사방에 있는 이방인의 규례대로 행하였느니라 하셨다 하라 이에 내가 예언할 때에 브나야의 아들 블라댜가 죽기로 내가 엎드려 큰 소리로 부르짖어 이르되 오호라 주 여호와여 이스라엘의 남은 자를 다 멸절하고자 하시나이까 하니라"(겔 11:12~13)

> **회복의 말씀** : "그들이 그 가운데 모든 미운 물건과 모든 가증한 것을 제거하여 버릴지라 내가 그들에게 한 마음을 주고 그 속에 새 영을 주며 그 몸에서 돌 같은 마음을 제거하고 살처럼 부드러운 마음을 주어 내 율례를 따르며 내 규례를 지켜 행하게 하리니 그들은 내 백성이 되고 나는 그들의 하나님이 되리라"(겔 11:18~20)

"주의 영이 나를 들어 하나님의 영의 환상 중에 데리고 갈대아에 있는 사로잡힌 자 중에 이르시더니 내가 본 환상이 나를 떠나 올라간지라"(겔 11:24)

4) 유다 심판의 상징(겔 12~24장)

에스겔 12장 : 포로 상징의 예언
[첫 번째 징조 – 선지자가 포로 행장으로 끌려간다] "인자야 너는 포로의 행장을 꾸리고 낮에 그들의 목전에서 끌려가라 네가 네 처소를 다른 곳으로 옮기는 것을 그들이 보면 비록 반역하는 족속이라도 혹 생각이 있으리라"(겔 12:3)

"또 말하기를 나는 너희 징조라 내가 행한 대로 그들도 포로로 사로잡혀 가리라" (겔 12:11)

[두 번째 징조] : "인자야 너는 떨면서 네 음식을 먹고 놀라고 근심하면서 네 물을 마시며 이 땅 백성에게 말하되 주 여호와께서 예루살렘 주민과 이스라엘 땅에 대하여 이르시기를 그들이 근심하면서 그 음식을 먹으며 놀라면서 그 물을 마실 것은 이 땅 모든 주민의 포악으로 말미암아 땅에 가득한 것이 황폐하게 됨이라"(겔 12:18~19)

[세 번째 징조 – 예언을 조롱하는 자에 대한 말씀]

"인자야 이스라엘 땅에서 이르기를 날이 더디고 모든 묵시가 사라지리라 하는 너희의 이 속담이 어찌 됨이냐 그러므로 너는 그들에게 이르기를 주 여호와께서 이같이 말씀하시기를 내가 이 속담을 그치게 하리니 사람이 다시는 이스라엘 가운데에서 이 속담을 사용하지 못하리라 하셨다 하고 또 그들에게 이르기를 날과 모든 묵시의 응함이 가까우니"(겔 12:22~23)

"주 여호와의 말씀에 나의 말이 하나도 다시 더디지 아니할지니 내가 한 말이 이루어지리라 나 주 여호와의 말이니라 하셨다 하라"(겔 12:28)

에스겔 13장 : 거짓 선지자의 종말

① **자기 마음대로 예언 하는 선지자들** : "자기 마음대로 예언하는 자에게 말하기를 너희는 여호와의 말씀을 들으라 주 여호와의 말씀에 본 것이 없이 자기 심령을 따라 예언하는 어리석은 선지자에게 화가 있을진저 이스라엘아 너의 선지자들은 황무지에 있는 여우 같으니라"(겔 13:2~4)

② **거짓말 예언하는 여자들** : "자기 마음대로 예언하는 여자들에게 경고하며 예언하여 너희가 어찌하여 내 백성의 영혼은 사냥하면서 자기를 위하여는 영혼을 살리려 하느냐 너희가 두어 움큼 보리와 두어 조각 떡을 위하여 나를 내 백성 가운데에서 욕되게 하여 거짓말을 곧이 듣는 내 백성에게 너희가 거짓말을 지어내어 죽지 아니할 영혼을 죽이고 살지 못할 영혼을 살리는도다"(겔 13:17~19)

에스겔 14장 : 우상 숭배하는 장로 심판

"이스라엘 족속 중에 그 우상을 마음에 들이며 죄악의 걸림돌을 자기 앞에 두고 선지자에게로 가는 모든 자에게 나 여호와가 그 우상의 수효대로 보응하리니 이는 이스라엘 족속이 다 그 우상으로 말미암아 나를 배반하였으므로 내가 그들이 마음먹은 대로 그들을 잡으려 함이라"(겔 14:4~5)

의인도 자기 생명만 건지리라 : "비록 노아, 다니엘, 욥이 거기에 있을지라도 나의 삶을 두고 맹세하노니 그들도 자녀는 건지지 못하고 자기의 공의로 자기의 생명만 건지리라 주 여호와의 말씀이니라"(겔 14:14, 20)

"네 가지 중한 벌 곧 칼과 기근과 사나운 짐승과 전염병을 예루살렘에 함께 내려 사람과 짐승을 그 중에서 끊으리니 그 해가 더욱 심하지 아니하겠느냐 그러나 그 가운데에 피하는 자가 남아 있어 끌려 나오리니 곧 자녀들이라"(겔 14:21~22)

에스겔 15장 : 땔감이 될 예루살렘 주민
"내가 수풀 가운데에 있는 포도나무를 불에 던질 땔감이 되게 한 것 같이 내가 예루살렘 주민도 그같이 할지라"(겔 15:6)

"내가 그 땅을 황폐하게 하리니 이는 그들이 범법함이니라 나 주 여호와의 말이니라 하시니라"(겔 15:8)

에스겔 16장 : 음부의 비유(가증한 예루살렘)
① 하나님께서 버려진 이스라엘을 택하심 : '네가 날 때에 네 배꼽 줄을 자르지 아니하였고 너를 물로 씻어 정결하게 하지 아니하였고 네게 소금을 뿌리지 아니하였고 너를 강보로 싸지도 아니하였나니 아무도 너를 돌보아 이 중에 한 가지라도 네게 행하여 너를 불쌍히 여긴 자가 없었으므로 네가 나던 날에 네 몸이 천하게 여겨져 네가 들에 버려졌느니라 내가 네 곁으로 지나갈 때에 네가 피투성이가 되어 발짓하는 것을 보고 너는 피투성이라도 살아 있으라 하고 네가 크게 자라고 심히 아름다우며 유방이 뚜렷하고 네 머리털이 자랐으나 네가 여전히 벌거벗은 알몸이더라 내가 네 곁으로 지나며 내 옷으로 너를 덮어 벌거벗은 것을 가리고 네게 맹세하고 언약하여 너를 내게 속하게 하였느니라'(겔 16:3~8)

② 은혜를 저버리고 우상과 행음하는 유다 : '네가 너를 금, 은으로 장식하고 가는 베와 모시와 수 놓은 것을 입으며 또 고운 밀가루와 꿀과 기름을 먹음으로 극히 곱고 형통하여 왕후의 지위에 올랐느니라 그러나 네가 네 화려함을 믿고 네 명성을 가지고 행음하되 지나가는 모든 자와 더불어 음란을 많이 행하므로 네 몸이 그들의 것이 되도다 네가 네 의복을 가지고 너를 위하여 각색으로 산당을 꾸미고 거기에서 행음하였나니 네가 내가 준 금, 은 장식품으로 너를 위하여 남자 우상을 만들어 행음하며 네 수 놓은 옷을 그 우상에게 입히고 나의 기름과 향을 그 앞에 베풀며 내가 네게 주어 먹게 한 고운 밀가루와 기름과 꿀을 네가 그 앞에 베풀어 향기를 삼았으며 네가 나를 위하여 낳은 네 자녀를 그들에게 데리고 가서 드려 제물로 삼아 불살랐느니라 네가 어렸을 때에 벌거벗은 몸이었으며 피투성이가 되어서 발

짓하던 것을 기억하지 아니하고 네가 모든 가증한 일과 음란을 행하였느니라'(겔 16:9~22)

③ **음녀인 예루살렘의 행음** : '모든 지나가는 자에게 다리를 벌려 심히 음행하고 하체가 큰 네 이웃 나라 애굽 사람과도 음행하되 네가 음욕이 차지 아니하여 또 앗수르 사람과 행음하고 그들과 행음하고도 아직도 부족하게 여겨 장사하는 땅 갈대아에까지 심히 행음하되 아직도 족한 줄을 알지 못하였느니라 이는 방자한 음녀의 행위라 그 남편 대신에 다른 남자들과 내통하여 간음하는 아내로다 사람들은 모든 창기에게 선물을 주거늘 오직 너는 네 모든 정든 자에게 선물을 주며 값을 주어서 사방에서 와서 너와 행음하게 하니 네 음란함이 다른 여인과 같지 아니함은 네가 값을 받지 아니하고 도리어 값을 줌이라'(겔 16:25~34)

④ **그 어머니와 그 딸의 비유**(겔 16:44~52) :
'어머니가 그러하면 딸도 그러하다' - 사마리아(형), 소돔(아우)
예루살렘의 죄악을 극심하게 표현 '이스라엘의 타락이 소돔과 고모라보다 더 함이며, "사마리아는 네 죄의 절반도 범하지 아니하였느니라"(겔 16:51) 네가 당할 수욕과 네가 행한 모든 일로 말미암아 소돔과 고모라에게 위로가 될 것이다.'

에스겔 17장 : 독수리, 포도나무, 감람나무의 비유
한 큰 독수리가 백향목에서 한 가지를 옮겨 온 다음 씨앗을 심는데 이것이 무성한 포도나무가 된다. 그러나 그 후에 앞의 독수리보다 작은 둘째 독수리가 포도나무의 주의를 첫째 독수리에게서 멀어지게 하고 자기에게로 집중시킨다. 첫째 독수리는 바벨론 왕 느부갓네살이며 느부갓네살은 유다의 여호야긴을 바벨론으로 끌어간다. 바벨론 왕이 시드기야를 왕으로 세웠으나 그가 맹세와 언약을 배반하고 애굽을 의지하므로 바벨론으로 끌려가 죽을 것이다. 나 여호와는 높은 나무(여호야긴)를 낮추고 낮은 나무(다윗과 여호야긴의 아들)를 높이며 푸른 나무를 말리고 마른 나무를 무성하게 하는 줄 알리라(24절)

[시드기야 왕은 하나님의 이름으로 바벨론 왕과 언약하나 배반한다.(16절)]

에스겔 18장 : 신 포도 속담(겔 18:2, 4; 렘 31:29)
"아버지가 신 포도를 먹었으므로 그의 아들의 이가 시다고 함은 어찌 됨이냐"(2절) 너희가 이스라엘 가운데에서 다시는 이 속담을 쓰지 못하게 되리라 하신다.

"모든 영혼이 다 내게 속한지라 아버지의 영혼이 내게 속함 같이 그의 아들의 영혼도 내게 속하였나니 범죄하는 그 영혼은 죽으리라"(4절)

[심판은 개개인의 죄로 말미암으며, 하나님은 각 사람의 행위대로 갚으신다.]

"그런데 이스라엘 족속은 이르기를 주의 길이 공평하지 아니하다 하는도다 이스라엘 족속아 나의 길이 어찌 공평하지 아니하냐 너희 길이 공평하지 아니한 것 아니냐 내가 너희 각 사람이 행한 대로 심판할지라 너희는 돌이켜 회개하고 모든 죄에서 떠날지어다 그리한즉 그것이 너희에게 죄악의 걸림돌이 되지 아니하리라"(겔 18:29~30)

"주 여호와의 말씀이니라 죽을 자가 죽는 것도 내가 기뻐하지 아니하노니 너희는 스스로 돌이키고 살지니라"(겔 18:32)

에스겔 19장 : 애가
다윗 왕가가 암사자로(겔 19:2) 또 포도나무로(겔 19:10) 비유되고 다윗 왕가의 멸망을 비통해하는 노래이다.

에스겔 20장 : 이스라엘의 반역
여러 장로들이 여호와 앞에 물으려 에스겔에게 나온다. "너희가 내게 물으려고 왔느냐 내가 나의 목숨을 걸고 맹세하거니와 너희가 내게 묻기를 내가 용납하지 아니하리라 주 여호와의 말씀이니라"(겔 20:3)

20:5~9	20:10~26	20:27~29	20:30~31
애굽에서의 반역	광야에서의 반역	가나안 약속의 땅에서 반역	에스겔 시대의 반역

(심판과 회복)"내가 너희를 막대기 아래로 지나가게 하며 언약의 줄로 매려니와 너희 가운데에서 반역하는 자와 내게 범죄하는 자를 모두 제하여 버릴지라"(겔 20:37~38)
① 포로귀환자의 삶은 예배를 회복하고 회개하리라(겔 20:40~44)
② 불타는 숲의 비유로 바벨론의 침략을 맹렬한 불꽃에 비유(겔 20:45~49)

에스겔 21장 : 심판의 칼에 대한 예언

"인자야 탄식하되 너는 허리가 끊어지듯 탄식하라 그들의 목전에서 슬피 탄식하라 그들이 네게 묻기를 네가 어찌하여 탄식하느냐 하거든 대답하기를 재앙이 다 가온다는 소문 때문이니 각 마음이 녹으며 모든 손이 약하여지며 각 영이 쇠하며 모든 무릎이 물과 같이 약해지리라 보라 재앙이 오나니 반드시 이루어지리라 주 여호와의 말씀이니라 하라"(겔 21:6~7)

① 바벨론 느부갓네살 침공을 예언(겔 21:18~24)
② 유다왕 시드기야에게 내린 심판 예언(겔 21:25~27)

"관을 제거하며 왕관을 벗길지라 그대로 두지 못하리니 낮은 자를 높이고 높은 자를 낮출 것이니라 내가 엎드러뜨리고 엎드러뜨리고 엎드러뜨리려니와 이것도 다시 있지 못하리라 마땅히 얻을 자가 이르면 그에게 주리라"(겔 21:26~27)

③ 암몬 멸망 예언(겔 21:28~32)

에스겔 22장 : 예루살렘의 죄악들

"네가 흘린 피로 말미암아 죄가 있고 네가 만든 우상으로 말미암아 스스로 더럽혔으니 네 날이 가까웠고 네 연한이 찼도다 그러므로 내가 너로 이방의 능욕을 받으며 만국의 조롱 거리가 되게 하였노라"(겔 22:4)

선지자들의 죄(겔 22:25)
① 그들이 사람의 영혼을 삼켰으며,
② 재산과 보물을 탈취하며,
③ 과부를 그 가운데에 많게 하였으며,

제사장들의 죄(겔 22:26)
① 내 율법을 범하였으며,
② 나의 성물을 더럽혔으며,
③ 거룩함과 속된 것을 구별하지 아니하였으며,
④ 부정함과 정한 것을 사람이 구별하게 하지 아니하였으며,
⑤ 그의 눈을 가리어 나의 안식일을 보지 아니하였으며,

고관들이 죄(겔 22:27)
① 음식물을 삼키는 이리 같아서

② 불의한 이익을 얻으려고 피를 흘려 영혼을 멸하거늘

이 땅 백성들의 죄(겔 22:29)
① 포악하고 강탈을 일삼고
② 가난하고 궁핍한 자를 압제하고
③ 나그네를 부당하게 학대하였으므로

에스겔 23장 : 오홀라(사마리아)와 오홀리바(예루살렘)의 행음

오홀라의 죄악은 앗수르와 애굽을 사모하며, 오홀리바(예루살렘)는 오홀라(사마리아)를 보고도 음욕을 더하며(겔 23:1~10), 그의 형의 간음보다 더하므로 그의 형보다 더 부패하여 앗수르, 바벨론, 애굽을 사모한다.(겔 23:11~35)

"의인이 간통한 여자들을 재판함 같이 재판하며 피를 흘린 여인을 재판함 같이 재판하리니 그들은 간통한 여자들이요 또 피가 그 손에 묻었음이라"(겔 23:45) (오홀라와 오홀리바가 받은 재판 – 겔 23:36~49)

"그들이 너희 음란으로 너희에게 보응한즉 너희가 모든 우상을 위하던 죄를 담당할지라 내가 주 여호와인 줄을 너희가 알리라 하시니라"(겔 23:49)

에스겔 24장 : 녹슨 가마 예루살렘

가마에 고기를 끓이는 표상은 예루살렘 최후의 멸망 예언이다. 이 성읍이 수고하나 많은 녹이 그 속에서 벗어지지 아니하며 불에서도 없어지지 아니하는도다. 네 더러움이 없어지지 아니한다.(겔 24:4~5, 12)

에스겔의 아내가 죽다 – "인자야 내가 네 눈에 기뻐하는 것을 한 번 쳐서 빼앗으리니 너는 슬퍼하거나 울거나 눈물을 흘리거나 하지 말며 죽은 자들을 위하여 슬퍼하지 말고 조용히 탄식하며 수건으로 머리를 동이고 발에 신을 신고 입술을 가리지 말고 사람이 초상집에서 먹는 음식물을 먹지 말라 하신지라 저녁에 내 아내가 죽었으므로"(겔 24:16~18)

에스겔의 아내의 죽음은 예루살렘에 도래할 비극의 표상이다. "내 성소는 너희 세력의 영광이요 너희 눈의 기쁨이요, 너희 마음에 너희 마음에 아낌이 되거니와 내가 더럽힐 것이며 너희의 버려 둔 자녀를 칼에 엎드러지게 할지라"(21절) 유다는 에스겔이 행한 바와 같이 "슬퍼하지도 아니하며 울지도 아니하되 죄악 중에 패망하여 피차 바라보고 탄식하리라"(23절)

3. 열방의 심판(겔 25~32장)

1) 에스겔 25장 : 암몬, 모압, 에돔, 블레셋의 심판

25:1~7	25:8~11	25:12~14	25:15~17
암몬의 심판	모압의 심판	에돔의 심판	블레셋의 심판

2) 에스겔 26장 : 두로에 대한 심판

26:1~14	26:15~17	26:18~21	27장	28장
두로의 죄악상	두로의 멸망	두로의 황폐함	두로 멸망에 대한 애가	두로 왕의 심판

3) 에스겔 29~32장 : 애굽이 받을 심판

29장	30:1~19	30:20~26	31장	32장	32장
애굽이 받을 심판	애굽의 멸망	바벨론에 대한 경고	앗수르와 애굽 비교	바로의 애가	음부로 던져지는 애굽

바로 왕은 "여러 나라에서 사자로 생각하였더니 실상은 바다 가운데의 큰 악어라 강에서 튀어 일어나 발로 물을 휘저어 그 강을 더럽혔도다"(겔 32:2)

"내가 애굽 땅이 황폐하여 사막이 되게 하여 거기에 풍성한 것이 없게 할 것임이여 그 가운데의 모든 주민을 치리니 내가 여호와인 줄을 그들이 알리라"(겔 32:15)

4. 두 번째 소명과 회복(겔 33~48장)

1) 에스겔의 두 번째 소명(겔 33~39장)

에스겔은 포로 된지 12년째 해에 예루살렘 멸망소식을 듣는다.(B.C. 586) 여호와의 손이 에스겔 입에 임하여 다시 예루살렘 함락되었다는 선언을 전하게 하신다.(22절)

"그 도망한 자가 내게 나아오기 전날 저녁에 여호와의 손이 내게 임하여 내 입을 여시더니 다음 아침 그 사람이 내게 나아올 그 때에 내 입이 열리기로 내가 다시는 잠잠하지 아니하였노라"(겔 33:22)

> 33장의 에스겔의 재 소명은 에스겔서 6장 16~21절에서의 부르심과 반복된다. 에스겔은 이스라엘의 확실한 영적 파수꾼이다. 파수꾼은 칼이 땅에 임함을 볼 때 나팔을 불어 알려야 한다. 파수꾼이 나팔을 불어도 정신 차리지 아니하면 백성위에 심판이 임하지만 칼이 임함을 파수꾼이 알고도 나팔을 불지 아니하면 그 죄를 파수꾼의 손에서 찾으신다.(1~6절)

"나는 악인이 죽는 것을 기뻐하지 아니하고 악인이 그의 길에서 돌이켜 떠나 사는 것을 기뻐하노라 이스라엘 족속아 돌이키고 돌이키라 너희 악한 길에서 떠나라 어찌 죽고자 하느냐 하셨다 하라"(겔 33:11)

[하나님의 본심은 악인을 심판하는 것이 아니라 '악인의 회개'를 기다리신다.]

이스라엘 백성의 태도 : '자, 가서 여호와께로부터 무슨 말씀이 나오는가 들어 보자 하고 백성이 모이는 것 같이 네게 나아오며 내 백성처럼 네 앞에 앉아서 네 말을 들으나 그대로 행하지 아니하니 이는 그 입으로는 사랑을 나타내어도 마음으로는 이익을 따름이라'(겔 33:30~31)

2) 이스라엘의 회복(34~39장)

에스겔 34장 : 거짓 목자와 참 목자

34:1~10	34:11~16	34:17~22	34:23~31
거짓 목자 심판	참 목자이신 여호와	악한 양떼들 심판	하나님이 세우실 목자 '메시아'

① **거짓 목자**(겔 34:1~10) : 자기만 먹고 양 떼를 먹이지 않는 거짓 선지자들의 죄를 지적하신다. 양을 잡고 그 기름을 먹으며 그 털을 입되 양 떼는 먹이지 아니하는도다. "너희가 그 연약한 자를 강하게 아니하며 병든 자를 고치지 아니하며 상한 자를 싸매 주지 아니하며 쫓기는 자를 돌아오게 하지 아니하며 잃어버린 자를 찾지 아니하고 다만 포악으로 그것들을 다스렸도다"(겔 34:4)

② **참 목자이신 여호와**(겔 34:11~16) : "그 잃어버린 자를 내가 찾으며 쫓기는 자를 내가 돌아오게 하며 상한 자를 내가 싸매 주며 병든 자를 내가 강하게 하려니와 살진 자와 강한 자는 내가 없애고 정의대로 그것들을 먹이리라"(겔 34:16)

③ **악한 양 떼들 심판**(겔 34:17~22) : "내가 살진 양과 파리한 양 사이에서 심판하리라 너희가 옆구리와 어깨로 밀어뜨리고 모든 병든 자를 뿔로 받아 무리를 밖으로 흩어지게 하는도다"(겔 34:20~21)

④ **하나님이 세우실 목자 메시아**(겔 34:23~31) : 한 목자를 세우리니 그는 내 종 다윗이라 새 시대를 약속하시며 메시아의 구원을 말씀하신다. "내 양 곧 내 초장의 양 너희는 사람이요 나는 너희 하나님이라 주 여호와의 말씀이니라"(겔 34:31)

에스겔 35장 : 에돔의 심판
"네가 옛날부터 한을 품고 이스라엘 족속의 환난 때 곧 죄악의 마지막 때에 칼의 위력에 그들을 넘겼도다"(겔 35:5)

> 창세기 9장 6절, "다른 사람의 피를 흘리면 그 사람의 피도 흘릴 것이니 이는 하나님이 자기 형상대로 사람을 지으셨음이니라"

(에돔을 심판하시는 이유는 이스라엘을 미워함) "네가 그들을 미워하여 노하며 질투한 대로 내가 네게 행하여 너를 심판할 때에 그들이 나를 알게 하리라"(겔 35:11)

특별히 에돔의 교만은 유다자손이 패망하고 고통당할 때 돕지 않고 오히려 시드기야 왕과 그 군대가 동쪽으로 탈출할 때 에돔이 도로를 봉쇄함으로 그들이 여리고 평원에서 사로잡히게 한다.
[오바댜서는 에돔의 멸망을 예언하는 예언서]

에스겔 36장 : 에돔의 멸망과 이스라엘 백성의 회복

이스라엘의 회복 : "또 새 영을 너희 속에 두고 새 마음을 너희에게 주되 너희 육신에서 굳은 마음을 제거하고 부드러운 마음을 줄 것이며 또 내 영을 너희 속에 두어 너희로 내 율례를 행하게 하리니 너희가 내 규례를 지켜 행할지라"(겔 11:19~20, 36:26~27, 37:14)

에스겔 37장 : 마른 뼈 환상(이스라엘의 회복 예시)

"여호와께서 권능으로 내게 임재하시고 그의 영으로 나를 데리고 가서 골짜기 가운데 두셨는데 거기 뼈가 가득하더라"(겔 37:1)

'골짜기의 마른 뼈에 생기가 들어가고 힘줄이 생기고 살이 오르며 그 위에 가죽이 덮히고 생기가 들어가 살아나 일어나서 큰 군대더라 이 뼈들은 이스라엘 군대라 소망이 없는 너희가 내 영으로 생기를 찾으리라'(겔 37:1~10)

"내 영을 너희 속에 두어 너희가 살아나게 하고 내가 또 너희를 너희 고국 땅에 두리니"(겔 37:14)

유다와 이스라엘의 통일을 두 막대기를 통해 보여주신다. '에브라임 막대기와 유다와 이스라엘 막대기가 하나가 되어 막대기 들을 서로 합하여 네 손에서 둘이 하나가 되리라'(겔 37:16~17)

에스겔 38장 : 원수에 대한 심판

마곡의 군대인 로스와 메섹, 두발의 왕 곡, 하나님의 도구 곡의 침공(겔 38:1~16) 하나님은 지진, 칼, 전염병, 피, 폭우, 물, 유황으로 즉 자연을 불러 황폐하게 하신다. 하나님의 역사로 사람들은 여호와가 누구든지 알게 하신다.(겔 38:17~23)

"그 날에 곡이 이스라엘 땅을 치러 오면 내 노여움이 내 얼굴에 나타나리라 주 여호와의 말씀이니라"(겔 38:18)

"이같이(곡의 멸망과 곡의 심판) 내가 여러 나라의 눈에 내 위대함과 내 거룩함을 나타내어 나를 알게 하리니 내가 여호와인 줄을 그들이 알리라"(겔 38:23)

> '곡'은 연합군의 지도자로 보여진다. '마곡'은 곡이 있는 영토이다. 이곳에서 나오는 나라들을 포괄적으로 하나님께 저항하는 군대로 이해하는 것이 적절하다.

에스겔 39장 : 불로 '곡'을 심판하심

"내가 또 불을 마곡과 및 섬에 평안히 거주하는 자에게 내리리니 내가 여호와인 줄을 그들이 알리라"(겔 39:6)

"이스라엘 성읍들에 거주하는 자가 나가서 그들의 무기를 불태워 사르되 큰 방패와 작은 방패와 활과 화살과 몽둥이와 창을 가지고 일곱 해 동안 불태우리라"(겔 3:9)

"이스라엘 족속이 일곱 달 동안에 그들을 매장하여 그 땅을 정결하게 할 것이라"(겔 39:12)

"그들이 사람을 택하여 그 땅에 늘 순행하며 매장할 사람과 더불어 지면에 남아 있는 시체를 매장하여 그 땅을 정결하게 할 것이라 일곱 달 후에 그들이 살펴 보되"(겔 39:14)

> '일곱'이라는 완전수를 사용하는 이유는 최종 결말을 강조하여 엄청나게 많은 숫자의 양을 강소한다.(일곱 해)
> '일곱 달 동안 매장하여'는 최종 결말과 더불어 다수의 시체를 매장한다고 강조한다.(12절)

에스겔 39장 21~29절 : 이스라엘의 회복 약속

"내가 이제 내 거룩한 이름을 위하여 열심을 내어 야곱의 사로잡힌 자를 돌아오게 하며 이스라엘 온 족속에게 사랑을 베풀지라"(겔 39:25)
"내가 내 영을 이스라엘 족속에게 쏟았음이라"(겔 39:29)

3) 새 예루살렘 성전 회복(40~48장) – 영적회복의 의미

에스겔 40~48장의 환상은 이상 중에 보는 성읍이다. 영적인 회복의 약속이면서 솔로몬의 성전을 다시 기억하게 하며 하나님의 성전이 중심이 되어 그 땅이 회복되는 모습을 보여준다. 하나님께서 그 백성과 함께 계시다는 것을 기억하게 하며, '임마누엘'의 하나님을 이사야서 7장을 통해 말씀하시고 '여호와 삼마'의 하나님을 에스겔 48장을 통하여 약속하신다. 포로 생활을 하는 이스라엘 백성들에게 이보다 큰 위로가 없을 것이다. 에스겔은 제사장이다. 제사장이 일하고 익숙한 성전의 환상을 통해 회복의 말씀을 주신다.

에스겔 40장 : 새 성읍 새 성전
"여호와의 권능이 내게 임하여 나를 데리고 이스라엘 땅으로 가시되"(겔 40:1)
에스겔 40장 5~49절(예루살렘 새 성전) : 포로된 지 25년 되었을 때 성전 바깥뜰과 3문, 성전, 안뜰과 3문, 제사용 도구들과 제사장 방들

5~16절	17~19절	20~23절	24~27절	28~31절	32~34절	35~37절	38~41절	42~49절
동쪽을 향한 문	바깥 뜰	북쪽을 향한 문	남쪽을 향한 문	안뜰 남쪽 문	안뜰 동쪽 문	안뜰 북쪽 문	안뜰 북쪽문의 부속건물	성전 문 현관

에스겔 41장 : 성전 내부에 대한 환상

1~4절	6~12절	13~15절	16~26절
지성소	골방	성전규모	성전 문 장식들과 기구들

에스겔 42장 : 제사장의 방에 대한 환상

1~9절	10~12절	13~14절	15~20절
북쪽 뜰에 있는 건물의 골방들	남쪽 골방들	제사장의 방	성전 사면의 담 측량

제사장의 방 : 제사장의 방은 제사장들이 지성물을 거기에서 먹을 것이며, 소제와 속죄제와 속건제의 제물을 그곳에 두며, 제사장의 거룩한 의복을 그곳에 두고 성소에서 나올 때와 들어갈 때에 갈아입는 곳이다.(겔 42:13~14)
담(성전 사면의 담) : 그 담은 거룩한 것과 속된 것을 구별하는 것이다.(겔 42:15~20)

에스겔 43장 : 여호와께서 성전에 들어가시다

1~12절	13~27절
여호와의 영광의 재현	번제단과 봉헌

"영이 나를 들어 데리고 안뜰에 들어가시기로 내가 보니 여호와의 영광이 성전에 가득하더라"(겔 43:5) "이사야를 부르실 때에 성전에 여호와의 영광이 충만하더라"(사 6:3)

에스겔 44장 : 성전 동쪽 문을 닫아두라
"여호와께서 내게 이르시되 이 문은 닫고 다시 열지 못할지니 아무도 그리로 들어오지 못할 것은 이스라엘 하나님 나 여호와가 그리로 들어왔음이라 그러므로 닫아 둘지니라"(겔 44:2)

1~3절	4~8절	9~14절	15~31절
닫아 둘 동쪽 문	여호와의 성전을 더럽힌 자들	레위 사람들의 제사장 직분 박탈	사독 자손의 레위사람들과 세사상들의 직분

에스겔 45장 : 거룩한 구역의 땅을 주심, 성읍과 왕의 몫

1~8절	9~17절	18~20절	21~24절
거룩한 구역	왕에 대한 경고 및 임무	성소를 정결하게 하는 규례	유월절

1) 거룩한 구역(겔 45:1~8)

"땅은 제비뽑아 분배하여 기업으로 삼을 때 한 구역을 거룩한 땅으로 삼아 여호와께 예물로 드릴지니"(겔 45:1)

"그 곳은 성소에서 수종드는 제사장들 곧 하나님께 가까이 나아가서 수종드는 자들에게 주는 거룩한 땅이니 그들이 집을 지을 땅이며 성소를 위한 거룩한 곳이라"(겔 45:4)

2) 왕(통치자)들에 대한 경고 및 임무(겔 45:9~17)

"이스라엘의 통치자들아 너희에게 만족하니라 너희는 포악과 겁탈을 제거하여 버리고 정의와 공의를 행하여 내 백성에게 속여 빼앗는 것을 그칠지니라"(겔 45:9)

3) 성소를 정결하게 하는 규례(겔 45:18~20)

4) 유월절(겔 45:21~24)

① 첫째 달 14일에는 7일 동안 누룩 없는 떡을 먹으라
② 일곱째 달 15일에는 7일 동안 초막절(수장절)을 지키라

에스겔 46장 : 안식일 초하루

1~5절	5~15절	16~18절	19~24절
안식일과 초하루(월삭) 규례	기타 명절 및 절기 규례	군주와 그의 기업	성전 부엌

에스겔 47장 : 성전에서 나오는 물

① **성전에서 흐르는 생명수(겔 47:1~12)** : '성전 문에 이르니 문지방 밑에서 물이 나와 동쪽으로 흐르다가 성전 오른쪽 제단 남쪽으로 흘러 내리더라 그가 손에 줄을 잡고 동쪽으로 나아가며 천 척을 측량한 후에 내게 그 물을 건너게 하시니 물이 발목에 오르더니 다시 물이 무릎에 오르고 다시 물이 허리에 오르고 다시 물이 내가 건너지 못할 강이 된지라 그 물이 가득하여 헤엄칠 만한 물이요 사람이 능히 건너지 못할 강이더라'

"이 강물이 이르는 곳마다 번성하는 모든 생물이 살고 또 고기가 심히 많으리니 이 물이 흘러 들어가므로 바닷물이 되살아나겠고 이 강이 이르는 각처에 모든 것이 살 것이며"(겔 47:9)

"강 좌우 가에는 각종 먹을 과실나무가 자라서 그 잎이 시들지 아니하며 열매가 끊이지 아니하고 달마다 새 열매를 맺으리니 그 물이 성소를 통하여 나옴이라 그 열매는 먹을 만하고 그 잎사귀는 약 재료가 되리라"(겔 47:12)

[요한계시록 22장 - 생명수의 강을 연상시킴]

② 새 땅의 경계와 분배(겔 47:13~23) : "그런즉 너희가 이스라엘 모든 지파대로 이 땅을 나누어 차지하라"(겔 47:21)

에스겔 48장 : 각 지파의 땅 분배
① 12지파의 땅 경계(겔 48:1~29) : 단, 아셀, 납달리, 므낫세, 에브라임, 르우벤, 유다, 레위, 베냐민, 시므온, 잇사갈, 스불론, 갓·므낫세와 에브라임은 요셉 지파 요셉에게는 두 몫이니라(겔 47:13)
② 성읍의 문들(겔 48:30~35) : 12지파의 이름으로 예루살렘 성읍의 문들은 12지파의 이름을 따른 것이며, "이 성읍의 이름을 여호와 삼마라 하리라"(겔 48:35)

여호와 삼마 : "The Lord is there" 하나님께서 그날에 그 백성과 함께 거하실 것이며 영과 진리로 예배 받으실 것이다.

오바댜 (1장)

오바댜는 '여호와의 꿈'이라는 뜻이며, **주제는 '에돔을 향한 하나님의 심판'**이다. 오바댜서는 21절로 기록되었으며 구약성경 중에는 가장 짧은 책이다. 오바댜의 활동 시기는 B.C. 586년 예루살렘 성이 바벨론 왕 느부갓네살에 의해 함락된 직후로 다니엘과 에스겔과 함께 바벨론 포로기에 선포된 메시지이다.

에돔 족속은 에서의 후손으로서 이스라엘과는 엄연한 형제 족속이다. 에서와 야곱의 갈등은 출생 때부터 시작되었고 구약 전반에 걸쳐 대적의 관계로 나타난다. 출애굽 당시에도 이스라엘 백성들이 자신의 땅을 통과하는 것을 허락하지 않았고 바벨론에 의해 남유다가 멸망당할 때에도 형제 나라를 돕지 않고 오히려 그들의 원한을 갚는 기회로 삼았기에 여호와 하나님은 예루살렘의 멸망에 참여한 에돔을 심판하신다.(겔 25:12~14, 렘 49:7~22, 시 137:7, 애 4:21)

오바댜(1장)

1~9절	10~14절	15~16절	17~21절
에돔의 심판	에돔의 죄	만국의 심판	이스라엘의 회복

1. 에돔의 심판(옵 1:1~9)

에돔의 교만을 보시고 여러 나라들 가운데 작은 나라가 되게 하시겠다고 선언하신다. "너의 마음의 교만이 너를 속였도다 바위 틈에 거주하며 높은 곳에 사는 자여 네가 마음에 이르기를 누가 능히 나를 땅에 끌어내리겠느냐 하니"(옵1:3)

2. 에돔의 죄 (멸망의 이유) (옵 1:10~14)

① 네 형제 야곱(이스라엘)에게 포학을 행함
② 원수들이 예루살렘을 침략하여 약탈하고 제비 뽑아 나눌 때에 방관함으로 그

들 중 한 사람 같음

③ 네 형제의 불행과 그 재앙을 방관할 것이 아니며, 기뻐할 것이 아니며, 기회를 엿보아 그 재물에 손을 대지 말 것이며, 그 도망하는 자를 막지 않을 것이며, 고난의 날에 그 남은 자를 원수에게 넘기지 말아야 할 것이나 그렇게 한 죄 때문

3. 만국의 심판(옵 1:15~16)

"여호와께서 만국을 벌하실 때에 네가 행한 대로 너도 받을 것인즉 네가 행한 것이 네 머리로 돌아갈 것이라"(옵 1:15)

4. 이스라엘의 회복(옵 1:17~21)

"구원 받은 자들이 시온 산에 올라와서 에서의 산을 심판하리니 나라가 여호와께 속하리라"(옵 1:21)

10

포로귀환시대

1차 귀환(스룹바벨)
2차 귀환(에스라)
3차 귀환(느헤미야)

학개: 스가랴, 에스더,
역대상, 역대하, 말라기

10. 포로귀환시대

(B.C. 536)

왕정시대 - 역사서 6권(삼상, 삼하, 왕상, 왕하, 스, 느)				
6. 왕국의 시작 (B.C. 1050)	**7. 왕국의 분열** (B.C. 930)	**8. 유다의 멸망** (B.C. 722)	**9. 바벨론 포로** (B.C. 605)	**10. 포로 귀환** (B.C. 536)
삼상 1~왕상 11장	왕상 12~왕하 17장	왕하 18~25장		스 1~10장 느 1~13장

예루살렘으로의 귀환(에스라 10장 – 느헤미야 13장)

시기	1차 귀환 (B.C. 536)	2차 귀환 (B.C. 458)	3차 귀환 (B.C. 444)
성경	스 1~6장	스 7~10장	느 1~13장
바사왕	고레스 원년	아닥사스다 제7년	아닥사스다 제20년
인도자	스룹바벨, 예수아	에스라	느헤미야
목적	예루살렘 성전재건	신앙회복	성벽재건
귀환자	42,360명(49,897명)	1,754명	기록 없음

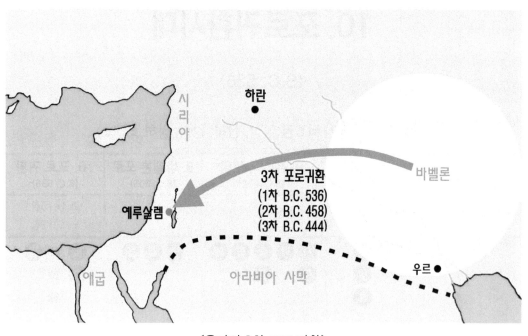

〔유다의 3차 포로 귀환〕

포로귀환시대 개관

1차 귀환(B.C. 536)			2차 귀환(B.C. 458)			3차 귀환(B.C. 444)			
스룹바벨, 예수아			에스라			느헤미야			
에스라 1~6장			에스라 7~10장			느헤미야 1~13장			
1~2장	3~4장	5~6장	7~8장	9장	10장	1~2장	3~6장	7장	8~13장
1차 귀환	성전 공사	성전 완공	2차 귀환	에스라 통회기도	신앙 회복	3차 귀환	성벽 공사	명단 정리	신앙 회복

학 슥 에　　　　　　　　　　　대상 대하　　　　　　　말

에스라(10장)

'에스라서'와 '느헤미야서'는 히브리 성경에서는 한 권의 책으로 엮어져 있어 에스라서에서 시작된 이야기가 느헤미야서에서 결론지어진다. 에스라서와 역대상.하를 동일한 저자로 보는 이유는 역대하 36:22~23과 에스라 1:1~4의 말씀 때문이다. 에스라는 아론의 16대손 제사장이면서 여호와의 율법과 계명에 뛰어난 학자이다. 스룹바벨을 중심으로 1차로 귀환한 유대인들이 성전을 재건한 후 2차(약 80년 후) 귀환하여 에스라는 백성들의 영적인 상태에 관심을 갖는다. 경건한 제사장이었던 에스라는 이방 여인들과 통혼하여 가정을 꾸민 이스라엘 제사장들과 방백의 고관들을 대신하여 통회의 기도를 드린다.

에스라서와 느헤미야서에는 많은 명단이 포함되어 있는데 특별히 에스라 10장에는 이방 여인들과 결혼한 백성들과 제사장들의 이름이 기록되어 있다. 명예로운 명단(에스라 2장, 느헤미야 7장의 포로에서 돌아온 자들의 명단)에 이름을 남길 수도 있고 불명예스러운 명단에 이름이 영원히 남을 수 있다는 교훈을 다시 한 번 새기게 한다.

포로지에서 70년의 신앙 훈련

"이에 토지가 황폐하여 땅이 안식년을 누림 같이 안식하여 칠십 년을 지냈으니 여호와께서 예레미야의 입으로 하신 말씀이 이루어졌더라"(렘 25:11, 29:10, 대하 36:21) 70년의 바벨론 포로생활을 안식년을 누림 같이 하고 돌아온 이스라엘 백성들은 오히려 신앙으로 무장된 전혀 새로운 모습으로 귀환한다.

바벨론에 포로로 잡혀갔으나 바벨론이 페르시아 제국에 패함으로 유대민족은 자연히 페르시아의 지배를 받게 되었다.

1. 종교적 신앙적 변화

더 이상 바알과 아세라 등 우상을 섬기지 않는다. 많은 신이 모여 있는 바벨론 제국의 아버지라 불리는 느브갓네살 왕 앞에 여호와 하나님은 다니엘과 그의 세 친구들을 통해 유일하신 여호와이심을 드러내셨다. '여호와가 하나님이시니이다'라는 신앙으로 교육되었다.(유일신 사상)

2. '유대인'이라는 새로운 명칭

남유다에서 끌려온 이 독특한 백성은 '야훼신앙'으로 유일하신 여호와만을 섬기고 유대적 특수성을 절대 타협하지 않아 많은 포로 민족 가운데 '유대인 Jews, Jewish' 별칭을 얻으며 유대인의 정체성을 이룬다.(구약에서는 히브리인 또는 이스라엘 이라는 명칭만 있었음)

3. 성전대신 회당(Synagogue) 중심의 모임

바벨론 포로 중에는 성전이 없어 성전 중심으로 모일 수 없었음으로 20세 이상 성인 남자 10명이 모이면 회당을 짓고 회당 중심으로 제사와 신앙 교육을 했다. 성전 중심의 신앙에서 율법중심과 말씀중심의 신앙으로 이루어져 지금까지 내려온다.

4. '율법교사'와 '서기관'이라는 새로운 영적 지도자 출현

율법을 필사하고 가르치는 율법교사, 서기관 등이 제사장과 레위인과 같이 영향력을 미치는 공동체의 지도자가 된다. 우리가 현 시대에 알고 있는 유대인들의 정체성이 이때로부터 이어진다.

1차 포로귀환 (B.C. 536)

포로귀환시대(에스라 – 느헤미야)

1차 귀환(B.C. 536)					2차 귀환(B.C. 458)				3차 귀환(B.C. 444)			
스룹바벨, 예수아 및 49,897명					에스라 및 1,754명				느헤미야			
에스라 1~6장					에스라 7~10장				느헤미야 1~13장			
1~2장	3~4장	학개	스가랴	5~6장	에스더	7~8장	9장	10장	1~2장	3~6장	7장	8~13장
1차 귀환	성전 공사	(공사중단) 공사재개 촉구		성전 완공		2차 귀환	에스라 통회 기도	신앙 회복	3차 귀환	성벽 공사	명단 정리	신앙 회복

에스라(1~6장)

1~2장	3~4장	학개	스가랴	5~6장
1차 귀환	성전공사	1~2장	1~14장	성전완공

1. 1차 귀환(스 1~2장) – 스룹바벨, 예수아 및 49,897명

1. 고레스 왕의 조서(스 1장)

바사왕 고레스 원년에 여호와께서 고레스의 마음을 감동시키시매 그가 온 나라에 공포하고 조서를 내린다.(고레스 B.C. 559~530, 페르시아 통치한 원년)

"하늘의 하나님 여호와께서 세상 모든 나라를 내게 주셨고 나에게 명령하사 유다 예루살렘에 성전을 건축하라 하셨나니 이스라엘의 하나님은 참 신이시라 너희 중에 그의 백성 된 자는 다 유다 예루살렘으로 올라가서 이스라엘의 하나님 여호와의 성전을 건축하라 그는 예루살렘에 계신 하나님이시라"(스 1:2~3) 그 땅에 남아 있는 백성은 은과 금과 그 밖의 물건과 짐승으로 돕고 예루살렘에 세울 하나님의 성전을 위하여 예물을 기쁘게 드리라 하고, 예루살렘에서 가져온 성전 기명들도 유다 총독 세스바살의 손에 돌려보낸다.

여호와의 기름 부은 자 고레스 왕의 예언은 이미 200년 전에 선지자 이사야를 통해 예언되었다.(사 44:28, 45:1)

2. 1차 귀환자 명단정리(스 2장)

돌아온 백성들의 이름을 정리하는데 이는 예루살렘 성전을 짓겠다는 의지를 가지고 돌아오는 믿음의 사람들의 이름이다.

1차 귀환자(49,897명) - 유다백성 42,360명, 남종과 여종 7,337명, 노래하는 남녀 200명

3. 성전공사의 중단(스 3~4장)

제단을 만들고 아침과 저녁으로 번제를 드리고 초막절을 지킨다. 예루살렘에 귀환한지 2년 둘째 달에 성전기초를 놓고 제사장과 모든 백성들이 하나님을 찬양한다. 그러나 제사장들과 레위 사람들과 나이 많은 족장들은 첫 성전(솔로몬 성전의 영광)을 기억하고 있음으로 성전의 기초가 놓일 때 그 초라함 때문에(자신들의 죄로 인해 무너진 성전) 통곡하고 여러 사람들은 기쁨의 함성을 지른다.

사마리아인들이 성전 건축을 함께하고자 하나 이를 반대하자 건축을 방해한다. "만일 이 성읍을 완공하면 조공과 관세와 통행세를 바치지 아니하리니 왕에게 손해가 되리이다"(스 4:13) 방백 르훔과 서기관 심새가 주동이 되어 페르시아 왕에게 상소문을 올려 고발함으로 16년 동안 성전 건축이 중단된다.

하나님의 성전 공사가 바사왕 다리오 제2년까지 16년 동안 중단된다.

학개(2장)

'다리오 왕 제2년 여섯째 달'

학개는 '축제'라는 뜻이다. 학개는 선지자 스가랴와 함께 동시대에 예언한다. 학개서는 다른 예언서들과는 차이가 있다. 다른 예언서들은 죄와 불의를 정의와 공의로 심판하시고 회복을 전한다면 학개서는 오직 성전 건축을 격려하는 예언서이기 때문이다.

예루살렘 성전을 재건하기 위해 스룹바벨과 예수아와 함께 귀환한 자들이 16년 동안 성전 건축이 중단되어 황폐하여 있음에도 자신들을 위해서는 판벽한 집을 짓고 거주하고 있는 것을 하나님은 학개 선지자를 통해 책망하시고 다시 격려하여 성전을 재건하도록 하신다. 무너진 성전을 다시 건축하고 백성들의 영성을 회복시키는 일을 위하여 학개 선지자는 부름을 받았다.

학개(2장)

1장	2장
성전재건	하나님의 축복

1. 성전재건(학 1장)

다리오 왕 제2년에 학개 선지자는 반대자의 훼방으로 중단되었던 성전을 재건하라 촉구 한다. 이에 백성들이 '여호와의 전을 건축할 시기가 아직 이르지 않았다' 함에 "이 성전이 황폐하였거늘 너희가 이 때에 판벽한 집에 거주하는 것이 옳으냐"(4절) 책망한다.

① 학개 선지자의 첫 번째 설교(학 1:7~15)

성전 건축을 게을리 한 결과 : "너희가 많이 뿌릴지라도 수확이 적으며 먹을지라도 배부르지 못하며 마실지라도 흡족하지 못하며 입어도 따뜻하지 못하며 일꾼이 삯을 받아도 그것을 구멍 뚫어진 전대에 넣음이 되느니라"(6절), "너희는 산에 올라가서 나무를 가져다가 성전을 건축하라 그리하면 내가 그것으로 말미암아 기뻐하고 또 영광을 얻으리라"(8절)

궁핍한 생활의 해결법 : 성전을 건축하는 것이다. 성전의 회복은 이스라엘에 대한 하나님의 통치의 회복이고 예배의 회복이기 때문이다. 학개 선지자가 성전 건축을 독려하자 스룹바벨과 예수아와 모든 백성들의 마음이 감동되어 하나님의 전 공사를 다시 시작한다.(학 1:14)

2. 하나님의 축복 (학 2장)

② 학개의 두 번째 설교(2:1~9)

'솔로몬의 성전에 비하면 초라하고 보잘 것 없는 성전이나 내가 이 성전에 영광이 충만하게 하리라 은도 내 것이요 금도 내 것이니라 이 성전의 나중 영광이 이전 영광보다 크리라 내가 이 곳에 평강을 주리라'(학 2:9)

> 이 성전의 나중 영광은 스룹바벨의 성전 봉헌식을 의미하지만 이 두 번째 성전을 통해 '예수 그리스도'가 오신다. 그리고 예수님께서는 자신의 연약한 몸을 들어 성전이라 하시고 그를 믿는 우리에게 성령을 부어 주심으로 우리로 하나님의 성전이 되게 하셨다.
> "너희 몸은 너희가 하나님께로부터 받은 바 너희 가운데 계신 성령의 전인 줄을 알지 못하느냐"(고전 6:19)

③ 학개의 세 번째 설교(2:10~19)

하나님께서 제사장의 정결과 부정에 대하여 물으신다. 순종과 정결에 대한 촉구와 그럼으로 말미암아 약속된 축복의 말씀을 선포하신다. "그러나 오늘부터는 내가 너희에게 복을 주리라"(19절)

성전 재건 지도자인 스룹바벨을 격려하고 축복하신다. "그 날에 내가 너를 세우고 너를 인장으로 삼으리니 이는 내가 너를 택하였음이니라"(23절)

> 여호와의 종 스룹바벨은 신약성경 마태복음과 누가복음에서 예수그리스도의 족보에 그 이름이 기록된다. (마 1:12, 눅 3:27) 여호야긴(여고냐)의 손자이며 다윗의 혈통이다.
> 여호야긴 → 스알디엘 → 스룹바벨

스가랴(14장)

'다리오 왕 제2년 여덟째 달'

스가랴는 '여호와께서 기억하신다'는 뜻이다. 포로귀환 이후 선지자 학개와 동시대 활동했던 선지자이다.(다리오 왕 2년 8월) 스가랴는 학개와 함께 포로생활에서 돌아온 유대인들이 성전 건축이 중단 되었던 때에(16년간) 성전 재건을 완성하도록 부름을 받았다. 예루살렘 성전이 재건될 때 주변의 대적자들(사마리아인, 에돔인, 애굽 족속)이 유다를 두려워하여 이 성전 건축 사역을 방해한다. 귀환자들이 가난과 생계를 걱정하고 신음하고 있으나 백성들을 격려하며 영적으로 하나님의 다스리심을 확신하게 하고 공동체의 부흥을 위해 노력한 선지자이다. 학개가 성전 재건에 감동을 주었다면 스가랴는 영적 확신을 주었다.

스가랴는 메시아적인 선지자로서 장차 오실 그리스도를 확신 있게 전함으로 백성들에게 승리와 복이 임할 것을 예언한다. 그러기에 스가랴는 구약의 '계시록'이라는 별명이 붙어 있다.

스가랴(14장)

1~6장	7~8장	9~14장
여덟 가지의 환상	금식	메시아 왕국의 도래
1.회개의 촉구 2.여덟 가지 환상	위선적 금식과 참 금식	메시아 통치
(성전건축 중)		(성전건축 이후)

1. 여덟 가지의 환상(슥 1~6장)

1) 회개촉구(슥 1:1~6)
너희는 내게로 돌아오라 만군의 여호와의 말이니라 그리하면 내가 너희에게로 돌아가리라 만군의 여호와의 말이니라 너희 조상들을 본받지 말라 하시며 회개를 촉구하신다.

2) 여덟 가지 환상(슥 1~6장)

① 화석류나무 사이에 붉은 말 탄자(슥 1:7~17) : '주님은 다시 예루살렘에 자비를 베풀 것이다'

② 네 뿔과 대장장이 네 명(슥 1:18~21) : 이스라엘을 압제하던 자들이 하나님의 사자에 의해 멸망당함

③ 측량줄을 잡은 자(슥 2장) : 예루살렘을 측량하라 여호와께서 예루살렘 성곽을 둘러싼 불의 벽이 되신다.

④ 대제사장 여호수아의 성결(슥 3장) : 메시아의 약속
  '내가 내 종 싹을 나게 하리라'(8절)
  '한 돌에 일곱 눈이 있느니라'(9절)

⑤ 순금 등잔대와 두 감람나무(슥 4장) : 하나님의 권능에 의해 세워질 성전을 상징한다. "이는 힘으로 되지 아니하며 능력으로 되지 아니하고 오직 나의 영으로 되느니라"(4:6)

> 유다 총독 스룹바벨이 하나님의 전을 건축하는 책임자요 지도자라. 하나님은 '이 성전은 하나님의 영으로 지어진다'라고 하신다. 교회는 넉넉한 재정이나 열심을 가진 교인의 능력이 아니라 성령으로 기도로 영으로 지어져야 함을 의미한다.

⑥ 날아가는 두루마리(슥 5장) : '네가 무엇을 보느냐 날아가는 두루마리를 보나이다 이는 온 땅 위에 내리는 저주라'(5:2~3)
하나님은 도둑질 하는 자와 위증자를 심판하신다. [거짓 : 저주의 대상]

⑦ 에바 속의 여인(슥 5장)
힌 여인이 에바 안에 갇혀 시날 땅으로 추방된다. [여인 : 악을 상징]
두 여인에 의해 에바를 그 땅에서 시날 땅으로 옮기는 사명을 감당한다.

> 시날 땅은 바벨론을 상징하고, 악이 유대로부터 나와 바벨론으로 옮겨졌다. 죄악은 모두 제거 될 것이다.

⑧ 네 병거(슥 6장)
  '네 병거' : 홍마, 흑마, 백마, 아롱지고 건장한 말이 네 병거를 끈다.(6:1)
[열방에 내려질 하나님의 심판을 의미]
면류관을 대제사장 여호수아의 머리에 씌우고(6:11)

'싹' : 싹이라 이름하는 사람이 자기 곳에서 돋아나서 여호와의 전을 건축하리라, 예수그리스도의 강림(슥 6:12, 3:8)

"나는 말하기를 이는 내 백성이라 할 것이요 그들은 말하기를 여호와는 내 하나님 이라 할 것이라"(슥 13:9)

> **'싹', '의로운 가지'** – 구약에서 다윗 왕의 계보에서 나올 메시아 예수 그리스도를 예표 한다. '싹'(슥 6:12), '여호와의 싹'(사 4:2), '내 종 싹'(슥 3:8), '이새의 줄기에서 한 싹'(사 11:1), '의로운 가지' (렘 23:5~6)
>
> 대제사장 여호수아의 머리에 면류관이 씌워진다.(6:11) 구약에서는 어떤 제사장을 막론하고 왕의 면류관을 쓰는 것이 금지되어 있다. 여기에서 대제사장 여호수아는 제사장의 관과 왕의 면류관을 모두 쓰실 수 있는 오직 한 분 메시아(예수 그리스도)를 상징한다.(계 19:12)

2. 금식(슥 7~8장)

스가랴 7장 : 바벨론의 포로로 있을 때에 회복과 구원을 위해 하던 금식을 지금도 계속해야 하는지 말아야 하는지를 두고 제사장과 선지자들에게 묻는다. 여호와 하나님은 형식적이고 외식적인 금식에 관해 경고하시며, '그 금식이 나를 위하여, 나를 위하여 한 것이냐 너희가 먹고 마실 때에 그것은 너희를 위하여 먹고 너희를 위하여 마시는 것이 아니냐 너희가 사로잡혀 갔던 까닭은 불순종 때문'이었음을 지적하신다. '그 마음을 금강석 같게 하여 여호와의 영으로 전하는 선지자들의 말을 듣지 않았다. 내가 불러도 그들이 듣지 아니한 것처럼 그들이 불러도 내가 듣지 아니하리라' 하신다.

스가랴 8장 : 바벨론에서 귀환한 백성을 축복할 것을 약속한다. "예루살렘은 진리의 성읍이라 일컫겠고 만군의 여호와의 산은 성산이라 일컫게 되리라"(3절), "그들은 내 백성이 되고 나는 진리와 공의로 그들의 하나님이 되리라"(8절) 바벨론에서 지키던 "금식이 변하여 유다 족속에게 기쁨과 즐거움과 희락의 절기들이 되리니"(19절), "많은 백성과 강대한 나라들이 예루살렘으로 와서 만군의 여호와를 찾고 여호와께 은혜를 구하리라"(22절)

3. 메시아 왕국의 도래(슥 9~14장)

역사적인 배경은 밝히기가 어렵고 상징적인 언어로 종말론적인 내용과 메시아의 말씀이다. 특히 '헬라'(9:13)라는 말이 언급됨으로 페르시아 제국을 폐하고 세계 역사를 쓰는 헬라 제국 하에 쓰여졌다고 추정된다.

1) 구원을 베푸시는 왕(슥 9장)
"그는 공의로우시며 구원을 베푸시며 겸손하여서 나귀를 타시나니 나귀의 작은 것 곧 나귀 새끼니라"(슥 9:9) [마 21:6~7, 막 11:6~7, 요 12:14]

2) 구원의 약속(슥 10장)
"내가 그들을 긍휼히 여김으로 그들이 돌아오게 하리니 그들은 내가 내버린 일이 없었음 같이 되리라 나는 그들의 하나님 여호와라 내가 그들에게 들으리라" (슥 10:6)

3) 메시아의 수난 예언(슥 11장)
"내가 잡혀 죽을 양 떼를 먹이니 참으로 가련한 양들이라 내가 막대기 둘을 취하여 하나는 은총이라 하며 하나는 연합이라"(슥 11:7) "은총이라 하는 막대기를 취하여 꺾었으니"(슥 11:10) "그들이 나를 헤아린 바 그 삯을 토기장이에게 던지라 하시기로 내가 곧 그 은 삼십 개를 여호와의 전에서 토기장이에게 던지고"(슥 11:13)

4) 메시아의 오심과 예루살렘 구원(슥 12장)
"예루살렘을 치러 오는 이방 나라들을 그 날에 내가 멸하기를 힘쓰리라 그들이 그 찌른 바 그를 바라보고 그를 위하여 애통하기를 독자를 위하여 애통하듯 하며 그를 위하여 통곡하기를 장자를 위하여 통곡하듯 하리로다"(슥 12:9~10)

예수 그리스도께서 십자가에 달리실 때의 모습을 요한은 요한복음 19장 37절에서 스가랴 12장 10절을 인용한다. "그들이 그 찌른 자를 보리라"(요 19:37)

5) 메시아의 청결(슥 13장)

죄와 더러움을 예루살렘에서 정화하여 우상과 거짓 선지자를 끊어버림(슥 13:1~6)

"만군의 여호와가 말하노라 칼아 깨어서 내 목자, 내 짝 된 자를 치라 목자를 치면 양이 흩어지려니와 작은 자들 위에는 내가 내 손을 드리우리라"(슥 13:7)

"내가 목자를 치리니 양의 떼가 흩어지리라"(마 26:31)

6) 마지막 날의 심판과 메시아 통치(슥 14장)

① 그의 발이 감람산에 설 것이요
② 그 날에 빛이 없겠고 광명한 것들이 떠남
③ 한 날이 있으리니 낮도 아니요 밤도 아니라 어두워 질 때 빛이 있으리라
④ 그날에 생수가 예루살렘에서 솟아 나리라
⑤ 여호와께서 홀로 한분이리라 그의 이름이 홀로 하나이니라
⑥ 적군들이 당하는 재난(여호와의 날 심판; 슥 14:12~15)
⑦ 열국이 하나님을 섬기는 메시아 왕국(슥 14:16~21)

포로귀환시대(에스라 - 느헤미야)

1차 귀환(B.C. 536)					2차 귀환(B.C. 458)				3차 귀환(B.C. 444)			
스룹바벨, 예수아 및 49,897명					에스라 및 1,754명				느헤미야			
에스라 1~6장					에스라 7~10장				느헤미야 1~13장			
1~2장	3~4장	학개	스가랴	5~6장	에스더	7~8장	9장	10장	1~2장	3~6장	7장	8~13장
1차 귀환	성전 공사	(공사중단) 공사재개 촉구		성전 완공		2차 귀환	에스라 통회 기도	신앙 회복	3차 귀환	성벽 공사	명단 정리	신앙 회복

4. 성전 완공 (스 5~6장)

선지자 학개와 스가랴가 하나님의 이름으로 예언하였더니 스룹바벨과 예수아가 하나님의 성전을 다시 건축하기 시작했다. 총독 닷드네와 스달보스내가 다리오 왕에게 글을 올렸다. 다리오 왕은 궁의 문서 창고에서 고레스 왕이 내린 두루마리를 찾았다.(스 6:3~5)

총독 닷드내와 스달보스내와 동관 아비삭은 하나님의 성전공사를 막지 말고 성전을 제자리에 건축하게 하라 세금 중에서 경비를 공급하고 건축이 멈추지 않게 하라 번제에 드릴 제물을 공급하며 왕과 왕자들의 생명을 위하여 기도하게 하라 누구든지 이 명령을 변조하면 그를 처형하라 한다. 다리오 왕 제6년에 성전이 완공되어 성전 봉헌식을 행하고(B.C. 516), 유월절과 무교절을 지킨다. 포로 귀환하여 20년 만에 성전을 짓고 봉헌한 것이다.

70년 바벨론 포로 기간의 두가지 해석

1. 포로 중심
1차 포로 B.C. 605
1차 귀환 B.C. 536

2. 예루살렘 성전 중심
성전 멸망 B.C. 586
성전 재건 B.C. 516

에스더 (10장)

성경 66권 가운데 놀랍게도 여인의 이름으로 두 권이 기록되었다. 에스더서와 룻기이다. 에스더서의 기록자는 정확하지 않다. 에스더서에는 '여호와의 이름'이 한 번도 직접적으로 언급되지 않으면서도 여전히 하나님의 구원의 역사를 보여주는 특별한 책이다. 에스더서의 역사적 배경은 페르시아의 고레스 왕의 칙령으로 고국에 귀환하여 제2성전(스룹바벨 성전)을 완공한 이후이다. 이스라엘로 귀환하지 않은 유대인들은 광대한 페르시아 제국에서 많은 이방인들과 섞여 살고 있었고, 에스더서는 그 사회에서 일어난 사건을 기록하였다.

당시 아하수에로 왕의 총리인 하만은 자신에게 경의를 표하지 않았다는 이유로 모르드개와 및 그의 민족인 유대인들을 모두 학살하려는 계획을 세운다. 특히 모르드개를 높이 달기 위해 장대를 준비하나 오히려 준비된 장대에 하만 자신이 죽는 놀라운 반전을 보여준다. 유대인들을 학살하기 위해 '부르'(제비; Purim)까지 뽑아 죽음의 날을 정해 놓았으나 기적적인 구원의 역사가 일어난다. 유대인들은 이 날을 기념하여 오늘까지 '부림절' 절기로 지키고 있으며, 부림절기에는 에스더서를 낭독하여 민족의 수난에서 구원 받은 것을 기념한다.

에스더서는 모르드개와 에스더의 금식 기도와 민족애가 감동이 되어 읽혀진다. 구속사적 관점에서 유대인을 죽음으로부터 구원하기 위해 자기 목숨을 내놓은 에스더가 돋보이고 이 사건으로 말미암아 에스더는 왕에게 더욱 존귀함을 받는다. 또한 에스더가 유대 민족을 구하도록 이끄는 모르드개가 돋보이는 에스더서이다.

예수 그리스도께서 죄인인 우리들을 사망으로부터 구원하시기 위해 자기 목숨을 하나님께 내어 놓고 이후에 하나님께 존귀함을 받고 하나님께 큰 영광을 받으신 것의 예표로도 보여진다.

에스더(10장)

1~2장	3~4장	5~7장	8~10장
왕후 에스더	유다인의 위기	하만의 위기	유다인의 승리 "부림절"

1. 페르시아 제국의 왕후 에스더(에 1~2장)

에스더 1장 : 아하수에로 왕은 인도에서 구스까지 127도를 다스린다. 그의 영화로운 나라의 부함과 위엄의 혁혁함을 자랑하기 위해 180일 잔치를 연다. 후에 왕궁 후원 뜰에서 7일 잔치를 더 베풀게 되는데 이 때 왕의 명령에 거역한 왕후 와스디가 폐위된다.

에스더 2장 : 전국에서 새로운 왕후를 뽑는다. 하닷사(은매화) 곧 에스더(별)는 모르드개의 삼촌의 딸(사촌 여동생)이다. 곱고 아리따운 에스더가 와스디를 대신하여 왕후가 된다. 그러나 민족과 종족을 밝히지 않는다.
"전에 바벨론 왕 느부갓네살이 예루살렘에서 유다 왕 여고냐와 백성을 사로잡아 갈 때에 모르드개도 함께 사로잡혔더라"(에 2:6)

모르드개는 대궐 문에 앉아 있다가 왕의 내시 빅단과 데레스 두 사람이 원한을 품고 아하수에로 왕을 암살하려는 음모를 알게 된다. 이를 에스더에게 알려 왕의 목숨을 구함으로 이 일이 궁중 일기에 기록된다.(21~22절)

2. 유대 민족의 위기(에 3~4장)

에스더 3장 : 아각 사람 하만이 총리가 된다. 모르드개는 하만에게 꿇지도 아니하고 절하지도 아니함으로 몹시 분노하여 모르드개와 그의 민족 유다인을 다 죽이기로 결심 하고 '부르' 곧 제비를 뽑아 열 두 째달 곧 아달월 13일 하루를 뽑아 11개월 후에 실행하기로 한다.

하만의 음모(에 3:8~14) : 한 민족이 왕의 법률을 지키지 아니하니 조서를 내려 그들을 멸하소서 은 일만 달란트를 드리리이다 이에 그 조서를 역졸에게 맡겨 왕의 각 지방에 보내니 열두째 달 곧 아달월 십삼일 하루 동안에 모든 유다인을 젊은이 늙은이 어린이 여인들을 막론하고 죽이고 도륙하고 진멸하고 또 그 재산을 탈취하라 한다.

에스더 4장 : 모르드개와 에스더의 대화

모르드개와 유다인들이 옷을 찢고 굵은 베옷을 입고 재를 뒤집어 쓰고 애통한다. 에스더는 내시 하닥을 시켜 진상을 파헤친다.

모르드개 : '왕에게 나아가 자기 민족을 위하여 간절히 구하라'

에스더 : '부름을 받지 않고 나가면 죽는 법이요 왕이 그 자에게 금 규를 내밀어야 살 것이라'

모르드게 : "너는 왕궁에 있으니 모든 유다인 중에 홀로 목숨을 건지리라 생각하지 말라 이 때에 네가 만일 잠잠하여 말이 없으면 유다인은 다른 데로 말미암아 놓임과 구원을 얻으려니와 너와 네 아버지 집은 멸망하리라 네가 왕후의 자리를 얻은 것이 이 때를 위함이 아닌지 누가 알겠느냐"

에스더 : "유다인을 다 모으고 나를 위하여 금식하되 밤낮 삼 일을 먹지도 말고 마시지도 마소서 나도 나의 시녀와 더불어 이렇게 금식한 후에 규례를 어기고 왕에게 나아가리니 **죽으면 죽으리이다**"

3. 하만의 위기(에 5~7장)

에스더 5장 : 금식한 후에 왕 앞에 나아가니 왕이 에스더에게 규를 주고 그를 부른다. 이에 에스더는 왕을 위하여 잔치를 열었으니 하만과 함께 오기를 청하고 왕은 하만을 급히 불러 에스더가 준비한 잔치에 참여한다. 이에 왕이 에스더에게 원하는 소원을 들어주겠노라 한다. 에스더는 오늘 말고 내일도 잔치를 열 것인데 그때에도 하만과 함께 오소서 그때에 소원을 말하겠노라 한다. 잔치를 즐기고 나오던 하만이 모르드개를 만나나 모르드개가 하만을 두려워하지도 않고 자리에서 일어나지도 않음으로 그를 해하고자 한다. 하만의 교만과 하만의 분노로 하만은 모르드개를 달기 위해 그의 친구들과 아내가 모의 하여 높이 50규빗(약 22m)되는 장대를 준비 한다.

에스더 6장 : 모르드개가 왕을 구한 일로(에스더 2장) 왕이 그의 공로를 깨닫고 그를 존귀하게 하려하여 하만에게 묻기를 '존귀하게 하기를 원하는 사람에게 어떻게 하겠느냐' 이에 하만이 자신을 존귀히 여기려는 줄 알고 '왕복과 왕관을 갖추고 왕의 말에 태워 왕이 존귀하게 하기를 원하는 사람은 이같이 할 것이라 반포함이

옳다' 한다. 왕이 하만에게 명하여 '네가 말한 것에서 조금도 빠짐이 없이 유다사람 모르드개에게 행하라' 함으로 하만이 모르드개 앞에서 크게 굴욕을 당한다.

에스더 7장 : 에스더의 두 번째 잔치
① "내 생명을 내게 주시고 내 요구대로 내 민족을 내게 주소서"(3~4절)
② 자기와 민족을 위해 호소하는 에스더(3~6절) : 하만의 계략을 고함으로 하만은 자신이 준비해 놓은 높은 나무에 달려 죽게 되고 왕의 노가 그친다.

4. 유다인의 승리(8~10장)

에스더 8장 : 에스더가 "각 지방에 있는 유다인을 진멸하려고 꾀하고 쓴 조서를 철회하소서" 요청함으로 '왕의 어명이 매우 급하매 인도로부터 구스까지 127도(지방)에 왕의 준마를 타고 빨리 달려 그 조서를 반포하여 화를 면하게 하라' 한다. 하만의 집을 에스더에게 주고, 하만의 반지를 모르드개에게 주어 하만을 대신하여 그 지위와 영광을 얻게 한다.

에스더 9장 : 유다인들의 원수 갚는 날
아달월(열두째 달) 13일에 유다인들은 도리어 자기들을 미워하는 자들을 제거하고 후에 잔치를 베풀고 즐기고 서로에게 예물을 주며 가난한 자를 구제한다. 이날을 기념하여 '부림절'로 지킨다.

> 부림절('부르', '제비') : 아달월 14일과 15일
> 부림절의 목적 : 유다인의 슬픔이 변하여 기쁨이 되었음과 사망에서 생명을 얻은 유다인의 기쁨을 기리는 절기

에스더 10장 : 아하수에로 왕과 모르드개가 높임을 받아 존귀하게 된다. 메대와 바사의 역사에 기록된다. 왕의 다음이 된 모르드개는 유다인의 존경과 사랑을 받고 그의 백성의 이익을 도모하며 모든 종족을 안위한다.

2차 포로귀환(B.C. 458) – 에스라

포로귀환시대(에스라 – 느헤미야)

1차 귀환(B.C. 536)					2차 귀환(B.C. 458)				3차 귀환(B.C. 444)			
스룹바벨, 예수아 및 49,897명					에스라 및 1,754명				느헤미야			
에스라 1~6장					에스라 7~10장				느헤미야 1~13장			
1~2장	3~4장	학개	스가랴	5~6장	에스더	7~8장	9장	10장	1~2장	3~6장	7장	8~13장
1차 귀환	성전 공사	(공사중단) 공사재개 촉구		성전 완공		2차 귀환	에스라 통회 기도	신앙 회복	3차 귀환	성벽 공사	명단 정리	신앙 회복

에스라 7~10장

에스더	7~8장	9장	10장
1~10장	2차 귀환	에스라의 통회기도	신앙회복

1. 제2차 포로귀환(스 7~8장) – 에스라 귀환

에스라는 대제사장 아론의 16대 손으로 바벨론에서 포로시대에 태어났다. 모세의 율법에 익숙한 학자로서 '왕에게 구하는 것은 무엇이든 다 받는 자더라' 할 만큼 존귀한 자였으나 그가 자신의 부귀영화를 버리고 귀환한 목적은 '여호와의 율법을 준행하며 율례와 규례를 이스라엘에게 가르치기 위함'이다.

에스라 7장

제2차 포로귀환은 예루살렘 성전이 재건되고 60년 후의 사건이다. 아닥사스다 왕제 7년에 에스라를 필두로 약 1,754명의 이스라엘 자손과 제사장, 레위 사람들과 노래하는 자들과 문지기들을 데리고 귀환한다.

아닥사스다 왕은 완전한 하나님의 율법 학자 겸 제사장인 에스라에게 은, 금과 예물을 주고 하나님의 성전에 쓰일 것이 있어서 필요한 것은 무엇이든지 궁중창고에서 내다 쓰게 한다. 또 조서를 내려 유브라데 강 건너편 모든 창고지기에게 은과 밀과 포도주와 기름 등을 허락하고 소금은 정량 없이 주게 한다.

에스라 8장
에스라와 함께 돌아온 자들의 명단 정리
아하와 강가에서 무리를 모으나 레위 자손이 한 사람도 없음으로 이에 모든 족장을 불러 '우리 하나님의 성전을 위하여 섬길 자'를 선별하여 데리고 오게 함으로 각 지방의 레위인을 불러 모은다. 귀환 길에 오르기 전 에스라는 아하와 강가에서 금식을 선포하고 '평탄한 길'을 위하여 기도하며 예루살렘으로 돌아와 이스라엘의 하나님께 번제를 드린다.

2. 에스라의 통회 기도(스 9장)

에스라 9장 : '이스라엘 백성과 제사장들과 레위 사람들이 이 땅 백성들에게서 떠나지 아니하고 이방 민족들과 혼인하였고 통혼하여 섞이게 하는 일에 방백들과 고관들이 더욱 으뜸이 되었다'는 보고를 받는다. 이에 에스라는 속옷과 겉옷을 찢고 머리털과 수염을 뜯으며 통회 기도를 한다. "나의 하나님이여 내가 부끄럽고 낯이 뜨거워서 감히 나의 하나님을 향하여 얼굴을 들지 못하오니 이는 우리 죄악이 많아 정수리에 넘치고 우리 허물이 커서 하늘에 미침이니이다"(6절)

3. 신앙회복(스 10장)

에스라가 금식할 때에 이스라엘 무리가 하나님의 성전 앞 광장에서 이 일과 큰 비 때문에 떨고 있었다. 스가냐가 에스라에게 "비록 우리가 이방 여인들을 아내로 삼았으나 이스라엘에게 아직도 소망이 있나니 내 주의 교훈을 따르며 우리 하나님의 명령을 떨며 준행하는 자의 가르침을 따라 이 모든 아내와 그들의 소생을 다 내보내기로 우리 하나님과 언약을 세우고 율법대로 행할 것이라"(스 10:2~3) 한다. 에스라가 일어나 "너희가 범죄하여 이방 여자를 아내로 삼아 이스라엘의 죄를 더하게 하였으니 이제 너희 조상들의 하나님 앞에서 죄를 자복하고 그의 뜻대로 행하여 그 지방 사람들과 이방 여인을 끊어 버리라"(스 10:10~11) 한다. 이방 여인과 결혼한 자를 조사하고 그 명단을 에스라서 10장에 기록하였다.

제3차 귀환 (B.C. 444) – 느헤미야

포로귀환시대(에스라 – 느헤미야)

1차 귀환(B.C. 536)					2차 귀환(B.C. 458)				3차 귀환(B.C. 444)			
스룹바벨, 예수아 및 49,897명					에스라 및 1,754명				느헤미야			
에스라 1~6장					에스라 7~10장				느헤미야 1~13장			
1~2장	3~4장	학개	스가랴	5~6장	에스더	7~8장	9장	10장	1~2장	3~6장	7장	8~13장
1차 귀환	성전 공사	(공사중단) 공사재개 촉구		성전 완공		2차 귀환	에스라 통회 기도	신앙 회복	3차 귀환	성벽 공사	명단 정리	신앙 회복

느헤미야(13장)

페르시아 아닥사스다 왕 20년째 해, 느헤미야는 왕의 술 관원으로 있다가 3차 귀환의 지도자로 예루살렘 성벽을 재건할 것과 유다를 다스릴 권세를 가지고 귀환한다. 이방인들의 많은 방해에도 불구하고 뛰어난 지도력과 영성으로 예루살렘 성벽 재건을 완성한다. 종교적.사회적 부패를 척결하고 영적 질서를 세우는 종교 지도자이면서도 뛰어난 리더십으로 예루살렘 성의 안녕을 도모하는 행정가이기도 하다.

1차 귀환 후 성전을 재건할 때부터 방해하던 사마리아의 총독 산발랏과 암몬의 지도자 도비야의 계속되는 방해와 위협 가운데에서도 단 52일 만에 예루살렘 성벽을 재건하고 연이어 영적(내적) 질서도 회복한다. 유월절과 각종 절기의 회복, 레위인의 복귀, 하나님의 율법과 계명을 지키도록 인도한다.

느헤미야(13장)

1~2장	3~6장	7장	8~13장
제3차 포로귀환	성벽공사	명단정리	신앙회복과 종교개혁

느헤미야(13장)

1~2장	3~4장	5장	6장	7장	8~9장	10장	11장	12장	13장
포로 귀환 산발랏과 도비야	성벽 공사	가난한 자들의 부르 짖음	산발랏과 도비야와 게셈의 음모 52일의 성벽 재건	귀환자 명단	에스라의 종교개혁과 회개운동	언약에 인봉한 명단	예루살렘 거주자 명단	제사장과 레위 명단	느헤미야의 개혁

1. 제3차 포로귀환(느 1~2장)

아닥사스다 왕의 술 관원인 느헤미야는 하나니에게 예루살렘 성은 허물어지고 불탔다는 슬픈 소식을 듣고 금식하며 기도한다. 아닥사스다 왕 제20년에 3차 귀환한 느헤미야는 도착한지 3일 만에 홀로 예루살렘을 살핀다. "예루살렘 성을 건축하여 다시 수치를 당하지 말자"(17절) 하나 산발랏과 도비야와 게셈이 업신여기고 비웃는다.

2. 성벽공사(느 3~6장)

느헤미야 3장 : 양문, 어문, 옛 문, 골짜기 문, 분문, 샘문, 동쪽 수문, 마문, 함밉갓 문을 중수한다.

느헤미야 4장 : 산발랏이 분노하여 비웃고, 암몬 사람 도비야는 '여우가 올라가도 곧 무너지리라' 하며 조롱한다. 하나님께 기도하며 절반의 사람들은 파수꾼으로 세워 방비하고 그 절반은 성전을 건축하되 한 손으로는 일을 하고 한 손으로 병기를 잡고 일을 한다.(느 4:16~17)

느헤미야 5장 : 그때에 백성들이 가난으로 인해 부르짖으며 원망한다. 돈을 빚내서 왕에게 세금을 바치고 형제에게 높은 이자를 취함으로 느헤미야가 이자 받기를 그치라고 책망한다. 느헤미야는 총독으로 일하는 12년 동안 총독의 녹을 먹지 않았다.

느헤미야 6장 : 산발랏과 도비야와 게셈이 음모하여 느헤미야에게 오노 평지에서 네 번씩이나 만나자 하나 이 모든 일은 느헤미야를 해하고자 함이다. 다섯 번째 '네가 왕이 되려 하는도다'(느 6:6), '네가 말한 바 이런 일은 없는 일이요 네 마음에서 지어낸 것이라'(느 6:8)

스마야 : "우리가 하나님의 전으로 가서 외소 안에 머물고 그 문을 닫자 저들이 반드시 밤에 와서 너를 죽이리라"(느 6:10)
느헤미야 : "나 같은 자가 어찌 도망하며 누가 외소에 들어가 생명을 보존하겠느냐 나는 들어가지 않겠노라"(느 6:10~12)
느헤미야는 하나님께서 보내신 바가 아니라 산발랏과 도비야가 뇌물을 주어 예언하도록 한 것을 깨닫게 되고, 성벽공사는 52일 만에 끝난다.(예루살렘 성벽 완성)(느 6:13)

3. 명단정리(느 7장) [에스라 2장에 나오는 1차 귀환자 명단과 유사]

3차에 걸친 귀환자(50,942)
유다 백성 42,360명, 남종과 여종 7,337명, 노래하는 남녀 245명

4. 신앙회복과 종교개혁(느 8~13장)

느헤미야 8장 : 에스라가 율법 책을 수문 앞 광장에서 책을 펴니 모든 백성이 일어난다. 에스라가 위대하신 하나님을 송축하매 백성들이 손을 들고 '아멘 아멘'으로 응답한다. 하나님의 율법책을 낭독하고 해석하니 백성들이 깨닫고 운다. "오늘은 너희 하나님 여호와의 성일이니 슬퍼하지 말며 울지 말라 이 날은 우리 주의 성일이니 근심하지 말라 여호와로 인하여 기뻐하는 것이 너희의 힘이니라"(느 8:9~10)

초막절 지킴 – "여호수아 이후 이같이 행한 일이 없었더라"(느 8:17) 에스라는 아침부터 저녁까지 율법책을 낭독하고 백성들은 모두 초막절을 지낸다.(7월15일 ~ 7월 22일, 레 23:34)

느헤미야 9장 : 백성들의 회개
"이스라엘 자손이 다 모여 금식하며 굵은 베 옷을 입고 티끌을 무릅쓰며 모든 이방 사람들과 절교하고 서서 자기의 죄와 조상들의 허물을 자복하고"(2절) 회개한다.

① **율법책 낭독과 죄의 회개** : '오직 주는 여호와시라 주는 하나님 여호와시라' 이스라엘 역사를 회고하며 백성들의 회개가 이어진다. 창세기부터 출애굽과 광야, 민수기, 사사기 그리고 왕국시대까지의 역사를 회고하며 회개기도를 드린다.
"우리와 우리 왕들과 방백들과 제사장들과 선지자들과 조상들과 주의 모든 백성이 앗수르 왕들의 때로부터 오늘까지 당한 모든 환난을 이제 작게 여기지 마옵소서 그러나 우리가 당한 모든 일에 주는 공의로우시니 우리는 악을 행하였사오나 주께서는 진실하게 행하셨음이니이다"(느 9:32~33)

② **회개기도** : "그들과 우리 조상들이 교만하고 목을 굳게 하여 주의 명령을 듣지 아니하고 또 그들이 자기들을 위하여 송아지를 부어 만들고 이르기를 이는 곧 너희를 인도하여 애굽에서 나오게 한 신이라 하여 하나님을 크게 모독하였사오나 그들은 순종하지 아니하고 주를 거역하며 주의 율법을 등지고 주께로 돌아오기를 권면하는 선지자들을 죽여 주를 심히 모독하였나이다 다시 주의 율법을 복종하게 하시려고 그들에게 경계하셨으나 그들이 교만하여 사람이 준행하면 그 가운데에

서 삶을 얻는 주의 계명을 듣지 아니하며 주의 규례를 범하여 고집하는 어깨를 내밀며 목을 굳게 하여 듣지 아니하였나이다"(느 9:16~29)

느헤미야 10장 : 언약에 인봉한 사람들
① 언약에 인봉한 자들의 명단(10:1~29)
② 언약내용(10:28~39)
　이방인과 절교
　율법을 따라 계명과 규례와 율례 준수
　이방인과 통혼 금지
　안식일 준수
　제사 준수
　첫 열매(초태생) 구별하여 드림
　십일조 준수

느헤미야 11장 : 예루살렘에 거주하는 지도자들
　예루살렘에 거주하는 지도자들의 명단(11:1~24)
　거룩한 성에 레위 사람은 모두 284명(11:18)
　유다 각 마을에 거주하는 백성들(11:25~36) – 백성의 1/10(느 11:1)

느헤미야 12장 : 귀환한 제사장과 레위인의 명단, 성벽 봉헌식
　스룹바벨과 대제사장 예수아와 그와 함께 귀환한 제사장들과 레위인의 명단(12:1~26)
　예루살렘 성벽(성곽) 봉헌식(12:27~43) : 예루살렘 성벽을 봉헌하게 되니 각처에서 레위 사람들을 찾아 예루살렘으로 데려다가 감사하며 노래하며 제금을 치며 비파와 수금을 타며 즐거이 봉헌식을 행한다.

느헤미야 13장 : 느헤미야의 종교개혁
1. 이방인들 분리(느 13:1~3) : 모세의 율법(신 23:3~4) 대로 모압과 암몬 사람은 영원히 총회에 들어오지 못한다. 이는 그들이 양식과 물로 이스라엘 자손을 영접하지 아니하고 도리어 발람에게 뇌물을 주어 저주하게 하였기 때문이다. 백성이 이 율법을 듣고 곧 섞인 무리를 이스라엘 가운데서 모두 분리 하였다.

2. 도비야 추방(13:4~9) : 제사장 엘리아십이 도비야에게 하나님의 전 큰 방을 내어줌으로 느헤미야가 다시 귀환하여 도비야를 추방하고 성전의 큰 방을 청결하게 한다.

느헤미야가 12년 동안 총독 일을 마치고 페르시아로 떠나자마자 암몬사람 도비야는 뻔뻔하게 성전의 큰 방을 차지한다. 그러나 도비야의 뻔뻔함보다도 제사장 엘리아십의 무분별과 영적 의식이 없는 것이 더 큰 문제였다.

3. 레위인의 복귀(13:10~14) : 온 백성이 십일조를 곳간에 들이게 하고 레위인들을 다시 불러 모아 복직시킨다.(레위인의 몫)

4. 안식일을 거룩히 지킴(13:15~15~22) : 장사꾼 금지, 예루살렘 성문을 달고 열지 말라. 레위인들 몸을 정결하게 하여 안식일을 거룩하게 하라

5. 이방인과 통혼금지(13:23~29) : 아스돗, 암몬, 모압 여인을 맞아 아내를 삼았는데 그들의 자녀들이 아스돗 방언은 하나 유다 방언은 못함으로 이를 책망하고 저주하며 그중 몇 사람은 때리고 머리털을 뽑고 경책한다.
"이스라엘 왕 솔로몬이 이 일로 범죄하지 아니하였느냐 그는 많은 나라 중에 비길 왕이 없이 하나님의 사랑을 입은 자라 하나님이 그를 왕으로 삼아 온 이스라엘을 다스리게 하셨으나 이방 여인이 그를 범죄하게 하였나니"(느 13:26)

6. 제사장과 레위인의 구별된 삶을 요구함(13:28~29) : 대제사장 엘리아십의 손자가 산발랏의 사위가 되었기에 그를 쫓아낸다. - 이방인과 통혼 금지

역대기 상(29장) 하(36장)

역대상(29장)과 역대하(36장)는 히브리어 성경에는 한권의 책이지만 헬라어 번역 때에 역대상과 역대하로 분류되었다. 역대기의 기록 연대는 포로귀한 이후 B.C. 425~400년으로 본다. 역대상 3장에는 포로귀환시의 다윗 왕조를 기록하는데 여고냐(여호야긴)의 8대 손인 아나니까지 명단에 포함되어 있어 역대기가 포로귀환 이후에 최종 편집되었음을 알 수 있다. 에스라서와 역대상.하는 동일한 기록자로 본다. 그 이유는 역대하(36:22~23)의 마지막 두절은 에스라(1:1~3)서의 시작과 동일한 내용이다. 포로시절 바벨론에서 출생한 에스라는 제사장이면서 (아론의 16대손) 또한 뛰어난 율법 학자였다.

역대기는 열왕기상과 열왕기하와 같이 이스라엘의 역사를 기록한다. 왕국이 분열된 이후 북이스라엘의 역사(왕들과 선지자들)가 생략되어 있다. 남유다의 역사 특히 다윗 왕과 솔로몬 왕을 중점에 두고 다윗 왕조 중심으로 족보를 기록하며(1왕조) 역대기 역사를 기록한 의도가 드러난다. 이스라엘 역사를 기록하되 역사에 대한 종교적 관점에서 역사에 대한 종교석 교훈을 무세를 두고 써겼다. 이스라엘 역사를 재정립하고 유대인의 뿌리를 찾을 때 정치적이거나 문화적인 기준이 아닌 종교적 비중을 가장 크게 둔 것이다. 타락한 북이스라엘은 초대 왕 여로보암 왕으로부터 우상을 섬기고 여호와 하나님을 떠나 그 결과 멸망의 길을 갔다는 사실 외에는 중요한 의미를 두고 있지 않다.

역대기는 사무엘서와 열왕기상과 열왕기하의 이스라엘 역사를 보충하는 역할이 아니다. 확실히 다른 관짐으로 역사를 기록한 책이다. 다윗 왕조를 이스라엘 역사의 중심으로 보고 있고 아담에서부터 시작되는 족보에서 이스라엘 열 두 지파를 거쳐 다윗이 왕으로 이어진 족보를 기록하고 있다. 역대기에서는 다윗 왕의 성적 부도덕으로 인한 큰 죄(간음죄, 살인죄)를 다루지 않고 있다. 수치스러운 역사를 기록하지 않은 의도이다. 그대신 다윗 왕의 군사력과 영토 확장의 치정을 남기고 종교적인 신실함은 성전 건축을 준비하는 다윗으로 기록하고 있다.
하나님의 백성으로 하나님 말씀에 따르지 못하고(신정 – 제사장 나라의 거부) 하나님께서 보내신 선지자들의 말씀에 귀 기울이지 아니한 결과 하나님의 심판을 초래하였고 모든 왕정 정치의 끝은 멸망이었다는 것을 교훈하고 있다.

열왕기서가 죄와 불신앙은 패배하는 인간의 책임을 지적한다면 역대기는 왕이신 하나님의 구원을 강조한다. 약속을 하시고 지키시는 분은 하나님이시다.
"여호와의 말씀이니라 너희를 향한 나의 생각을 내가 아나니 평안이요 재앙이 아니니라 너희에게 미래와 희망을 주는 것이니라"(렘 29:11)

역대상은 아담부터 다윗의 죽음(B.C. 971)까지 역사를 기록하고 있다. 역대하는 솔로몬부터 고레스 원년까지(B.C. 536) 역사를 기록하고 있고 역대하 역시 솔로몬의 영적 배신과 우상 숭배는 생략되어 있다.
역대기는 이스라엘 역사의 중심으로 다윗왕과 솔로몬 왕을 부각시키는 역사의 기록이다.

역대상 (29장)		역대하 (36장)	
1~10장	아담 – 사울	1~9장	솔로몬
11~29장	다윗	10~36장	유다의 20왕

말라기(4장)

'나의 선지자', '나의 사자'라는 뜻의 말라기는 B.C. 450~400년에 기록된 것으로 추정한다. 말라기서에는 특별한 역사적 사건이나 왕의 언급이 없어 정확한 연대를 측정하기 어려우나 바사에서 돌아와 재건된 성전 언급으로 느헤미야와 비슷한 시기로 본다.

성전 재건 후 이스라엘의 열심은 사라지고 신앙적 나태와 형식주의와 부패가 나타난다. 제사장들은 게을러졌고 백성들은 불성실하고 형식적이고 십일조와 예물을 도둑질하고 하나님과의 언약을 저버림으로 이혼과 잡혼이 다시 성행하였다.

에스라와 느헤미야가 이루려했던 신앙의 변화 즉 말씀 중심의 신앙을 시도했지만 이스라엘의 영적 부패를 막지 못했다. 이렇게 심각한 영적 상태에서 말라기 선지자는 막중한 책임감을 가지고 말씀을 전하며 예배를 무시하고 더럽히는 백성들을 책망한다.

1장과 2장 사이에서는 이스라엘의 죄와 그들의 불신앙을 지적하며 꾸짖고 3장과 4장에서는 죄인에게 내려질 심판과 회개하는 백성들에게는 메시아의 길을 예비하는 선지자 엘리야를 보내신다는 약속의 말씀과 메시아를 통한 구원의 메시지로 끝을 맺는다.

말라기(4장)

1장	2장	3장	4장
하나님의 사랑과 제사장과 백성들의 죄	제사장들의 죄	예물	심판과 구원

1. 하나님의 사랑과 제사장과 백성들의 죄(말 1장)

1) 하나님의 사랑(말 1:1~5)
하나님 : '내가 너희를 사랑하였노라'
백성들 : '주께서 어떻게 우리를 사랑하셨나이까'
하나님의 사랑을 망각하고 오히려 하나님께 질문하는 이스라엘 백성들을 책망하신다.

2) 제사장들과 백성들의 죄(말 1:6~14)

하나님 : '나를 공경함이 어디 있느냐 나를 두려워함이 어디 있느냐'

백성들 : '우리가 어떻게 주의 이름을 멸시하였나이까'

① 여호와의 이름을 멸시함(6절)

② 더러운 떡을 제단에 드림(7절)

③ 눈 먼 희생 제물, 저는 것, 병든 것을 드림(8절)

④ 여호와의 이름을 더럽힘(12절)

⑤ 코웃음 치며 봉헌물을 가져옴(13절)

⑥ 흠 있는 것으로 제물(14절) : '제사장들을 책망하며 내가 너희를 기뻐하지 아니하며, 내가 제물을 너희 손에서 받지 않으리라'

2. 제사장들의 죄(말 2장)

레위인이든 제사장이든 그들은 모세에게 축복을 받은 레위지파이다. 하나님은 그들과 언약을 맺으시고 축복하셨다.(신 33장, 레 8장) 그러나 레위 자손과 세운 언약이 지켜지지 않았으므로 심한 수치와 굴욕을 받을 것이다.

"너희 절기의 희생의 똥을 너희 얼굴에 바를 것이라"(3절)

① 이방 신과 결혼하며 우상숭배(11절)

② 아내를 버림 경고(14절)

③ 이혼, 학대하는 자, 거짓을 행하는 자를 미워하심(16절)

3. 예물(말 3장) : 심판하러 오시는 메시아(말 3:1~6)

① 길을 준비하는 자(세례요한에 대한 예언) (1절) - 그가 내 앞에서 길을 준비할 것이요

② 금을 연단하는 자의 불과 표백하는 자의 잿물(2절)

③ 레위 자손의 연단 - 공의의 제물을 드리라(3절)

④ 하나님의 심판을 받을 자(5절) - 점치는 자, 간음하는 자, 거짓 맹세하는 자, 품꾼의 삯을 억울하게 하는 자, 과부와 고아를 압제하는 자, 나그네를 억울하게 하는 자, 여호와를 경외하지 않는 자

하나님 : '내게로 돌아오라 그리하면 나도 너희에게로 돌아가리라'(3:11)

백성 : '너희가 이르기를 우리가 어떻게 하여야 돌아가리이까'

저주의 이유는 하나님의 것을 도둑질하였기 때문이다.(8~9절)

⑤ **온전한 십일조 권면(10절)** : "만군의 여호와가 이르노라 너희의 온전한 십일조를 창고에 들여 나의 집에 양식이 있게 하고 그것으로 나를 시험하여 내가 하늘 문을 열고 너희에게 복을 쌓을 곳이 없도록 붓지 아니하나 보라"

⑥ **온전한 십일조의 복(11~12절)** : '여호와 하나님이 토지 소산을 보호하고 포도나무 열매를 지키시기에 너희 땅이 아름다워지므로 모든 이방인들이 너희를 복되다 하리라'

⑦ **여호와를 경외하는 자와** 여호와의 이름을 존중히 여기는 자는 여호와 앞의 기념책에 기록한다. 하나님의 소유된 백성이 되며 아들과 같이 아끼신다.(16~18절) 여호와 하나님은 의인과 악인을 분별하시고 섬기는 자와 섬기지 아니하는 자를 분별하신다.

4. 심판과 구원(말 4장)

말라기 4장 : 주의 날은 불 같은 날이요 심판의 날이다.

① 교만한 자와 악을 행하는 자는 지푸라기 같을 것이다(1절)

② 여호와의 이름을 경외하는 자에게는 공의로운 해가 떠올라서 치료하는 광선을 비추리니 외양간에서 나온 송아지 같이 뛰리라(2절)

③ 여호와를 경외하는 자가 악인을 밟을 것이라(3절)

④ 엘리야의 약속 : 말라기서의 결론 "엘리야를 너희에게 보내리니"

> **선지자의 대표** – '세례요한'을 의미(마 3:3, 눅 3:4, 막 1:2, 요 1:23)
> "여호와의 길을 예비하라"(말 3:1, 사 40:3)

> "제자들이 물어 이르되 그러면 어찌하여 서기관들이 엘리야가 먼저 와야 하리라 하나이까 예수께서 대답하여 이르시되 엘리야가 과연 먼저 와서 모든 일을 회복하리라 내가 너희에게 말하노니 엘리야가 이미 왔으되 사람들이 알지 못하고 임의로 대우하였도다 인자도 이와 같이 그들에게 고난을 받으리라 하시니 그제서야 제자들이 예수께서 말씀하신 것이 세례 요한인 줄을 깨달으니라"
> (마 17:10~13)

구약의 결론 : 마지막 선지자인 말라기를 통해 우리는 이스라엘이 하나님을 버리고 하나님의 길에서 벗어난 모습을 본다. 하지만 하나님은 다시 돌아오라 말씀하시며 긍휼을 베푸신다. 적은 무리이지만 여호와를 경외 하는 자들을 복주시고 치료하시며 회복하시는 하나님을 바라본다. 모세의 율법을 주실 때 하나님 말씀에 순종하는 자를 찾으셨고 왕을 주실 때도 여호와의 말씀에 정직히 행하고 명령하신 모든 일을 어기지 아니한 다윗을 그리워하신다.(왕상 15:5)

하나님께서 나는 너희의 하나님이요 너희는 나의 백성이라 하시며 선택하신 유대인은 아쉽게 선민으로서의 축복을 다 누리지 못했다.

참고문헌 (References)

1. H.Wayne 'Houst New Testament', Academic Books, 1981
2. Jack Hayford, 'The Hayford Bible Handbook', Nelson Reference & Electronic, 1798
3. 테리홀, '성경익스프레스', 배응준 역, 규장, 2008
4. 테리홀, '성경종합개관'(Bible Panorama), 안종환 역, 나침반출판사, 2004
5. 조병호, '성경과 고대 전쟁', 통독원, 2011
6. 조병호, '신구약 중간사', 통독원, 2012
7. 조병호, '성경과 5대 제국', 통독원, 2011
8. 김병국, '신구약 중간사', 도서출판 대서, 2013
9. 장규철, '성경스케치', 도서출판 진리, 2011
10. 이애실, '신약읽기 내비게이션', 성경방, 2015
11. 테리홀, '성경파노라마', 배응준 역, 규장, 1983
12. 조용기, '요한계시록 강해', 영산출판사, 1978
13. 조용기, '하나님의 말씀', 서울서적, 1990
14. 이병렬, '이스라엘 역사와 지리', 요단출판사, 1985
15. 박기성, '마스터 성경종합요약 자료집', 생명의말씀사,1999
16. '프뉴마성경', 정인찬, 잭 헤이포드 편찬, 넥서스CROSS, 2014
17. '성경 2.0', 김동순, CM creative, 2017
18. '성경 2.0 쉬운지도', 편집부, CM creative, 2016
19. 이원희, '스펙트럼 성서지도', 도서출판 지계석, 2000
20. 이승수, '바울 퍼펙타클 성경지도', 도서출판 바울, 2010
21. '네모성경', 김영진, 싱서원, 2012
22. '아가페 성경사전', 아가페출판, 1991
23. 다국어성경 홀리바이블, http://www.holybible.or.kr

30가지 주제 / 30일간 기도서!

무릎기도문

주님께 기도하고 / 기다리면 응답됩니다

1

자녀를 위한
무릎 기도문

하나님의 사랑받는 자녀로
성장시키기 위한 기도서!

2

가족을 위한
무릎 기도문

하나님의 축복받는
가정이 되기 위한 기도서!

3

태아를 위한
무릎 기도문

태아와 엄마를 영적으로
보호하고 태아의 미래를
준비하는 태담과 태교 기도서!

4

아가를 위한
무릎 기도문

24시간 돌봐주는 하나님께
우리 아가를 맡기는 기도서!

5

십대의
무릎 기도문

하나님의 사랑받는 자녀로
성장시키기 위한 기도서!

6

십대 자녀를 위한
무릎 기도문

멋지고 당당한
십대 되게 하는 기도서!